班級經營理論與實務精要

吳明隆　著

五南圖書出版公司 印行

再版序

　　《班級經營理論與實務精要》一書第一版上市後，獲得任課教師與讀者的肯定，由於此書為原《班級經營：理論與實務》一書的精華與重點節錄，全書精簡統整成系統性的十三章，各章獨立成為一個章節，章節間又有其前後脈絡；此外，書籍同時增補修改相關的內容，以呼應新課綱的精神，書籍非常適合作為「班級經營」課程的教科書。

　　為讓《班級經營理論與實務精要》書籍更為完整，班級經營課程更為豐富、多元、有趣，也讓讀者可以更有效率與效能的精進教育知能，第二版增補各章之前的佳句名言、章後的思考與討論問題，書的最後面也增補由作者自行編製之班級經營練習題 150 題。章後的思考與討論問題可作為課堂班級經營實務情境或案例討論的議題，或作為建構反應型態的試題練習之用；書後「選擇反應試題之自我練習題」可作為自我導向學習，讓讀者從題目實作中精進班級經營的相關知能，以呼應新課綱自發、互動、共好的的精神。

　　《班級經營理論與實務精要》一書可以讓讀者於更短時間掌握班級經營的學理重點與知能精髓，十分適合作為教師資格考試與縣市教甄的考試用書；此外，由於書籍內容豐富、學理完備，更適合作為教育學程生或師資生「班級經營」課程的課堂用書。

吳明隆

2023 年 3 月 20 日

初版序

　　《班級經營：理論與實務》一書自 2006 年初版以來，到 2017 年已增訂為四版，增訂後的四版，全書共有 16 章，760 頁，內容十分豐富完備，同時兼顧學理與課室策略的應用實務，受到許多讀者喜愛，但相對的內容範疇較廣，書籍頁數較多，想要短時間內掌握班級經營精華要點不容易。由於《班級經營：理論與實務》一書是採用宏觀的角度來介紹班級經營，對於要準備教師資格考試與縣市教師甄試的部分同學，造成內容重點資料摘錄的困難，或可能需要投入更多時間瀏覽閱讀。

　　為因應素養導向的教師資格考試，筆者改以微觀的角度擷取原書的重點，從 16 章簡化統整為 13 章，並重新排列及簡化各章順序，排除原書各章之前的佳句名言、章後的思考問題與各章中的策略實務，以簡化書籍字數，資料內容也有增補修改小部分，以因應新課綱的實施。《班級經營理論與實務精要》一書之內容並不是全新的思維創作書籍，而是原四版《班級經營：理論與實務》（2017）一書內容的精要與重點節錄，書中內容主要以學理介紹為主，班級實務作法或策略於課室應用策略的論述較少。

　　《班級經營理論與實務精要》書籍的特色為原《班級經營：理論與實務》一書的精華與重點節錄，全書精簡統整成系統性的 13 章，讀者可以利用更短時間掌握班級經營的學理重點。精要本適合作為教師資格考試與縣市教甄的考試用書，總字數與頁數較原書精簡許多。

　　若讀者要完整熟知班級經營應用的策略實務，或相關課室問題的可行解決方法，最好還是參閱《班級經營：理論與實務》一書，此書有較多實例可供參考，此部分讀者可根據個人需求加以決定購買。

吳明隆

2021 年 10 月 1 日

目　錄

第 1 章

班級經營的內涵與策略理論

「只有在愛的溫度裡，教育才能成功，才能真正影響人的內心。」—斯普朗格（E. Spranger）

「老師的影響力無窮無盡，教師本身也不知道這影響力遠至何處。」—亨利‧亞當斯

「班級經營是『哲學理念』、『科學方法』與『藝術策略』等三者的統合融合應用。」

「有效班級經營的四理為『學習管理』、『體認哲理』、『悟出道理』、『擬出事理』。」

「學生都渴望被關懷、被聆聽、被教師及同儕認同與肯定。」

「教育是『零拒絕』的，教師不應排斥任何學生於班級之外，損及學習權及受教權。」

研究指出，不管是實習教師或有經驗教師，一致認為「**班級經營**」是教學者最感困擾的問題，班級經營能力的培養，是教學成功的首要條件（Tauber, 1995）。大部分的教師與學校行政主管均堅信，一般教師教學失敗，其原因固然很多，但其最重要的因素則是「**教室紀律與常規管理問題**」（Gage & Berliner, 1991）。早期教育者聚焦於應用正向策略取代威嚇及處罰，以促進學生表現可接受的行為；近期教師最關注的是教室「**紀律**」（discipline）問題，學生行為包括團體行為及團體中個別成員的行為（Rubie-Davies, 2011）。

第一節　班級經營的定義與內涵

班級經營中的「**經營**」，英文單字為 Management，有學者將此字翻譯成「**管理**」。根據《韋氏新國際字典》的解釋，Manage 係來自拉丁文 Marus，該字有「**掌控**」（hand）之意，亦指 mode of handing（掌握處理之意）。根據《辭海》的解釋：「**管理係依一定之尺度，就事物、動作或現象為必要之處置。**」根據《教育部辭典》釋義，「**經營**」有規劃、謀劃、安排的意涵，「**管理**」有經管、執掌、治理、處理的意涵，二者之義並無太大差異，可說是同義詞。

雖然「**管理**」與「**經營**」的深層意涵大同小異，二者皆是從英文字「management」翻譯而來，但給人的表面直覺卻大不同，因而「classroom management」一詞，國內學者大都譯為「**班級經營**」而不譯成「**班級管理**」。「**管理**」賦予教師一種權威感，對於班級教師是一位管理者，負責管理班級的一切事務，給人的感覺較為負向，也較欠缺教師教育專業發展的面向。班級管理在於管理教室內的人、事、物，教師是一位支配學生的管理者，管理者有較多的正式權威，以管理支配班級內的一切事物。如果教師角色是一位經營者，班級經營在設計良好的學習情境，營造適性的班級氣氛與教學環境以供學生學習，給人的感受較為正向，教師為經營者扮

演的角色更為多元。教師為經營者賦予學生更多的權限，師生是一種亦師亦友關係，「**經營**」除了包括「**班級管理**」內涵外，也包括「**班級開展**」與「**班級營造**」，其內涵更符合教育意涵。

壹. 班級經營的定義

　　班級是一個「**社會系統**」（social system），包括有二個以上的人群，成員間具有共同的價值觀，彼此間具有相當穩定的複雜互動關係。艾吉伯格（Egeberg）等人認為班級經營包含教師建立、實施與維持一個正向的學習環境，此定義界定了班級經營的許多任務——連結與發展關懷及支持的關係，包括師生間、學生間的良好關係；明確的教師期望、組織與進行教學，促進學生進行深度而有意義的學習；鼓勵學生投入，提升學生社會技巧與自我調整的發展，協助學生勇於接受挑戰、解決問題；使用適當的介入處理策略，協助學生遭遇的行為問題。明確的班級經營是多面向的，內容事件是複雜的，建立規則、以獎賞方法控制學生行為只是其中一個面向而已（Egeberg et al., 2016）。

　　艾佛森（C. M. Evertson）等人將班級經營定義為：「**教師採取的行動，這些行動在於建立一個支持與促進學生學業與社會（態度的學習）能力發展的學習環境……它不僅試圖建立與維持一個有秩序的情境，讓學生能夠從事有意義的課業學習，更要能提升學生社交能力與道德的成長。**」（Evertson & Weinstein, 2006, p.4）艾邁爾（Emmer, 1995）認為教師的班級經營策略是組織教室活動，建立學生適當的行為，防止學生不當行為的發生與處理學生偏差行為等，教師必須靠教師的專業知能靈活運用這些策略。艾邁爾認為班級經營包含了教師所有的班級行為與活動，教師各項行動策略的目的在於鼓勵學生能積極專注地參與班級活動，班級經營的內涵包括教室物理環境的安排、建立與維持班級常規、有效處理學生不當行為，使學生能專注投入於學習活動，進而達成教學目標。柏登（Burden, 1995）認為班級經營是在建立與維持可使教室群體可運作的系統，並非在

處罰學生的錯誤行為和處理學生脫序行為，而是要求學生在限制規範的範圍內表現可接受的行為。

綜合班級組織的特性及經營的理念，與班級實務及相關學者論點，可將「班級經營」做如下的定義：「**班級經營，乃是教師或師生在教室社會體系中，遵循一定的準則規範，在師生互動情境下，適當而有效的處理班級中的人、事、時、地、物等各項業務，以建構良善的班級氣氛、發揮有效教學的效果，達成全人教育目標的歷程。**」

班級經營主要目的在建構一個適宜的學習情境，讓學生願意學習、志於學習、樂於學習，提高學生「**整體學習表現**」（包含學業成就提升與正向品德行為的養成）；消極方面在改善學生的不當行為，培養其健全的品格；積極方面在於規劃設計適於學生學習的學習情境，教師能利用多元、有效而適切的教學策略，激發學生的學習動機，在教師身教、言教、境教的陶冶下，使其身心得以健全發展，開展學習潛能，達到適性教學與全人教育目標，進而讓學生活用所學的知識、技能與態度於生活經驗中，達到「**核心素養**」培育的目標。

貳. 班級經營的內涵

班級經營的目的在於使學生知識、情感、技能、態度等得到完全均衡的發展，學生不僅習得豐富的專業知識，更有健全的人格與優良的品格、健康的體能、自我調適的心理能力。全人教育也是傳統所謂的「**德、智、體、群、美**」的適性發展。班級經營目標之全人教育在於培育學生的「**核心素養**」，核心素養為學習者為適應現在生活及面對未來挑戰，所應具備的知識、能力與態度，經由「**自主行動**」、「**溝通互動**」、「**社會參與**」三個面向，培養學生成為「**終身學習者**」。

班級經營的範圍，包含人、事、時、地、物，也包括教學、學務、輔導與行政工作，是故其範圍極其廣泛，凡是與學生學習活動有關聯的事務，均是班級經營的內涵。

一、教學活動的經營

　　適當而有效的教學活動經營是有效能教師具體表現行為之一，也是激發學生學習意願的重要因素，教學經營層面包括教學策略的使用、教學方式的實施、教學活動的程序設計、課程的設計編排、教學時間的掌握、教學素材的選擇、學生作業的指導、教學評量的實施、潛在及空白課程的教學、學習單的設計、跨領域／跨學科教學的設計、教學與學生學習注意力的安排等。一位教學經營成功的教師，能滿足學生的個別需求，激發學生學習潛能；並且能因材施教，達到適性教學的目標。教學活動經營要能兼顧個別差異與因材施教，兼重教學效能與效率。

二、學務工作的經營

　　學務工作的經營在於班級常規的建立、班級自治活動的推展。班級常規的目的，一方面在減少學生的不當與偏差行為；另一方面在培養學生新時代所需的品格。此方面教師要熟知各種常規管理的模式並妥慎運用，藉由民主方式訂定適宜的班級生活公約、學習規範等，進而落實於學生學習生活當中，使學生由實踐中反思。另一方面，自治活動的推展，例如班會、班級幹部選舉等，可培養學生於未來社會中所需的民主素養與身為良善公民應有的品格涵養。訓育工作的常規管理只是一種手段而非目的，其主要目標在建構一個學習型的班級組織；自治活動只是一種策略而非目標，其主要目的在於組織目標的達成及學生品格的養成。此外，學務工作一個重要特點在於學生安全的維護，一切訓育工作活動的推展與採行的策略，均要以學生安全為出發點，使學生在溫暖、熱忱、和諧的氣氛中，改變其行為。

三、輔導活動的經營

　　輔導活動的經營在於發揮教師專業知能，減少學生的不當行為或偏差行為，這是教訓輔三合一結合的理念，身為教師者應具備輔導知能，發揮**「一級輔導與治療」**的功能。輔導經營功能是否發揮，關係到班級中教師

的教學成效,其內涵包括學生不當或偏差行為的事前發掘、不當或偏差行為學生的掌控、應用輔導的專業知能與良善的親師關係,發揮學校心理學家的角色,積極採取各種輔導策略,改善輔導學生的不當行為,使學生能遵守班級常規規範,專心致力於學習活動或個人行為的改善及良善品格的養成。此層面的經營,教師應抱持的理念是輔導並非萬能,且不一定全然有效;最重要的是教師不應放棄任何一位學生,而能帶好每位學生,導正學生為善。一位有效能的教師要展現輔導經營的前提,就是要對每位學生的個性、家庭情境與能力有深入了解,建立良好的親師生關係,才能達到輔導經營之事半功倍之效。

四、情境規劃的經營

教室環境通常包括物理、社會與教育環境三項,有效能的教師必須能夠組織這些環境因素,以提供一個適合學生學習的情境。情境規劃的經營通常包括物理環境經營與教室布置為主,物理環境包含教室座位的安排、教室的照明、學生課桌椅的擺設、教室動線的規劃、班級內外的綠化、學習角的設計與安全考量、教室的通風、班級的整潔活動等;教室布置主要在於教室情境的美化設計,通常是指學習角的美化及教室內的美化規劃,內容如生活公約、學生園地、學生成果展示、每日(或每週)一詞、教材內容、榮譽榜、學校或班級重要活動、時事新聞、教育熱門話題、詩詞賞析、單元活動設計等。教室規劃的經營在於發揮境教的功能,不僅有助於學生的學習活動,而且更有助於教師的教學與常規管理經營。其規劃設計應包括教育價值性,尤其應擺脫傳統說教八股式的教條模式,使學生在潛移默化當中學習;此外,情境規劃應重視教育實用性與學生安全,以免因物理環境的設計規劃不當,而使學生發生意外。

五、行政事務的經營

班級是一個小型的組織,也具備複雜的社會體系,內外部有許多的行政工作需要教師的創意與理念,並實踐篤行才能完成。例如班級計畫的

訂定、班級幹部的選舉、模範生的選舉、生活公約的訂定、教材教具的擺設、學藝競賽的配合推動、學校活動法令的轉達與推展、學生不當行為的處理、班費的運用與管理、學生成績處理、參加各種進修研習活動、教室情境規劃布置、清掃區域的分配、班級事務的處理、作業的批改、高智商低成就學生的學習輔導、晨間活動的安排規劃、家長人力資源的運用、導護工作的執行等，皆是班級內行政事務，可見，班級內行政事務經營幾乎包括教學、訓育、輔導、總務等事務工作。班級外部的行政工作包括與行政人員、其他教師的事務協調溝通、班群合作之協同教學事務溝通處理、戶外教學的聯繫與規劃等。

六、人際關係的經營

　　班級是一個動態的組織系統，班級社會體系系統實包含二個或二個以上人群的交互作用。教師教學要能有效，必須與學生建立良好的師生關係，在班級經營中，對事、物的處理較為簡易，但對「人」的處理甚為困難，主要因為人有其自我想法、主觀意識及偏見，與個人所好，因而教師要以愛心、耐心、同理心、誠心、恆心等五心來處理人的問題。班級人際關係的經營包括建立良好師生關係、和諧的學生同儕關係、良善的親師關係等。良好的師生關係是教師有效教學與班級經營的基礎；和諧的學生同儕關係是建立適宜班級文化與良好班級氣氛的基礎；良善的親師關係是教師班級人力資源有效應用的基礎。此外，一個重要的人際關係經營是教師個人與其他教師、行政人員建立融洽和諧的關係，能做雙向理性互動的溝通，相互尊重、互相接納與時時關懷他人。一位有效能的教師如能建構一個支持、接納、融洽、和諧的班級氣氛，加強與同仁建立互動溝通、尊重的態度，則有助於教師的教學與教學目標的達成，使師生的身心均能達成健全的發展。

七、親師合作（親師溝通）的經營

　　受到民主多元的教改影響，家長參與學校事務的權限與日俱增，家長參與學校教育權力愈來愈大。如何運用家長的人力資源使其為教師班級經營的助力而非阻力，就是教師所應把握的重要原則。家長參與學校事務是時代潮流趨勢，家長由傳統「**贊助者角色**」轉變為「**協助者角色**」，再轉變為「**參與者角色**」，參與者角色就是家長積極參與班級各項事務，成為教師教學合作的夥伴之一。尤其在處理學生不當行為時，如能有家長的密切配合，當能達到事半功倍之效。班級經營是否有效，受到家長的影響甚大，班級家長如能全力支持教師，作為教師的後盾，則班級經營的各項活動當能順利推展。此方面，平時教師應與家長建立良好的雙向溝通，相互尊重，建立家長人力資源網，以教育熱忱、教育愛及教育專業知能贏得家長與學生信服。教師如能與班級家長建立和諧緊密的親師聯絡網，班級活動能得到家長充分的信任與配合，則班級活動當能順利推展。

八、意外事件的處理

　　班級意外事件的處理雖不是班級經營的主要內涵之一，但若是班級學生發生意外事件，教師如何有效處理，此種處理的策略行動也可說是教師班級經營的範疇。由於班級是個小型社會、是個開放空間、是個動態活動，學生在學習活動歷程中，可能由於開玩笑、不小心、故意、認知錯誤等行為，造成自己或其餘同學的傷害，或學校行政工作的疏忽造成學生意外傷亡，前者如學生上課時，意外被刀具類工具割傷或上實驗課程時被燒燙傷等。當學生發生意外事件時，教師要掌握第一時間處理，配合學校行政人員依據校園意外事件處理流程，妥慎有效的處置。若是學生意外事件發生於教室班級中，第一接觸知悉者為班級或任課教師，若是教師處理不當，可能會引發家長與教師的衝突，嚴重時可能會危及學生的安全；相對的，若是教師處置得宜，不僅有助於良善師生關係的建立，更可贏得家長尊重與信服。

參 . 常規管理的型態

　　班級常規的經營性質包括下列三項型態：「**預防性**」（preventive）常規管理、「**支持性／制止性**」（supportive）常規管理、「**改正性**」（corrective）常規管理（Froyen, 1988）：

一、預防性常規管理

　　預防性的目標在於防範學生不當行為或偏差行為的發生前的準備工作，這是一種防範於未然的班級管理。一位有效能的教師要能察言觀色、綜觀全局及事前察覺，對此，教師要深入了解班上每位學生人格特質、學習習性，利用多樣而有趣的學習活動，激發學生學習動機，使其不當行為消弭於無形。一分的事前預防策略抵過十分的事後補救活動，此為「**預防勝於治療**」的理念。預防性常規管理主要策略活動為「**人性、適宜、溫馨、友善、趣味、多元**」，班級學習活動的建構與營造一個讓學生樂於學習、喜愛學習的情境，這些就是教師專業知能的展現。

二、支持性常規管理

　　支持性的常規管理在於學生不當行為可能發生但尚未發生，此時教師應採取注意、觀察、口頭提示、肢體語言等策略暗示或提醒學生注意，使學生知悉教師已對其不當行為開始留意而重視，收斂自我，而回復到班級生活規範訂定的行為。教師能適時引導學生，則可避免學生不當行為的發生，或轉化為偏差行為等。例如教師講解重要概念或請學生回答問題時，學生在座位上講話或未經舉手就發言，干擾到教師教學活動的進行，教師可以眼神看著當事者，並以「**食指放在嘴巴前**」以暗示學生「**安靜**」；或直接以口語告誡學生「**要發言者請先舉手**」，以消弭學生不當行為；再如學生於課堂上不專注學習，眼神一直看教室外面，教師可以邊講解教材內容，邊走到學生旁邊停留，讓學生了解教師已知悉其不專注的行為等。支持性的常規管理有各式的理論與處理策略，教師如能妥慎運用，則可及時

導引學生回歸正向行為，消弭其不當負向行為。

支持性常規訓練的具體策略（金樹人譯，民 80）：

（一）支持自我的控制能力

使用技巧如沉默注視著學生、接近法、口語上的稱讚與提示、重提例行性的班規、改變教學方法、移去學生分心物（可配合使用暫時保管）、講述笑話（片刻休息）、關注學生行為等。例如當學生實作或練習出現厭煩行為時，教師可以身體接近並加以稱讚他們的努力：「老師看你已經做了不少，老師打賭你在放學前還可以完成三項以上，你自己覺得呢？」

（二）增強好行為

常見的技巧如點頭、微笑、贊成與口頭讚許。例如「加油」、「做得不錯」、「有進步」等，學生聽到教師社會性增強語言或非正式增強，會持續表現正向行為，因為學生感受到教師關注到他們的行為與學習，因而會想做得更好，而不會出現煩躁或違規行為。

（三）指定要展現的行為

常見的技巧如「**暗示**」、「**我的訊息**」、「**發問**」。例如：

「記住！我們要在這節下課之前完成作品。」（暗示）

「表現最好的同學在結束時會有獎賞。」（暗示）

「同學雕塑的作品在放學前都要繳交。」（暗示）

「這麼吵，『我』（老師）都聽不到小明的聲音了！」（我的訊息）

「如果你把書包放在走道上，『老師』可能會被絆倒且會受傷！」（我的訊息）

「若是下課前你未把學習單寫完繳交，『我』無法批改，無從得知你的學習情況！」（我的訊息）

「你記得我們班上說話的兩個原則嗎？」（發問）

（四）解決衝突

常見的技巧如「**禁止**」、「**寫出來**」、「**無人輸法則**」。例如：

同學爭執吵架即將會有肢體衝突，教師立即採取果斷方法：「兩人都閉嘴，到老師這邊來。」（禁止）

看到同學爭辯時，教師要雙方把理由寫下，此法可讓當事人的情緒緩和並安靜下來，教師重要的是不要讓任一方同學有「**輸**」的感覺。

三、改正性常規管理

當學生不當行為或偏差行為（較嚴重的不當行為）發生後，教師要立即採取有效的常規管理策略來輔導改正學生的不良行為，使其能於群體規範之下表現適宜的行為。這方面教師要熟知各種常規管理的模式與應用時機，配合學生的個性，採取適宜的模式，以協助學生及時改正其不良行為。在改正（糾正／矯正）學生的不當行為時，教師要因應學生的個別差異與人格特質、學生行為犯錯的屬性，採取合適的處理策略，對於初犯與累犯同學的處置應有所差異。至於教師對於班級常規的要求標準應具體明確並前後一致，以讓學生有所遵循。對於相同的違規犯過者，教師的處罰態度應公平；此外，教師應嚴格執行班級師生所訂的生活公約，以免讓學生心存僥倖心理。若是教師採取處罰策略，應恪遵處罰實施的原則，嚴禁對學生施予體罰，在處罰的實施上，要公平一致又要兼顧學生的個別差異。

第二節　班級經營的功能與策略理論

班級經營是一種策略，其主要目的在創造有效能的學習情境：「**學生學得愉快、充實、有成就感**」；「**教師教得如意、完整、有投入感**」；「**家長覺得適宜、滿意、有參與感**」。

壹 . 班級經營的功能

　　班級經營是一種策略，其本身並不是目的，其主要功能在於營造一個正向學習的環境，使學生能專注於課堂的學習活動、培養正向負責的品格行為，以及表現與同儕、教師良好的人際互動能力，使其更懂得待人處世之道。學者雷恩（Rinne, 1997）認為班級經營的目的有三：(1) 維持學生上課的專注能力；(2) 提高學生課堂的學習動機；(3) 促發學生行為自我控制能力。

　　自我控制能力指當學生選擇某種行為之後，而能對其行為負責，行為負責的態度是發自於內心，而非靠外在力量或因素所迫，則能自我控制行為，遵守班級生活公約及群體規範。學生不當行為的減少，班級學習氣氛自然融洽，學生人人當喜愛班級的學習群體，置身其中而樂於學習。高自我控制力的學生，於應該「**用在學習的時間**」（time needed）與「**真正花在學習的時間**」（time spent）之差異會愈小。班級經營或教室管理目標在於維持一個積極與富有成效的學習環境，讓學生不會受到干擾而獲得更多學習的時間，此時間稱為「**分配時間**」（allocated time），但只增加學習時間不會自動地促發學業的進步，時間必須能有效地利用，才能彰顯其價值性。基本上，學生會從練習及思考中獲得學習，學生主動地參與或投入特定學習作業或任務所花費的時間，就是「**投入時間**」（engaged time），「**投入時間**」是學生真正用在學習的時間。班級經營的目標之一就是能讓學生有更多的「**投入時間**」。「**投入時間**」不一定保證學習活動順暢，如教師採用教材太難、教學方法不適切、學生學習策略錯誤等，都無法讓學生學習有高成功率。因而教師班級管理就是規劃具價值性及適切性的學習活動，增加學生學習的成功率——「**學業學習時間**」（academic learning time），指教師創造一個可促發學生能達最大學習效果的環境。有效教室管理的另個目標是讓學生感受到情緒與心理上的安全感，協助學生自律與「**自我管理**」（self-management），除培養學生服從外，更重要的是教導學生能「**自我調整**」（self-regulation）與「**自我控制**」（self-control）（Woolfolk, 2011）。班級經營爲一種方法、策略或手段，用於協助教師教學、管教，達成「**核心素養**」及「**全人教育**」之培育目標，從班級經營的內涵分析中，可以歸類班級經營的功能有以下幾點：

1. 建構優質的學習環境，使學生樂於學習。
2. 提高學生學習的效果，使學習更有效率。
3. 促進團體規範的形成，使學生靜動得宜。
4. 達成全人教育的目標，使學生均衡發展。
5. 增進親師生情感交流，使學生樂群善群。
6. 提升學校行政的效益，使學生更有動力。
7. 促發教師教學的效能，使學習目標達成。

貳. 班級經營策略之理論

班級經營策略的理論模式與心理學、社會學有很密切的關係。陶伯（Tauber, 1995, 2007）認爲班級經營紀律模式緣起於下列三大理論架構：「**思維學派架構**」（a school of thought framework）、「**支持性學校環境的架構**」（a supportive school environment framework）、「**權力社會性基礎的架構**」（a social base of power framework）。教師採用的處理策略受到其應用的理論模式與哲學信念的影響，三者關係爲：哲學觀→模式→選擇，持不同哲學信念的教師，其班級紀律的策略便會有所不同。

一、思維學派架構

思維學派架構對於班級紀律問題，提出了三種看法：

（一）介入主義者

「**介入主義者**」（interventionist）認爲學生是外塑的，學生的發展是環境制約的結果，班級教師也是制約者之一，教師的主要職責在於利用賞罰手段與教師權力來塑造學生的權利。學生的權利愈少，自主性愈低，教師介入的程度愈高，教師的權力也會愈高，教師有權利與義務改變學生行

為。介入主義者所持的哲學理念為「**教師中心**」，教師的主要職責是採取獎賞與處罰來控制班級的學習環境，學生經由教師對班級環境的控制來塑造行為，學生依照教師事先安排規劃的程序與情境，展現合宜的行為，教師採用的方法即是「**行為主義**」的行為塑造與制約反應。介入主義是相信「**胡蘿蔔與棍棒**」（獎勵與處懲）的作用，獎賞與處罰是教師控制學生的最佳工具，此工具可讓對事漠不關心與沒有動機的學生轉變為肯投入與具有動機的學習者，身為教師者必須矯正與塑造學生行為。

（二）非介入主義者

與上述對立的另一哲學觀為「**非介入主義者**」（noninterventionist）觀點，此觀點認為在班級經營中如提供學生一個支持性，且有利於其學習成長的環境，學生本身即有發展的潛力，此即為內化性動機理念。學生有權力主宰自己的命運，教師只是一個指導者或協助者，而非是權力的支配者，因而對應於介入主義者，非介入主義者之紀律模式中學生的權力較高、教師的權力較低，非介入主義者之班級紀律並非是混亂的、放任的，也有完整適合的紀律常規模式。非介入主義者之班級經營是建立在「**人文主義哲學**」與「**人文主義心理學**」之理論基礎上（代表人物為馬斯洛、羅吉斯，探性善論），其特色乃是教師要扮演允諾、促進者之角色，布置良好的教學環境，促進學生有意義、經驗之學習，使其能自我控制，自我規範其行為，其班級經營的哲學理念為「**學生中心**」。

非介入主義者的常規管理並不是放任主義，讓學生自由學習或表現，而是相信學生有內發性的動機，只要教師適時給予啟發與誘導，學生即能快樂而健康的成長，正如園丁植樹一般，只要給予種子足夠的陽光、水分、豐沛的肥料與土壤，則種子就會開花結果。

（三）互動主義者

「**互動主義者**」（interactionist）乃介於以上二種極端理念之中間哲學觀，認為班級問題或衝突非學生或教師個別的責任，而是在群體協商、責任分享及良好師生溝通情境之後獲得解決，教師應盡可能提供學生自我

抉擇的機會，當學生選擇自己的行為之後，就應為自己的行為負起責任。互動主義者的哲學理念兼具「**教師中心**」與「**學生中心**」，同時採用行為主義與人本主義的論點。教師權力的運用，依據學生自治能力與環境現況而定，若有必要，教師也可採用懲罰的方式來改正學生的不當行為。教師控制與鼓勵學生投入之班級工作氣氛對照表如表 1-1：

表1-1　教師控制與鼓勵學生投入之班級工作氣氛的差異

控制（行為主義班級經營觀）	鼓勵學生投入（人本主義班級經營觀）
我們必須在學校規則架構下運作或實行	這個是值得去做與重要的
我對你有高度期待	我的工作是幫助你做得更好
建立一個能讓你進行所有學習的氛圍是我的專業責任	我的興趣不是只把你視為歷史科／數學科／其他學科的學生而已，更把你視為一位文明人
假設你順從我的標準與期望，你會享受更多愉悅的時刻	如果你願意嘗試（給它一個機會），過程可能是有趣且令人喜悅的
我們必須在這裡工作	如果你能夠進行所有學習，你會感覺所有事物更為美好

資料來源：Haydn (2007).

從有效管理班級活動與教師態度，可區分教師班級管理類型有三種：「**民主威信班級管理類型**」（authoritative classroom management style）、「**獨斷專權班級管理類型**」（authoritarian classroom management style）、「**寬容放任班級管理類型**」（permissive classroom management style）。「**民主威信班級管理類型**」教師包含有效的監控，但也鼓勵學生成為獨立思考者，相互包容體諒，關懷同學，提升學生自尊感，需要時也會宣告限制，讓學生遵守規則，此類型班級經營型態兼具高控制與高關懷；「**獨斷專權班級管理類型**」特徵為高控制、低關懷，教師作為是嚴厲的、懲罰的，關注的是絕對命令、限制及控制，班級學生有較高焦慮感，學習是被

動的；「**寬容放任班級管理類型**」教師讓學生很高的自主權，但在學生發展社會技巧與掌控行為上給予很少支持，多數學生的學業表現與自我控制都不理想，此類型班級經營型態為低控制與低關懷。整體而言，民主威信班級管理類型比獨斷專權班級管理類型、寬容放任班級管理類型之班級學生的表現都較好，對於學生主動性態度及自我調整能力的提升更有較高的效能（Santrock, 2011）。

瓦區特爾（T. Wachtel）以「**社會的紀律視窗**」來對應解釋連續體的變動，教師班級經營類型分為四種型態（Egeberg et al., 2016）：

1.「寬容自由者型取向」：低控制（教師低權力）高支持（教師高影響力；高教師投入），班級中限制設定或界限很少，學習資源豐富，學生根據個人能力獨立完成任務，學生自主性較高。

2.「專制主義者型取向」：高控制（教師高權力）與低支持（教師低影響力；低教師投入），使用酬賞與懲罰約束學生，很少與學生對話討論，班級活動完全由教師個人操控。

3.「疏忽放任者型取向」：低控制（教師低權力）與低支持（教師低影響力；低教師投入），班級中限制設定與成長資源均無，任由學生自生自滅，教師對於學生興趣、困惑或學習困擾等問題都不會涉入或不在意。

4.「威信主義者型取向」（或恢復型取向）：強調高控制（教師高權力）與高支持（教師高影響力；高教師投入），對於班級之壞事（不適切行為）會積極面對處理，對於做壞事的當事者內在的價值也會給予支持，採用恩威並濟的管教方法。

四種班級經營型態取向的分類圖示如圖 1-1。

介入主義與非介入主義類型對應的班級經營型態為嚴格（非專斷的管教）、寬鬆（非放任的管教）。教師接任一個新班級時，由於對班級生態不熟悉，無法有效掌控班級紀律；此外，學生對教師也不熟悉，學生處於觀望態度。教育實務現場顯示：教師要能快速有效掌控班級，讓班級在短時間內進入常規，以利教學活動順利進行，教師最好採用「**先嚴格後寬鬆**」的管教方法（張民杰，民 102），其理由如下：

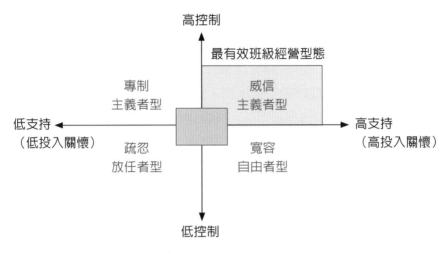

圖1-1　四種班級經營型態

1. 認知心理學家皮亞傑（Piaget）認為兒童的道德發展是由**「無律」**、**「他律」**至**「自律」**，學生行為發展多數是先從消極遵守班規開始，最後再主動從內心服從班級規則，表現符合教師期待行為，兼顧個人與他人需求。「他律」對應的是教師中心、自律對應的是學生中心，管教的順序是先嚴格後寬鬆。

2. 教育心理學者認為學生動機的培養應從**「外在動機」**導向**「內在動機」**，培養學生的外在動機可視為達到養成內在學習動機的手段，外在學習動機獲得適度滿足之後，就有可能轉化為內在學習動機（張春興，民83）。外在動機論對應的是行為主義論點，內在動機論對應的是人本主義論點，管教的順序是先嚴格後寬鬆。

3. 西方俗諺**「好的開始是成功的一半」**，開學時，學生若能遵守班級規則，表現可接受行為，則學習活動可以更有效率。中國俗諺**「由儉入奢易、由奢返儉難」**，當教師學年開始時，給予學生太多權力或決定之權，事後要收回部分權力，或減少學生需求，較可能會引發師生衝突；相對的，當教師學年開始時，給予學生部分權力或有限的決定權，事後再給予學生更多權力，或滿足學生更多需求，則學生會更喜愛教師的管教，樂於

參與班級活動。

4.從增強階段而言，連續增強要比間歇增強更能夠提高可欲行為出現的頻率，想要培養學生期待的行為時宜使用連續增強，待行為建立並養成習慣後，再使用間歇增強（張世彗，民96）。就行為改變技術歷程，最有效的增強方法運用為連續增強再間歇增強，學期開始時，教師採取緊迫盯人方法，之後再逐次鬆手，這樣對於學生行為養成與學習喜悅度才是較佳的策略。

二、支持性學校環境的架構

支持性學校環境的架構乃在於建構一個利於學生學習的正向環境，但即使教師提供一個支持性與合作性的學習情境，仍有部分學生會出現干擾行為，因此教師常規管理及問題解決知能的具備，與其靈活統合運用就顯得格外重要。支持性學校環境的架構偏向於紀律處理與解決模式知能的使用，而良好師生關係的建立也是其哲學觀的核心之一。學者威爾遜（Wilson, 1992）認為支持性學校環境的架構內涵有四：一為正向的教學環境；二為個人發展與社會技能；三為支持性與改善性的程序；四為相關的技能與問題解決。內涵中前二項關注於教室紀律問題的「**預防**」，其激發學生相互合作的相關策略如表揚優異行為、合作學習、同儕支持、自我尊重與自律等。威爾遜進一步指出：即使最有經驗的教師，提供學生最佳而正向的學習環境，仍然會有一些學生會表現出干擾學習活動或不當行為，因而上述內涵後二項關注的是教室紀律問題的「**改善**」（郭明德，民90）。教室紀律問題的「**事前預防**」與「**事後改善處理**」，是教師於教室班級經營常規管理中重要的知能。

三、權力社會性基礎的架構

權力社會性基礎的架構在於教師社會權力的使用，與其使用時機。教師的社會權力即是所謂的「**強制權**」（coercive power）、「**酬賞權**」（reward power）、「**參照權**」（referent power）、「**法職權**」

（legitimate power）、「**專家權**」（expert power）。在學生對教師的認同上，「**參照權**」是五種權力中最有影響力的，學生能尊敬其教師，且被教師的人格所吸引，則學生會發自內心動機學習，此種學習是受到教師身教言教所致，當教師能為學生所認同，自然能發自內心自願接受教師的教導與啟迪。在知識經濟時代的社會脈絡中，一位有效能的教師應以法職權、參照權、專家權贏得學生信服，少用強制權，適時而謹慎的應用酬賞權。教師五種權力架構如圖 1-2（Tauber, 2007）：

圖1-2　教師五種權力架構

（一）強制權

教師擁有足夠懲罰學生與命令學生做事的權力，此權力可以強制執行，例如教師可以對紀律不佳的學生給予負面的評價，或是必要的懲罰，即使懲罰的教育意義不大，教師也可以為之，或是命令學生重複做其厭惡或不喜歡的工作等。強制權並非沒有教育價值性，只是其限制較多，對學生造成負向的影響也較大，運用不當時，可能會造成師生衝突。

（二）酬賞權

教師具有分配報酬的權力，此權力的運用可以是獎賞或獎勵學生。酬賞是一種誘因，其目的在導引學生的學習動機，例如學生從教師處得到正向的評語，其行為表現會更佳；親師溝通時讚賞子女表現，會使互動氣氛更為融洽。酬賞權的使用，與行為主義增強原理相同，應注意學生動機的轉化，使學生能由外在動機轉變為內發性動機，而不是從事任何的班級活動與行為表現，均是要以獲得教師的酬賞為目的。酬賞權的使用只是一種

歷程、一種策略方式，當學生能表現自主自律、自動自發行為時，酬賞權與強制權一樣就不應過多使用。

（三）法職權

《教師法》第 31 條第六款：「教師之教學及對學生之輔導依法令及學校章則享有專業自主。」第九款：「其他依本法或其他法律應享有之權利。」法職權為教師的正式權力，此職權讓學生知悉教師有權力管理或處理其行為，因為教師有法定的形式權力，因而對學生有一定的影響力，此權威類似韋伯權威類型分類中的「**理性法定權威**」（rational-legal authority），以理性和法律規定為基礎行使權威。若是權力運用得當，學生更會信服與尊敬教師。法職權的行使例如教師有規劃教學活動的權力、有管教學生的權力、有安排學生從事各種活動的權力等。法職權的運用有一定的限制，那就是不能逾越「**法律**」的範圍。教師法職權運用的成功關鍵，也應適當使用獎賞權，以讓班級常規有一定規則可循，破壞班級常規者，要知悉教師有權處理與管教其不當行為。

（四）參照權

參照權就是一種教師魅力特質，學生因為教師特有的人格特質，發自內心的表示認同、信服與尊敬。參照權類似韋伯權威類型中的「**魅力權威**」（charismatic authority），若教師魅力特質對學生的吸引力愈大，則學生愈喜愛親近教師，愈會尊敬教師，凡事以教師為楷模，向教師學習，甚至教師言行舉止、外表服裝儀容也是學生模仿的對象。參照權的建立方法如：

1. 使用較多的自我表露，告知學生課程中的概念與原則如何影響教師的生涯。

2. 保持專業態度，以非教導方式與學生相處或活動，建立良好師生關係。

3. 以公平一致的態度關注到每位學生，花時間與所有學生進行面對面的正向互動。

　　4. 以接受而不是施恩的態度接納學生，辨識個別學生的興趣，展現教師的忠實與信任，不要只在意學業成就的話題。

　　5. 常規管教時，是管教學生的行為，而不是管教學生個人。

　　6. 以身作則成為角色楷模，言行一致。教師的參照權要贏得學生尊敬，前提就是教師也要尊重學生。

（五）專家權

　　專家權是指教師所擁有的專業知識與技能，或特殊專長，以贏得學生與家長的尊敬。正因為教師擁有專家權力與豐富的知能，才能影響學生或教育他人。教師的專家權，要付之實際行動，完整的表達讓學生、家長、行政人員知道，此種表達最佳的方法就是班級經營良好、教學活動成功，成為一位有效能、有效率的教師。建立專家權的具體作法如下（Tauber, 2007）：

　　1. 透過完善的準備來展現教師的專長。教師要對所有科目都有深入涉獵是不可能的，教師對於不知道的內容能真實告知學生「**不知道**」，更能讓學生信服。

　　2. 實踐落實教導的內容，秉持教育是終身持續努力的信念，不因挫折而停頓。與其他專業一樣，教師要靠不斷的在職進修研習（例如參加工作坊、研討會、進階課程訓練等）提升專業知能，讓學生知道教師是跟上時代的。

　　3. 在任教科目與專業領域中，隨時充實自我，其中有關教育專業、班級經營實務知能的書籍或相關研究要多加閱讀。

　　4. 盡可能教導學生自己如何找出問題答案，以培養學生獨立學習能力，若多是直接給予答案，只會增強依賴行為。具專家權教師培養的學生是要超越教師，將來比教師更好。

　　5. 有技巧的讓學生及家長知道教師所受的正規教育與專業成就。在學期初的教室布置或給家長的通知中，可以將教師的學經歷、專長、獲證事蹟等公告或讓家長知道。

6. 發掘學生的專長與優勢智能，並讓學生在班級中有機會展現出來。對於學生有更多了解（屬參照權的展現），才能發掘學生的亮點。真正的專家是能將學生安排在最佳位置，並能使其專長有效發揮。

蘇爾曼（Shulman）認為教師的知識包括三大類：「**教學知識**」（Pedagogical Knowledge, PK）、「**學科內容知識**」（Content Knowledge, CK），以及「**學科教學知識**」（Pedagogical Content Knowledge, PCK）。學科教學知識指的是教師如何以教學知識將學科內容知識有效、清楚與系統地教授給學生；教學知識包括教學方法的選用、常規管理的技巧、課程教材的編排、多元評量的實施等。一位具專業學科內容知識的教師，若沒有豐富的教學知識，則無法有效傳遞學科或領域知識內容讓學生理解。此外，班級經營知能為教師「**教學知識**」的範疇。

四、班級經營的研究取向

至於班級經營的研究取向，依學者艾邁爾（Emmer, 1987）的觀點可分為以下三種（郭明德，民 90）：

（一）功能觀取向

「**功能觀取向**」（the functional perspective）的焦點在建立班級經營的準則，尋求有效的教師行為，以達成教學目標。功能觀取向的研究較偏重於班級常規的維持、教室紀律規範的約束，較屬於哲學、思辨的探究，通常採用內省法及觀察法，分析出有效能教師與無效能教師在班級常規維持的差異，以及一位有效能的教師會表現何種教學行為、教室紀律如何維持、班級經營具有何種特徵等。功能觀取向的班級經營研究取向偏重於主觀與理論的探究與分析建立。

（二）行為改變取向

「**行為改變取向**」（behavior modification orientation）的班級經營研究取向，主要是採用行為主義的論點，行為主義重視外在酬賞、增強原則與懲罰的有效應用，以改變學生不當行為，培養學生重公約守紀律的行

為，利用增強及行為改變技術消除學生偏差行為與不良習性，進而培養學生專注的學習動機與學習意願，兼具工作投入與自我投入的信念與實踐動力。行為改變取向的研究觀點，主要藉由觀察法與實驗法為主，特別重視外顯行為的直接觀察與客觀記錄個體的行為表現。

(三) 人際－互動觀取向

「**人際－互動觀**」（human-interaction perspective）取向的理論觀點，主要採用「**人本心理學**」及「**存在主義**」的哲學論點，強調教師應具備的人格特質是無條件的接納學生、積極關注學生、傾聽學生心聲、尊重學生主體性與自我的發展，以增進學生正向自我觀念的培養，進而使學生適應群體的學習規範與自我責任感的培養。人際－互動觀取向重視的是良好師生關係的建立及學生主體的重視，唯有在良好的師生關係基礎上，學生行為才能獲得改善，而學生學習群體良好人際關係的培養也十分重要，藉由團體力量培養學生的群性。

參 . 教師班級經營的信念

教師的信念影響班級活動的進行與教師決策，是教師對班級人、事、物所持的態度或心理傾向。教師內在信念會影響其外在行動與行為準則，包含教學活動的進行、教學評量的實施、情境的布置管理、班級事務的處理、學生行為的處置、對待學生的態度、與人相處的內心驅力，以及對工作投入與自我投入的知覺等。因而一位教師具正向而理性的教師信念顯得十分重要。一位傑出的教師，在班級經營上應具備的專業角色信念有以下幾點：

1. 堅守全人教育與價值性的目標理念。
2. 堅信民主、人性、多元化學習原則。
3. 堅守言教、身教、境教的領導示範。
4. 堅守教師專業知能與終身學習信條。
5. 堅守教育熱忱與工作投入經營理念。

6. 堅守身為教育人員應有的行為操守。

　　為回應社會對培育終身學習教師的期待，教育部建構的教師圖像以「**終身學習**」為核心，在「**教育愛**」、「**專業力**」、「**未來力**」三個向度下，教師應持續精進熱忱與關懷、倫理與責任、多元與尊重、專業與實踐、溝通與合作、探究與批判思考、創新與挑戰、文化與美感、跨域與國際視野等九項核心內涵，促進專業成長，提升專業知能，培養學生具備未來社會所需的知識、能力與態度（教育部，民 109）。

思考與討論問題

1. 你在求學歷程中，班級或校園中有無發生學生之意外事件案例，若有，請你簡要說出與師生一齊分享並討論。
2. 請你回憶求學過程印象最深刻的老師，此老師的班級經營或人格特質有何特別之處，才會讓你印象最為深刻？請與同學分享。
3. 「班級管理」與「班級經營」二字均是從「Classroom Management」翻譯而來，對於二者的中譯字詞意涵是否相似？請提出你的看法。
4. 〔情境事例〕

　　陳姓男老師擔任的是國小高年級五年二班的導師，平日與學生相處融洽，師生間很少有衝突發生，對於學生好的行為表現，陳老師總喜歡拍拍學生的肩膀以示激勵。校慶運動會時，徑賽項目中，高年級有舉辦女生二百公尺競賽，由於陳老師服務的學校是所大型學校，徑賽的單項比賽項目於運動會前三天舉行會前賽，陳老師班上的雅美以預賽第二名的成績進入決賽。校慶運動會當天，女生二百公尺競賽安排的時間是早上 11 點，當天風和日麗，極適合學生跑步。槍聲響起，雅美照陳老師教導的方法盡力的向前衝，以第一名衝過終點線，但由於雅美突然停止下來，導致中心不穩，衝過終點線後跌倒在地，在終點

線的陳老師看到後，立即將雅美扶起，扶到走廊後再請班上女同學陪雅美回教室。

〔事例思考〕

對於以上陳老師的舉動，你會聯想到可能會引發何種班級經營的問題或衝突？請提出你的看法。

5. 班級經營是「科學方法」與「藝術策略」的融合運用，所謂的「科學方法」與「藝術策略」的內涵為何？請分別加以說明。

> ➡ 參考內容
>
> (1)科學方法
>
> ① 班級經營的策略應用均有對應學理，依據班級經營的紀律模式有理論基礎與實徵研究。
>
> ② 班級經營的方法使用融合了跨學科知能，班級經營的運用結合了教育心理學、教育學或教育社會學等學科知能。
>
> ③ 有效班級經營環境建立要採取系統方法，如何訂定班規、如何善用班級人才資源、如何發掘學生亮點、如何做好親師生溝通、如何安排教學程序等，均要採用系統有效方法。
>
> (2)藝術策略
>
> ① 管教策略要根據學生個別差異調整，以做到適性揚材。
>
> ② 班級經營是一種權變因人因事而異，以因應個別差異。
>
> ③ 班級經營實踐要兼顧法理情等面向，以展現教師專業。

6. 開學第二天，有二位同學向教師請纓，想擔任布置美化公布欄的任務，但這二位同學的藝術表現在班上並非是最好者，如果你是班級導師，你會答應嗎？你的緣由為何？

7. 以下二位雕塑家的描述讓你想到什麼，或對你有何啟示？

～二位雕塑家～

我作夢站在一間畫室中

看到畫室內有二位雕塑家

他們使用的黏土是年輕孩子之心靈

他們用關懷的心來塑造黏土

一位是老師，他使用的工具是

書本、音樂與藝術

一位是以指導之手和孩童一起工作的父母

她具有一顆仁慈、關愛的心

日復一日，老師辛苦雕塑

用靈巧與自信的手觸摸

此時，在教師身旁，父母也在工作

將作品加以潤飾、圓滑

任務完成之時

他們為自己所作之事感到驕傲

他們所形塑的這個孩子

無法被販售，也無法購買得到

若是他們獨自雕塑工作

每個人都同意肯定會失敗

他們是

父母與學校

老師與家庭

～作者不詳（Olsen & Fuller, 2003, pp.160-161）

8. 假設今天是開學第一天，你班上的同學是重新編班的班級，你是這個班的導師（或任課教師），接任新班級的第一節課你會做哪些事情，請想看看？

【實務問題──第一週班級經營重點事項】

開學後第一週，教師班級經營的重點應關注下列幾個事項：

1. 訂定合理的班級規約：師生共同討論訂定具體可行的班級規則。

2. 最短時間內認識同學：教師應於最短時間認識班級同學，尤其是學生

與其姓名的配對最為重要。

3. 學務各項工作的分配：其中最為重要的是內掃區（教室內外）與外掃區域的工作分配，內掃區域與外掃區域各要有負責的組長與副組長。

4. 遴選或分派班級幹部：班級各個幹部的遴選產生，採教師指派、自願或選舉方式等均可。

5. 讓學生適應班級活動：讓學生很快適應學校的作息，配合班級活動的進行。

6. 生活作息常規化訓練：教師應重視常規紀律的建立，採取「先嚴格後寬鬆」的策略，建立骨幹性班級組織。

7. 認識校園與學校規定：教導學生重要的學校規定與班級規約，並熟悉校園環境，以保障學生學習安全為首要目標。

第 2 章

班級經營的特徵與生態轉變

一、/

「班級經營中，教師要優先掌握的是『安全第一』、『學生為重』、『品德優先』、『學習為主』。」

「有怎樣的校長就有怎樣的學校；有怎樣的教師就有怎樣的班級，『班級氛圍』影響學生的行為表現。」

「教師哲學信念是班級經營的指導原則、教室班級是教師哲學信念的實踐處所。」

「在校園中處處是學習之地，也可能是危險之所，教師要隨時注意學生安全。」

「友善校園的情境，是讓學生喜愛學習，安全快樂的回家。」

「學生平安就是福、校園安全重於一切。」

「**卓越**」、「**精緻**」與「**高品質**」的教育是近年來各國教育改革一致努力追求的目標。行政院《教育改革總諮議報告書》五大建議：教育鬆綁、帶好每位學生、暢通升學管道、提升教育品質、建立終身學習社會，這五大建議提出後，國內教育界掀起一波教育改革的浪潮。十二年國教課綱的課程與教學目標強調學生「**核心素養**」培育，關注的是學生認知、技能與情意；學習歷程、方法與結果；跨學科或跨領域的統整學習及生活應用能力。新課綱以「**啟發生命潛能**」、「**陶養生活知能**」、「**促進生涯發展**」、「**涵育公民責任**」等四項總體課程目標為主軸，以「**成就每一個孩子**」為願景，培育具有社會適應力與應變力的終身學習者。

家庭教育與學校教育是學生人格發展、智能成長與社會化轉變的二個關鍵，而「**班級**」（classroom）更是學生學校教育中最重要的處所。學生從班級中，獲得所需資訊、習得專業技能以及與人相處之道，使得態度、品性、人格獲得改變；從教師安排的學習活動中，吸收擷取資訊、篩選過濾資訊、應用轉換資訊、創造資訊，進而充實自我、實現自我、超越自我，可見班級文化的重要性。教師、學生、情境，是建構班級文化的重要因素；教師班級管理所營造的班級氣氛對學生學習、人格發展、身心成長、全人教育的養成有重大的關鍵存在。

第一節　班級經營的哲學思考

名教育家兼哲學家杜威曾說：「哲學是教育的最高指導原理原則，教育是哲學實驗室。」教育活動如果沒有哲學導引將會有所偏。新時代社會變遷急遽快速，教育改革中如果沒有正確哲學理念引導，則教育改革真正目標無法落實。教師班級經營亦同，班級經營的良窳與學生學習結果—教育產出有密切關係存在。新時代是一個民主開放、自由多元、經濟繁榮、資訊科技的社會，教育改革重視教育的品質與卓越，正確的哲學理念不可或缺。在新時代班級經營中，教師要形塑優質學習環境，引導學生核心素

養的學習（王連生，民 83）。

壹 . 班級經營哲學理念

一、全人化的班級教育經營

　　班級經營的主要目的，在於教育效率與教育品質提升，班級經營只是一種策略、一種手段，其終極目標在於「**全人教育**」的培養，重視學生認知、技能與情意的適性發展。新課綱之核心素養強調學習除學科知識及技能外，更應重視學習與生活的結合，透過實踐力行而彰顯學習者的全人發展。

二、人性化的班級行政管理

　　人性化的班級行政管理就是要針對學生的個別需求，來計畫、執行各項班級事件與教學活動，重視學生的自願性、認知性與事件的價值性，常規管理的訂定、執行等均能以學生為主體，培養學生「**存好心、做好事、讀好書、說好話、做好人**」的正確人生觀，具備現代國民所應具的素養。

三、生活化的班級情境規劃

　　班級生態是學生在校生活、學習主要處所。從生態學觀點而言，有形環境與無形的物理／社會環境，對學生學習、行為均有重要影響；「**言教、身教、境教**」的相互配合，才能使學生學習與行為改變收事半功倍之效。生活化的班級情境規劃內涵，包括教室布置、學習角規劃、學生座位安排等，這些環境規劃安排如與學生生活契合，則更能凝聚學生向心力。

四、藝術化的班級常規訓練

　　班級常規訓練中，學生行為規範與常規好壞有密切關係存在，班級常規訂定是班級全體師生共同的職責，教師常規訓練與問題處理，要秉持「**公平、正義、一致**」原則，焦點關注於「**對事而不對人**」。對事情的處理不能有所偏見，但對「**個別學生**」行為輔導與學習，則講求「**藝術手**

段」運用，針對學生個性、人格等差異採取不同的方式，以使班級常規達到「**師生共同訂定**」、「**人人願意遵守**」、「**個個行為向善**」的目標。

五、民主化的班級自治活動

民主是現代國民應具備的一種思想信仰、生活方式與普遍目標。民主化觀念與民主化性格應從學校教育做起，各式班級自治活動的實施與推展，應尊重學生主體性與民主精神的養成。教師本身也要有民主胸懷，尊重學生不同意見，教學活動與學生行為改變也應在民主的基礎實施，權威式與體罰打罵的方式，已不符合時代教育潮流，民主開放、活潑而多元的學習活動才是新時代的學習主流。

六、趣味化的班級學習活動

班級的學習活動應是多元而有趣的，若是每節的學習活動均是教師枯燥無味的講述，學生的學習興致容易低落。因而教師如果要講述重要概念，要配合豐富的肢體語言、抑揚頓挫的語調、深入淺出的表達等方法來彌補講述法的不足，此外，教師可根據學習單元與課程素材內容，採用分組學習、討論法、角色扮演、實作等教學方法，以激發學生學習的動機與興趣。

七、適性化的學生養成教育

學生間由於天生資質的差異、人格特質的不同、興趣專長的多元，教師要根據多元智慧理論的理念，讓學生適性發展，鼓勵學生儘量去做、用心去完成，而不是要求學生全部要達到高成績標準。學業成績的標準可採標準參照模式的觀點來看待，讓學生自我比較。但對於學生品格行為、常規紀律的要求則不能因學生而有所差異，此種行為品格是所有學生均可達到的，教師要嚴格貫徹執行，教育最終目標就是要培養學生律己善群、循規蹈矩，長大後能對社會有所貢獻。

傳統班級經營哲學理念是希望將資質不同、人格不同、學習式態不

同、智力不同的所有學生，經過教室班級的洗禮、課程、評量、教師的權威，把其塑造成同一個模式與個性，其實這是不可能之事，也違教育本義。事實經驗結果顯示，常態分配下的學生，其個別差異極大，班級經營的主要目的是在使學生的五育能「**適性發展**」，開展每位學生的潛能，使每位學生均有專長，此專長並非是要求每位學生皆考一百分，而是使每位學生均能重視自己在群體社會中所要扮演的角色與地位，於適當地點、適當時間表現最適宜的行為，長大後成為社會的良民。班級經營哲學理念如圖 2-1（箭頭長短表示學生間的個別差異）：

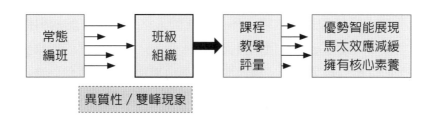

圖2-1　班級經營哲學理念

貳 . 班級經營應有的認識

班級經營必須順應新時代的變遷，潮流在變、思想在變、學生的思想、性格與態度也在變，教師如果再以不變應萬變的心態，則無法因應新時代的教育變革。在新時代的班級經營理念中，教師除有正確而堅定的經營哲學之外，對於新時代班級經營尚應有以下的認識：

一、班級經營內涵多樣化

「**班級經營**」（classroom management）不只是「**教室常規管理**」（classroom discipline），班級常規管理與紀律控制只是班級經營內涵的一部分，班級經營含括的範圍甚廣，但主要包含教學、行為、情境與輔導。班級經營就是教師要營造人性化、生活化、趣味化的班級學習情境，

使學生能表現適宜的行為、建構良好的班級文化、提升教學效率與效能；在學生生活、行為及學習問題上，教師更要運用輔導專業知能，協助學生問題解決與行為改變。在新時代班級經營的知能上，教師所需要的是「**更實務、更專業的班級經營知能與策略**」，以因應、處理、解決更多的班級問題與學生常規、秩序問題。

二、班級經營對象異質化

由於社會變遷急遽、家庭教育與家庭環境差異、傳播媒體普及、電腦網路的發達、國民所得的提高，個體獲取資訊的來源更為廣泛也更為快速，學生個人價值觀發生改變，學生彼此間人格、態度、認知與價值觀念差異很大。考量班級學生個別差異情形，班級內多元歧異的現象更趨複雜，學習的「**雙峰現象**」造成個體間的差異愈來愈大。在更為異質化的群體中，教師班級經營中最重要的理念就是因應個別差異，因材施教，採取差異化教學策略與輔導方法，以適應學生間個別差異情況，這也是教師要「**帶好每位學生**」的緣由。在這更為異質化的群體中，個體學生的主觀意識更為強烈，教師更應採取「**權變化**」的「**多元化**」班級經營知能，以導引學生人格的正常發展。

三、班級經營情境複雜化

新時代社會中，由於民主多元發展結果，教育革新受到外在干擾的因素更多。以組織概念而言，班級就是一個開放性組織，不可能不受外在情境的影響，影響班級組織的外在情境就是學校、家庭與社區。學校行政事務干擾教師教學，校外壓力團體、家長群體介入教師的班級經營，這些外在因素常對教師教學與班級經營造成很大的困擾，因而如何因應外在壓力團體、做好親師溝通工作、處理突發事件，便成為教師班級經營的知能之一。

身為教師要心中有愛，一位能賞識學生優點的教師，才能促發學生多元知能的發展。當學生感受到教師的「**賞識**」，就會表現教師所認同

的行為，這就是心理學有名的「**期望效應**」（「**比馬龍效應**」/「**自我應驗效應**」—self fulfilling、「**羅森塔爾效應**」—Rosenthal effect）。「**比馬龍效應**」指教師對待學生的態度及期待不同，會影響到學生的信念與對成功的期望，學生會朝向教師對他們期待的方向發展，教師和學生的關係很像太陽和向日葵，當太陽在哪個方向，向日葵就往哪個方向發展。「**賞識學生**」就是多發掘學生的優點，少看學生的缺點，傳統的家長或教師看學生是：「**缺點不說不得了、優點不說少不了。**」賞識教育的作法就應將觀念轉過來：「**優點不說不得了、缺點不說自然少。**」

第二節　新時代班級經營的走向

壹. 班級經營具體內涵

　　有效的班級經營就是班級「**人、事、時、地、物**」的有效掌握與利用，其具體內涵就是「**對人的尊重**」、「**對事的安排**」、「**對時的掌握**」、「**對地的規劃**」、「**對物的利用**」。

一、對人的尊重

　　班級經營中不論是學生學習活動、班級常規訂定、學生行為輔導或班級活動的推展，教師應以「**學生為主體**」，尊重學生學習主體性與個人權利，正如存在主義者所主張的，學生可為自己的行為負責，個人有絕對的自由，學生個體有選擇的權利，學生個體更有超越自我的潛能（Morris, 1966）。教師的尊重、鼓勵與讚揚，才能激發學生學習興趣，這是學生行為改變的動力，也是學生學習主要動機源頭。對學生的尊重，並不是放任學生為所欲為而不管，當學生違反班級常規或干擾同學學習時，教師也要採取必要措施，否則教師行為就是一種不負責任的班級經營表現，這與尊重學生與否沒有必然關係存在。

二、對事的安排

班級經營過程中，活動推展與教學是否有效，端賴教師對事件的安排與事先是否有妥慎計畫；每一種教學活動，教師均要計畫周延，思索多元方法與不同評量方式；在學生行為輔導上，就要針對學生個別差異，採取有效、不同的輔導策略。在班級事件的處理上，教師如能有條不紊，妥慎計畫各事件的執行步驟，則班級事件的處理效率自會提升，教師對事的安排不僅限於班級內經營的事件，也包括班級與學校行政事項的配合，以及班級與家長親師合作各項事件等，這些事件均會影響教師班級經營與教學活動的實施。

三、對時的掌握

每天發生的班級事件甚多，教師常會覺得時間不夠、作業批改不完、班級事件無法有效處理，如何有效利用現有時間，做最有效率的安排，是班級組織管理的重要因素之一。在對時的掌握方面，教師一方面要安排、分配學生學習與活動時間，以利學生能依循一定程序從事有計畫性的學習活動；另一方面要安排規劃自己的時間，時間編排上應包括課堂時間、作業批改時間、經營班級活動時間、處理學生行為問題時間、教師在職進修及自我成長時間等，對時的掌握就是教師要確實做好「**時間管理**」。

四、對地的規劃

對地規劃，即是班級空間的經營，其中較重要的是學生座位編排、各式教具的擺放、各項櫥櫃的安置、教師桌椅的位置與學習角空間規劃等。學習角的規劃與使用，是開放教育的時代趨勢，學習角場地空間多大，設置在哪個角落應考量教室學生座位編排與學生活動空間等。不論班級空間如何運用，規劃結果應讓人有舒適而不擁擠的感覺，在班級內的活動空間不影響學生的自由走動與安全。至於學生個人或是團體在教室內走動，應遵守班級常規守則所訂事項，其中以「**學生安全**」為第一考量。

五、對物的利用

對物的利用，包括如何有效利用教室置物櫃，有秩序地放置班級各項教學或活動材料；學習角如何布置、放置內容如何，方能使學習角發揮最大的效益；教室後的布告欄要如何設計，才能吸引學生，發揮境教潛移默化的功效等。對物的利用，就是如何發揮教室內各式材料**「物盡其用的功效」**，輔助教師教學與班級經營。

貳. 班級經營具體作法

新時代的社會變遷更為快速，學生自我意識更為強烈，有效的班級經營就是要把握班級的人、事、時、地、物，其具體作法可朝下列幾點著手：

一、了解班級經營內涵

教師班級經營內涵，主要包括教師教學經營、班級行政經營、學生行為經營三大部分。教師教學經營，要培養學生內化的求知動機、喜愛求知、持續努力學習；在班級行政經營要有效處理、規劃班級活動與事件進行，在井然有序、多元有趣的情境下，讓學生參與各項活動；在學生行為經營上，消極上要輔導學生行為的改變，在積極上要預防學生不當行為發生。不論教學、行政或行為經營，教師均要對其個別內涵有詳細認知，才能採取最適合的策略。

二、了解學生個別需求

班級學生間個別差異甚大，個別興趣、喜好、態度、人格等均不相同，教師應採取權變的模式，針對學生個別差異因材施教。要有效掌握學生特性，平時教師就應對學生一言一行、一舉一動加以觀察，並建立學生個別檔案資料；此外，尤應多參與學生學習活動，師生共同學習或一齊參與班上活動，較能建立良好的師生關係，拉近師生間距離。班級經營中，

教師能贏得學生信任與尊重，就能有效經營班級各種活動事件，提高學生
學習動機、滿足學生學習需求。

三、了解教室所處情境

從「**生態模式**」（ecological model）的觀點而言，學生行為受環境因
素與個人特質間複雜的交互作用影響而成，就「**社會認知取向**」（social
cognitive approach）的「**交互決定模式**」（reciprocal determinism model）
而言，「**個人認知**」（person cognitive）、「**行為**」（behavior）與「**環
境**」（environment）三個變因間會相互影響。學生所處的社會環境對學
生個人行為變化、學習效果有重要影響，有效的班級經營就是要營造一個
適合學生學習的處所，建立優質的環境。要建立一個適合學生學習的優質
環境，首先教師就要對教室生態情境有充分的了解，包括班級內學生、班
級組織的環境、班級組織所處的學校行政與家長文化等。教師能了解教室
整個情境，才能採取適當方法、運用相關資源，協助其班級經營運作。

四、了解學習生態轉變

資訊科技時代中，教室網路功能更為完備，視聽多媒體、電子媒體
素材等將成為課堂教學的一部分。受到建構主義思潮影響，教室學習生態
轉變，以學習者中心的學習成為學習主流，重視全人教育，合作學習、開
放空間、多元教材、動態評量、能力導向等成為新的學習生態。學習生態
「**派典轉變**」（paradigm shift），是促發教師教學革新的因素，教師如能
深入了解整個班級生態派典轉變，則能促發教學革新策略，使用新科技、
具備新知能、迎接新挑戰。

第三節 班級經營的理念與原則

　　一個好的教師，應具備「**專業**」、「**敬業**」、「**樂業**」等三業。在知識經濟時代中，知識的半衰期縮短，教師要能不斷的充實自我、持續的在職進修，以「**專業知能**」贏得學生的信服；不論社會的變遷如何，教師對於自己的教職工作要全力以赴，不論是教學、行政、學生輔導等事項，均要有投入感與熱忱感，表現「**敬業精神**」；在教學歷程中，不但要以教師為職業，更要以教師為志業，樂在其中，喜愛工作，選其所愛、愛其所選，表現高度的「**樂業態度**」。

壹. 教育理念

　　在班級經營中，教師要具備以下的教育理念：

一、愛心與耐心

　　一位稱職的教師要展現愛心與耐心，大教育家福祿貝爾曾說：「**教育之道無他，唯愛與榜樣而已。**」德國文化教育學者斯普朗格（Edward Spranger）也說：「**唯有在愛的溫度中，教育才會成功，也才會真正影響人的內心。當師生相處時，愛的力量會透過互動及情感而散發出光芒。**」班級經營中碰到學生行為或學習問題，教師要有耐心的處理，讓學生感受到教師的教育愛，體會到教師用心與對班級的投入，如此，才能使學生樂於學習，喜愛教師與所就讀的班級。

二、公平與正義

　　公平與正義指的是教師處理學生問題時應一視同仁。教師對學生的一時的失誤或不當行為的處理，心中應有一把水平尺，不能因個別學生而有不同標準，尤其是對弱勢族群、低社經地位、低學業成就學生的態度不應有所偏頗。在學生行為處理上，教師易受「**月暈效應**」的影響，常把學生

學業成就與其行為表現混淆在一起,而對低學業成就學生有不同的處理方式。當教師無法以心中的水平尺來度量學生行為時,就無法維持師生間良好的融洽關係,更無法獲得學生的認同。

三、包容與體諒

當學生因一時的失誤而表現不如預期理想的行為時,教師要以包容與體諒的心胸來處理學生問題。例如學生在打掃活動時不小心(非故意或嬉鬧行為)將玻璃打破,教師的第一句話應是「有無受傷?」而非責備怒罵學生;當學生考試成績不理想或退步時,教師表現的適宜行為應是關懷與訝異的表情:「成績好像退步了。」而非嚴厲的斥責:「怎麼考得這麼差?」「考這種爛分數?」當教師能包容學生非故意的失誤行為時,才不會打擊學生的自尊,也才能讓學生體會教師對其的關懷。

四、決心與堅持

「**教室常規**」(班級紀律)(classroom discipline)是學生教室行為的共同準則或學生在學習歷程中應遵守的共同「**規範**」(norm)。班級常規是教學的先備條件,教學歷程中如果沒有良好的班級常規維繫,則教師的教學將大打折扣。在班級經營歷程中,對於學生破壞常規的不當行為、偏差行為,教師要立即處理、確實執行班規訂定的守則,這就是教師的決心與堅持。教室中的「**蝴蝶效應**」(butterfly effects)表示教室中的枝微末節之事,教師也不應忽視,尤其是學生學習態度、行為表現、做人處事之道,否則等到學生行為發生「**蝴蝶效應**」時,處理時可能事倍功半,或引發嚴重的親師生衝突。

五、慎言與析理

語言的槓桿,貴在微妙,班級經營的領導與管理是要講求技巧與策略的,這些技巧與策略是要靠教師的智慧,「**一句話讓人笑、一句話讓人跳。**」大科學家阿基米德曾說:「**只要你給我一個有力的支點,我將會把**

地球給搬動。」這是著名的槓桿原理，有效能的教師就是要發揮班級經營的槓桿原理，以簡潔有力、正向積極的激勵話語，來鼓舞學生。析理在於教師對於班級學生行為或衝突能加以深入解析，以了解事情發生的起因與過程，而不是憑個人的喜好或偏見來處理。

六、實踐與創新

實踐在於班級各項活動推展的落實，這些活動須師生共同努力完成。教師對學生的承諾必須履行，教師要以身作則，身為學生的楷模，教學內容也須根據進度表完成，教師實踐的程度能展現教師的毅力與時間的有效管理。創新在於因應時代所需，服膺知識經濟時代的社會脈動，教師要以新思維看待班級的事件，以新策略、新方法帶領班上學生學習。

貳 . 教育理念實踐的目標

教師教育理念的實踐與創新行為，在於讓學生能「**快樂愉悅的上學**」、「**平安喜樂的回家**」、「**充實忙碌的學習**」：

一、快樂愉悅的上學

在學校生活中，行政人員要營造「**友善校園情境**」；在班級學習中，教師要營造「**溫馨和善的學習環境**」，此種學習環境讓學生置身其中時能感受到同學的互愛、教師的關懷；班級氣氛是友善溫馨、教室情境是和樂溫暖。學生每天起床後，第一個念頭是「**我要趕快準備好，快點上學去**」，學生視學習是一種樂趣，喜愛上學也願意學習。能讓學生快樂愉悅的上學，學生的學習成效會更佳。

二、平安喜樂的回家

「**小孩生得少，學生個個都是寶**。」不論學生的資質如何？學生的課業表現如何？學生的外表特徵如何？在家長心中，每位學生均是父母心中的寶貝，身為父母所企盼的除子女學業進步與表現適宜行為外，最重要的

是子女能帶著喜樂的心情，平平安安的離開校園而安全的回到家裡。若學生在校園因教師的疏忽發生意外，則可能引發親、師、生間的緊張關係，所以班級經營中，教師要優先掌握的是「**安全第一、學生爲重、品德優先、學習爲主**」。

三、充實忙碌的學習

一天的學習要讓學生滿載而歸，充實而有收穫，最重要的是教師時間管理與巧思的創意，不論是何種學習活動，均要讓每位學生能積極投入。在學習活動的規劃方面，教師要能安排多元有趣的學習活動，以激發學生的學習動機。在激勵學生學習動機方面，分組活動與小組競爭方式是一種有效的策略。教育學者貝爾（Bell）曾說：「**有效能的教師要記得三件事，第一件是動機、第二件是動機、第三件仍是動機。**」學習動機的高低與學生的學習態度、行爲表現有很重要的密切關係，要讓學生充實忙碌的學習，最重要的是要激發學生的學習動機。從「**期望價值模式**」（expectancy-valence model）而言，要促發學習動機，第一個要件要讓學生感受到學習任務的高成功率（期望），第二個要件要讓其體認學習任務的重要性（價值），學生認爲有能力完成且了解成功誘因的價值性，則會有強烈學習動機。

第四節 新時代學習生態的轉變

新時代是一個求新求變的時代，追求創新與教學翻轉，整個學習生態與傳統以教師爲中心的學習模式不同，轉變爲學習者爲中心，新時代教師要以新知能來經營與管理班級，以創新的教學方式來帶領學生學習。教師如以不變應萬變之心來面對教學與班級經營事務，會爲人所恥笑；新時代的教師若是「**以過去知能、教現在學生、去適應未來社會**」，則無法培養學生的核心素養，更無法與終身學習的教師圖像相呼應。

新時代學習環境生態，受到資訊科技、建構主義、教育革新等因素影響，學習生態的轉變，呈現以下新面貌：

一、教育目的由知識導向轉變為能力導向

新時代的社會，知識半衰期甚短，學生所需要的不再是知識累積，而是獲取資訊的能力，包括問題解決能力、資訊擷取轉化能力、主動探索與獨立研究能力、資訊應用創新能力。全人教育重視的是學習者知識、情意與技能的整體成長，教育目的在培養學習者如何在資訊科技時代中，駕馭科技而不為科技所支配；如何在終身學習情境中，具備繼續學習的技能。

二、班級定位由知識殿堂轉變為學習組織

新時代班級並非只是學生獲取知識的中心，它更重視學生人格的轉化、態度的養成、學生基本關鍵能力的培養。學習型班級組織重視學生們群體合作、自我比較，以超越自我為目的；班級教法、教材、課程、評量、管理與教師角色等均要重新思考，使班級組織成為學習型組織，以符合終身學習教育理念。

三、教學主體從教師中心轉變為學生中心

新時代教學中，學生成為教學主體，教師成為教學客體，教師必須以學生角度看問題。資訊科技時代脈絡中，教師主要扮演的是啟發者與導引者角色，並非傳統知識灌輸者或知識給予者；教師課程編製、教學活動規劃、學習單設計、班級活動安排等均要從學習者本身出發。新時代教師所扮演的是一位知識催化者，而非只是知識灌輸者角色。

四、資訊獲取從被動吸收轉變為主動建構

資訊科技時代，建構論學習成為學習主流，「**建構主義**」（constructivism）主要論點（Dechant, 1993）包括：(1) 著重心智和概念的作用，而非機械式訓練；(2) 強調內在主觀的認知，而非被動的吸收；

(3) 認為應由動態的整體來了解個體，從巨觀角度來看學習者；(4) 學習是知識的重新組織而非知識累積；(5) 教師角色在於安排適宜的學習情境，為學習者營造學習的機會；(6) 學習者天生就具有探究、求知的動機與本能；(7) 學習者之學習社會環境對學習者有重大影響。建構主義於班級教學的學習行為是「**做問題、談解法、說結果、寫心得**」，做、談、說、寫是一種動手操弄、知識建構的歷程。

五、學習型態從個體學習轉變為合作學習

傳統學習強調學習間之競爭，在新時代學習中，重視的是學生合作學習能力，而非相互競爭能力；這是新課綱中所要培養的「**自發、互動、共好**」之教育目標。未來教學與班級活動的新趨勢應是「**小組群體**」代替「**獨立個別**」學習方式；以學生間「**合作學習**」替代個別間「**競爭學習**」模式，這是新時代學習生態的特徵之一。至於教師教學角色，則以「**協同教學**」取代傳統單一教師單打獨鬥的教學方式，當教師群相信他們一起共同備課及規劃課程活動時，能讓學生有較佳的學習表現，也能幫助學生們成功，不僅提高學生「**自我效能**」（self-efficacy），也讓個別教師的教學效能提升，這就教師的「**集體自我效能**」（collective self-efficacy）。

六、教學方式由教師傳遞轉變為師徒相授

資訊科技時代引發的學習革命，教師不再是學生獲取知識的唯一來源，網路學習、電腦輔助學習、網路輔助學習將成為未來學習主流。教師角色從傳統知識給予者轉變為學生學習指導者，在資訊洪流中，教師既是資訊給予者，同時也是資訊接受者；在某些知識領域方面，教師是教導者，在某些知識領域方面，教師成為學習者，學生反成為教導者。

七、學習教材由單一固定轉變為生活多元

傳統教學模式是四合一方式，所謂四合一就是「**一支粉筆、一張嘴巴、一本教科書、一份測量題目**」。學習教材是由政府單位統一編輯之制

式教材教科書，近年來雖開放民間編輯（一綱多本），教科書來源較爲多元，但部分教師仍採用以「**一本教科書爲主**」的上課模式，「**教科書**」成爲「**課堂聖經**」，不論學習者個別資質如何，大家均學習同一教材、上課同一進度，學生學習低落，學習興趣不高；新時代的學習教材重視的是生活化、多元化的學習內容，關注的是「**學校本位課程**」，強調的是活潑化、實用化與生活化的教材內容。

八、學習空間由班級封閉轉變爲開放延伸

「**通訊**」（communication）、「**電腦**」（computer）、「**消費性電子產品**」（consumer）、「**內容**」（content）等四 C 所建構的網路學習生態跨越時空限制，網路教學延伸學習觸角，天涯若比鄰，建構而成的是地球村整體學習情境。學習方式由即時即地轉變爲跨越時空，學生學習空間不再僅限於班級之內，跨越班級外的任何地方均是學生學習場所，虛擬城市、虛擬學校、虛擬教室、虛擬社區等均是學生學習之處，學習觸角的延伸及遠距教學成爲新時代教室學習生態。

九、學習內容由制式單調轉變爲活潑彈性

新時代課程編製，重視的是課程的統整與連貫，而學習內容強調的是生活化、活潑化與實用化的內容，焦點置放於「**帶得走的實用知能**」，以及生活能運用的活知能，讓學生學得快樂、學得自在、學得有信心。以前那些艱深、過於抽象而無實用的知識，將被排除於新時代的學習內容之外，取而代之的是活潑而有彈性、生活而實用的知能。

十、學習過程由靜態接受轉變爲動態探索

傳統教學方式是「**由上而下**」的灌輸，新時代的學習是「**由下而上**」的探索，重視的是學生自行發掘問題、探索問題解決與實作探究能力。這種動態探索知能在於培養學生發展潛能。動態探索是一種群性教育，呼應新課綱基本理念——「**自發、互動、共好**」的基本能力。新時代學習過程

應以問題為核心，導引學生發掘問題、探究問題與解決問題的能力或處理策略，這就是「**程序性知識**」（procedural knowledge）（內隱／無意識記憶）的建構，而基本「**陳述性知識**」（declarative knowledge）（包括語意記憶與情節記憶──外顯記憶）也不能完全忽略，因為它是問題解決的基礎知識。「STEAM」（科學、技術、工程、人文藝術、數學）的整合教學，強調學生跨學科／跨領域學習、實作、探究與合作技能，目的在培養學生批判思考與問題解決能力。

十一、教具媒體由平面靜態轉變為立體動態

教具媒體是輔助教師教學、幫助學生學習有效工具，傳統多以地圖式或圖表式的綱要表作為教學輔助，後來進步到教學科技媒體應用，包括錄音帶、錄影帶、投影片、電腦及其他軟硬體。近年來由於硬體設備發達、軟體技術成熟，多媒體、網路、光碟結合文字、聲音、圖檔、動畫特效，內容豐富而聲光俱佳，是新時代輔助學生學習的重要教具媒介。例如建置在網路之上，結合資料庫，可開發互動式的學習情境，記錄學生學習進步情形，是教室補救教學與學生充實學習最佳之個別化學習處所。

十二、教學評量由靜態評量轉變為動態評量

新時代所採用的評量模式是一種動態評量，動態評量強調的是多元方式評量、實作評量與學生檔案評量，評量內容與學生學習相契合；命題與考試方式改進是新時代評量的一項重要具體作法，相關之會考與學力測驗的研發與採用就是劃時代的評量新模式，重視的是學生基本生活知能應用，而非是艱澀冷僻的死知識。班級教學中，將以實作評量、檔案評量、報告展演等多元評量取代傳統、單一而固定的紙筆式測驗。新課綱之評量強調「**素養導向評量**」，評量特徵為：(1) 強調領域／學科重要概念；(2) 重視與學生生活經驗的結合；(3) 跨領域／跨學科知識的統合。

第五節 教師班級經營的新知能

在行政院教改會之《教育改革總諮詢報告書》中，強調要發展適性適才的教育、注重學生個別差異、因材施教、因勢利導，使每位學生潛能均有發展機會，每位學生都能獲得尊重，教育目標在於**「帶好每位學生」**。新課綱從**「啟發生命潛能」**、**「陶養生活知能」**、**「促進生涯發展」**、**「涵育公民責任」**四個課程目標，建構**「成就每一個孩子──適性揚才、終身學習」**的願景，教師除要擁有課程深耕與教學精進外，也要具備以下三大面向的知能：

壹. 輔導知能 —— 發展性輔導

特殊教育回歸主流之**「融合教育」**（inclusive education），已成為世界潮流，透過學校行政、普通教師、特教教師及教育專業人員的協同合作，讓有特殊需求的學生也可以在普通班中得到最佳的照顧與最適合的教育。融合教育班級是一種多元文化群體，教師更應關注以下四個面向：(1) 建立一個支持與關懷的環境，體認個體的差異性；(2) 提供一個有反應的教學課程，教學內容有包容性且沒有偏好；(3) 採用多樣化教學，融入多元文化教材；(4) 提供所需要的協助，除特殊需求學生外，也包含對特定作業有困難的學生（陳奎伯等譯，民 98）。

「教務、學務（訓育）、輔導」的統合是新時代班級經營中之必然趨勢。在教訓輔三合一方案中，教師除具備教學與班級常規紀律的專業知能外，輔導的知能尤不能欠缺。學生行為問題的探究、原因發掘、輔導計畫的擬定、輔導策略的實施、輔導效果的評核等，均要教師具備專業的輔導知能方能勝任。因而新時代教師要能適應新時代班級所需，必須進修輔導知能，唯有不斷持續的在職進修，方能具備行為輔導、生活輔導、學習輔導的專業知能，也才能實際應用其知能於特殊教育學生的行為、性格、學

業與品行的輔導上。

　　教師在未來班級輔導活動實施，就是要扮演學校心理學家直接服務角色，做好「**一級輔導與預防工作**」，《學生輔導法》中明訂學校教師負責執行「**發展性輔導**」措施，並協助介入性及處遇性輔導措施；高級中等以下學校之輔導教師，並應負責執行「**介入性輔導**」措施。其中發展性輔導為實施「**生活輔導**」、「**學習輔導**」及「**生涯輔導**」。在輔導工作實施上，基本上教師要有以下的認識：

　　1. 輔導並非萬能：輔導並非教育的萬靈丹，可以解決一切學生的行為或學習問題，介入性輔導無效時，應進行處遇性輔導。

　　2. 需要家長配合：班級輔導工作要達事半功倍之效，應與學生家長密切配合，家庭教育與學校教育要緊密結合。

　　3. 教師專業表現：輔導活動與教學活動一樣是一種專業工作，也是一項專業知能的應用，在實施原則強調「**預防重於治療**」。

　　4. 導引學生成長：輔導工作在消極上是矯正學生不良行為，積極上是要幫助學生自我成長，達到全人教育目標，輔導關注的是學生全人的發展。

　　5. 前置配套情境：良好師生關係建立是輔導的基礎，有效的溝通方式是輔導的不二法門，有效溝通輔導前提為學生信任教師與輔導人員。

　　6. 多元輔導內容：班級學生輔導內涵主要包括學生「**學習輔導**」、「**生活輔導**」、「**行為輔導**」與「**生涯輔導**」等。

　　7. 持續不斷過程：學生輔導工作是一種持續不斷的歷程，其成效並非短期可見的，有時要運用學校大系統的合作模式與相關資源，才能讓學生問題得到解決。

　　8. 融入教學歷程：班級內學生輔導工作需要和教師教學、學務活動實施相互配合，而非獨立於教師教學或學務（訓育）活動之外。

貳.教育行動研究與反省能力

「**行動研究**」（action research）是未來教育研究應用重要取向之一，所謂行動研究乃是以教師為主要研究者，以教學實務問題為研究題材，以教師實際教學情境為研究情境，以教學活動改進為研究目的。重視的是教育問題的解決與解決的立即性，教師的實際研究參與、計畫、執行與評鑑，以教學實際情境為研究情境。

傳統教育研究中，教師是被研究、被觀察的客體，教育研究結果是否有助於教師教學或班級管理均不為研究者重視，但教育行動研究目的與方式則不一樣，教育行動研究的「**實用取向**」重於「**理論取向**」，「**實用價值性**」重於「**學術理論建立**」。教育行動研究主要特徵可以歸納為以下幾點：

1. 研究導向：以解決實際的問題為主要導向，這些問題包括教學問題、班級經營問題、課程編製問題、行為輔導與學校行政等。

2. 研究人員：研究參與者即是實際工作的人員，即是教師群體（包含導師、科任教師、行政人員等），主要研究者為遭遇問題的教師，協同研究者為教師同仁或學者專家（供諮詢請教）。

3. 應用人員：教育行動研究結果的應用者也是研究參與者。教育行動研究中，研究者同時為研究應用者，研究應用者就是教師本身（研究者群體），教師或行政人員是教育行動研究中的研究者與應用者。

4. 研究情境：教育行動研究的研究情境是真實的工作情境，這個情境是教師實際所處的環境，包含班級環境與學校情境。行動研究的情境有其「**特定性**」，不具普遍性與代表性，研究結果無法類推至其他相似的情境。

5. 研究對象：教學實際情境的成員，包括一個特定對象、一組群體、一個班級、學校及學校所處的社區等，若是紀律問題，則是發生不當行為或干擾教學活動之學生。

6. 研究走向：結合對問題的研究與問題的解決，重視問題的研究與

研究結果的應用等。將研究結果應用於發掘的問題中，是教育行動研究的走向。

7. 研究目的：教育行動研究主要目的在於「**解決教育場域實際班級經營問題**」，進而改善教學、促進自我成長，使實際的問題獲得解決，提高學習效果，促發學生身心健全發展。

8. 研究歷程：教育行動研究是一種動態的研究歷程，研究行動可能方案與方案實施，因實際情況可再修正，而不是直線式的研究過程。勒溫（K. Lewin）描述行動研究是一種「**螺旋式步驟**」的循環過程，每個步驟皆有四個基本階段：規劃、行動、觀察、反省，反省階段之後若是問題沒有得到解決，又進入重新規劃階段（吳明隆，民 91）。

9. 研究方式：教育行動研究重視的是「**協同探究**」（collaborative inquiry）、「**合作探究**」（cooperative inquiry），在協同合作中，可能是教師間的合作研究，可能是教師結合學者專家的群體合作研究。

10. 研究推論：教育行動研究的問題或情境具有特定性，針對特定問題提出可行的解決策略，而不是要將研究結果普遍應用於一般的情境或其他對象上。

教育行動研究是學校教師教育研究的主流，教師從行動研究中獲得實際問題的解決，也從行動研究中獲取解決問題的實務經驗，這就是一種教師的「**專業實踐**」；從行動研究中充實自己的專業知能與擴充自己的實務經驗，更是教師「**專業成長**」具體展現；教師從行動研究中，反思自己的教學行為、班級管理、課程研發等的表現，這就是教師的「**反省性思考**」行為。

參 . 建構友善班級的環境與策略能力

友善校園是家長與學生心中所希望的學習情境，是一個沒有體罰的學習環境，它的目的就是讓學生免於體罰的恐懼，友善的校園環境也是近年來教育改革的訴求之一。以教室班級而言，教師所要建立的是一個「**友**

善班級」，在此友善班級群體中，沒有體罰情形的發生、沒有學生間的惡性競爭與勾心鬥角情形，學生同儕間互助合作、相互幫忙、相互約束，親師生的關係非常和諧，家長樂於參與協助班級事務，學生喜愛班級學習活動，教師熱愛他（她）的教學工作。在建構一個友善班級環境的策略活動有以下幾點：

1. 能妥慎規劃班級情境：班級情境的規劃與布置，是一種境教的潛在課程，從課桌椅的安排、班級內外的美化綠化、教室情境的布置與裝飾等，均有其教育價值性。班級情境的規劃就是要讓學生能感覺教室環境的清爽、整潔、美觀、溫馨等。

2. 能有效組織班級活動：班級組織包括幹部的選舉、活動的安排、清掃工作的分配、分組學習的規劃等。教師如能有效而快速的安排班級的各種組織活動，則學生能各司其職，以良性競爭、互助合作完成各種學習任務。

3. 能快速處理紀律問題：教室組織中，若是學生發生不當行為或違規犯錯行為，教師應採取相對應的策略，有效而快速的加以處理，以消弭學生不當行為，或減少紀律問題的發生。

4. 能確實做好時間管理：班級一天的學習活動，從早自修、上課、下課、中午午餐時間、午休時間、課餘時間、放學時間等，教師均要能有效安排，以免浪費寶貴的時間。友善班級的學生，學習內容是充實的，此部分就需要靠教師的時間管理。

5. 能展現教育專業知能：教師教育專業知能的展現，在於能運用合理的獎懲與賞罰來處理學生常規問題，其中重要的一點，就是不論教師採用何種懲罰方式，絕對避免對學生施予「**體罰**」。友善班級也就是一個沒有體罰存在的學習天地。

6. 能有效運用人力資源：友善班級環境不僅使學生喜愛置身其中，連學生家長也十分熱衷協助班級的學習活動，例如協助放學導護工作安全的維護、學生早自修才藝的指導與紀律維持、校外戶外教學學生的照顧、教師的情境布置、支援班級彈性課程的教學活動等。

第六節　班級經營的倫理守則與實踐

　　教育工作者，相信人類的價值與尊嚴，知道尋求真理，追求卓越和民主原則是非常重要之舉。學習和教導學生維護自由，保證每一個人教育機會平等是達到這些目標所必須的。教育工作者應該接受這個職責，以負起支持最高倫理標準之責。教育工作者了解到固有職責在教學程序中的重要性，為了贏得同事、學生、家長或社區團體的尊敬與信任，希望達到符合最高倫理的要求。**「教育專業的倫理典範」**（Code of Ethics of the Education Profession）表達了教育工作者的期望，並提供了行為判定的標準（Strike & Solits, 1992）。

　　教育專業倫理守則實踐，在於教師義務的履行。教育專業倫理守則理念在於學生人格權、學習權與隱私權的重視，其基礎在於公正、公平、合理，其運作方式在於民主方式的機制。教育專業倫理守則與民國 88 年立法通過的《教育基本法》之精神內涵相同，其目的在於保障人民學習及受教育之權利。教育專業倫理守則亦是學生學習權的保障，其最終教育目標在於**「全人教育」**的達成，使學生具備知識經濟時代所需的關鍵能力或核心素養的達成。教師班級經營中具體的倫理行為如下所列：

　　1. 規劃一個人性化、民主化的學習情境，並盡可能的保護學生，避免損及學生的健康、學習與安全。

　　2. 做好情緒管理，不該恣意讓學生受窘，或刁難謾罵學生，或傷害學生的自尊。

　　3. 不該因學生種族、膚色、宗教、性別、父母親之婚姻狀況、政治、宗教信仰、家庭社經地位、社會或文化背景不同，而使學生受到不公平待遇，例如摒除學生參與任何學習活動或剝奪學生的學習權。

　　4. 尊重學生的隱私權與人格權，除非有法律上或教育輔導上的需要，否則不可揭露或公開教師於工作職務內取得有關學生的個人資料。

　　5. 不能利用教師權威或因教師職務之便，而與學生發展有私人利益

的關係或發生師生戀情。

　　6. 公平合理的對待學生，對任何學生沒有偏見、沒有歧視、沒有偏袒；對學生行為的處理對事而不對人。

　　7. 克盡職責，做好教師應盡的責任與義務，盡力的做好教學、學生行為與生活輔導工作。

　　8. 重視適性教育，讓每位學生的潛能得以開展，有最佳的學業表現，人格行為表現良好，品性端正，五育適性發展。

　　9. 公正的執行各種評量與教學工作，使學生之間的競爭能符合公平、正義原則。

　　10. 採用合理的行為輔導與處罰策略，不採用體罰手段來對待學生。

　　11. 不得利用教師職權向學生推銷或販賣商品，或進行商業上的行為，以獲取不當利益。

　　12. 有效處理學生問題，不逃避、不敷衍，使學生能循規蹈矩，在校時是一位好學生，在社會中是一位好公民。

　　13. 不因教師自我情緒的起伏或個人家庭因素，而對學生做出非理性行為或影響教學品質。

　　14. 不會於班級課堂中大吐苦水，任意非議、批評、謾罵學校其他師長或學生家長。

　　15. 課堂上課時不遲到、不早退，作業批改認真，活動規劃仔細，並能積極參與學校活動。

思考與討論問題

1. 想想看，一位優良教師應具有哪些人格特質？你上述列舉的人格特質中，個人已具備了哪幾項，日後要持續精進的還有哪幾項？請提出與同學分享。

2. 你是一位新班級的導師，你會以何種班級經營理念來營造班級組織？此外，你的班級經營願景是什麼？請說看看。

3. 法規明定體罰為「零容忍」，但教育場域中還經常發生體罰學生，教師被家長投訴事件，這種情況你的看法為何？

4. 「有怎樣的校長，就有怎樣的學校；有怎樣的教師，就有怎樣的班級。」請就上述語句的涵義加以說明。

5. 曾有心理學家提出「蚌殼理論」——蚌拿來做湯，味道十分鮮美，也很有營養；而且，如果蚌在煮湯之前是活的，蚌「吐沙」也吐得很乾淨，那麼，以蚌煮出來的湯，味道會更加甘甜。但是，要如何才能使蚌自然「吐沙」呢？專家指出，必須將蚌浸泡在適溫的水中，並加上適當的鹽，牠就會怡然自得地在水中盡情吐沙（戴晨志，民91）。「蚌殼理論」對於教師的班級經營有何啟示？

6. 放學後若想把學生留下來做學習扶助（課業加強／補救教學），或協助情境布置等班級服務活動，要注意哪些事項，請加以說明。

7. 2021年因應疫情的變動，全國中小學採取遠距教學，遠距教學與實體教學的班級經營差異為何？請說出你的看法。

8. 陳老師為培養學生吃早餐習慣，開學明確規定同學不能帶早餐到教室內吃，對於陳老師的做法你認同嗎？你主張的緣由為何，請加以說明。

9. 教育脈動中，學校情境重視「友善校園」，班級環境強調「友善班級」，請就「友善班級」的意涵加以說明。

【實務問題——認識新班級】

　　開學接任新班級，要在最短時間內認識班級同學或讓同學相互認識的策略有哪些，請說看看？

➡參考作法

1. 學生座位上放置一個桌牌，雙面列印，兩側各印有學生座號與姓名。

2. 用手機或數位相機幫每位同學照相，將照片依照座號編排，每張照片下有同學座號與姓名，以 A3 紙張列印，張貼於公布欄中。

3. 為每位同學準備掛牌，內容印有同學座號與姓名，同學進教室後掛於頸上或衣服外面，離開教室後自行取下。

4. 請同學逐一自我介紹，包括個人的興趣、專長等，同學介紹時同時以投影片方式播出當事者的相片與相關資料等。

5. 設計簡單的調查表，由同學自行填寫，內容包括家庭背景、個人喜愛、興趣與專長、班級幹部經歷等。

第 3 章

學習型班級組織的理論與策略

　　「班級經營強調的是班級內學生知識社群的功效，關注的是學生間的『合作』，而非學生間的『競爭』。」

　　「沒有『問題學生』，只有『學生問題』；沒有『問題行為學生』，只有不會處理問題行為的老師。」

　　「思想導引行為，行為變成習慣，習慣塑造性格，性格決定行動。」

　　「僵化的思維模式，無法開啟創新大門，有時還會做出錯誤的決策。」

　　「要獲得學生的尊重，自己必須能成為學生尊敬的人；要獲得學生的認同，自己要成為學生能信服的對象。」

　　「教師『專家權』與『參照權』的有效應用，才能讓學生發自內心的認同與信服。」

　　1996 年聯合國教科文組織（UNESCO）在其出版的《學習：內在的財富》（*Learning: The Treasure Within*）一書中指出：「**終身教育相關概念是人類社會邁入二十一世紀的一把鑰匙。**」歐盟各國在 1996 年歐洲終身教育白皮書中也明確宣示：未來的社會，必定是學習社會。新課綱的課程願景為「**成就每一個孩子──適性揚才、終身學習**」，其內涵在於透過適性教育，激發學生對於學習的渴望與創新的勇氣，並善盡國家公民的責任，展現共生智慧，成為具有社會適應力與應變力的終身學習者。

　　學習社會的建構，必須結合學校、家庭、社區、社會等的資源，方能形成一個全面學習網絡，國民隨時隨地均可進行學習。「**持續學習、再學習**」是學習社會的核心理念。因而培養學生具備終身學習的能力，是新時代學生能否順利適應學習社會的關鍵所在，持續學習的社會，是個學習型社會組織；持續學習的學校，是個學習型學校組織；持續學習的班級，是個學習型班級組織。因而建構教室班級成為學習型班級組織，是新世紀教育革新的重要課題之一；如何運用學習型組織理念、作法於實務的班級經營之中，是教師教學效能提升的重要關鍵。

第一節　學習型組織的基本理念

　　組織學習內涵有四：(1) 從經驗中學習、學習是一種適應；(2) 組織學習就是改善解決問題的能力；(3) 組織學習就是組織知能的改變；(4) 組織學習就是組織形式面改革。而學習型組織不僅是一種「**知識創造**」的組織，更是一種「**知識移轉**」的組織，在許多組織中每天雖不乏新知識的產生，但是如何能將個人屬於較不易表達的「**隱性知識**」（tacit knowledge）轉移成為正式且系統化的「**外顯知識**」（explicit knowledge），使得組織能獲致具有價值的組織知識，便是一個組織成功關鍵所在（朱愛群，民 86）。「**外顯知識**」是一種客觀的、理性的、結構化的，也最容易被人所了解的；「**隱性知識**」是個人內在的主觀知識，

是感性的，難以用文字、語言來呈現與說明的，屬於經驗的知識。教師將個人的「**隱性知識**」（內心所知的專業知能）轉化爲學生能接受的「**外顯知識**」，也是教師的一種教學專業行爲。

學習型組織的定義，是指一個組織在動態的環境中，能夠快速因應變遷的需要，以創造力來掌握變遷的動向，以系統思考爲綱，結合組織及成員的自我超越，改善心智模式，透過共同願景的建立，結合團隊學習的方法來達成組織目標（鄭崇趁，民 86）。學習型組織五項基本理念包括自我超越、改善心智模式、建立共同願景、團隊學習以及系統思考。

一、自我超越

「**自我超越**」（personal mastery）是學習型組織的精神基礎，它強調透過學習，延續生命中的創造力，超越自我，以達成實現生命中眞正要達成的目標。精熟自我超越的人，能夠不斷實現其內心深處最想實現的願望，他們對生命的態度如同藝術家對藝術作品一般，全心投入，不斷創造和超越，是一種眞正的學習。

二、改善心智模式

「**心智模式**」（mental models）是根深於個人心中的假設、成見、圖像或印象。改善心智模式所強調的是去除個人習慣性的自我防衛、自我看法，站在客觀、多重而整體的立場來思考問題，以開放的心胸去虛心接納別人的意見與想法。心智模式的改善包括進行一種有學習效果的、兼顧質疑與表達的交談能力，這即是「**有效的表達自己的想法，以開放心靈容納別人看法。**」

三、建立共同願景

「**願景**」（vision）是一種共同的願望、理想、遠景或目標，「**建立共同願景**」（building shared vision）強調透過由下而上的程序，融合個人目標與組織目標，策訂共同理想，使之成爲組織成員共同關切焦點，進而

產生強烈實現其願景的動力與希望。共同願景的整合，涉及發掘共有「**未來景象**」的技術，它幫助組織培養成員主動而真誠的奉獻和投入，而非被動的遵從。

四、團隊學習

「**團隊學習**」（team learning）強調組織成員必須全面參與學習進修，透過「**深度對話**」（dialogue）與「**討論**」協助組織成員成長與發展。「**深度對話**」是指一個組織團隊所有成員，攤出心中的假設，一起思考，所有成員均進入學習狀態，組織成員透過團隊合作，共同經營組織的成長與發展。

五、系統思考

「**系統思考**」（system thinking）強調將前述四項修練模式與系統思考相互結合，以系統思考作為主軸加以貫穿運用，發展成為一個有能力的學習型組織。系統思考的修練，從問題解決層面著眼，強調處理組織衍生之問題，必須以統觀的立場來考量，兼顧因應性措施與發展性策略。

持續學習、改變與轉化的教師才能跟上時代與教育革新的脈動，配合新課綱實施之教學三部曲：「**共同備課**」、「**公開觀課**」、「**集體議題**」，對教師而言就是教學精進的策略之一。此外，素養導向課程與教學設計的知能才是新時代教師所應具備的，教師要根據領綱之學習重點（「**學習表現**」及「**學習內容**」二個面向），與該領域／科目核心素養相互檢視與整合轉化為學習目標、學習任務情境、學習歷程及學習評量。設計模式要依領域／科目性質與對象而彈性調整，以展現教學動能。素養導向教學設計與實施宜把握四大原則：(1) 整合知識、能力（包含技能）與態度；(2) 重視情境與脈絡化的學習，讓學習者能將所學內容轉化為實踐性的知識，並落實於生活中；(3) 重視學習的歷程、方法及策略，讓學習者喜歡學習及學會如何學習；(4) 強調實踐力行的表現，關注學習者的內化以及學習遷移與長效影響（國家教育研究院）。

第二節　學習型班級組織的意涵

　　學習型組織真諦，在於「**活出生命的意義**」、促發組織永續生存的生命力。學習型組織是有機的成長體，重視學習過程，強調共享實際的行動與經驗；在學習型組織中，學習是不斷的，是有策略運用的過程（楊國德，民 87）。從行為主義觀點而言，各反應之總合等於行為的整體，但就「**完形心理學**」（Gestalt psychology）觀點而言，部分的總合不等於整體，整體大於部分的總和，各個刺激可能是分散的，但是個人所得到的知覺卻是有組織的整體（張春興，民 82）。完形心理學探究的是個體的知覺，但應於班級學習中重視的是合作學習的重要性，這就是佐藤學「**學習共同體**」分組學習的實踐。合作學習在於培養學生的「**向心力**」（entitativity），學生學習感覺為「**我們**」（We-ness），而非他或他們，當學生體認小組為一連結緊密的合作群體時，便會遵守群體規範，為小組榮譽努力。班級組織成員對於目標結構的追求，若是處於競爭的脈絡下，一個個體達成目標，其他參與者可能無法達成目標，這就是一種「**負向互賴**」（negative interdependence），負向互賴如名次爭取；相對的，在合作脈絡情境下，除非每個人都完成任務，否則沒有一個人完成目標，這就是一種榮辱與共的態度，稱為「**正向互賴**」（positive interdependence）（陳奎伯等譯，民 98）。

壹. 學習型班級組織的特徵

　　班級組織也是一個有機的群體結構，要激發班級組織生命力，就是要營造班級成為一個學習型的班級組織。學習型的班級組織具有以下幾個特點：

一、班級共同遠景的建立

學習型班級組織的第一個特色，是班級共同遠景的建立。班級共同遠景也就是班級組織目標規劃，是班級組織所擬達成的理想。班級遠景的建立並非是教師個人的職責，必須由班級組織成員——學生共同策訂，它是一種「**由下而上**」方式，亦即班級發展遠景應由教師、學生共同參與，當學生有實際參與遠景擬定的行動時，才會發自內心負起個人責任與自願自發參與學習活動，共同為達成班級遠景而努力。

二、師生心智模式的改善

班級師生心智模式的改善，即在於師生均能以開放心胸接納別人不同的意見，能尊重他人，才能尊重自己，這是民主多元社會所應具備的基本素養，也是學習型班級組織的重要特性之一。在班級事務、行為問題、學習過程中，教師與學生間、學生個人與學生個人間能虛心接納別人不同的看法，避免以個人主觀偏頗或己見，來思考看待班級組織內所發生的一切學習、行為問題，或其他偶發性事件。師生心智模式的改善並非短暫之事，必須持之以恆，才能見其功效。

三、自我超越行為的促發

學習型班級組織就是師生均要有追求突破、邁向卓越的想法，以積極的心態追求班級組織與個人的自我超越，師生所要追求的是精緻教育的達成。在班級活動的規劃、學習歷程安排、學習結果追求上均要有「**好還要更好**」的心態。學習型班級組織要營造每位學生自我超越的學習環境，訂定每位學生適合的學習期許，根據學生資質、性向、專長規劃不同而多元的學習活動，採用動態評量模式帶動班級組織，促發班級組織的動力與生機。

四、師生學習責任的分享

　　學習型班級組織重視「**團隊學習**」，班級活動、班級事務等各種事件，並非是教師或班級幹部的職責，而是班級內全體師生共同的責任。學習行為、學習效果或學習進步與否並非是教師個人之事，也是師生共同的責任。當班級內師生共同負擔學習或班級活動推展成敗時，大家才會積極參與各式學習或班級活動。團隊學習重視的是個人專長的發揮，適才適所，展現個人潛能與才華，才能開發個人與班級組織潛力，達到前述自我超越的境界。

五、教育行動研究的實踐

　　系統思考使得師生重新思索個人與班級組織結合，班級組織任何問題均與個人有密不可分的關係，班級內所有學生均要為自己行為負責；而教師個人一舉一動、一言一行更與班級活動有密不可分的關係存在。教師藉由教育行動研究來反思自己的教學與班級事件的處理策略，舉凡課程編製研發、教學活動、班級秩序紀律問題等，皆可由教育行動研究方式來處理，一方面這是教師的專業實踐，可以探索各式治標與治本方式；另一方面可以把教育行動研究視為教師的專業成長，反省思考本身各項教學行為。教師於行動研究歷程中，會有提供建設性批評的「**諍友**」提供教師許多改進的意見，或從「**教師社群**」（communities of teacher）的集思廣益中，找出最佳的處理策略，以營造最適合學生學習的溫馨情境。

六、教師作為班級領導人

　　在學習型班級組織中，要讓學生能共同合作學習、分享互補，達到班級建立的願景，使學生能超越自己，教師就要負起領導之責。如果把班級群體比喻為一艘船，教師就是這艘船的掌舵者，船長的職責就是要能讓此艘船平穩、順利的航行彼岸，掌舵者若不能把握方向、掌控前方，則無法順利到達目的地。教師領導者的角色扮演是民主多元的，不是權威獨一的。教師的思想會左右學生的想法，教師的舉動會引導學生的表現，教師

的言行會改變學生的行為，教師的一舉一動、一言一行對學生均會有潛移默化的影響，教師對班級的投入與對學生的用心程度，更會影響學生的學習與行為表現。

貳. 思維模式偏誤 —— 月暈效應

「月暈效應」（halo effect）是一種以偏概全的推論謬誤，通常教師會將學生的不當行為與其低成就的課業表現混淆在一起，當學生某方面行為表現不佳時，便推論其餘行為表現也欠理想。「**月暈效應**」也是一種「**被制約的思維模式**」，此種被制約的思維模式往往使教師表現出不適切的行為，身為教師者不可不慎。班級經營中的月暈效應常發生在以下幾種情況下：

一、以學業成績推論學生的行為表現

部分教師會誤認多數學業表現不佳的學生，其日常行為表現也不好，此乃以智育成績來誤推德育或群育行為的謬誤，其實學生考試成績的高低與其日常生活常規行為表現並沒有必然關係。對於學業成績較差的同學，若是其違犯班級常規或生活公約，教師也應採取公平的方式，「**對事不對人**」，從行動動機與行為結果綜合判斷，而不要受傳統錯誤思維的影響，而對學生有不當的處罰舉動。

二、以外表儀容推論學生的品德操守

部分教師會以學生的外表如服裝穿著、姿態儀容來誤推其品德操守，比較豪放而不拘小節的學生，通常會被教師認為不是「**好學生**」，教師以學生的外表儀容作為其對學生的第一印象，會影響其對學生日後行為表現的正確判斷與決策。一些教師通常會認為穿著邋遢的同學，行為散漫、學習不用心，而對其視而不見、知而不管，而對其不太關心，造成惡性循環。正因學生穿著不得體，行為表現不符合一般規範，更需要教師的關懷與教導，教師不應心存偏見，而應付出更多的愛心。

三、以過去經驗推論學生的目前行為

部分教師會將目前的班級問題歸咎於以前行為表現不佳的同學，尤其是班級吵鬧或偷竊問題。其實學生過去的經驗行為與目前的實際行為表現並沒有必然關係存在，若是班級問題發生，教師沒有查明事情發生的原委，很容易做出錯誤的決策與誤判。例如某同學以前曾有偷竊行為，日後班級中又發生失竊事件，教師因舊經驗思維的制約，可能就認為是此同學所為。其實事情沒有經過查證的歷程，教師不應盲目的做出決斷，以免傷了學生的自尊。

四、以部分學科成績推論其他學科表現

例如任教藝術與人文領域的林老師，之前知道某位同學在數學、英文二科的成績很好，擔任此班級藝術與人文領域教師後，也認為此同學在藝術與人文領域的表現會很突出。此種刻板印象及以偏概全的觀點，對學生日後的關懷態度與成績評量上均會有所偏愛。

五、以家庭結構情況推估課堂學習狀況

根據學生是否為單親家庭、新住民家庭、隔代教養家庭，或家庭社經地位等原生性變因環境，推估學生的課堂學習或行為表現，或對學生有較不公平的對待，或是對學生行為犯錯有不平等的處置等，這些都是課堂月暈效應的結果。

班級經營中教師不僅要避免「月暈效應」，也要減少「刻板印象」（stereotype）。刻板印象通常是指一個團體（包括民族、種族、省籍或宗教團體等）成員所共有的認知架構，由此架構對其他團體成員之性格特徵，形成沒有事實根據且過度簡化的意象或心象，此種刻板印象對特定族群會有偏見，產生對事實扭曲的認知，欠缺客觀與真實性（宋明順，民89）。傳統性別偏見，即是一種刻板印象導致，《性別平等教育》第 1 條明訂法規目的：「為促進性別地位之實質平等，消除性別歧視，維護人格尊嚴，厚植並建立性別平等之教育資源與環境。」第 12 條：「學校應提

供性別平等之學習環境，尊重及考量學生與教職員工之不同性別、性別特質、性別認同或性傾向，並建立安全之校園空間。」

學習型班級組織教師角色

　　彼得‧聖吉指出，學習型組織的建立需要對領導有新的看法，在學習型組織中，領導者扮演三個角色：設計師、僕人和教師（郭進隆譯，民 86）。學習型組織的領導者必須有幫助組織成員擁有問題分析、解決能力、建立共同願景和改善心智模式發展的能力。具備設計師角色才能規劃、安排各種活動或計畫，協助組織成員自我成長；僕人角色是一種協助、支持的角色，支援組織成員發展自我。

　　學習型班級組織之教師角色更為多元，不論教師扮演何種角色，其主要目的在於使學生潛能得到最好的發展，使學生能展現自我，發揮個人所長，培養新時代所需的基本能力。在學習型班級組織中，教師要思考與努力的方向，是如何扮演好教師多元角色。

一、以宏觀角度思考班級問題

　　學習型組織即在於以系統思考作為主軸，將其他修練加以貫穿運用。教師能以系統性思考看待班級事件，才能周延而客觀。例如班級師生衝突並非單一因素所引發；學生學習低落也非資質不足所導致；班級學生問題或學生違反常規紀律事件也是多元因素引起的。對於班級發生事件，教師如能以宏觀角度深入探索，當能發現問題癥結所在，而研擬有效解決或輔導策略。

二、以在職進修提升專業成長

　　班級經營中，不論是親師合作知能、統整課程研發能力、教學藝術的展現、班級活動的推展、常規管理的控制、教學專業知能提升、學生行為

輔導等，教師均要不斷自我進修，吸取新的教學、輔導知能、班級管理策略、學校本位課程研發理論與實務經驗。唯有教師不斷的在職進修，才能自我超越，建構成學習型班級組織。教師的持續進修研究、精進知能的作法，符應教育部訂定之終身學習的教師圖像，教師專業發展以終身學習為核心，具備「**教育愛**」、「**專業力**」與「**未來力**」三大向度知能。

三、以專業知能贏得學生信服

　　教師在班級管理中，須不斷在職進修，以作為自我超越方式之一；在職進修才能持續超越自我，創造符合時代需求之教育活動。在職進修所獲取的專業知能是贏得學生信服的重要「**知識庫**」，教師除以德服人，以身作則之外，要「**以理說服學生**」，儘管學生有不同意見與看法，教師能從身教、言教等著手，相信學生較能心服口服，自願在教師領導下，為班級榮譽而全力以赴。

四、以虛心胸懷看待班級事件

　　教師在班級管理或教學歷程中，常以個人主觀看法或已有的刻板印象來對待學生，形成教學偏差或不公，這是師生衝突與班級學生問題發生的起源。學習型班級組織之心智模式的改善，就是教師要去除傳統刻板化觀念與偏頗的思考模式，而以一種全面性、平等化的觀點來接待每位學生。教師必須去除習慣性的自我防衛，以整體的方式，匯集學生在班級所發生的事件，以開放心胸去接納學生不同意見與反對聲音；教師決策應與社會、教改脈動相契合。

五、以協同合作作為教學主軸

　　學習型班級組織，在學生學習行為上，要經常透過腦力激盪方式，激發學生具有創新性而有能協調一致的作為。在教師教學行為，則要運用「**教師學習社群**」理念，以協同合作教學方式，展現教師專長，以發揮教師個人影響力；教師團隊學習的力量匯總，是教學成功的重要因素。「**教**

師學習社群」就是教師們群策群力的結果，這是學習型班級組織的一大特色，也是新課綱教師所應具備的教學能力之一。

六、以教學創新激發學生興趣

教師如要塑造班級成為一個學習型班級組織，就要能激發班級學生持續學習的動機，學生有學習興趣與學習動機才會進一步學習，持續學習以超越自我。教師所要思索的是如何促發學生學習意願、主動積極的學習投入，如何安排有創意的學習活動、規劃趣味而多元的學習策略，導引學生學習，這些均要靠教師的巧思與安排。為了要激發學生的學習興趣，教師首先就要掌握學習生態的轉變趨勢，其次設計活潑、有趣的學習單，了解學生學習需求與個別差異，創發有趣而多元的學習活動，採用動態評量模式等。教師在學習型班級組織中所要思考的核心問題是：如何才能使學生的潛能有充分的發展機會。

七、以求新求變心態接受挑戰

學習型班級組織對教師而言，是一種教學與班級經營的型態轉變，也是教師心智與思考方式的革新，身為班級領導者的教師本身如果抗拒改變，則學習型班級組織無法建立。教育改革最重要的是改變教師的信念與思考邏輯，教師內在的圖像如果能改變，有接受挑戰的意願，才能不斷促發新的活力，激起進一步的學習，學習新的知能、吸取新的資訊。教師不怕改變、勇於改變、願意改變、接受挑戰，是建構學習型班級組織的重要因素。

學習型班級組織中，教師更應扮演著專業的角色，其角色更為多元：**「課程編輯者」**、**「教學創新者」**、**「行為輔導者」**、**「資訊給予者」**、**「問題診斷者」**、**「活動規劃者」**、**「溝通促發者」**、**「學習導引者」**、**「事件處理者」**、**「組織營造者」**、**「能力培養者」**、**「行政管理者」**、**「知識催化者」**、**「教學策略者」**、**「行動研究者」**、**「終身學習者」**。

新課綱的課程中包括**「部訂課程」**與**「校訂課程」**，校訂課程由學校

設計規劃以形塑學校教育願景及強化學生適性發展，校訂課程必須因應學校目標及特性、學生特質與需求來編輯合適的教材，重視的是教師專業自主權與課程編輯的主導權。教師班級活動規劃，應以學生為主體，設計適合學生學習的活動，例如戶外教學、班級慶生會、活動學習單設計等。活動規劃主要目的在安排不同的班級活動，以適合不同學生所需，而不是在為少數菁英學生規劃學習活動而已。知識經濟時代中，重視的是知識的擷取、歸納、轉化與創新。教師要與時代社會脈動相契合，必須要懂得「**知識管理**」（knowledge management，簡稱 KM），知識管理中知識的獲取流程為：雜訊→資料→資訊→知識→智慧。教師要將智慧融入於班級經營中，就要隨時隨地學習新知識。一位具智慧的教師，才能「**教學生如何釣魚，而不是只給學生魚吃。**」

第四節　學習型班級組織的學習取向

　　學習型班級組織中，學生要能改變、轉化，就必須持續學習。個體學習、再學習，持續不斷學習，才能改變自己的行為；個體從持續不斷學習中，改變自己的行為，進而再轉化為班級組織的行為。學生在學習型班級組織中持續不斷的學習，展現在下面幾個特性之上：

一、學習目標要因人而異

　　學習型班級強調學生間的自我超越，學生個體間自我超越就是一種自我的實現。由於學生個體間資質能力、性格態度不同，喜愛與專長之事也不一樣，自我超越的界限也不一樣，因而在目標的設定上，不能訂定齊一水平標準，而要因人而異，目標的設定旨在導引學生參與學習，除讓學生自覺有能力達成外，也要讓學生有達成的意願。

二、學習行為是主動積極

　　學習型班級組織的願景是由學生與教師共同訂定，當學生一同參與班級願景的訂定後，爲達此願景，學生學習時「**工作投入動機**」（task-involved motivation）會顯著的高於「**自我投入動機**」（ego-involved motivation），學生學習不是與別人相互競爭爲目的，而在於自我興趣及發展個人潛能爲主。

　　從「**目標取向**」（goal orientation）分類的觀點而言，教育範疇有「**精熟目標**」（mastery goals）（任務目標／學習目標）與「**表現目標**」（performance goals）（能力目標／自我目標）二大類，精熟目標聚焦於個人理解、學習改進與成就，表現目標在意的是個人可以得到最高成績，以贏過或超越他人。相對於表現目標導向學生，精熟導向學生會有較高之學習動機、較佳的自我效能，面對挫折有較高的堅持與投入更多努力，也較能接受挑戰性任務，採用更有效學習策略。「**精熟目標**」呼應的評量爲「**效標參戰評量**」，教師任務應鼓勵學生挑戰自我，避免利用競爭及社會比較來激發學習動機。有些表現目標導向學習者可能因爲多次失敗而逃避表現，此時教師鼓勵很重要（Rubie-Davies, 2011）。

三、學習型態是群體合作

　　團隊學習是學習型班級組織達其班級願景的策略之一。團隊學習就是「**班級學習社群**」的應用，學生以合作代替競爭、以小組群體之力完成班級的各項活動或專題。學習社群所強調的是人人均有其專長，整體群體合作成果不等於個別獨立加總，當學生能相互合作，更能發展個人所長與個體潛能，圓滿達成學習目標。

四、學習內容是廣泛多元

　　學生心智模式的改善結果，可去除心中的個人防衛與存在心中已久的圖像，其學習動機會更爲強烈，對班上任何學習活動較不會排斥與拒絕，加上參與願景的制定，因而會更自動投入各類型的學習事物，參與班上的

學習活動，個體接觸的經驗愈多，學習會更為充實，所習得的內容也會更為廣泛多元。

五、學習機會是無所不在

當學生培養主動求知的精神，即有興趣、有意願從事各種學習活動，學生具備學習能力，就能時時學習、處處學習；為了發展個人潛能，學生會把握學習機會，從教室情境中擴增到教室情境外的學習活動；為達自我超越，學生處處均在學習，其學習機會是無所不在的。

六、學習歷程是持續不斷

學習型班級組織重視的是持續的學習、轉化與改變，它是一種演進的過程。這種持續不斷的學習歷程，是培養學生終身學習技能之一。持續不斷的學習才能使學生行為、知能發生改變，這種改變也是促發班級組織活力的來源，學生個體的持續轉變，便會轉化為班級組織行為，形成所謂的班級氣氛，營造所謂的班級文化。

七、學習評量是多元動態

學習型班級組織的特徵之一是強調學生的自我超越。學生要自我超越的不只是學業表現比以前更好，而是能將潛能開展出來，教師應讓學生知道每個人均有其專長的「**智能**」，智育只是其中之一，這就是「**多元智慧**」的觀念。為了開展學生的多元智慧，教師應根據學習目標、學科性質、單元內容採取合適的評量方法，紙筆測驗只是其中之一，教師還可採用其他非紙筆測驗的評量方式，例如實作表現、成果作品、表演與檔案等，以讓學生能快樂的發展其擅長的智能。

八、學習方法是策略技巧

教學要有方法，相對的學習也要有策略，教師不僅要教授教材內容，也要教導學生正確而有效的學習方法。在學習型組織中，重視的是持

續不斷的學習，此種學習的動力，在於使學生能從學習中獲得樂趣及有成就感。成就感的獲得在於學生學習後知覺有進步，因而學習方法與策略顯得格外重要，唯有學生有正確的態度、正確的學習方法與學習策略，學習才能收事半功倍之效。

學習型班級組織的學習，就是要讓學習者具有「**深度處理**」的能力，強調學習者實作與探究經驗與技能，能將學科或領域所學的「**學科內容知識**」（content knowledge）與「**課程知識**」（curriculum knowledge）有效內化並應用於生活情境中，活用所學並實踐力行，讓學生在「**自主行動**」、「**溝通互動**」與「**社會參與**」三大核心素養能夠精進，成為均衡發展的現代國民。

思考與討論問題

1. 在你的求學經驗中，接觸到的師長是否有思維模式制約的實例，請你提出與同學分享。

2. 請你與同學討論，舉出班級教師中「老師不該說的話」三至五句；老師可以常掛在嘴邊的正向言語三至五句。

3. 〔情境事例〕

有一天早自修到班級後，黃老師發現教室後面布告欄中「行為風雲榜」（公告班上本周行為表現優異或有特殊表現的同學姓名、優良事蹟等）上的資料，被人戳了好幾個大洞，這麼一來，黃老師立刻想起：「前幾天，班上傑元在布告欄上亂塗鴉，被其他同學發現而被其責罵」，黃老師看到布告欄被破壞的情形，不禁想起：「這件事說不定又是傑元做的，等一下等他到教室後，定要好好詢問他。」

〔事例思考〕

對於以上的案例，你有何看法？

4.〔情境事例〕

林老師是位物理教師，以嚴格出名，課堂上課時學生的常規紀律很好，但也許是林老師權威的過多使用，班上多數同學並不太喜歡林老師的課，林老師常告誡班上同學：「凡是老師講過的、課堂練習過的、考試考過的、作業寫過的」考試時均不得再錯，錯了要嚴格處罰。

〔事例思考〕

對於上述事例中林老師對班上同學的告誡話語，你有何看法？

5.〔情境事例〕

陳老師是國中一年五班的班導師，非常重視班上的成績與常規，但她常喜愛拿班上同學的表現與別班比較，考完試後，會跟班上同學說：「隔壁一年三班此次國文科 90 分以上者有 19 位，我們班上才 5 位……」自習課或課堂上課時，同學吵鬧聲過大，會大聲責罵：「隔壁一年六班，教師在上課時，全班同學個個均會專心聽講，那像你們班一樣……。」

〔事例思考〕

對於以上陳老師的口頭語：「隔壁別的班」，你有何看法？

6.「沒有問題學生，只有學生問題；沒有問題行為學生，只有不會處理問題行為的老師。」對於以上所敘述的內容與論點，你有何看法，請說說看。

7.若是你設定的目標、要求或期許，班上部分同學總是無法達成或做到，你會如何處理？

【實務問題——避免中傷學生】

有些教師常在不自覺的情況下，無意中傷了學生，或是故意講出中傷學生的言詞，這些言詞多數會傷害學生自尊，嚴重破壞師生關係，減低教師在學生心目中的地位，身為教師不可不慎！教師應避免或儘量要少用的言詞如（修改自胡倩華，民 84）：

- 你的人緣眞的很差！
- 你父母親是怎麼教你的？太沒有家教了！
- 你眞的很笨，教了你那麼多次還不會！
- 不用說，我就知道一定是你做的！
- 你是班長，爲什麼不以身作則？怎麼連你也這樣！
- 你們班眞的比別班差很多！
- 我從來沒有看過像你這樣惡劣的學生。
- 考試成績那麼差，以後怎麼辦？
- 你們眞的是無藥可救了！
- 不想上課就出去，不要吵到別人！
- 你是豬腦袋！這麼簡單的題目也不會！
- 這麼簡單的題目也不會，你之前的老師是怎麼教的！
- 老師教過的班級中，就你們班的規矩最差了！
- 你試試看，看我會不會處罰你！
- 做錯了還不承認，還要頂嘴！
- 教到你是我這學期最倒楣的一件事！
- 你的動作實在有夠慢，請你快一點行不行？大家都在等你哦！
- 你眞是個麻煩的傢伙！
- 告訴你再多也沒用！好像對牛彈琴！
- 你不要每次只會強詞奪理好嗎？
- 這一題怎麼連你也做錯！
- 你父母生了你這樣的小孩，也夠倒楣！
- 你之前曾說謊過，現在又說謊！

第4章

班級經營生態與原則

一、

「學生的優點不說不得了，學生的缺點不說自然少。」

「Tell me, I forget; Show me, I Remember; Involve me, I understand.」（告知我，我會忘記；做給我看，我會記得；讓我參與，我會了解。）—西諺

「處理學生行為問題之前，教師要先調適處理自己的心情。」

「常規紀律是班級運作的規範，班級生活公約不可少，學生學習表現才會好。」

「虛擬空間無法取代教師地位，實體教師才能真正讓學生發光發熱。」

「管教必須以『輔導代替處罰』、以『說理取代訓斥』、以『溝通代替辱罵』、以『關懷取代忽視』。」

「班級經營的策略方法是教師『以愛為始』、『依法行政』、『依理行事』、『依情管教』。」

在促進教育革新及教室生態改變中，教學科技或教育科技扮演著主導地位，根據「**教育傳播與科技學會**」（Association of Educational Communication and Technology）1994 年的定義，教學科技包含「**設計、發展、利用、管理、評鑑**」等五大歷程，這是一種動態整合的過程（Seels & Richey, 1994）。新課綱重視跨領域、實作與探究，強調學生創新力，結合「**科學**」（science）、「**技術**」（technology）、「**工程**」（engineering）、「**數學**」（math）之「STEM」教學成為教育主流，它是一套強調以學習者為中心的教育方式，配合「**藝術**」（art）的概念，擴展為「STEAM」，從單純的知識傳遞，進化讓學生擁有跨領域應用知能、批判思考及創新技能，兼具美感教育，應用所學知識於生活情境中。

第一節　班級生態的屬性

壹.從組織運作觀點而言

班級是一個由師生共同組成的群體，從組織運作的觀點而言，班級組織具有一般的性質，因而領導者須善加經營與管理才能帶領此組織發展。班級內教師就是組織的領導者與管理者，也是組織成員（學生）問題的指導者與疑惑解答者，也是學生學習的諮詢者，當組織成員（學生）行為發生偏差時，是學生行為的輔導者，班級組織內教師角色是「**多元化**」。

貳.從生態系統觀點而言

杜威重視學習者的「**做中學**」，認為「**學校是社會的縮影**」，「**班級既屬一種組織，亦有其組織生態學**」。從生態系統的角度來看班級，班級團體乃是「**師生**」和「**環境**」交互作用而形成的生態系統，師生是組織環境內的「**居民**」。居住在班級環境內的「**居民**」與班級環境形成一種互動關係，此關係是複雜而交錯的。從生態系統的觀點而言，班級組織具有以

下七個屬性，為班級經營帶來相當程度的挑戰（陳奎憙等，民 85；Doyle, 1986; Santrock, 2011）：

一、多向度（multidimensional）的特徵

　　班級內包含許多活動，從學業活動到社會活動都有，此外學生來源多元，班級內教師不僅負責教學而已，從學生進教室開始的行為輔導、生活教育、問題解答、清潔打掃等，皆要教師的關注與指導；作業批改、紀錄表填寫、教學活動的計畫、學習單的設計、行政工作支援等，都是教師例行職責；教師必須記錄與保持學生行為資料，更要有計畫的分派任務，監控、蒐集與評鑑學習活動，此外，也要考量個別學生需求。

二、活動同時發生

　　班級內進行的各種活動，往往在同一時段發生，教學活動時，教師關注的是教學實施的流暢性，也要注意學生的反應與互動情形；當教師處理學生問題或不專注的行為時，同時也要監督其他學生學習表現與學習反應；在問題討論時，教師既要注意學生所回答的內容，也要注意到其他學生的學習態度與表情，掃描其他學生是否專注或從事其他行為；當教師處理學生行為問題時，同時要注意其他學生正展現何種的學習行為與表現。教室內學生行為及學習不會因某一學生行為或學習表現而停止下來，它們是同時發生的。

三、事件快速急切

　　班級內所發生的大小事件，其步調都很快很急，教師不加仔細注意，有些事件往往無從得知。學生行為問題、吵架、打罵事件、學習不專注、動機態度不佳等，如果教師無法立即發現，適時處理，則班級事件會日漸擴增，影響班級組織的和諧，進而影響學生學習效率與成效，而由於班級「**事件發生快速**」（things happen quickly），教師要立即回應與介入處理。

四、事件難以預測

　　雖然教師謹慎地計畫每天活動，並高度地組織設計，但許多班級事件的發生是教師「**無法預期的**」（unpredictable）。班級內由於人多事雜、事件發生快速急切，且具同時發生的特性，因而事件發生常常是難以預測的。例如教師教學活動原計畫周詳，但在教學實施時常因外在因素干擾而中斷；學生行為事件因處理不當或家長外力介入，顯得複雜而很難處理；學生活動進行因某一學生意外而緊急停止。班級事件的發生是一個「**動態**」的事件，而非是「**靜態**」事件行為，師生交互作用、學生互動行為、外在環境影響等，促發事件的難以預測性。

五、較少的私密性（little privacy）

　　班級是一個公開的園地，也是一個公共的學習之處，師生在班級內的一舉一動與各種行為表現，或是班級內發生大小事件，學生都能一目了然。教師對學生不當行為的管教，或是教學方法不當，班級組織所有成員（學生）皆看得一清二楚，如果教師的領導與管教方式不變，長久下來，教師領導角色就會動搖，無法獲得學生信服、無法取得家長的認同。對此，學者洛爾蒂（Lortie, 1975, p.70）明確指出：「**教師在教室裡，就好比在魚缸裡一樣，學生通常可以很清楚地了解教師是如何對待別的學生，因此教師在教室內的一言一行，都無法逃過眾人的眼睛。**」

六、歷史因果印象

　　國民中小學學校分為「**五個學習階段**」，「**三個教育階段**」，上課時間，通常是以學期為單位，區分為上學期或下學期，班級內師生認識均有一段時間，這個時間就是師生相處的「**歷史**」（history），師生互動關係與結果均有其歷史背景。教師行為影響學生學習態度，造成學生對教師的認同表現，影響日後的師生關係；學期初的上課模式與規定，影響班級一學期或次學期的學生學習行為與師生互動關係。班級組織既有歷史特性，就有先後的因果關係存在，教師對某一學生行為不佳所留下的刻板印象，

會影響日後對學生的態度；而教師之前對學生的管理與權威運用，也影響學生日後對教師的看法。

七、團體動力特性

班級團體組織是個小型社會的縮影，有以下幾個共同特性：(1) 互動頻繁，學生從彼此互動中相互影響、相互依存；(2) 心理團體的約束，班級成員透過人際的互動，與約定成俗的約束力或班規守則，表現適合團體認同的行為，如果有同學故意破壞班級規則，會受到同儕的排擠與受到應有的懲罰；(3) 班級是個「**團體動力系統**」（group dynamic），師生行為互為影響，教師言談舉止影響學生行為表現；學生行為表現也會影響教師態度與採取的策略；而學生彼此間，會經由團體動力的相互激發、相互激盪、相互依存而影響對方的行為表現。團體動力愈強，表示班級成員對班級的向心力愈高；如果班級成員是正向的互動流通，則班級氣氛是相互關懷、鼓勵、幫助；相對的，若班級成員進行的是負向互動流通，則班級氣氛可能勾心鬥角、自私自利、成群出現違規不當行為等。

參. 從交互作用觀點而言

從交互作用觀點而言，人類行為是個體思想、行為和環境因素之間持續交互作用的結果。班級組織生態中，學生知能增進、行為改變是多種因素引起的，身為教師首應了解班級組織生態，掌握生態情境，才能研擬有效輔導與班級管理策略。

一、了解班級組織生態特性

所謂知己知彼、創造奇蹟；教師要有效經營班級、提升教育品質，就要了解所屬班級生態的特性，這包括對班級學生個性的了解、資質的了解、人格的了解、態度的了解、學生互動模式的了解、學生次級文化的了解、班級人力資源的了解、班級學生家長職業及專長的了解等。唯有完整的了解班級組織的生態特性，才能研擬有效的輔導經營策略。

二、應用多種常規管理模式

班級生態並非是一個靜態的狀況，而是具有動態的特徵；班級發生的事件內涵十分複雜，要有效處理班級事件、學生的不當行為等，教師要具備各種常規管理模式，根據實際情境、事件發生的內涵、當事人的人格特質與事件動機等，採取適合的管理模式，才能有效處理複雜而多元的班級事件。

三、客觀公正處理班級事件

班級生態事件發生，均是在公開的情境之下，不論發生事件的對象為何人，事件為何事，教師處理事件應抱著「**對事不對人**」的心態，因為教師處理、對待事件的過程，全班學生均看得一清二楚，對學生有莫大影響。教師應秉持公正、公開、公平的原則，以客觀的立場處理班級各種事件或同學間的爭執。

四、積極預防重於消極處理

班級事件與活動的安排，在於使學生身心獲得充分發展，進而培養良善的品格，其目的在減少學生不適宜的行為。班級經營的目的，在於協助教師教學活動的進行，導引學生積極性行為表現，而非藉由班級活動或發生事件來控制學生行為，消極性處理只是一種治標工作，積極性導引才是治本目的所在。

五、巧思安排各種學習活動

由於班級人多事雜，事件發生難以預測，且事件發生甚具快速性，教師如不能從教學方法著手，則學生非期望行為會有增無減。班級是學生學習的主要處所，如果教師安排的學習活動有趣而多元，符合學生學習需求、學習內容與學生生活經驗相契合，則學生自會喜愛學習。喜愛學習、樂於學習後，不適宜的行為自會減少。

六、善用團體動力營造正向氣氛

　　在班級組織中，團體動力是個重要的影響因子。教師要依據學生個別的需求，採取「**最適宜的領導管教方式**」，建構雙向、民主的溝通管道，師生共同訂定合宜可行的班規或生活公約；此外，多採取小組合作學習方式，以分組間比賽取代個人間競爭，也是一個有效的策略。教師的言談舉止要獲得學生的認同，教師本身要以身作則，「**以輔導代替處罰、以說理取代訓斥、以溝通代替辱罵、以關懷取代忽視**」，如此，則能營造和諧溫馨的班級氣氛。

肆 . 從哲學思潮的演進觀點而言

　　從哲學思潮的演進觀點，學者認為社會面貌不應只重視趨向功利的價值觀，喪失個體的批判與思考能力，讓個體的主體性喪失，以單一標準看待事物，此種哲學思潮即為「**後現代主義**」（postmodernism）。「**後現代主義**」內涵有以下幾個主要特徵：不確性定、多元性、差異性、民主化、去中心化、反威權性等，後現代主義不再追求統一的思維。後現代主義對於教師班級經營的啟示有以下幾點：

一、尊重他人

　　後現代主義在倫理教育方面強調「**他異性**」，重視關懷他人、尊重他人，這是一種非權威性的歷程，教師與學生應採「**對話協商**」的方式，以溝通代替對立，以對話取代訓誡，師生互相尊重，建構學習社群班級，形成「**折衷方案**」，如此才能建立和諧的師生關係。

二、權變管理

　　後現代主義反對單一性、普遍性，在班級經營中，班級間屬性差異很大，學生個別間的差異更大，因而沒有一套領導與管理的方法可以適用於所有班級或全部的學生，也沒有一種教學方法可適用所有學科單元。教師

要採取適性教學，隨時改變創新，根據教學現實情境採取最合適的教學策略與管教方法，這就是教師教學與管教「**藝術**」的運用。

三、適性教學

後現代主義反對同一性及整體性，每位學生生理、心理的發展均有個別差異存在，教師要因應學生個別差異，採取適宜的輔導策略，尊重學生多元智能的開展，採用標準參照評量，激發學生潛能，發展學生個人的特長與優點，讓學生能從學習中獲得滿足與成就感。

四、民主機制

後現代主義重視「**反威權性**」與「**民主性**」，教師在班級經營中不應以法職權威或形式權威來彰顯教師的權力，而應以專家權與參照權來贏得學生的信服；此外，教師要以民主開放的方式處理或解決班級發生的事件或衝突，勿以教師權威來壓制學生，教師要能接納學生批評與建議，從師生對話中尋求一個共識點。

五、危機處理

後現代主義強調的特徵之一是「**不確定性**」與「**偶然性**」，此種不確定性及偶然性與校園或班級意外事件發生的屬性特徵相同，在一個開放、動態、互動的群體生活與學習中，學生均有可能發生意外事件，因而教師須具備危機處理能力，與學校行政密切配合，用心規劃活動與經營班級，以減低意外事件的發生。

六、學生中心

後現代主義論點之一是「**去中心化**」，重視個體的主體性。班級社會中，學生是學習的主體，因而環境規劃、硬體設備、情境布置、教學活動等均要以學生為中心，班規的訂定也要經師生共同討論，班級活動規劃與組織並非是教師一人決策。唯有師生共同參與決策，形成共識，學生才能全力以赴並遵守相關規定。

第二節 教師中心與學生中心

　　學習者為中心的教室所隱含的意義是「**認識論**」上的轉變（epistemological shift），在導引學習中，學生從學習空間的擁有者轉換為積極行動者，學生行動是導致教學發展活動動機促發的主要原動力。由於教育科技定義內涵的轉變，因應二十一世紀開發型之班級情境生態，新世代班級內涵已打破傳統隔間班級的規劃，而改以「**班群**」的理念。班群就是以四至五個班級為單位，突破傳統單間教室之硬體建造方式，而改以無隔間教室建築，並由數位教師採用自我效能方式，一起輔助學生學習，教室內並預留開放空間，作為學生自學及教師補救教學之用。這就是一種空間的開放，也是因應新時代教學革新之教室所需。

壹. 個體中心型的班級經營

　　有效班級經營關注的是學生課堂學習專注度與減少紀律問題，部分學者認為美國倡導的「**零容忍**」（zero tolerance）政策似乎導致學生紀律問題的增加，如何在學生與教師二個對立的需求間取得平衡，是教師班級經營不能忽視的課題。「**個人中心班級經營**」（person-centered classroom management）可以在教師想要的（W）與學生成就及需求（E）間獲得平衡，形成協同合作的班級（WE），所有學生與教師會構成緊密的合作夥伴，逐步變成一個信賴的、發展分擔責任的組織，可以提升學生正向的認知性與情感性的知能，其功能更可建構四種利社會行為：

　　1. 社會的：強調情感面向，教師展現對學生社會性與情感性需求的關懷，為他們付出；教師建立與學生友善關係，知道班級學生，與學生分享其想法與所有生活事件；教師擴展其原有角色，變成鼓勵者、促進者、學習的連結者。

　　2. 學校連結性：教師確保學生對學校、班級與同儕有強烈的歸屬或隸屬感，在學校內，學生了解其需求會被教師、校長及其他成人知道，他們

觀察到其課堂學習或出缺席情況，會被教師或他人快速察覺，進而對他們加以關注，如此會提升學生責任感與分擔領導之責。

3. 建立正向學校與班級氣氛：師生共同分擔規範與規則，汙辱與欺壓行為是不被容忍的，教師透過生活經驗教導學生社會性技巧，學生在學校中感覺是安全不受威脅的，與同儕及教師間發展真誠信賴關係。當學生感受安全，他們愈可能有創造力、好奇心與高階思考能力，成為一個主動的參與者。

4. 學生自律習性：學生透過負責任與分擔責任，以及尊敬行為學習自我紀律的養成，允許學生犯錯與從犯錯中學習社會性與情感性知能，非固定的後果不採用處罰方法，讓學生有機會反省個人行為，學習重做決定（例如口頭或書面道歉，或不再做已經做的事情）與責任感（Freiberg & Lamb, 2009）。教師中心與個人中心班級經營的差異摘要如表 4-1（p.101）：

表4-1　教師中心與個人中心班級經營的差異

教師中心型的班級經營	個體中心型的班級經營
· 教師是唯一班級領導者 · 管理是一種監督與控制 · 教師要為其規劃的書面作業與組織負責 · 紀律來自於教師（學生為他律） · 只有少數學生是教師的協助者 · 教師訂定規則並公告給學生知道 · 就所有學生而言，後果是固定的 · 多數酬賞是外在的 · 學生只被允許有限的責任 · 社群中少部分成員才能進到教室	· 領導是共同承擔的 · 管理是一種引導與支持 · 學生是班級運作的促進者 · 紀律來自學生自己（學生為自律） · 所有學生都有機會成為整體班級管理的成員 · 規則是師生在班級規程組織或共識之下一同發展訂定 · 後果依據個別學生差異而調整 · 多數酬賞是內在的 · 學生分擔班級責任 · 企業與社群團體為合夥夥伴，為學生豐富與擴大學習的機會

貳 . 有效班級經營的原則

　　歐布瑞恩認為教師在班級經營策略使用時，要分析下列五個主要問題（O'Brein, 2001）：

　　1. 狀態問題：目前班級學生的學習狀態為何？教師要進行目前學習情況的評估以建立學習基準線。狀態的評估要考量學生的優勢及需求，與環境對目前學習狀態的影響，教師的需求必須明確具體，因為教師需求會影響到之後目標的設定。

　　2. 目標問題：教師個人想要學生達到何種程度？目標選擇必須與學生的需求有關，設定的目標除有價值性外，應是學生喜愛與感興趣的，目標描述語最好為正向的語句，例如「**達成此目標時，學生將會……**」。對學生而言，目標是具體可行的、可以達到的、有意義與適切的，目標設定後，若是學生已達成，教師要注意評量問題，何謂成功準則也要解釋清楚。

　　3. 途徑問題：「**我們**」要如何達成設定的期望目標？「**我們**」一語包括教師與學生，若是主動與獨立是學校社群目標，學生對教學過程也應有貢獻。當教學被視為溝通與互動歷程時，需求分析與學習進步會被認為最有生產性，學生應分擔學習責任，提供足夠資訊給教師作為決定參考。學生要確認目標為何？要達到目標時他們應該做什麼、思考什麼與說什麼？

　　4. 情境問題：達到目標最有效的環境為何？考量如何達成學生需求，教師必須檢驗教學與學習環境，教師反思的是要在何種特別的學校環境中進行教學，才能達到學生需求，課程與教育學的學校文化是否有特別注意優質學習情境的營造問題，此時教師要關注二個面向議題，一為理想中的學習情境是什麼？二為現實中可以提供的學習環境是什麼？教師要克服困境，善用學校內外資源，為學生建立最豐富的學習環境。

　　5. 結果問題：如何評鑑目標已經達成，在新的學習狀態開始時，舊狀態是否全部完成？若是學生從最初基準線達到教師設定的期望標準，應有可靠而具體的評鑑指標，在評量與評鑑過程中應包含對學生進步的評量與

認可，教師評鑑的指標要客觀。

　　班級中教師能夠做什麼的問題分析五階段，如圖 4-1（O'Brein, 2001, p.17）：

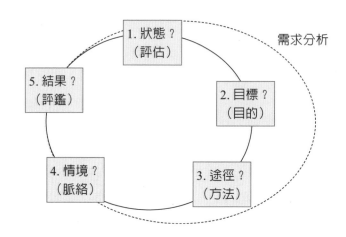

圖4-1　班級中教師能夠做什麼的問題分析五階段

　　不論教室生態如何轉變，教師在班級經營如能把握以下原則與策略，則班級經營會更具效率與效能：

　　1. 民主多元是班級經營的常態：新時代班級生態與社會發展相呼應，教師應以民主方式教育學生，尊重學生的另類看法與不同意見，重視學生學習權，班級活動、常規訂定、教學設計規劃均要獲得學生認同。

　　2. 全人教育是班級經營的目標：班級經營的目的在促發學生德、智、體、群、美的充分發展，認知、技能、情意的正向改變，開展個人潛能，培養新時代所需的關鍵能力，促發全人教育發展目標。全人教育是班級經營的唯一目標，也是學校教育主要目的。

　　3. 溝通協調是班級經營的方法：師生理性、雙向、互動的溝通，是班級活動能否順利推展的有效方法。師生的溝通協調在於減少歧見、達成共識，提高學生參與動機。當師生能以溝通協調方法處理班上發生的一切事件，則師生間衝突自會減低。

　　4. 權變彈性是班級經營的模式：新時代學習生態環境差異甚大，教師在教學、管教態度、訓輔方式等所採取的方法，要因時、因地、因人而異。尤其在教學策略運用與學生行為輔導上，除考量學生個別差異外，也要重視整個生態情境。

　　5. 正向激勵是班級經營的手段：班級經營目的在於培養學生「**內發**」的求知動機，而非只是「**外塑**」行為的培養。正向激勵與教師的積極態度是促發學生進一步學習的動機，教師應以鼓勵代替懲罰，以稱讚代替責罵，以積極回應態度代替消極打罵教育。

　　6. 活潑創新是班級經營的策略：班級經營中，不論教學過程、班級活動、評量方法等，教師均要注意其活潑性、生動性、創新性，與學生學習經驗相契合，尤其是教學策略的設計與教學方式，更要重視學生學習動機促發及學習興趣的提高。

　　7. 師生關係是班級經營的基礎：良好師生關係是班級經營的基礎；班級師生關係的建立並非一朝一夕即可達成，而是要從平時師生互動中加以培養，教師的自我態度、教學期望、領導方式等，均要以學生為主要考量對象；教師能尊重學生，自然能獲得學生尊重，師生的相互尊重，是良好師生關係建立的起步。

　　8. 適性教育是班級經營的趨勢：有教無類，根據學生個別差異因材施教，是班級經營的發展趨勢，教師應有正確的教學觀，體認每位學生均有所長與發展潛能；教師不應放棄任何學生，相對的，應重視適性教育，以帶好班上每位學生為教學應盡的職責。

　　9. 親師溝通是班級經營的助力：親師雙方的協力合作，是教育革新的趨勢之一，家長的協助介入，是教師班級經營中重要的助力，在班級經營中，教師應積極尋求家長的協助，妥慎運用家長的人力資源，藉由家庭與學校教育的密切配合，以促發學生健全人格發展。

　　10. 進修研究是班級經營的動力：教學革新的發展趨勢、班級經營新知能的獲得，均需要教師透過在職進修研究，以達成獲取各種專業知能目標；教師應從教學實務中，以行動研究反省檢視自己的教學行為，促發本

身的專業成長。

有效能教師的班級經營信念要「**以愛為起始點、依法行政、依理行事、依情管教**」（吳明隆，民 102），教師管教或不當行為的處理能同時兼顧法、理、情。例如學生嚴重干擾學習活動進行，教師可以採取隔離法，讓學生將座位暫時移到教室前門外聽講，教師此種管教方法是合法的，但若是當天天氣嚴寒並下著大雨，受罰學生可能會感冒，則教師對學生不當行為的處置在情、理上是無法讓人信服的；再者，如果學生腳受傷尚未康復，當其干擾教學活動程序時，教師命令其站立反省，教師也是依法行政，但教師未考量到學生腳受傷的情況，在情理方面也無法給予學生、家長合理的交待。

在班級經營中，由於家長與教師溝通不良，造成親師間嚴重衝突，學生家長反而成為教師的壓力團體之一，此種情形多數發生於下列情況中：

1. 教師管教不當：學生發生不當行為或違反班級規約時，教師未依教育處罰程序來糾正學生，直接以「**體罰方式**」來對待學生，造成學生生理傷害或心理受創；或處罰過重，形成間接體罰，嚴重傷害學生的人格權。

2. 教學行為失序：教師教學時未依教學進度內容教授，時常講述與教學無關事務，批評時政、亂發脾氣；或教學方法不當，多數學生無法聽懂；作業沒有專心批閱，且無法接納學生意見與建議，嚴重影響學生的學習權。

3. 教師言行失控：教師對學生開黃腔、具有性暗示或挑逗的言語、轉發色情圖片或文字、有意或無意的肢體碰觸、侮辱或歧視的態度及行為等，這些行為都可能構成性騷擾。其中教師無意的肢體碰觸可能引發學生及家長的誤解，觸發師生衝突。

上述三種情況，均是教師不能堅持行事的合法性與行為的正當性使然，若是教師本身不能「**依法行事**」、依教育正當程序來教育學生，則容易引發學生家長的抗議，嚴重的話可能對教師提出告訴，身為教師者不可不慎。

　　身為教育工作者，必須建立一個合作且學生受到尊敬的學習環境，教師應致力於採用非對抗性的方法與學生一起解決問題，若是教師使用衝突方法解決問題，反而製造更多衝突，讓師生不和諧且感到不舒服。歐森（Olsen）與傅勒（Fuller）提供以下策略來處理具攻擊性格的學生（或具攻擊性格的家長）的問題（表 4-2），這些策略可以有效降低教師的防衛態度，集中更多心力處理周遭的學生問題（Olsen & Fuller, 2003, p.116）：

表4-2　教師解決問題策略

該做的事	不該做的事
1. 傾聽──沒有中斷的專注傾聽。 2. 寫下當事人所說的重點。 3. 當對方減緩抱怨事件時，詢問他們還在困擾他們的事情。 4. 詳細記載他們抱怨的清單。 5. 若當事人抱怨的事件內容太廣泛時，要求他們具體描述。 6. 將抱怨清單讓當事人觀看，看是否有遺漏重要內容。 7. 在解決特定問題方面詢問當事人意見，並將其建議寫下。 8. 當對方大吼大叫時，教師更要輕聲細語。	1. 與當事人爭論。 2. 防衛或變成具有防衛性行為。 3. 承諾教師做不到的事情。 4. 將自己的問題歸咎於他人。 5. 提高音量與當事人講話。 6. 輕視問題或將問題簡化。

　　有效能的班級經營奠基在教師的愛與榜樣上面，愛、耐心與榜樣是身為教師最基本的核心信念，但單靠這三項還是無法進行有效的班級經營，教師還需要三個配套措施：一為熟悉各種紀律理論模式，二為講究策略方法，三為因應個別學生差異，採取權變領導與管教。同樣的事件，對於不同學生可能要採用不同的紀律模式，教師要同時考量當事者行為問題的動機與結果，不能只以外在行為結果作為處置的唯一依據。

富蘭克林（J. Franklin）認為有效的班級經營具體作法如下：

1. 發展一系列可以接受與可執行的教師期望。

2. 一致公平。

3. 對於自己與學生均要有耐心。

4. 以中肯態度與學生父母溝通，使用「**關心**」的字眼，溝通時話語內容要具體完整。

5. 課堂中不要講太多，前半段課堂時間用於講述或呈現教材，後半段時間讓學生實作或活動。

6. 將每節課堂設計為二至三種不同活動，活動間的轉換要流暢。

7. 課堂準時上下課，不要占用學生休息時間。

8. 不要每節點名，教師可從學生活動時使用課堂的座位（或座位表）點名。

9. 讓所有學生都能積極投入學習活動，例如有學生報告時，報告結束可請其他同學加以回應或評論。

10. 私下並平穩地訓誡個別學生，不要將紀律話題移轉到別的班級中。

11. 有高度的洞察力能察覺學生行為，保持幽默感。

12. 學生請求幫忙時，教師要知道並立即給予協助。

圖4-2　有效班級經營的原則

思考與討論問題

1. 開學第一天，班上的同學若是重新編班的新班級，擔任導師通常會先自我介紹，以讓學生對教師背景有進一步了解，請問教師的自我介紹內涵應包括哪些面向？

2.「盧梭曾說：『你要先愛別人，才能得到別人的愛。』身為教師亦是如此，要獲得學生的尊重，自己必須能成為學生尊敬的人；要獲得學生的認同，自己更要成為學生能信服的對象。」對於以上的論點，你有何看法？

3. 慈母（／慈父）與良師分別是為人父母與教師應扮演的角色，這二種角色間有何異同？請你列舉說明。

> ➡ 參考內容
> (1)慈母與良師都具有教育愛，對孩童盡心盡力、全力投入，贏得他人讚賞。
> (2)慈母母愛與良師教育愛均是無私的、全力奉獻給孩童，不求任何回報。
> (3)慈母的母愛全給予子女，但良師的教育愛分配給全班學童。
> (4)慈母聚焦的個體為其子女，但良師關注的焦點為全班每位學童。
> (5)慈母對子女個人可以付出全部心力，但良師對學生展現的態度是公平一致的，不能將全部心力只投入在少數幾位學生身上。
> (6)慈母的親職教育面對的是自己的孩子，良師教學面對的是自己的學生（Olsen & Fuller, 2003），由於學生間個別差異極大，教師對個別學生關注程度不會完全相同。

4. 分組活動學習，林老師採用隨機抽籤方式，多位被分到與小雅同組的同學都會說：「老師，我們不要跟小雅同一組」，林老師問同學為什麼，回應不想與小雅同組的同學都低頭不講話。如果你是林老師，你要如何處理比較適切？

【實務問題──班級家長委員產生】

　　擔任一個新班級時，由於家長與家長間不熟識，班級家長委員的產生，教師可採取以下策略：

1. 召開班級親師會之前，擔任意願調查表與開會通知單同時發給學生帶回，若有家長自願擔任，則以自願者優先。

2. 若沒有自願者，在班親會召開時當面詢問家長是否有自願者，若有，則以自願者擔任家長委員。

3. 若還是沒有自願家長，則於班親會召開期間，請出席家長互選，此種推舉方式不能強迫，被推舉者必須也有意願者較佳。

4. 班親會召開後，若還是沒有家長願意擔任，教師可參考學生的基本資料與家長社經地位，打電話請託，將家長委員的職責告知，讓家長寬心。

5. 教師打電話請託時，態度必須誠懇，若是家長還是堅持己見，教師不應勉強。

第 5 章

生活公約──班規

　　「管理的『眼睛要明亮』，要能洞悉學生的一舉一動；管理的『耳朵要清晰』，要能明辨學生的一言一行；管理的『口舌要理智』，要能激發學生的學習動力。」

　　「教師管理的語言，有時要循循善誘，有時要當頭棒喝；教師管理的臉孔，有時像『低眉觀音』，有時要像『怒目金剛』。」

　　「打他、罵他，不如『先了解他』；斥責他、處罰他，不如『先詢問他。」

　　「管理語言的槓桿，貴在用心、巧在微妙、重在靈活。」

　　「無法得到學生肯定的老師是失敗的，無法讓家長認同的老師會失去表演的舞臺。」

　　教師有專業性責任提供有效的班級經營，展現教師有管理學生行為的能力，建立一個安全的、對學生友善態度的學習環境。有效學習方面，班級需要一個平靜的環境，因為一個分裂性的班級會造成教師與班級學生的壓力，學習活動能有效進行的班級必須是安全的與具有支持性功能的。所有教師都要深切體認安全的、有秩序的、舒適的與吸引力的班級，才能夠促發學習與協助建立班級社群，正向的班級氣氛不僅關注在學習活動，更要考量到學生社會性與情感性的需求。根據「**美國教師聯合會**」（AFT）的研究發現：在沒有秩序的學校中，教師無法教學、學生無法專注、珍貴的班級時間被浪費，若是教師容忍混亂與不尊敬的行為，學生問題行為會擴散；若是教師允許一個學生問題行為出現，全班多數學生類似的問題行為即會出現（漣漪效應）（Buluc, 2006）。

　　規則對有效班級經營而言是重要的，它提供教師與學校行政人員期待學生展現的行為；規則可以預防行為問題發生，有時學生沒有表現成人所期望的行為是因為他們不了解「**成人的期望是什麼**」。就學習者而言，讓他們知道班級情境允許與不允許他們做的內容為何是非常重要的，規則應是廣泛的、公平的、普遍的，此外，規則可應用於特定的班級情境（班級規則），也可應用於學校廣泛的情境（學校規則），對全校學生是一體適用的。每個學校、每個學生、每個情境都是獨特的，沒有單一的解決策略可適用所有紀律問題，教師要善用規則，導引學生行為表現。若是學生拒絕遵守規則時，班級紀律問題就會發生，處理人類行動的規則被破壞時，就需要承受對應的處罰。破壞規則與懲罰（行為後果）對應的概念應該讓學生知道，最佳的方法是以書面格式書寫公告，規則事項必須與教育功能有關。為了培養學生正向的社會行為，教師與父母都有責任讓學童知道他們的期待行為。班級教師的期待結果會影響學生行為與學業表現，當學生知道要如何正確去做時，可以在短時間內讓學生行動達到教師所期待的（Buluc, 2006）。

第一節　班級規則類型

「**班規／班級規則**」（classroom rule）即所謂的班級規約或班級「**生活公約**」（班規），班規訂定的目的，旨在規範同學的行為表現，培養學生自律自重的行為，維持教室秩序，使得同學能動靜分明，於適當地點、適當時間，表現最適宜的正向行為。馬札諾（Marzano）等人研究發現：班級規則是有效班級經營之整體的一部分，班規代表的是教師對班級所有學生的普遍期待或班級行為表現的標準，相關的研究均證實班規的設計訂定與實施，對學生的行為與學習有關鍵的影響作用（Hardin, 2012, p.257）。

每個班級的活動都有屬於它們自己的參與規則，每種學習活動界定誰可以說話、可以說什麼、何時說話、對誰說話及可以說多久等規範，稱為「**參與結構**」（participation structures）。在一個事先規劃的活動中，學生要能有效地參與學習，必須了解「**參與結構**」，參與結構的規範能讓全班學生「**接近學習**」（access to learning），教師必須讓學生了解班級的規範，如果有少數學生無法理解遵守，教師必須直接教導及訓練他們（Woolfolk, 2011）。索恩柏克（Thornberg, 2008）在其有效班級規則（班規）研究中，將班規分為以下五種類型：

1. 關係規則（relational rules）：提供學生如何與其他同學互動的規則，例如未經同學允許不能拿取同學物品；是否詆毀同學、排擠同學等。

2. 結構規則（structuring rules）：有關參與班級活動的規則，上課鐘聲響起是否立即進教室；課堂發言是否經教師允許等。

3. 保護規則（protecting rules）：提供學生安全維護的規則，例如上下學時是否遵守交通規則；打球是否在室外活動區域等。

4. 個人規則（personal rules）：要求對學生個別行為進行反思的規則，例如個人作業是否用心寫，並按時繳交；回家功課是否複習等。

5. 禮儀規則（etiquette rules）：有關學生社會情境中行為如何表現的

規則，例如對同學要友善；不說不文雅字眼。

索恩柏克研究發現：學生感覺關係規則在班級情境中最為重要，較年長的學生對禮儀規則訂定的意見最多，因為此類型規則的訂定將同學視為小孩看待一般。其研究發現，班級中沒有規則導引時，負向行為出現的頻率會較高，對破壞規則處理態度不一致時，會影響班上學生對教師的尊重，因而教師須公平一致地處理學生違反班規之事件（Hardin, 2012）。

柏登（Burden, 2013）提出八個訂定班規的導引：

1. 班規的訂定與校規要有一致性（例如服裝與手機使用情況）。

2. 學生參與班規訂定的程度要考量到學生年齡與教育階段。

3. 確認適當行為與轉換成為正向描述的班級規則（例如不要欺負同學、不要罵髒話、不要吼叫的班規，改為「對所有人講話都要有禮貌」；不要打人的班規改為「收起雙手會感覺很好」）。

4. 班規關注重要的行為。

5. 儘量讓訂定班規的條目數最少（4 至 6 條）。

6. 每條班規的話語要簡潔。

7. 描述的班規內容是可以觀察的（例如對他人要親切和藹，親切和藹一詞隨個人感受而不同，欠缺具體）。

8. 確定學生遵守班規與破壞班規的後果或處置。

班規訂定過程的參與及討論可幫助學生了解班規的重要、班規的內涵與之後遵守班規應負的責任，柏登（Burden, 2013）對班規訂定歷程提出九個原則供教師參考：

1. 在學期開學的第一次會議討論班規，以使學生在學期中有所遵循。

2. 討論規則訂定的原因與合理性，讓學生能了解與履行承諾。

3. 確認師生對每個規則的特別期待，提供班級實例與強調規則的正向面，經由討論澄清規則內涵，了解可以接受與不可接受的行為。

4. 明確告知學生遵守規則與破壞規則的結果（所得到的獎賞或懲罰），教師讓學生了解規則是幫助學生對行為養成做出好的決定，形成共識後大家均要遵守。

5. 確認每個學生都了解規則的內容與違反結果，此部分可經由問題回答、遊戲形式與小考等方法確認。

6. 將班級師生共同訂定的紀律規則讓學生家長、行政人員知悉，此部分可將班級規約列印給學生帶回並附簽名回條單，讓家長簽完名後交回。

7. 將班級規則張貼在教室明顯的地方，例如後面布告欄、前面公告處等地方。

8. 不定時提醒同學班級要遵守的規則，不要等到有人破壞規則後再告知規則重要性，在沒有出現學生行為問題時提醒學生規則，會讓學生減少不適當行為的出現。

9. 定期檢討規則的適切性與增修班規的內容，如果某一條規則違反的同學甚少或長期沒有同學違反，表示同學正向行為已經形塑養成，此規則可檢視存在的合理性。

第二節　班規原則

布拉克（Buluc, 2006）認為規則發展包括以下的階段：

1. 與學生討論規則的價值。

2. 蒐集學生意見後再發展規則，規則事項讓學生記在心中，此階段要注意：(1) 發展 3 至 5 條規則；(2) 使用簡單明確的語言敘述規則；(3) 以正向語句描述規則；(4) 若有需要，不同情境使用不同系列的規則；(5) 班級規則與學校規則一致。

3. 得到學生承諾並遵循規則。

4. 明確地教導規則，班級教師不要透過第三者傳遞規則事項，教師要直接地說出您想要學生表現的行為。

5. 在班級明顯處公告規則。

6. 監控與檢核學生對規則的遵守情形。

　　班規的訂定，要把握以下一些基本原則如下：

一、師生共同討論訂定

　　班規的訂定，要經群體共同討論訂定，師生共同協議完成，不能只由教師一人訂定，否則即形成「**班級教師規定**」，而非班級規約。當同學參與班規的訂定與取得共識後，更會自動遵守規約內容，為遵守生活公約負起責任，減少不當行為的發生。

二、條文明確且具體可行

　　班規內容必須具體明確、合理可行，每位學生均能實踐達成，因而須考量到學生的認知及道德發展層次，規則與程序愈明確，學生愈能理解而遵守。

三、多採用正向激勵字詞

　　班規的用語最好以正面、積極、鼓勵的字詞來敘寫，儘量避免否定的、消極的字詞。例如「愛惜公物」公約，不要寫成「不要破壞公物」；「遵守考試規則」公約，不要寫成「考試不要作弊」，或「考試作弊者，以 0 分計算」。正向激勵字詞的班規如「上課要專心」、「舉手再發言」、「作業準時交」、「考試靠實力」、「待人有禮貌」、「手機請關機」等。有些具體行為之條目，若以正向語句陳述有其困難時，可彈性改用負向的描述語，例如「上課時手機不能開機」、「教室中不能奔跑」等。

四、條文簡潔不要太多

　　班規的條目不要太多，描述的行為準則儘量簡單明瞭，每項條文所要規範的行為要具體，每位學生均能了解，每次公告的班規介於 4-6 條中間最為適切。例如「每天準時上下學」、「課堂學習要專心」、「書寫功課有耐心」、「打掃活動要用心」、「遊戲活動要小心」等。

五、彈性班規可適時增刪

班規並非一成不變，教師可根據同學的表現適時的增刪班規條文，增刪條文內容時也應與同學共同討論。班級經營中不一定一個學期只訂定一種班級規約，班規必須保持彈性。例如開學時訂定的一條班規為「準時到校」（告知學生上學不要遲到），開學後一個月內都沒有學生上學遲到，表示此規則在全班同學心中已經內化（自動化），條目可以從公告之班規中移除。

六、班規不能牴觸校規

班級訂定的規約內容不能與校規相牴觸，否則會造成學生認知矛盾，無所適從，違反班規的教育價值性。校規有規定者，學生行為違反校規者則依校規處置，行為事件無須再於班規中訂定。班規訂定完後，教師要嚴格公平執行，以合乎「**邏輯後果**」及教育原則，教師要讓學生知悉，人人必須嚴格遵守班規，若是有人故意違犯班規，必須為自己的行為負起責任。

七、班規要讓全班知悉

由師生共同討論訂定的班級規則要公告周知，讓全班同學都能完全知悉，公告的地方可以在後面布告欄，或是前面空白的區域。教師可以將班規條目事項以電腦設計列印張貼，若是公告在前面，學生上課時也會看到，如此，可以隨時提醒學生。

八、配合學生的生活經驗

班規條目的內容應根據學生教育階段別與身心發展情況，年齡愈小（例如國小階段）時，班規條目的內容要愈具體，事件內容包括在特定時間、地點可做與不可做的行為；年齡愈大（例如高中職階段），班規條目的內容採用一般性班規內容較為適合。例如「舉手再發言」、「上課要專心」等班級規則，對於高中職學生而言，其合理性較不足，學生可能認為

老師囉唆或幼稚。班規與程序的訂定應該考量其合理性與需求性。

九、班規也需要教師教導

班規制定公告後，教師要明確告知同學違反班規程序時應接受的處置（後果一致性），或是遵守班規可得到的獎賞。當同學不遵守班規或故意破壞班級規則時，教師要依據當時訂定的契約執行，如此，訂定的規則才有實際的意義與功效。

第三節　班級規則的執行

柏登（Burden, 2013）認為學生負責任的行為有利於班規的遵守，教師幫忙學生發展負責任行為的策略有以下幾項：

一、使用一般的班級規則提高學生責任心

（一）開班會

開班會的目的很多，例如與班上同學討論班級相關事務、計畫不同課程與教學的議題、反思已學習的內容。在相關班級經營方面，可利用班會時間探討哪些是造成同學不當行為的原因，並且討論提出處置方案。重要的是，班會的規則與基本規定也要妥善訂定，確保班會能如期進行並達到開會的目的。

（二）教導學生負責任的言詞

特定的措辭可以使用於班級經營與紀律議題的討論上面，例如責任、權利、自由與平等。要幫忙學生發展負責任行為，可以讓他們從學習這些「**特定的措辭**」開始，並且深入探討相關的概念與議題。

(三) 讓學生撰寫表達意見的陳述

有些教師會讓學生辨明與討論學年度的課室主題，例如「全部學生有受到尊重與平等對待的權利」。當一般人提出如此的信念時，他們會被迫去就如此信念表達出更精闢的詮釋與個人意見，班級內的學生也是如此。教師應讓學生就主題內容撰寫表達以反思行為，此外，教師也可以採用班級立法的方法，訂定學生權利與責任的要項。

(四) 讓學生在行為事件後撰寫自我分析

因不當行為而導致事件發生時，讓學生填寫事件表並且進行自我分析也是好方法。事件表包括事件發生時的人、事、時、地、物之要素，同時也包含詢問事發當時當事人在事件中所扮演的角色與相關問題，以利學生進行自我分析與反省。

二、提供學生自我監控與自我控制的策略

自我監控與自我控制策略的目的，是要讓學生能自我觀察並且記錄自我行為。此策略不宜使用在整個班級，反而是運用在一般管教技巧無法發揮功效的學生身上較佳。自我監控策略包括許多步驟：記錄發生之事件、偶發性事件的管理、監控與面談；以上策略的進行，同時需要學生家長的配合協助，隨後才能運用各種不同的行為矯正策略。

有些學生不一定會有行為問題，但他們會因為自我控制策略而受益匪淺。其中最有效的往往是在無法控制或破壞規則的情況下，透過自我詢問與冷靜的方式及時導正自我行為，例如「會造成我困擾的事件值得做嗎？」、「事件是我想要發生的嗎？」。

三、提供學生社交技巧訓練與問題解決策略

有些學生因與其他同學不佳的社會互動關係，造成違反班規或引發挫折感，某些學生的不當行為則是導因於對情境適應困難。社交技巧訓練的步驟與問題解決的步驟，其實是非常相似的：

1. 當你覺得自己會做出危險行爲或是不當行爲時，停下來並且想一想。

2. 有其他事是你能做的嗎？

3. 若你做了會發生什麼事？

4. 做出最好的選擇。

布拉克認爲教師對於班級規則準則的判別與實施注意事項，可以從下列幾個方面著手（Buluc, 2006）：

1. 規則必須於學期初與學年開始時明確地被告知與被教導，讓班級所有學生都知道他們被期待的行爲是什麼，不能做的行爲有哪些。

2. 規則必須是合理的，被期待的行爲是學生能夠做的。規則與合法教育目的的成就表現間必須有適當的關係，在教育情境中，規則有助於個體學生學習活動的進行，或是他人權利的維護。

3. 規則必須是可強制實施的，讓規則可以確保學生表現對應的正向行爲。強制實施的規則必須是公平與前後一致的，行政人員與教師不要忽視破壞學校或班級規則的行爲，混亂或干擾行爲必須立刻加以警告；相對的，也要支持好的行爲。

4. 規則的應用要有其合理性，每次當規則被破壞時，規則應強制執行，直到當事者學習可欲的行爲；行爲的後果要由當事者負責，不能由他人承擔。

5. 有時候可以忽略輕微不恰當行爲（輕微問題行爲），以保持教師教學的流暢性，掌控教學氣勢。

6. 違反規則的後果教師要眞正落實，規則的考量是其教育目的性，而不是教師的便利性。

7. 不要讓其他學生決定教師要警告的事項，或決定教師要斥責的當事人，行政人員與教師才是執行規則的權威者（就學生團體而言，學生不是權威者，不能作爲懲罰方式的決定者，教師也不能以受害學生作爲權威者，懲處欺凌者或協助者）。

8. 規則是公平的，可以適用於所有學科的教學；此外，規則要書寫成

文字，複印給學生、家長，讓學生、家長都知道班級規則。

9. 規則的訂定、認可與實施程序的發展都需要考量到學生立場，有效規則的宣布必須在學生安靜與專注傾聽下進行，同時以口語或文字形式讓學生知道。

10. 規則應用與檢視歷程均在培養學生負責任的態度，規則必須是明確的、詳細的、公正的、具邏輯性的、可應用實施的、簡約的，可以教導可欲行爲的型態。

11. 教師也應接受班級經營規則制定程序的教育訓練，此部分除靠職前養成教育外，在職進修研習的內容也可納入。

明確的班規與公平的執行在於營造一個友善的班級學習環境，讓學生能安心學習、專注學習，達成「零霸凌」目標。根據教育部《校園霸凌防制準則》對霸凌的定義爲：個人或集體持續以言語、文字、圖畫、符號、肢體動作、電子通訊、網際網路或其他方式，直接或間接對他人故意爲貶抑、排擠欺負、騷擾或戲弄等行爲，使他人處於具有敵意或不友善環境，產生精神上、生理上或財產上之損害，或影響正常學習活動之進行。校園霸凌指相同或不同學校校長及教師、職員、工友、學生「對學生（受害者）」，於校園內、外所發生之霸凌行爲。準則的第 7 條明訂：學校應透過平日教學過程，鼓勵及教導學生如何理性溝通、積極助人及處理人際關係，以培養其責任感及自尊尊人之處事態度。第 7 條的實踐落實一定要班級教師的推展與配合，才能達成協助學生學習建立自我形象，眞實面對自己，並具有積極正向思考的目標。

霸凌事件中依當事者行動的主動與被動性大致分爲：「欺凌者／霸凌者」（bully）、「受害者／被霸凌者」（victim/bullied）、「旁觀者」（witness），霸凌者又有主要霸凌者、協助者、附和者。學者里格比（Rigby）檢視相關研究後提出學生霸凌的四種原因（羅素貞等譯，民 109）：

1. 霸凌者認爲攻擊受害者是合理的，因爲他們自覺被惹怒、被侮辱或對受害者有一些不滿，這些情況可能有，也可能沒有合理的依據或事實。

2.霸凌者只是喜歡受害者遭受壓力，特別是旁觀者也覺得整個過程是一件很有趣的事，此種情況下，霸凌者認為這種事情「**沒什麼大不了！**」

3.霸凌者相信攻擊受害者可彰顯自己的權威，讓自己獲得所重視群體成員的接納。

4.霸凌者想要從受害者身上獲得某些東西，並且以施加傷害來取得，或是霸凌者本身是虐待狂，藉由傷害他人而感到開心。

學生擁有正向的自我概念與價值觀，除可避免霸凌事件發生，進一步可以讓學生遠離毒品，消除施用毒品之病態文化（教育部推展的「**紫錐花運動**」主要為防制學生藥物濫用、「**春暉專案**」計畫主要為防制學生藥物濫用、消除菸害、拒絕酗酒）。學生正向價值觀的建立、積極自我概念的認知都需要藉由教育力量啟迪或導正，此部分教師應從教學與常規管理方式著手，以感化代替懲治，以輔導代表責罰，從平時生活與學習活動中教導學生利他情懷，培養學生正向思考，從改變學生對事件的認知或信念才能改變學生的行為。

「**認知行為改變治療**」（cognitive behavior modification）是在行為模式中加入「**認知**」歷程，其目標是透過教導兒童以「**自說自話**」（self-talk）為媒介來促發其行為表現。認知行為改變治療法乃是透過「**自我意向**」（self-verbalization）以促進學生的外顯行為，研究指出，它對學生的攻擊行為、過動行為及合宜教室行為的改善的確有效。認知行為改變法如艾里斯（A. Ellis）所提倡的理情治療法，理情治療法的主要目標在於檢核當事者的內在語言，這些內在語言形成當事者的非理性信念，進而導致其情緒或行為困擾，而經由理性思考模式的導正，可改變其非理性信念，改善其困擾行為。

認知行為改變論者奉行古代西哲艾皮蒂塔（Epictetus）的一句名言：「**人們的困擾不是來自事情的本身，而是來自人們對事情的看法。**」此論點認為不合理的思考型態會造成個人的情緒困擾，所以重整不合理、不健全的思考型態乃是輔導治療的首要工作。理情治療師艾里斯從其臨床經驗中，發掘患者的情緒困擾乃由於個人的不合理信念所引發，所以教導患者

學習「**理性的思考方式**」來替代「**非理念想法**」，此種理情治療的實施程序分爲五個連鎖階段：A-B-C-D-E（陳榮華，民 83）。

➤ A（Activating events）：指個案所面對的外界事件。

➤ B（Belief systems）：指個案對 A 事件所反應的一系列的想法（內在的自我語言）。

➤ C（Consequence）：指由 B 階段所引發的困擾情緒或行爲。

➤ D（Dispute）：指治療者企圖幫助患者改變或駁斥其在 B 階段的非理性想法。

➤ E（Effect of dispute）：經由 D 階段所形成的行爲。

認知行爲改變治療流程，如圖 5-1：

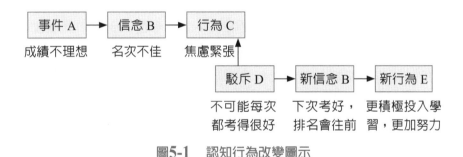

圖5-1　認知行爲改變圖示

思考與討論問題

1. 學生爭執打架事件中，當事者告知教師的緣由與回家向父親（母親）陳述的理由有時會有很大差異，造成學生家長對教師處理方式的誤解。如果你是班級導師，要採取何種作法以還原事實眞相，避免親師間衝突事件的發生？

2.〔情境事例〕

「明雅是六年二班的副班長，品學兼優，做事認眞負責，上課從不遲到，與同學相處也很好，其母親在一家私人銀行上班，父親是公務

員，明雅是家中獨女，由於明雅家裡離學校約 200 公尺，加上明雅已是高年級學生了，因而父母親讓明雅自行走路上學。一個星期五早上，明雅照例約 7 時 25 分離開家裡，抱著喜悅的心情迎接新的一天，就在離家不遠處的第一個紅綠燈，明雅被一個闖紅燈的計程車撞倒，久久無法站起。計程車司機見狀，立即將其送到附近的醫院，經醫師診斷及檢查結果，確定右腳踝骨折，要立即開刀。計程車司機立即詢問明雅家人的電話，經明雅告知便立刻通知其父母親，明雅父母親知悉後，雙雙趕到醫院，簽署開刀同意書，由於醫師的診斷正確，經二小時的手術處理，明雅終於離開手術室，此時已是早上 10 時 10 分。

　　當天學校早上教師召開教師晨會，由於討論校慶運動會的一些事宜，晨會開得比較久，加上星期五早上第一、二節為自然科任老師的課程，因而其級任黃老師便沒有在開完晨會後，立刻回到教室，而是留在辦公室處理一些行政事務。自然老師上課時，發現明雅的位置是空的，以為明雅在幫黃老師處理事情，就沒有請問同學當天明雅為何沒有到學校。直到第三節上課時間（10 時 30 分），級任黃老師回到教室，才發現明雅並沒有來上課，黃老師立刻請班長打電話給明雅母親，經其母親告知，才知道明雅上學途中發生車禍，現在人在醫院中，黃老師得知消息，立刻將消息轉告學務主任，學務主任聽完消息後馬上趕到醫院探視明雅，並將情形以電話告知在校外開會的校長，而級任黃老師也於當天下課後立即趕赴醫院探望明雅。

〔事例思考〕

以上的案例，對於你的班級經營有何啟示？請你提出看法與同學分享。

3. 學校校慶前夕，七年忠班於班會中決定訂製班服，班會後，小美告知老師，因家裡經濟關係，她不想製作班服。如果你是班級導師會如何處理？

4. 八年二班最近轉進一位中輟生，班上同學得知新轉來的同學為中輟生後，紛紛跟老師反映，為何要讓這位同學轉進我們班上，事後也有家

長得知班上轉來一位中輟生，部分家長跟老師抱怨。如果你是八年二班的導師，要如何化解同學的疑慮與不安？

5. 七年三班小美於中午用餐時哭訴著告知老師，她要繳交的班費 500 元不見了，因為放錢的皮包都沒有帶出去，500 元一定被班上同學偷了，請老師幫她找回來，如果你是七年三班導師會如何處理比較好？請提出你的看法。

6. 教師布置的情境規劃可以發揮境教功能，它是一種潛在課程，後面布告欄及教室內牆面均可以作為教室情境規劃的空間。如果你是班級導師，以布告欄空間之情境布置而言，你會想放入哪些內容或如何規劃空間，請說看看。

7. 班級情境布置時，老師請同學幫忙，其中有二位同學視覺藝術能力很強，但意願都不高，告知老師放學後他們都有事情；另外二位同學的視覺藝術才能力普通，但意願很高。如果妳是班級導師，妳會指定哪二位同學負責教室布置事宜，請說出你的緣由。

【實務問題──新班級幹部的遴選】

　　若是擔任一個新班級的導師，最好於開學三天內遴選出班級幹部，若能於開學第一天遴選出更好。班級幹部的遴選有以下幾個具體策略供教師參考：

1. 教師先將班上這學期的幹部名稱列於黑板上，並逐一說明各幹部的職責，讓同學對班級幹部要做的事情有大概的認識。常見一般班級幹部包括：班長、副班長、學藝股長、風紀股長、服務股長、總務股長、體育股長等。

2. 第一次班級幹部以同學自願擔任優先，因為是新編班級，同學間根本不熟識，若採提名投票方式選出幹部，其實質意義不大。某一幹部如有二位以上同學願意擔任，再採投票方式遴選。

3. 如果某一幹部沒有人自願擔任者，教師可由之前曾擔任過此幹部或其他幹部中指定，教師指定時也要徵求同學意願，而非以威權命令的方

式，其正向的言詞如：「國治，你之前曾擔任過學藝股長，你十分熱心，表現也非常稱職，你四年級的老師十分稱讚你，這學期你是否可以再擔任班上的學藝股長，繼續再為同學服務？」教師指定班級重要幹部，要參考學生之前相關的資料，包括學生的能力、工作態度與之前教師的評語等。

4. 新開學幹部遴選產生後，如果教師發現某位幹部無法勝任其職，則可以由同學自行推選產生，因為此時同學已相處一段時間，對同學彼此的行為表現已有某種程度的認識，由同學以民主方式遴選幹部，不但可以培養學生公民素養，也可培養同學負責的態度。由同學自行遴選幹部前，教師要明確告知班上同學推選的原則：能力佳具服務熱忱、又肯為班上同學服務者。

5. 若是第二學期或舊班級，則班級幹部的產生最好以同學遴選產生最佳，因為由多數同學投票遴選出的幹部，比較具說服力，同學也較會服從與領導，當然，如果同學想自願擔任幹部，教師可根據其之前的行為表現再決定。

第 6 章

班級經營的困境與因應策略

「用心觀察傾聽、細心體會了解、真心關懷親近、耐心調適處理。」

「教師班級經營的四 L：『Love（愛）』、『Listen（傾聽）』、『Laugh（微笑）』、『Light（溫暖）』。」

「老師是風，也是水，他可以讓學生『如沐春風』，一輩子感受其愛與恩澤；然而，教師也可以放任與溺愛學生，讓學生『誤入歧途』，一輩子厭惡與怨恨教師。」—修改自戴晨志（民 91）

「教師的愛與關懷，一定要讓學生知悉，並讓學生體會感受到。」

「時時犯錯的學生，不在乎老師多一次的責備；常常出現不當行為的學生，不在乎老師多一次的處罰，他們在乎的是老師『一點點的鼓勵』或『一次的讚美』。」

　　班級經營的良窳與班級教學效能或學習效能的提升與否息息相關。依學者弗洛恩（Froyen, 1993）的看法，班級經營的內涵包括：「**內容經營**」（content management）：以教學為主體；「**行為管理**」（conduct management）：以學生問題行為為焦點；以及「**情境管理**」（context management）：重視團體動力學的應用、關係的建立，並以學生的心理福祉為優先，營造人性化的班級情境。班級經營涵蓋的範圍雖廣，但主要包含教學、行為及情境三項，因而班級經營的主要目的即在營造適宜的學習情境，使學生表現適當行為、專注於學習活動，以提升教學效能，達成教學目標。許多報告指出，教師於教學歷程中，班級的「**秩序**」（order）與「**掌控**」（control）是他們最感困擾與頭痛之事（Pollard, 1980），對初任教師而言，這些問題也是最令其困擾之事（Veenman, 1984）。近年來，由於政治解嚴及社會的快速變遷：經濟更富裕、政治更民主、社會更開放、文化更多元、科技更發達、思想更自由等，導致整個社會體制改變，間接也使得學校教育受到衝擊。

第一節　新世紀社會變遷的教育困境

　　新世紀的社會變遷結果是政治更民主、經濟更富裕、社會更開放、文化更多元、思想更自由、科技更發達。就社會變遷的觀點而言，人是社會變遷的發動者，也是變遷的受益者，在變遷的過程中，人不但要適應社會，也要開創社會、導引社會；而社會進步、個人成長則有賴教育，故教育具有媒介及催化的功能（教育部，民 84）。社會快速變遷結果，對工商企業、社會家庭等均造成重要影響，例如社會風氣敗壞、個人自我意識抬頭、親職教育失調、價值認同的混淆、新住民家庭增多及家長權力膨脹等，對教師班級經營與教學活動造成很大的困擾，因而常聽到有些教師抱怨說：「現在的學生很難管教。」、「現今的家長意見很多，動不動就會告老師，還是不要管太多比較好。」

壹. 新時代社會變遷所引發的教育困境

一、社會風氣敗壞、人際關係疏離

由於綁架、擄人勒贖、暴力脅迫等事件層出不窮，造成父母的恐慌與擔心，加上功利主義抬頭，自私自利者屢屢可見，「**冷漠**」與「**疏離**」的人際關係，造成人與人之間的不信任，家長從小灌輸小孩不能接近陌生人，不要隨便幫助他人。入學後，多數學童受到父母的影響，不樂意幫助班上同學或協助他人，當發現班級同學有學習困擾、生活困擾或情緒困擾等，也不太願意主動幫忙；看到校園霸凌事件（旁觀者或局外人），也不想告知學校師長；此外，更不願意與其他同學進行互動學習（尤其是低學業成就的同學），造成班上學習氛圍不佳，使得教師的班級經營倍感困難。

二、自我意識抬頭、破碎家庭驟增

新一代的青年男女，由於有強烈的自我意識與堅持，因而「**合則來，不合則離**」便成為新世代年輕人的寫照，新世代的人生觀是「**不在乎天長地久、只在乎曾經擁有。**」受到歐美潮流及整個社會的影響，離婚率居高不下。人人有主見、個個有看法，誰也不服誰，多數人結婚並不是「**婚前睜亮眼、婚後閉隻眼**」，相反的是「**婚前閉隻眼、婚後睜亮眼**」，無法相互容忍、體諒與包容，加上「**外遇**」及「**家暴**」等因素，使得破碎家庭增多。由於「**高離婚率**」的社會現象，有甚多的學童及青少年不是在完整家庭中成長。在單親家庭、不完整家庭出現之際，也即是問題學生浮現之時，問題學生的發生「**根源於『家庭』、導因於學校、惡化於社會**」，其根本癥結所在即是「**家庭**」。

三、親職教育失調、學生問題嚴重

由於家庭結構改變，小家庭成為社會的主要家庭結構組織。此外，多數家庭均為雙薪家庭，父母親同為上班族，因而與子女的互動較少；加上

不完整家庭的增多，促使家庭教育功能無法發揮。新世紀家庭結構中，新生兒出生數逐年下降，但非婚生子女比例卻逐年上升，收養子女、未婚生育家庭、繼親家庭等，已經挑戰傳統以「**婚姻**」為家庭核心的家庭結構；家庭社會化的功能無法正常發揮，直接、間接影響學童至青少年人格發展與行為態度表現。「**不婚、不生**」是造成少子化的現象，而「**不養、不教**」則是造成家庭教育功能無法發揮的主因，家庭原本應有的支持功能愈來愈薄弱。

四、家長權力膨脹、班級管理困難

在教育改革的聲浪中，家長參與校務運作或班務管理，乃成為時勢所趨。因為屬小家庭結構，子女數少，關心子女教育品質與受教情形，乃屬當然。但家長不當或過分介入教師的班級事務，反而造成教師班級管理的困難。家長介入班級事務中有三種情形，會影響教師的班級經營：

（一）盲目的誤用擴權

此種家長沒有教育專業背景或只有部分教育專業，但自以為是，一味介入班級事務運作及教師教學或班級事務處理，造成教師不必要的困擾。例如未深入探究或了解原因，即任意批評教師的功課太多或功課太少、考試評量試題太難或題目出得不好、教師的管教過度嚴格或太寬鬆、教師的教法不當、學習活動安排不適切等。有些家長因為小孩在班級與同學發生爭執或衝突，只聽信小孩的片面之詞，直接到班級指責怒罵教師或班上同學，情緒無法控制的家長還會對學生動粗，本是同學間的衝突小問題，擴大為家長間的大衝突。

（二）專業的過度膨脹

高學歷而具有部分教育專業的家長，亦自以為是，要教師跟著其想法與作法亦步亦趨，總覺得自己比教師還行，若教師的觀點與其不同，便認為教師的思想落伍，不合時宜。此類型的家長甚至會批評教師教育專業不足，教師「**不會教、不會管**」，只因為其學歷或社會認同的社經地位比教

師略高，而過度介入教師的班級經營運作。身為家長要信任教師，與教師形成合作夥伴，若對教師的教學或管教有疑惑，應與教師進行民主式的溝通及意見交換，不應私自作為教學或管教評鑑者，對教師任意批判，因為家長的此種行為會造成雙輸的局面，可能會損及小孩在班上的學習活動或同儕關係。

（三）自我中心的效應

若是與有問題學生在同一個班級，家長便藉由各種管道對教師施壓，要教師將此類型的學生轉出，以免影響班上同學的學習（美其名是干擾班上學生的學習，實際上是家長不希望其小孩與其自我認定的「**壞學生**」在同一班，家長認定的壞學生多數是學業成績較差，但行為品格良好的同學）。此種類型者如過動症的學生、情緒障礙的學生、有暴力傾向的中輟生。這是家長一種自我中心導向的價值觀導致，家長的干預與介入常造成教師很大的困擾。

家長往往將子女的「**好**」歸於自己教育得體，而將子女的「**不好**」歸於教師教法不當、管理失誤，嚴重干擾教師教學與班級經營。教師班級經營中，部分非理性的家長不僅沒有與教師積極配合，共同為子女的學習成長負起責任，反而打壓教師，影響子女對教師的尊重與認同；部分家長似是而非的言論與觀念，嚴重誤導學生的價值觀與人格成長，形成教師班級經營的另一困境。

五、社會結構改變、欠缺利社會行為

社會的快速變遷，家庭結構改變，文化資本差異的結果使得富有家庭對教育投入愈高，貧窮家庭對教育投入愈低，這讓班級中出現所謂「**學習雙峰**」現象，此種現象愈來愈嚴重，造成教師班級教學及常規管理的困擾。「**學習雙峰**」的情況愈嚴重，學生學習的異質性愈高，在常規表現與學習動機方面的差異會更明顯，若是教師缺乏有效的輔導管教策略，或適切學習活動的安排，很容易造成同儕間的排擠或衝突事件的發生。

　　由於社會快速變遷，資訊爆炸，導致親子間的代溝日益明顯，兒童及青少年的知識程度可能凌駕父母之上，使得兒童及青少年對權威的尊重瓦解。此種對長輩權威的挑戰與專業的不信任，是社會變遷中家庭教育的危機，也是學校教育的最大危機所在。對權威的懷疑，本是一種正向的批判與思辨能力，但在**「只要我喜歡，有什麼不可以」**、**「我最大」**、**「我就是要這樣」**等偏激思想誤導下，使得部分青少年的價值觀被扭曲，因而**「對人不感激、對事不盡心、對物不珍惜、對時不把握、對地不愛惜」**，多數人缺乏關懷他人與服務利他的社會情懷。由於新世紀學生角色無法適當轉化與調適，使得其待人、處事、求學、行為認知與表現等產生偏誤，尤其欠缺利社會行為，相對的便缺乏同理心，因而容易出現言語傷人、欺凌弱勢同學、故意排擠他人等言語霸凌、肢體霸凌、同儕霸凌的行為，學校教育及教師管理乃倍加辛苦。

六、異國婚姻增多、調適融入不易

　　新住民家庭的母親一方面要學習適應與融入國內文化，另一方面又要負起教育子女之責，倍感艱辛。由於國情文化的差異、語言表達能力受限，新住民家庭母親在教育子女方面更加辛苦，而資料同時也顯示，多數新住民家庭是屬於中低社經地位者，因而其子女入學後的基本知能，多數落後非新住民家庭的子女；加上新住民家庭的**「家庭教育」**功能無法發揮，使得新住民小孩入學後的學習更需要教師投入更多的心力與時間，若是教師教法不當、管教方法不對、輔導策略錯誤，會對這些弱勢學生造成更大的傷害。

七、價值認同混淆、叛逆行為增多

　　新新人類價值觀的錯誤及混淆，乃促成新社會師生關係緊張的主因。新新人類的人格特徵，總結而言，有三大人格傾向：(1) 功利主義傾向：沒有人生目標，急功近利，唯利是圖，常為自己利益打拚，甚少為團體利益著想；(2) 個人主義傾向：以自我為中心，自主性增強，不願接受

別人的意見，總覺得「**只有自己對，別人都不對**」；(3) 快樂主義傾向：好逸惡勞，不願屈就勞力工作，貪圖享受，個性活潑、好動，也較為樂觀（張清濱，民 86）。此外，其行為也有以下四個特質是：「**強調個性**」、「**物質導向**」、「**心靈脆弱**」、「**前途茫茫**」。此等行為特質所導致的非正向行為是自以為是、固執叛逆；易受廣告及同儕影響而盲從與消費；缺乏感恩的心且常因衝動而有暴戾之氣（陳奎熹等人，民 85）。

八、傳播媒體誤導、資訊轉化錯誤

　　新時代中，科技更為發達，科技產品不斷推陳出新，改變人們生活型態，也改變人們資訊的獲取方式。由於電視媒體、報章雜誌、電腦網路等傳播媒體科技的日益精進，學生、青少年獲取資訊的管道更為快速，也更為簡易，在獲取之琳瑯滿目的訊息中，如何判別資訊的真偽，如何篩選、過濾資訊是十分重要的，但新時代（有人稱之為 E 時代）青少年對於資訊的判別能力欠缺，也沒有耐心加以深思判別。由於傳播媒體不當、誇大或過分渲染結果，誤導新時代學子的價值觀；價值觀的混淆，使得個人認知偏誤而不當、不良行為增多，造成教師班級管理的一大困境。

九、次文化的導引、建構另類取向

　　相關研究發現，青少年「**次文化**」（sub-culture）也是造成青少年行為犯錯的主因之一，此次級文化是青少年團體成員（subgroup）所形成的一種特殊或獨有的行為模式、價值觀念或思想態度，它有別於學生的傳統或整體的文化模式。「**次文化**」一詞是由美國都市社會學家費雪爾（Fischer）所創，係指具有許多相似之社會與個人背景的一群人，經過一段長時間的相處與溝通互動之下，逐漸產生一種相互了解接受的規範、價值觀念、人生態度與生活方式，此種相互了解接受的規範與生活方式之統合，就稱為次文化（馬藹屏，民 86）。

　　對學校教育而言，次文化並不是完全負向的，負向的次文化之所以會影響學生的學習及品德行為，主要的因素是「**好奇**」、「**價值觀被扭**

曲」、「受人誘惑」等。以電子產品為例，有些學生追求的是名貴的或名牌的、最新的、最能炫耀的、與眾不同的，若是無法擁有但真的想擁有，可能會出現「**偷竊行為**」。以行為表現而言，有些學生是想嘗試，或是尋求刺激或是一時衝動，造成其出現違規犯過行為，例如吸毒、飆車或霸凌行為等。這些違規犯過的學生其實很多本性都是善良的，為了導正他們向善，學校教育、家庭教育、社會教育都有責任，尤其是學校教育，因為學校教育可以彌補家庭教育的不足，其中最重要的一點，就是教師不能放棄他們，被教師放棄的學生，經由期望效應的驗證，會使這些學生成為「**真正的壞學生**」，因而教師「**要成為學生『問題』的解決者，不要成為問題『學生』的促發者**」。

總之，學生很難管教或問題行為增多的因素，包含個人、家庭、學校與社會四個面向（表6-1）：

表6-1　學生很難管教或問題行為增多的因素

個人因素	家庭因素	學校因素	社會因素
先天生理的變因	家庭功能失衡	班級氛圍不佳	社會媒體誤導
價值觀念的偏差	單親家庭增多	欠缺成功經驗	錯誤楷模學習
人格特質所導致	親職教育不彰	學習動機低落	負向新聞影響
玩笑開過頭	管教方法錯誤	優勢智能未被發掘	社會負文化的浸染

貳. 班級經營困難的因素

上述學生、家庭、社會等的改變，延伸出許多的教育問題，使得新時代的教師在班級經營上倍感艱辛，其中的主要因素為：

一、家庭教育功能未能發揮

　　家庭是學生成長過程中「**社會化**」的重要機構之一，是學生人格形成的主要場所，父母親則是學生的重要他人，父母不僅要「**養育**」子女，更要「**教育**」子女。學生的許多行為養成多由家庭塑造而成，若是學生家庭破碎、父母觀念偏誤、家長放任不管，或家長過度溺愛等，則子女的行為與價值觀念易受外在其他情境變因，例如同儕、大眾媒體等的影響，而產生偏差，此種偏差行為與錯誤的價值觀會於學生所在的班級顯現，造成教師管教與輔導的困難。

二、學生學業成就長期低落

　　學生在班級中由於學習成就無法有效提升，若是再受到教師的責罰，長期下來學習興趣欠缺，對學習不感興趣，對自我學習失去信心，對學習失去動機，對教師的要求感到厭煩，因而表現渾渾噩噩、凡事無所謂的態度，這部分就是教師過度重視智育與教法不當導致。當學生無法信服教師，對班級活動不重視，行為自我放縱時，則無法接受教師的管教與輔導，造成教師班級經營的困難。當教師或同學過度重視考試分數時，成績不佳者自然有較低的自尊度（自己感受被同學、老師看不起），對學習活動不感興趣，因而會討厭學習、逃避學習，從其他活動中尋求刺激。

三、智育導向的升學主義觀

　　很多家長或學生認為班級的好學生是「**成績好的同學**」，成績表現不佳或低成就的同學就是「**壞學生**」。當家長有此偏誤的價值觀時，往往會影響其子女的自我觀念，在班級同儕互動或分組學習中，不想與低學業成就同學一同學習或活動，而且這些自認自己是好學生者也會排擠或抵制低學業成就同學，嚴重時造成同儕霸凌的情況。若是班級導師沒有好好輔導這些自認自己為「**好學生**」的同學，長期下來，可能會造成其價值觀偏差，誤以為成績或分數駕凌一切，將智育分數與品德行為混為一談，將成績高低作為好同學、壞同學的分類依據。從多元智能發展的觀點而言，每

位學生的多元智能不是均衡發展的，學生間優勢與弱勢的多元智能也有很大的差異，考試分數只是多元智能的一部分，智育成績更不是學習的全部；考試分數與品德行為沒有必然關係，尤其是曾有不當行為或違規犯錯行為者，也不必然是「**壞學生**」；從孟子性善論的觀點來看，學生的本質都是良善的，之所以行為偏差是後來學習環境造成的。

參 . 微觀的教學具體策略

　　「**身為教師不要期待所有學生都不會犯錯，教師要期待的是犯錯學生經由教師或他人指正後，其錯誤行為能有所改善；身為教師不要期待所有學生的考試成績都很好，教師要期待的是經由教師及他人的教導後，學生的學習表現有所進步。**」從學生社會化的觀點來看，唯有家庭教育、學校教育、社會教育相互結合，才能有效培養健全的新新人類。但不論外在環境如何轉變，教師必須忠於職責，以愛及耐心為出發點，來啟發誘導學生。教師在微觀的具體策略上，可從下面幾個方面著手：

一、了解學生的家庭結構

　　教師深入了解班上學生的人格特質與家庭結構情形，才能採取有效的輔導方式，其具體作法：(1) 開學後請學生撰寫有關介紹家人的週記，內容包括學生個人興趣專長、對教師的期待、未來想做的事情、家人的簡要介紹、家中的經濟狀況、家中主要成員等，對於單親家庭、隔代教養家庭、父母分居家庭、新移民家庭等學生，要特別給予關注；(2) 安排時間，每天利用早自修或午休時間與學生進行個別談話，以深入了解學生及其家庭情形；(3) 對於個案學生要多利用電話與父母聯絡，或進行家庭訪問等；(4) 對於學生行為的導正，把握「**以輔導代替管教、多用輔導少用責罰**」的策略。

二、強調倫理品格的教育

　　教師應重視學生的全人教育，不要只以學業成績的高低來論斷學生的表現，而應重視學生的品格教育，其具體作法：(1) 與學生共同訂定合宜的生活公約，例如「好的行為要有我、不好的行為遠離我」等；(2) 以案例說明品格與行為操守的重要性，時時告知學生，讓學生從潛移默化中改變其行為態度；(3) 教師以身作則，做好情緒管理，不任意責罵、威嚇學生；(4) 讓學生明確知道教師心目中對他們的期待，與**好學生**的定義；(5) 引導並提供學生更多安全又多元的班級活動，例如各式球類比賽、網路遊戲競賽等；(6) 進行法治教育案例的分析，讓學生知道哪些具體行為是違法的，並將某些有危險性的玩笑或捉弄行為之後果嚴重性讓學生知悉。

三、揚棄威權的管教態度

　　教師對待學生的態度應揚棄從前「**父權至上**」或「**母權至上**」的觀念，應傾聽學生的意見與看法，尊重學生學習的主體性，而不是一味要求學生「**一定要怎樣！**」例如考試一定要考 100 分、班級活動競賽一定要得第一名、行為永不能犯錯等。學生偶爾犯錯要讓學生有改過自新的機會；此外，也應了解學生的次文化，這樣才能融入學生群體中；教師揚棄威權的管教態度，改以說理來感化學生，如此學生才會接納教師。就學生次文化而言，若是學生次文化引發的行為有偏誤或價值觀有偏差，教師要立即導正，例如「某位藝人以自殺結束生命，到現在還有很多人懷念他。」（隱含當事者對自我傷害事件認同）對偶像崇拜的態度及看到的現實情境，可能會影響學生的價值觀，教師可以採用案例討論法或價值澄清法，讓同學提出看法，並逐一解析其利弊得失並對個人未來的可能影響。教師與學生進行理性溝通與對話，學生才能信服，若是教師直接採取父權式的說教或批判方式，可能會引發反效果。

四、發揮教師教學的巧思

　　教學的巧思在於教師創意的展現，對於課業表現欠佳同學，教師可利用班級「小老師」或「老師的小幫手」等，來協助這些同學的學習，其最佳的時間為早自修或午休。對於單親家庭、隔代教養家庭或新住民家庭中成長的同學，教師應付出更多的關懷與鼓勵，讓他們知道老師也是十分關心他們的，「**教師的愛與關懷，一定要讓學生知悉；教師的溫暖與投入，一定要讓學生體會到。**」學生能體會到教師溫暖的愛，才能減少其不當行為的發生。

五、強化班級的潛在課程

　　「**潛在課程**」（hidden curriculum）並非是正式課程，乃是隱含性的課程，它是一種未經教師事先規劃、設計的課程，但此課程對學生的行為塑造與人格陶冶卻有著非常深遠的影響。教師的言教、身教、境教等都是潛在課程的內涵，潛在課程對學生的影響雖是間接的，但比「**正式課程**」（formal curriculum）的影響更為深遠，其對學生的影響主要為情意、態度與社會技巧等，班級經營中教師要關注的是潛在課程對學生正向的影響層面。

六、讓學生有成功的機會

　　智育成績只是學習的部分內容，若是每位學生均有成功的機會，則會增加學生的自信、提升學生的榮譽感，因而教師要發掘每位學生的長處與優點，規劃適當的活動，讓其有表現的機會。例如學生有藝術才能，可請學生協助布置教室、參與海報設計、鼓勵其參加校內外的藝術競賽；學生喜愛動手操弄，實驗課程時可請學生擔任小老師，或美化綠化工作等。當學生能展現自己的專長，才會有成就感與信心，當學生有參與班級學習活動時，才會有自尊與受重視感；相對的，其負向的行為表現自然會減少。

七、配合社會脈動接納學生

學生會因其次文化或受同儕團體的影響，在服裝儀容上表現出來，只要學生能符合社會的基本規範，教師對其服裝儀容不應過度要求，應配合革新或社會脈動，接納與適應學生。例如髮禁已經解除，教師不應在學生髮式上另訂其他自我規約，否則會引發學生的不悅與師生衝突。教師能探究與了解學生的次級文化，才能與學生有所交集，而於適當時間，利用價值澄清與案例教學等方式，來導引學生的行為表現。

八、加強法治教育的知能

新新人類族群常因法律觀念的缺乏，而表現出觸法違規行為，例如偷竊、吸毒、飆車、打架傷人、恐嚇勒索、校園暴力等。學生受社會媒體與自我觀念影響，想以「**英雄**」、「**老大**」自居，表現的衝動型行為不僅是違規行為，也是觸法犯罪行為，因而教師須從法治教育概念的認知著手，讓學生明確知道何謂「**應為**」與「**不應為**」的行為，培養學生道德與建立物權的正確觀念，強化學生的人文素養，讓學生能「**說好話**」、「**做對事**」、「**做好事**」，表現正向的行為。

第二節　社會變遷下教師班級經營因應策略

社會變遷所促發的教育改革已經來臨，教育改革就是要「**教的得體、育的合宜、改的合理、革的具體**」。因應教育革新及社會變遷的影響，教師應有下列的體認與作法：

壹. 熟悉班級經營模式、統合融貫，以提升教師知能

常規管理或班級經營的方法，依教師或學生掌控程度的不同而有不同的模式，也適用於不同的情境。柏登（Burden, 1995）歸納指出：在低教

學控制方法中，適用的常規管理模式如交互分析模式、一致性溝通模式、團體管理模式；在中教學控制方法中，適用的常規管理模式如邏輯性結果模式、合作性常規管理模式、現實治療之控制模式、課程及群體管理模式；在高教學控制方法中，適用的常規管理模式如肢體語言模式、行為改變、果斷常規訓練模式及體罰模式等。教師如能對其內涵、使用時機及使用對象有深切了解，則能統合模式的特點，發揮更大效益。以下為教學控制模式連續體二個極端之紀律模式理論的內涵介紹：

一、高影響之紀律模式──教師效能訓練

　　湯瑪斯・高登（T. Gordon）提倡的「**教師效能訓練**」（teacher effectiveness training），是一個將人文主義論點轉變為一套完整可實際應用於班級情境的溝通模式，核心理念重視「**影響**」與「**學生中心**」，善用教師權威的影響力，少用教師外在權力的控制力；避免使用獎賞權，多應用參照權。根據高登的論點，「**可以接受的**」行為表示的是他人的行為不會阻礙你滿足你的需求，不代表你讚許此行為；「**不可以接受的**」行為表示他人的行為會阻礙你滿足你的需求，但不代表此行為是令人厭惡或是不道德的。可以接受的行為與不可以接受的行為間的分割線是變動的，在班級情境中會受到教師自己、他人與環境等因素的影響（陳眞眞譯，民92b；Tauber, 2007）。

　　教師效能訓練與邏輯後果紀律模式都是從心理學領域發展而來，倡導者高登認為班級的有效經營可以促發從教師到學生之管理責任行為的轉變。高登強調的是要教育學生調整與管理自己的行為，他重視學生內在動機價值的促發，碰到班級的問題行為時，鼓勵教師在與學生講話要使用「**我─訊息**」（I-messages）。我─訊息關注的是說話者（教師）的情感與觀點，當學生做錯事情，或學生做的事情與他人不同時，我─訊息可以明確將教師的感受與想法讓學生知道。高登班級經營紀律模式與坎特氏之果斷紀律模式形成對比，果斷紀律模式的概念是一個運作良好的班級，反映的是教師對於規則會有明確的解說，規則的訂定與執行有其一致性，包

括酬賞與處置的使用。在班級行為管理中，高登不強調教師角色，重視的是教師的促進技巧、對學生的增權賦能，透過模式讓學生可以自我調整他們的行為，教導學生如何形成概念，以概念方法解決自己的問題。由於教師效能訓練強調的是「**自我調整**」，因而較適合應用於高中職的學生，例如某高中生的數學作業未按時繳交，教師可以私下告知學生，他的行為對於如何正確評估其進步情況，教師有實際上的困難；此外，作業沒有準時繳交，教師無法給予他一個公平的成績；若是學生告知教師他的時間不夠用，教師可以改變策略，就時間管理及資源運用話題與學生討論，進而支持學生。高登教師效能訓練在於嘗試運用有效方法，幫忙學生為他們自己的行為負起責任，而不是簡單傳遞行為後果讓學生知曉（Malmgren, et al., 2005）。

　　高登堅信有效能紀律無法經由酬賞與懲罰來達成，但是可以透過技巧提升學生個人自我控制。他提出的方法是教育工作者要幫忙學生做出正確的決定，讓學生變成更有自信並控制自己的行為，教師幫忙學生做出正向決定時，教師不能採取控制型的權力。此外，教師要能影響與引導學生學習，並且採取行動建立一個學生可以為其行為做決定的環境。有關問題的擁者者，高登提出以下幾個核心議題（歐申談譯，民 71；Burden, 2013）：

（一）確認誰擁有問題

　　高登的問題矩形可以判別誰擁有問題（圖 6-1），若是學生行為可能引發教師或同學的問題，讓人感覺行為的結果是負向的，此人就擁有問題。高登提出：「**學生犯錯是誰的問題？**」學生課堂中做白日夢不干擾教師，歸屬於「**學生**」具有問題；一個學生因父母不許他與同學放學後一同外出，向教師透露失望與生氣，學生遭遇問題，與教師生活、教學沒有實質的、具體的影響，此一行為表示「**學生**」具有問題；課堂中一位學生在桌椅刻上名字，發出聲音干擾教學的進行，行為為破壞公物，此行為已為教師製造問題，因而表示「**教師**」具有問題。當學生的行為對教師有任何實

質的、具體的影響後果，且教師認為是不可接受的，對教師會有妨礙、傷害、破壞等感受，則問題便歸屬於教師。圖6-1問題行為矩形框中的沒有問題表示的是學生不給個人、同學與教師製造問題，數學課中學生專心且安靜地寫數學習作，學生的需求與教師需求不衝突（歐申談譯，民71）：

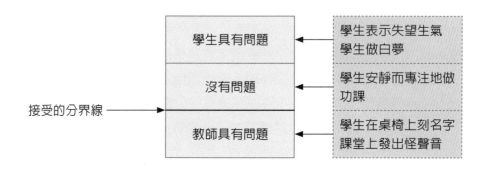

圖6-1　問題類型圖

資料來源：修改自歐申談譯（民71，p.27）。

（二）當教師擁有問題時應使用正向面對技巧

當學生行為已影響到教師教學與同學學習活動的進行，表示問題歸屬於教師，此類型的問題屬性，教師必須立即做出反應並修正當事者的行為。教師可以重新變化環境、承認與回應學生的感覺，話語的表達不要繼續觸發學生之頂撞機制，使用無人輸的衝突解決策略，著重於協助引導與影響學生，成為班級有效的溝通互動者。當教師認清學生的行為是不可接受的，並將該行為歸類為「**教師具有問題**」的區域，為了教師本身的需求，可以採取的方法有三：(1) 試圖調整學生的行為；(2) 試圖調整環境；(3) 試圖調整教師自己。教師的工作角色為：(1) 溝通訊息的通道由教師發動；(2) 教師是訊息發送者；(3) 教師設法自行解決問題；(4) 教師本身需要解決問題；(5) 教師關注的是本身的需求；(6) 教師在解決問題上較為主動（積極）；(7) 教師是影響者。

當教師擁有問題時（被學生行為擾亂），教師面對的積極技巧為：

1. 改變班級物理環境（而非改變學生）：設計豐富的學習環境以減少行為問題，或排除減少分心的事件，例如特定活動時播放輕音樂、班級學習中央處與走道美化布置、相關學習主題內容顯示在牆壁上，以引起學生好奇心等。

2. 定期傳送「我—訊息」：教師被學生擾亂時，要透過我—訊息取代責罵，我的訊息包含「**教師困擾**」、「**教師心情感受**」、「**為何或理由**」等三個要素：(1) 行為已對教師造成困擾或構成一個問題，當事者行為對教師而言是一種「**問題**」或「**困擾**」；(2) 教師本身對行為的「**感覺**」，此種感覺是負向的、不悅的；(3) 為什麼行為會造成教師的問題或令教師不悅。例如有同學在課堂活動時破壞班規，對教師造成的困擾是課堂教學活動無法如期完成，當事者沒有考量到其他同學的立場，欠缺同理心，教師說：「喔！若是為了等安靜與準備，會讓老師等太久，再透過講述我會很匆忙，我自己要花更多時間重述內容。是否我講述不夠清楚，你有更好的建議協助老師處理這個問題嗎？」

3. 轉換裝置（工具／策略）（gears）：有時我—訊息會引發學生防衛反應，此時，教師可改採密集式傾聽技巧與回應，傳送果斷的姿態給學生知道，讓當事者做出更多正向的回應，例如教師說：「當我的學生中任何一位未聽到此課程，我會十分困擾。小強！」小強回應他在家中會自行完成，這節課沒有聽到沒有關係，教師口語策略轉換：「聽起來你好像在學校外有某些困難事情要處理，有什麼地方老師能夠幫忙的嗎？」（Charles & Senter, 2008）。

（三）當學生擁有問題時使用協助技巧

學生需要採取步驟解決問題，教師可透過成長技巧的使用提供協助，積極傾聽，避免溝通絆腳石的出現。教師有責任將學生問題讓學生知道，因為學生是問題擁有者有義務改變自己的行為。學生行為被教師歸類為「**學生具有問題**」的區域時，教師本身要作為一位輔導者協助處理，此時教師工作為：(1) 溝通訊息的通道由學生發動；(2) 教師是積極聆聽者；

(3) 教師要幫助學生；(4) 教師接受學生自己的解決辦法；(5) 教師關注的是學生的需求；(6) 教師在解決問題上較為被動（消極）；(7) 教師是輔導者。積極聆聽必須排除所有外在刺激，仔細聆聽學生透過語言及非語言方式所傳達的訊息，不包括告知學生如何去做，或告訴學生應該如何感受，而是採取同理態度，表達出感同身受的姿態，教師的回應只限於體認學生的感覺與意見，與學生對話過程可以使用「**重新敘述原則**」（paraphrase rule），重新摘要整理學生表述的訊息（陳宥儒等譯，民 99）。

（四）當學生與教師皆沒有行為問題時使用預防技巧

例如採用合作討論式方法制訂規則，讓學生參與問題解決與做決定。

有效溝通是解決衝突的方法，衝突解決的策略是不要妥協，因為妥協結果會造成師生雙輸的情況（衝突無法解決），也不要形成「**輸一贏**」或「**贏一輸**」局面，因為不管是哪一方贏，對另一方都會形成一種傷害。對此，高登提出的代替用語為「**無人輸方法**」（no-lose method），「**無人輸方法**」即是「**雙贏策略**」，要達到雙贏型態，師生雙方必須共同協商尋求具體的解決策略，師生雙方均可提出一些可能解決衝突的方案，從中選取一個可以兼顧師生立場而可被雙方接受的方案，讓師生雙方都感到滿意，沒有一方覺得自己是贏家或輸家，如此可以減少師生間的敵意或不悅。高登認為師生要進行有效的溝通，必須排除溝通的「**絆腳石**」（roadblocks），溝通的絆腳石不僅無助於師生雙方溝通的進行，更可能使學生躲避遠離溝通的場域，不會在遭遇問題或碰到困難時告知教師，因為他們覺得教師不是好的積極聆聽者。高登提出的溝通絆腳石有十二種（陳眞眞譯，民 92b；Tauber, 2007）：

1. 指使、命令：例如「你必須……」；「你一定要……」；「如果你知道什麼對你是最好的……」。

2. 責備、威脅：例如「你最好……」；「如果你不……，就會……」。

3. 說教、嘮叨：例如「你應該……」；「你當然應該……」；「一位好學生應該……」。

4. 勸告、給予問題解決方法：例如「我會去做的事是……」；「讓我建議你……」；「你爲什麼不……」。

5. 訓誡、辯論：例如「事實是……」；「是的，但是……」；「難道你不明白……」。

6. 評斷、批評：例如「你是否已經失去理智了？……」；「你的行爲很愚蠢……」。

7. 讚美、同意、我也是：例如「你絕對是對的……」；「同樣的事情也發生在我身上……」。

8. 嘲諷、羞辱：例如「這是一種很愚蠢的態度……」；「你只是在說傻話（你說的話很無聊）……」。

9. 分析、診斷：例如「我知道你爲什麼生氣，你只是……」；「你的問題是……」。

10. 同情、安慰：例如「不要擔心；我知道你的感覺……」；「你明天會覺得好過一些……」。

11. 探究、懷疑、質問：例如「誰……」；「什麼……」；「何時……」；「爲什麼……」。

12. 退縮、故作幽默：例如「我們以後再談……」；「這樣說來，你有沒有聽到與那個有關的……」。

在中等學校中，校內所有學生都要修體育課，小強對於自己的體重很有意見，因而厭惡上體育課與從事體育相關活動，常常找藉口不參與。高登溝通絆腳石的教師用語與較有效的回應範例如下（Charles & Senter, 2008）：

1. 給予「命令」的時候：教師告知小強：「小強，你如果不能自我控制，停止發牢騷，現在就離開教室！」較好的回應如：「你可以告知老師如何能夠爲你做出較簡單有效的方法嗎？」

2. 給予「警告」的時候：教師威脅小強：「這樣夠了，現在趕快換上體育課服裝，否則我叫你去跑操場！」較好的回應可能是：「老師知道體育活動這件事會對你造成很大困擾，但你樂意放學後再與老師討論嗎？」

3.「說教」的時候：教師提醒小強該做的事：「你應該試著讓自己保持健康。」「你應該要知道運動是重要的。」相較於前者，比較好的回應可能是：「有些人喜歡運動，有些人不喜歡，但每個人都需要運動。你覺得我們可以怎麼幫你，完成你所需的運動？」

4.「勸告」的時候：教師提供小強建議或解決方式：「如果你覺得趕不上別人，試著設定自己的目標並且達成它。」比較好的回應可能是：「有時候甚至連運動員都不喜歡體育課。你曾聽過任何一位運動員談論他的感覺嗎？」

5.「訓誡」的時候：教師提出合理的事實來制止小強的抵抗：「我可以向你保證，如果你現在養成運動習慣，你將會感到愉快，而且未來也會繼續保持這樣的習慣。」比較好的回應可能是：「有時候不運動，然後坐著不動等待下課是很誘人的事。如果你不運動，你認為這對你的健康可能會有什麼影響？」

6.「批評」的時候：教師指出小強的錯誤和不當行為：「我真不敢相信你剛才說了那樣的話。那只是在找藉口而已。」比較好的回應可能是：「我覺得我慢慢開始了解你剛才說話的意思。你可以再多說一些嗎？」

7.「罵人」的時候：教師在小強身上貼標籤或取笑他：「我可以預料三年級生會對體育課服裝有些爭論，但你會不會有點太過分了？」比較好的回應可能是：「坦白說，我還不太了解為什麼你會這麼不情願。你可以幫忙讓我了解多一些嗎？」

8.「分析」的時候：教師診斷或推論小強行為背後的原因：「你真正要說的是你怕別人嘲笑你的體重。」比較好的回應可能是：「跟著你的想法走。你可以再多解釋一些嗎？」

9.「讚美」的時候：教師使用正面的語句來鼓勵小強：「你動作協調的能力表現在平均水準之上，你自己可以處理的很好。」比較好的回應可能是：「我了解你關注的部分。我可以怎麼做，才會讓你覺得體育課是令人愉快的？」

10.「安慰學生」的時候：教師試著以同情心和情感支持讓小強的心情

變好：「我知道你的感受。記住，很多男生像你一樣，不久之後，你就會忘記你關注的事了。」比較好的回應可能是：「你知道有其他同學和你一樣是關注相同的事嗎？他們都如何處理？」

11.「質疑」的時候：教師對小強提出疑問以探究更多的事實：「你到底在怕什麼？你覺得什麼事將會發生？」比較好的回應可能是：「我們常常會預期最糟糕的狀況，不是嗎？你曾有過像這樣困擾你的類似經驗嗎？」

12.「退縮」（可能結束對話）時：為了閃避小強所關注的事，教師轉移了話題：「你想加入哪一隊？」比較好的回應可能是：「你認為這件事也可能對其他人造成困擾嗎？你覺得我應該向全班說明，還是這件事就當作我們兩個人之間的祕密？」

對於溝通絆腳石的替代方法，高登提出四個策略：(1)「**專注的沉默**」（silence）；(2)「**不明確的回應**」（noncommittal response）；(3)「**敲門磚**」（door openners）；(4)「**積極聆聽**」（active listening）。專注的沉默（又稱為被動傾聽）可以使溝通的管道順暢，教師利用身體姿勢與肢體語言的視線接觸，讓學生知道教師已察覺他的問題，沉默作用可將持續溝通的責任轉移到對方身上，沉默所表示傳遞的壓力與尊敬態度，讓學生對自己解決問題的能力更有信心。不明確的回應訊息若能適當地傳達，聆聽者可以察覺到當事者的感覺，也能讓當事者知道聆聽者有專注的在聆聽與知道問題的嚴重程度。不明確的回應用語如「喔」、「糟了」、「你不說的話」、「我了解」、「這是開玩笑的」，不明確的回應用語若能配合教師肢體動作，則能讓溝通更為順暢。對應於不明確的回應用語，「**敲門磚**」是非常直接的口語表達，例如「你要不要多談一些？」、「讓我們多聽聽看你還有什麼要說的。」、「這件事對你而言很重要。」敲門磚的功能可以讓當事者知道聆聽者已做好準備，願意聆聽當事者所要傳達述說的問題與訊息，持續溝通的進行。相對於以上三個替代方法，積極聆聽是最為有效方法，教師可以當下推測學生內在的感受與想法，積極聆聽程序教師更要善用肢體語言、身體動作、點頭等方法來做回應，並從當事者的感官表

現加以引導（陳眞眞譯，民 92b；Tauber, 2007）。

教師積極聆聽的作法可以讓學生知道教師眞正理解他們的感受與問題，幫助學生確認錯誤行為的原因，說服學生接受責任或問題的歸屬，進而幫助學生做出解決問題的辦法。對教師而言，改正學生不當行為最佳方法為「**擬情作用**」，教師善用傾聽了解個別學生的特別需求、興趣和能力，調整個別學生課程與教學策略。高登相信紀律應該是可以教導和養成的，而非強加給學生的，教師應用非控制的方法，以學生接受問題歸屬的目標，來改變學生行為，而不要使用獎賞與懲罰，來矯正學生行為（單文經主譯，民 93）。

高登提出的感官型態表現語言如下（Tauber, 2007）：

1.「視覺型態的」（visual）傳遞語言：例如「你看起來像……」；「從你的觀點來看……」。

2.「聽覺型態的」（auditory）傳遞語言：例如「從我所聽到的，你……」；「你似乎想要說什麼……」。

3.「嗅覺型態的」（olfactory）傳遞語言：例如「當……，你被察覺（被嗅到）好像有麻煩。」「當……，你經驗（感受）到成功的甜蜜滋味。」

4.「味覺型態的」（gustatory）傳遞語言：例如「當……，你嚐到酸味（變得不愉快）。」；「你想要品嚐（回味）這個時刻。」

5.「一般型態的」（generic）傳遞語言：例如「你感受到……」；「你看起來似乎相信。」

在衝突解決或與學生對話中，高登建議教師使用「**我一訊息**」（I-messages）的語詞，不要使用「**你一訊息**」（You-messages）的語詞，「**你一訊息**」語句如：「你不要在我教學時發出怪聲音！」（命令）；「你不要像一個小孩子，遇到問題只會哭！」（訓誡、中傷）；「你幹嘛要這麼做？」（質詢）；「你是另一個愛因斯坦！」（諷刺）。高登認為，教師使用你一訊息時，是以手指指向對方，其中伴隨多項的溝通絆腳石，例如說教、訓誡、威脅、挪揄、責備等，這樣的訊息可能強迫學生改變他們的行為，但學生通常表現的是一種反抗性的順從，使學生失去顏

面，阻礙師生溝通的管道（陳眞眞譯，民 92b；Tauber, 2007）。

　　教師採用我─訊息有三項優點：(1) 使學生發自內心改變行爲的可能性較高；(2) 對學生否定評估的程度減至最少；(3) 不損害師生間的關係。我─訊息可稱爲「**責任訊息**」，其原因有二：首先教師採用此訊息，是爲自己負責，並向學生告知「**老師會敞開胸懷自我評估**」的責任；其次是把學生行爲的責任留給學生承擔，讓學生體諒教師並協助配合教師，改變行爲。我─訊息表達一般包含「**行爲─後果─感受**」三個要素，例如「當你把腳伸到通道上時（行爲），同學可能會被絆倒（後果），老師眞擔心你與同學都會受傷（感受）。」（歐申談譯，民 71）

　　教師對學生發送的訊息若是爲下列三種類型，則訊息通常都是沒有功效的，對學生問題解決沒有實質幫助（歐申談譯，民 71）：

　　1. 解決式訊息：訊息在於告知學生如何改變其行爲，例如「必須怎麼做」、「最好如何做」、「應該怎麼做」、「可以如何做」，訊息用語包含命令、控制、指揮；警告、威嚇；訓誡、說教；教導、忠告等。此種訊息所傳達的意思僅是單方向的（只涉及學生），學生無法感受到其行爲對教師的影響。

　　2. 貶抑式訊息：訊息會羞辱學生，抨擊學生人格、傷及學生自尊，訊息用語包含判斷、非議；中傷、挪揄；揭穿、分析；質詢、盤問等，此類型的訊息如「每次在課堂中惹麻煩的總是你。」、「你們今天的行爲活像野獸。」此種訊息所傳達的意思讓學生覺得「你有哪兒不對，否則就不會給老師製造問題。」

　　3. 迂迴式訊息：訊息意思包括逗趣、戲弄、諷刺、移轉注意等語意，例如「我以前從未教過猴子班。」迂迴式訊息會讓學生覺得教師講話拐彎抹角欠缺坦誠，讓學生覺得教師不足以信賴而又做作。

　　一個適當之我─訊息包含三個部分：(1) 一個非責備式的描述他人出現阻礙滿足教師需求的行爲；(2) 這個行爲對你現在或未來造成的具體影響；(3) 此種具體影響對你造成的感覺。高登的我─訊息與肯特的我─訊息內涵並不完全相同，肯特型的我─訊息帶有強行實施的口氣，學生要依

照教師所告知的方式去改變，夾帶著威脅口氣：「改變你的行為或趕快做其他的事。」高登型的我—訊息則隱含著一種信任與相互尊重的語氣：「我相信，如果我清楚地讓你明白你的行為是如何阻撓我滿足我的需求，你將會尊重我，並自願地改變你現在的行為。」（陳眞眞譯，民 92b；Tauber, 2007）。

教師效能訓練矩形圖架構如圖 6-2，其中可接受的行為指的是學生不會妨礙教師滿足他們的需求，不可接受的行為指的是學生會阻礙教師滿足他們的需求（Tauber, 2007, p.224）。

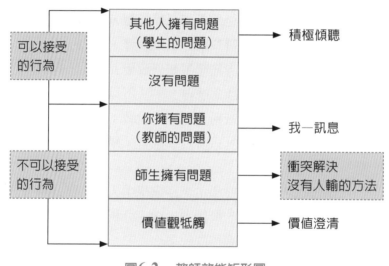

圖6-2　教師效能矩形圖

師生擁有問題時，表示師生間發生了衝突，此時，教師如果直接使用權力、權威或懲罰，會導致更嚴重的衝突，形成「**輸—輸**」或「**贏—輸**」局面。對於師生間衝突的處理，高登提出六個解決步驟：(1) 定義問題；(2) 研擬各種可能解決方法；(3) 評估解決方法；(4) 選擇一個解決方法；(5) 根據選取的解決方法實施；(6) 評估解決問題的成效。其中在確定問題方面，教師要使用積極聆聽來幫助確定他人（學生）的需求，並且採用我—訊息傳遞自己的需求；教師要以需求來確定問題，而不要以衝

突解決方法來定義問題。研擬各種可能解決方法步驟類似「**腦力激盪**」
（brainstorming），因爲師生是以需求來定義問題，雙方可以自由而有創
意的想出多種可能的解決方法。選擇最佳的解決方法步驟中要考量到方法
實施的可行性，師生要有共識，避免採用投票表決方式（Tabuer, 2007）。

　　根據教師效能矩形圖的論點，對於學生違規或暴力行爲的處置具體策
略如下（陳宥儒等譯，民 99）：

　　1. 培養良好的溝通技巧，盡可能運用在不同的教育情境中。

　　2. 使用「**我一訊息**」，不含個人價值判斷的方法，讓學生了解不當行
爲的後果。

　　3. 應以堅定、明確、直接的態度處理學生的不當行爲，不要讓學生
覺得教師是個優柔寡斷或無能的人。

　　4. 在採取步驟解決問題之前要先確定問題的歸屬，並分辨事件行爲
是學生個人責任，或是教師的責任。

　　5. 當問題歸屬於學生時，採用主動聆聽、表達關切並給予支持態
度，花時間關懷且同理他們的感受。

　　6. 當問題歸屬於教師時，應採用雙贏策略來解決問題，讓教師與學
生皆能產生正面的感受。

　　7. 對可能產生的暴力威脅做出立即反應，告知其他教師、學校行政
人員等協助介入處理，共同解決問題。

二、高權力紀律模式 —— 行爲改變模式

　　行爲主義的創始者爲華特森（Watson），反對傳統心理分析學者提
倡的「**內省法**」（introspective method），理論取向主張所有行爲都是經
驗的產物，認爲教育是萬能的（此看法過於樂觀），教育心理學要探究
的是可觀察及可測量的外在行爲。被稱爲「**教育心理學之父**」的桑代克
（Thorndike）以貓爲實驗對象，建構有系統的學習理論，提出「**嘗試與
錯誤學習論**」（trial-and-error-learning），對學習有顯著影響的三個法則
是「**練習律**」、「**準備律**」與「**效果律**」（爲學習動機關鍵法則）。斯肯

納（Skinner）以白老鼠及鴿子為實驗對象，設計斯肯納箱，以探究操作制約的學習歷程，提出行為塑造與行為改變技術。斯肯納堅信透過增強，個體（包含學生、伴侶或員工）的行為都可隨個人意志加以塑造，雖然某些行為改變需要歷經連續性的階段，但有些行為的改變只需要單一增強策略即可完成。根據行為學派的論點，所有的行為（不管是好的、壞的、適當的與不適當的）都可經由增強，來學習與維持。行為被行為導致的後果所制約，立即增強的行為會被強化，沒有被增強的行為會消弱，進而消失。以操作制約的觀點而言，行為問題的發生原因不是個體人格的變因造成的，也不是情緒問題引發的，而是孩童個體、孩童與其同儕、父母及教師間互動所促發的結果（Hardin, 2012）。

（一）行為理論的基本假定

班級情境中為了有效使用增強原理以導正學生不當行為，教師必須對行為理論的基本假定有所認識（Hardin, 2012, p.23）：

1. 行為是學習而來的。個體會傾向展現被增強的行為，且避免事前沒有被增強的行為或是被懲罰的行為。

2. 行為是一種特定的刺激。個體在不同情境中會表現不同的行為，因為每個情境包含個體行為展現的前因與後果間的連結，行為的根源在於個體當時所處的環境、情境與社會氛圍。所以當家長說「學童在家中不會有這種行為（不當行為）、我的小孩不會打人」的話語，教師不應持質疑的態度，因為學童的不當行為可能是學校環境造成的。

3. 行為是可以被教導、被改變或被修正的。因為行為是學習而來的，教師與家長可以採取有效方法教導新行為與修正目前的行為。

4. 行為改變應著重在此時此刻的行為。行為主義者不關注個體過去的事件，而是強調個體所處目前環境的事件，這樣才能確認對目前行為的影響。

5. 當事人環境改變，其行為也會跟著改變。當事人的行為同時受到所處情境與社會心理環境的影響，行為問題不關注個體內在的原生性生理

因素方面。

（二）行為改變主要的方法

行為主義學家斯肯納（Skinner, 1971）跳脫對人性自由與尊嚴的看法，而倡導行為塑成論，認為人類行為主要由外在環境制約而成，透過增強及處罰技巧可塑造學生行為。行為塑成中最重要的影響因素是增強與酬賞的使用。晚期行為主義經多位心理學家及教育家的擴展，比早期之觀點更為完備（Charles, 1992）。行為改變二個主要的方法是（Burden, 1995, 2013）：

1. 學生表現可欲的（理想的）行為時，教師如果酬賞學生（增強學生行為），學生會繼續重複此行為。

2. 學生有不當行為時，教師忽視此行為或是直接處罰學生，學生就較有可能不再重複此不當行為。

（三）行為改變技巧可使用的增強形式

行為改變技巧可使用的增強形式甚多，綜合起來可分為以下幾項：

1. 可食用的增強物（edible reinforcers）

包括糖果、麵包、口香糖、堅果及點心、飲料等，此類型增強物較適合於中低年級，對於高中階段的個別學生較不適用，若是作為全班性的獎賞，班級學生還是喜愛的。例如校慶運動會時班級大隊接力表現良好或定期考查全班成績多數有顯著進步，教師請全班同學喝珍珠奶茶。在選用可食用的增強物時，要把握「**衛生、安全**」的原則，尤其是夏天冰品類或飲料類的食品，以免發生食物中毒的事件。

2. 社會性的增強物（social reinforcers）

包括文字、手勢、布告、優秀證明及教師讚美的面部和身體語言，課堂中社會性增強最常使用者為口語增強，例如「很有創意，我們給他鼓鼓掌」、「做得很好」、「進步很多」、「表現很棒」等。以肢體語言及正向口語給予學生稱讚、認可，例如鼓掌、輕拍肩膀、豎起大拇指、點頭、

拍手跟學生說「有進步」、「很好」等。社會性增強物一般包括口語表達
與非口語表達，它是班級中使用頻率最多的增強物，也是最經濟、最有效
的增強物。教師是學生重要他人，教師的一句話、一個動作、一個肯定的
音調，對學生而言都有重要教育意涵，對於學生好的行為表現，教師不要
吝嗇讚美。社會性增強有時若能配合具體性增強物，成效更佳。

　　教師於公開場合對學生一句讚美或鼓勵的話，對學生的影響是很大
的，教師不應吝嗇於班級或同學面前公開說出對學生讚美或增強的言語，
例如「老師今天清掃時間巡視公共區域，發現掃公共區域的同學都非常認
真。」「你們班是老師任教這幾年來常規表現最好的一班。」等，教師讚
美的對象不論是學生個體或群體，都可激發當事者有表現更好的動機。

　　3. 物質及實物的增強（material or tangible reinforcers）

　　包括學生表現適當行為後獲得酬賞之實物，例如獎勵花樣、藝術
品、精巧模型、書籍、海報、錦旗、遊戲器具、鋼筆、塑膠圖樣及鉛筆
等學生喜愛之物；其他如文具、日常用品、課外書籍、小說、明星海報
照片等也是。實物性的增強重在於「**增強**」或激勵作用，教師挑選的增
強物最好是學生真正喜愛的，此外，立即增強比延宕增強的成效來得重
要，實物性的增強物可因學生個體差異或家庭情況而有不同。班級中使用
具體性增強物時，要考量以下原則：(1)「**經濟實惠原則**」：在教師預算之
下，不要太昂貴，以免造成教師自己的困擾；(2)「**不易飽足原則**」：學生
已有的物品不需要再持續作為增強物，例如原子筆或鉛筆等；(3)「**立即增
強原則**」：可欲行為出現後立即給予增強，正向行為與增強間的時間愈短
愈好；(4)「**學生真正喜愛原則**」：給予具體性增強物必須是學生真正喜歡
的，如此才能發揮增強的功能；(5)「**時常變化調整原則**」：具體性增強物
要時時變化，多樣而有變化的增強物更能發揮增強作用；(6)「**因學生而選
用原則**」：具體性增強物依學生實際情況或家庭狀況適時調整，不同經
濟情況下的學生個體所喜愛的增強物會有差別，例如有些同學想要自動鉛
筆、有人想要某明星卡、有人最愛新的鉛筆盒等。教師在使用具體性增強
物前，如能對學生有多一份了解，則增強物的使用更能發揮其效益。

4. 代幣增強（token reinforcers）

包含星號、點數及獎勵卡等，當學生表現適當行為時，可連續累積，以換取其他實體或物質的增強物，例如學生表現期待行為或進步時給予讚美卡（代幣），集合十張讚美卡可換發一張學校獎狀（增強物），並跟師長合照（增強物）。**「代幣制度」**之**「代幣」**（token）是否有吸引作用，端賴代幣所能換取的酬賞，代幣本身並不具增強作用，但它是得到另類增強物的條件，因而它是得到獎賞的籌碼。

代幣是否吸引學生興趣與重視，端視其兌換的增強物種類，此增強物（常見者為具體性、活動性的增強物類型）必須是學生喜歡的，且認為是有價值的。代幣制度實施程序最好先以**「固定比率」**（FR）方式，制度實施或運作良好後再改以**「變動比率」**（VR）方式。給予學生的代幣，若學生違規或課堂學習不專注，教師可以沒收不同數目的代幣，也是一種**「反應代價」**（response cost）。**「反應代價」**常見的例子為學生課堂干擾教學活動 5 分鐘，則下課休息時間減少 5 分鐘，或是剝奪學生某些特權等。

5. 活動性增強物（activity reinforcers）

活動係指學生喜愛的項目，包括成為班上差使、協助教師、獲得額外自由時間、可上圖書館、操作投影機及其他設備、午休時間至電腦教室打電腦、至視聽教室欣賞電影或參與班上特殊活動等。以活動為增強物對於喜好此活動的學生特別有用，例如班級教師告知學生：「下午自習課時間想至運動場活動或打球者，上課前要把早上未完成的功課做完」，學生回應教師：「好，沒問題。」表示學生與教師訂定契約，稱為**「條件契約論」**，以學生喜愛的活動為增強物，即**「普立馬克原則」**（Premark principle，又稱行為契約論）的應用，普立馬克原則又稱**「祖母原則」**，應用實例如祖母告知孫女：要看電視需要先把回家功課寫玩。

6. 權利擁有為增強物

暫時擁有某項權利，例如當一天小組長或班級幹部、中午休息時間可以看課外書等。以**「權利擁有」**作為增強物時，學生可擁有此權利的時間

多久，教師要明確告知學生，並讓全班同學知道，如此，才不會引發學生的誤解。此增強物傳遞給其他同學的訊息是「**你想要擁有此種暫時特權，行為必須表現良好或有進步。**」

(四) 行為改變實施

「**行為塑造**」（behavior shaping）或「**連續漸進法**」（successive approximation）用以當事者的行為改變，其歷程也是增強物的應用，此法又稱為「**應用行為分析**」（applied behavior analysis, ABA），其實施步驟大致包括以下五個：(1) 決定並確認目標行為（具體欲改變的行為）；(2) 建立目標行為的基準線（測量行為出現的頻率，作為日後比較的基準）；(3) 選擇適合的增強物；(4) 採用漸進的改變方法，衡量目標行為的改變，並給予增強；(5) 當行為獲得改善則逐漸減少增強物使用頻率，以助於維持預期行為並將經驗類化到其他情境（湯梓辰等譯，民 99）。行為改變在實施時，最好有組織、有系統，且有一致合理的程序，學者查爾斯（Charles, 1992）將其分為五種不同的範疇：

1. 捕捉學生好的行為

對學生表現預期的行為，要給予積極正向的肯定，例如「對於課堂作業，雅倫十分專心的在寫，寫得又快又正確，表現很好。」當學生表現正向的行為或符合教師期待的行為時，教師應給予立即正增強，增強要把握時效性。激勵學生正向行為可以讓其他同學產生「**仿效行為**」（modeling），並進行學習行為的「**自我調整**」，產生「**替代學習**」的效果。

2. 規則－忽視－讚美的方式（RIP）

「**規則－忽視－讚美**」（rule-ignore-praise, RIP）方法即建立一套教室規則，忽視不適當行為，讚美學生的適當表現，此法較適合於小學中使用，例如教師問問題，學生一邊舉手一邊站起來，高喊著：「我！我！…… 」此時教師就不要請這些學生回答，改叫安靜坐在座位上舉手的同學，當教師有意忽視不守規則的學生，專心注意那些遵守規則的學

生，並給予立即獎賞，則那些不守規則的同學會見賢思齊，改正自己的不當行為，以期望能獲得教師的獎賞。「**未經舉手發言**」、「**課堂找話題想與教師閒聊**」、「**發問與教學完全無關內容**」等都可以採用「**忽視**」策略。忽視策略的使用，必須是學生不當行為沒有干擾到其他同學學習活動的進行，或沒有安全性考量者，例如學生課堂捉弄同學、發出怪聲音、實驗或學習中任意走動、吵架等，都不適宜採用忽視策略，最佳的方法是教師要立即糾正，警告學生，讓當事者知道其行為的不適切性。若是學生不當行為已干擾教學活動的進行，教師就不應採取忽視策略，而應積極介入處理。

3. 規則一酬賞一處罰的方式（RRP）

「**規則－酬賞－處罰**」（rule-reward-punishment, RRP）的方式在於建立教室規則，酬賞學生的適當行為，處罰其不良行為，較適合年齡較大者。RRP 的實施，必須讓學生知道哪些行為是違反規則或不當行為，這些規則或生活公約要儘量精簡，並於開學前就公布在教室布告欄。對於違反班級生活公約或師生共訂規則的同學，教師處罰時要考量到學生的個別差異，對於「**故意**」、「**一再**」違規同學的責罰和「**不小心**」或「**非故意**」犯錯學生的處罰也應有所區隔，如此才能符合公平正義原則。

4. 後效增強的管理方式

亦是一種實物增強的應用，當學生表現預期的行為時，可獲得代幣以換取物質性獎賞、加分、活動性獎賞或與師長合照等。此法適合於所有年級，但對於有心智障礙及習慣性行為問題的學生特別有用。代幣也可以「**獎勵卡**」代替，代幣所兌換的增強物，應是學生所感興趣或學生所喜愛的；教師給予學生的獎勵必須於學生正向行為表現後，不能於學生正向行為表現之前先行給予；某些學習活動的進步情況，給予代幣或獎勵卡的門檻應由較低標準慢慢調整至較高標準，例如學生數學考試常常不及格，當學生某次考試及格進步時，教師就應給予獎勵，之後再將獎勵門檻慢慢提升，以激發學生「**最大可能發展區**」（the zone of proximal development, ZPD）的潛能。

5.訂定具體合理的契約

與班級中常有習慣性問題與難以管理的學生訂定合理契約，契約內容包括對學生應表現的適當行為要有明確的界定；特定行為表現所應負之責；教師增強及處罰運用的時機等，契約的內容要具體可行，能導引學生承諾與對自己行為負責的態度，重要的是教師要確實公平執行。此外，在學生行為改變上，教師也可採用「**增強相對立原則**」，此原則應用的實例如指定常違反班規的同學擔任風紀股長，當事者為了管理班級秩序，自己違反班規的行為可能就會減少或不再出現。

在學生行為輔導改正上，教師常會使用「**增強**」（reinforcement）策略，所謂增強是指使用適宜增強物而使學生行為反應頻率改變的一種活動安排，促發增強活動反應的刺激稱為「**增強物**」（reinforce），增強物如口頭讚美、畫筆、食物等。學生行為反應頻率強度改變有二種情形：一為行為反應頻率變多、一為行為反應頻率變少，前者多數在強化正向行為的繼續展現，後者多數在減低負向或不當行為的出現。當學生行為反應頻率或活動因增強物的出現而強化，此增強稱為「**正增強**」（positive reinforcement），相對於正增強者稱為「**負增強**」（negative reinforcement）。負增強的「**負**」並不是負面的意涵，它表示的是將某種厭惡刺激移除後，可以增強當事者行為反應的頻率；負增強也可強化正向行為或活動出現的頻率，但負增強有時較會有副作用效應產生（吳明隆，民 102）。

負增強也可以強化行為，與正增強不同的是，負增強在可欲行為（期望之正向行為）出現後，令學生厭惡的刺激會立即移除。負增強的二個關鍵字：一為「**移除**」（removal）；二為「**可欲行為**」（desired behavior），不同於正增強給予學生正向增強物，負增強是「**移除**」厭惡的刺激。直到學生出現教師想期待其出現的正向行為時，厭惡的刺激才會被移除，厭惡刺激移除後，學生會有一種痛苦緩和的輕鬆感，內心有被酬賞的感覺，之後，可欲行為發生的次數會增加。負增強的例子如（Hardin, 2012）：

　　「中午用餐時間，全班亂哄哄，導師要全班同學安靜排好隊後，才准值日生發給同學營養午餐，同學為能趕快用餐與休息（可欲行為），安靜地排好隊（厭惡的刺激／不喜愛的刺激）。」

　　「小明與小強課堂上竊竊私語，沒有專心在做習作，教師發現後走到二人座位中間，觀看二人做習作情況，小明與小強不希望教師站在座位旁且注視他們（厭惡的刺激），因而安靜專心的做習作（可欲行為）。」

　　「假如你可以一星期都不與同學發生爭執（可欲行為），老師就不會以電話通知你爸爸到校（移除厭惡刺激）。」

　　「小強把回家功課做完並準時繳交給老師（可欲行為），老師下課就不會再對小強嘮叨（移除厭惡刺激）。」

　　負增強與「**懲罰**」（punishment）是不同的策略方法，負增強在於增加行為出現的頻率，懲罰則在減少不當行為出現的次數，它是一種不愉快刺激的應用，或是撤回令當事人愉悅的酬賞，其目的在消弱當事人的反應（此反應即不當行為），一般為避免或移除令當事者厭惡的刺激，來增強正向行為。懲罰的主要型態有二種：「**施予式懲罰**」（presentation punishment）與「**剝奪式懲罰**」（removal punishment）。施予式懲罰主要是給學習者一個他不喜愛的刺激，此刺激是當事者不想要或會令其有不愉快感覺的事件，以減少行為出現的頻率，例如教師的責罵、生氣表情、罰其站立、給予較低的評量分數等；再如公共區域沒有打掃乾淨，中午午休時間令外掃區的同學再打掃一次，直到教師檢查合格，同學才能回到教室午休。「**剝奪式懲罰**」是取消或移除當事者喜愛的事物或刺激，這些事件是當事者喜愛的或不想失去的，嚴重的剝奪式懲罰如課後留置在學校、隔離、留校察看等（Hardin, 2012）。例如課堂吵鬧，禁止下課至操場玩耍，「**玩耍**」是當事者非常喜愛的活動，為了不讓自己想要的活動被取消，課堂就會較專心聽講；再如回家功課沒有按時寫玩，取消中午看課外書籍的機會，為了可以看課外書，當事者會盡力將回家功課準時完成。

　　行為改變之後果方格（consequence grid）對照表如下（Tauber, 2007），方格包括正增強、負增強、處罰與隔離等四種（表6-2）：

表6-2 行為改變之後果方格對照表

	教師給予的後果	教師移除的後果
獎勵刺激： 被他人重視的東西，引起個體心理或身體的舒服	正增強： 啟動、增加或強化個體的行為	隔離： 停止、減少或減弱個體的行為（移除一個獎勵刺激後，正向行為被強化）
厭惡刺激： 引起個體心理或身體的不舒服	處罰： 停止、減少或減弱個體的行為	負增強： 啟動、增加或強化個體的行為（移除一個令個體厭惡的刺激後，正向行為被強化）

增強與處罰範例表如表 6-3（Santrock, 2011, p.223）：

表6-3 增強與處罰範例表

事項	正增強	負增強	處罰
行為	學生提問了一個好問題	學生準時繳交回家功課	學生干擾教師教學
後果	教師讚美學生	教師停止指責或嘮叨	教師口語訓斥學生（施予式懲罰）
未來行為	學生提問更多好問題	學生持續地準時繳交回家功課	學生停止干擾教師教學
行為	課堂學習單書寫認真	藝術領域課堂實作練習用心做	學生未繳交英文回家作業
後果	獲得獎勵卡	教師離開同學座位處	喪失餵食小白兔的特權（剝奪式懲罰）
未來行為	學生持續用心的書寫學習單	同學用心地把作品做好並完成	學生準時繳交英文作業

　　課堂學習中，若學生出現不適當行為或干擾他人學習活動的進行，教師可以終止或停止他現在正在進行的喜愛活動，以降低或消除其不當行為；或是令學生從學習情境中暫離到另一情境，以免干擾到他人的學習活動，此種移除獎勵刺激的程序稱為「**隔離**」（time-out）。隔離包括排除學生獲取正增強的機會，像有趣的活動、同儕關注及教師注意等，是一種經常使用的行為改變介入技巧，艾伯塔（Alberto）等人將隔離視為暫停正增強一詞的別稱。從最小厭惡至最大厭惡的隔離方式有三種：(1)「**非隱蔽性隔離**」：學生留在教室但必須完全安靜（例如趴在桌上）、拒絕學生參與任何學習活動，或碰觸教室中任何素材；(2)「**排除性隔離**」：將行為不當學生從教學現場（高增強區域）轉移到教室的其他角落（低增強區域，例如在教室後面罰站、單獨坐到最前面的座位），使當事人無法與其他學生有互動機會；(3)「**隱蔽性隔離**」：將不當行為學生從教學現場抽離，讓其轉移到其他的的隔離區（例如輔導室）（張世彗，民96；Hardin, 2012）。

　　對於學生行為合理的處置與懲罰差異的摘要如表 6-4（Tauber, 2007, p.152）：

表6-4　合理的處置與懲罰差異表

合理的處置	懲罰
1. 表現社會秩序的真實性	1. 展現一種個人權威的力量
2. 與不當行為有真正的關聯	2. 不當行為與後果間的連結是獨斷的、不合理的
3. 未包含道德判斷的要素	3. 不可避免地包含某些道德判斷的要素
4. 只關心現在將要發生的事件	4. 處理過去的事件

　　行為管理的要素歸納如圖 6-3（Hardin, 2012, p.29；吳明隆，民102）：

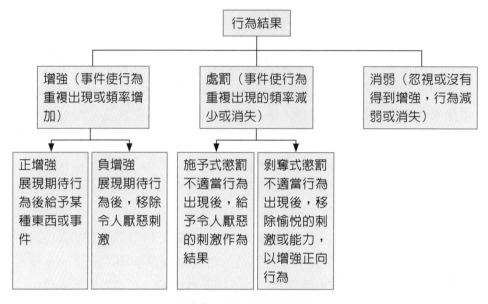

圖6-3　行為管理要素圖

貳. 精研溝通策略技術、彈性運用，以促進良性互動

　　在社會變遷的新時代中，有效溝通是化解衝突最佳的方法，也是凝聚共識的最有效利器。在重視師生關係、強調親師合作的現代社會中，精研溝通策略技術，實有其必要與迫切性。學者艾邁爾等人（Emmer et al., 1994）更認為溝通是一種資訊的開放，有效能的教師特質會展現下列特性：教師本身必須是一位好的傾聽者，不僅了解學生，還會洞悉學生父母的看法與感受。有效溝通包括以下三項技巧：

一、建設性的果斷力（constructive assertiveness）

　　包括明確說出自己所關心之事、堅持學生不當行為必須改正，以及反對被他人所壓制或操弄。建設性果斷不是：(1) 敵對的狀態或攻擊的行為；(2) 爭論不休的；(3) 頑固不化的；(4) 軟弱無能的、優柔寡斷的、逆來順受的。建設性果斷力的內涵包括三方面（Emmer et al., 1994）：

1. 對問題或話題有清楚的描述：明確易懂的用語表述。

2. 具體明確的身體語言表達：在身體語言表達上，可以：(1) 以目光接觸，描述問題性質及要求學生改變行為；(2) 以堅定姿態面對學生，以引起學生注意及對話題的涉入；(3) 以面部表情配合話題內容及聲調，以讓學生有更明確的了解。

3. 堅持展現適度行為及問題解決：教師要熟記「**引起學生不當行為的因素很多，但不能讓學生有藉口。**」

課堂教學中，當學生出現不當行為（例如與同學吵鬧、捉弄他人、看課外書等），教師要立即糾正。若是此不當行為沒有干擾到他人，是學生個體不專注的學習活動，例如睡覺、看課外書、玩弄物品等，教師可以走到當事者桌旁停頓，或突然安靜，以目光注視當事者，或直接點名當事者回答問題等，都可以改善當事者的不專注行為。教師在責罵學生一再的違規犯錯行為或不當行為時，要展現剛毅果決的態度，讓學生知悉其行為的不對，並且讓學生感受到「**老師真的生氣了！**」如此，學生才能知錯、認知信念改變，行為才會跟著改變。

二、同理心反應（empathic responding）

指教師必須傾聽學生的看法，並適度加以反應，以維持一個積極正向的師生關係，以及激勵與學生進一步的話題討論。同理心反應有二個要素：

（一）傾聽技巧

承認與接受學生的情感、觀念，以激勵學生繼續討論。最有效的方法是傾聽時要專注，有時一個感興趣的面部表情及點頭行為，可促發學生繼續談話的動機。而非口語傾聽行為尚有目光凝視，和有助於開放性問題討論之身體語言的運用。班級經營中有效傾聽技巧是「**閉起教師的嘴巴、打開教師的耳朵、專注的看著學生。**」一位能傾聽學生說話的教師，學生才會將心中的話語告知；一位有耐心的教師，學生才會願意打開心門與其互動。

（二）處理技巧

再次確認或詮釋學生信息的意義，最有效方法是複述或摘要學生的話語。如果對學生訊息有不明確或困惑之處，教師可從中挑選最重要的地方加以重新敘述，同時思考及反省複述之問題所在。此階段，教師要讓學生知道教師有能力可以處理他遇到的問題，因爲之前教師展現的是一位積極果斷者，教師的認眞介入態度要能讓學生感受到。

三、問題解決（problem solving）

經誠懇的對話與討論，找出彼此均能滿意的解決方式，進而與學生共同發展一套適宜的合理方案。問題解決的三個有效步驟：(1) 確認問題；(2) 發覺與挑選問題解決的方案；(3) 承諾問題的解決及完成。

在重視有效師生溝通、親師合作的教育改革中，教師如能精研溝通策略技術，對於促進與學生、家長的溝通協調定有實質的助力。教師應切記：「**有效溝通是良性互動的基石、良性互動是親師合作的基礎、親師合作是班級經營的助力。**」因而有效的溝通協調才能開創班級經營的新契機。

有效溝通在於學生遇到問題或困擾時，相信教師有積極的果斷力、能傾聽學生的告白，並與學生討論有效的處理策略，可以協助學生處理解決問題。若是學生不相信教師處理問題的能力、不信任教師的果斷力，則不會與教師進行有效的溝通，如果學生認爲「**告知老師也無法得到解決**」、「**讓老師知道事件過程也沒有用**」，則學生不願意將所見所聞或自身發生的問題讓教師知道。許多霸凌事件發生時，教師之所以無法於第一時間得知，在於教師溝通處理的能力或投入態度無法獲得學生認同。

參 . 掌握班級經營精髓、融入創新，以強化常規管理

成功的班級經營主要奠基在有計畫的班級組織、明確的規範、系統化的實施步驟及有效的教學之上。促發學生適當行爲表現的因素是要有一致

的具體程序與規範，迅速掌控問題，保持活動的流暢性，進而讓學生專注於學習活動，而所使用的策略是非強制性的處理方式。在此，班級經營中預防學生不當行為的二個重要變因，是對學生有肯定積極的態度與保持教學的流暢與平穩，前者可以強化學生的信心，後者可以使學習更為有趣，提高學生的動機。

一、教室安排類型

　　此外，教室安排也不能忽視，學生座位的安排常見的類型有以下幾種（Santrock, 2011, p.486）：

　　1.「**傳統聽眾型**」（auditorium style）。所有學生座位都面對教師，座位形式適用於講述教學法，或常要呈現素材給全班同學看到。

　　2.「**面對面型**」（face-to-face style）。與聽眾式形式座位相較之下，學生可能較易分心。

　　3.「**交錯型**」（offset style）。適用於小組成員數三至四位，為面對面形式座位的改良，學生不是直接面對面，座位為交錯型設計，此種座位安排比起面對面分組活動座位設計，較能減少學生的分心情況。

　　4.「**研討會型**」（seminar style）。學生人數較多，採用圓形、矩形或 U 型安排，此種座位與焦點座談或研討會位置安排類似。

　　5.「**群集型**」（cluster style）。適用於小組成員數介於四至八位之合作學習活動，任務性質需要成員密集討論的情況。

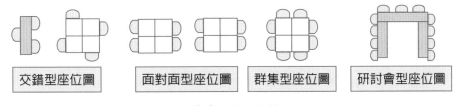

圖6-4　教室安排

二、教室安排五個考量的關鍵因素

艾邁爾等人提出教室安排五個考量的關鍵因素（Emmer et al., 1994）：

（一）配合學習活動的實施

不論是採用何種座位編排的方式，一個重要原則是教室安排要能與教學目標及教學活動相契合。若是實驗操弄或小組討論，可以採用分組學習的座位安排；如果是表演活動，可以採用ㄇ字型的座位編排，依照班級人數及活動量大小，決定ㄇ字型座位的間隔，每次表演活動的人數若較多，或是需要較大的動態空間，則學生的座位可以緊靠教室牆壁。

（二）安全活動空間 —— 減少高交流區域擁塞

教室要保持有最高的流動區，學生有安全活動的空間，傳統講述法的座位編排或分組活動的組別安排，各直行或各組別中間要留學生可以走動的空間，除了便於課堂活動或休息時間學生的走動外，也便於教師課堂的巡視；此外，課堂學習中有些學生可能因為肚子不適要上廁所，或是要與別組同學或教師進行動態式的交流互動，都需要有活動空間，減少高交流區域擁塞情況可以降低學生干擾與分心。

（三）確保教師可以看到每位學生

確定教師目光很容易掃描到全班每位學生，學生在座位上的學習情形，教師均能由目光得知。當教師於課堂或學習活動歷程中能清楚看到每位學生，才能掌握學生學習的動態，便於偶發事件的處理；此外，教師的目光很清楚的掃描到每位學生，學生較不易出現干擾教學活動的情況。

（四）便於教學素材的取用與置放

便於教學素材及教具的使用，才不會影響教學活動的進行，保持教學的流暢性。課堂中暫時改變學生的位置，或是採用分組討論形式，教師應考量是否會影響教具的取得或是教學素材的使用。

(五) 確定所有學生能目睹教師的肢體語言

確定學生能清晰的目睹到整個教學活動的進行、教師教學演示及教師的肢體語言。要班級學生能目睹教師的肢體語言，學生座位安排時要考量到學生身高的因素，不能把身高特別高的學生安排在中間前面的位置，或將視力不好的學生安排在教室兩側的後面。

班級經營中教室行為有效監控之前提為「**教師必須知曉目睹到的事情是什麼？**」其中值得注意關注的行為是：

1. 學生要有涉入學習活動：(1) 在教師講解及討論時能專注；(2) 學校課業及其他作業方面有進步。

2. 學生能遵守班規與執行方式。

在管理不當行為方法，可運用上面所提的常規管理模式。此外，艾邁爾等人也提出了四個有效方法：(1) 重新提示學生要專注於學習工作；(2) 目光接觸或靠近當事人；(3) 再提示、告訴學生正確的作法與步驟；(4) 監看且要求學生停止不當行為。課堂學習中，如果學生有出現不當行為，例如打瞌睡、講話、不專注等，教師可突然中斷教學活動，讓班級活動安靜下來，此時多數有不當行為的同學會停止其不當行為而專心的注視教師；此外，教師也可以目光接觸或身體靠近當事者，或看著同學輕輕搖頭等，均能有效制止不當行為的發生。

此外，教師在計畫教學活動時，要知道教學活動的內涵及一般作法，常見的教學活動種類有：(1)「**上課開始活動**」（opening the period）；(2) 檢查作業活動；(3) 複誦活動；(4) 內容發展活動；(5) 討論活動；(6)「**座位工作活動**」（seatwork），例如寫作業、自習等；(7) 分組活動；(8)「**總結活動**」（closing）。教學活動程序大致分為三大步驟：「**導入活動**」、「**開展活動**」（發展活動）、「**總結活動**」（綜合活動）。教學活動是相互連結的，如能配合教學目標、學習內容及學習者特性，予以靈活安排組合，注意教學的平穩與轉換的流暢性，則較能達到事半功倍之效。

肆 . 把握新課綱精神、以學生為主體，培育核心素養

迎接二十一世紀的教育變遷，倡導教育改革的同時，要克服班級經營困境，必須把握班級經營的三大原則：第一，班級經營要兼顧目標、過程、結果的策略。第二，班級經營要兼重預防、支持、矯正的策略，策略的內涵包括三大部分：(1) 預防學生不當行為的發生；(2) 強化學生正向積極的行為表現；(3) 糾正與輔導學生負向或不當行為等。第三，班級經營要兼顧內容、行為、環境的策略，內容策略指的是妥慎規劃安排學習內容；行為策略指的是有效管理或掌控學生的行為；環境策略指的是考量學生學習時之心理、生理、社會及物理環境等因素（陳奎熹等人，民85）。霍爾登（Holden, 1989）認為良好的班級經營應可從下列四大宏觀面向來評定：

一、詳細課程計畫

成功有效的班級經營應始於適宜完整的課程計畫與活動安排，多元、有趣的課程內容及活動，才能吸引學生的注意，提高學生的學習動機與參與投入的意願。課程的安排與規劃除配合教學綱要外，重要的是要考量「**以學生為中心**」的學習活動，如此才能促發學生的興趣。課程計畫（教案）之內容，除總綱核心素養、學習目標外，其中的學習重點應包括「**學習表現**」及「**學習內容**」，並應呈現對應學科或領域之領綱核心素養要項。

二、表現良好行為

成功有效的班級經營應著重學生良好行為及全神貫注的過程，方能使學習更有效率與效果。班級經營是一種策略、方法，其目的之一就是要培養學生正向的行為，成為循規蹈矩、知法守法的好公民。

三、良善人格特質

　　成功有效的班級經營在開始時即應與學生建立良好師生關係，並以獨特友善的特質如彈性變通、幽默風趣等減少師生間彼此陌生抗拒心理。師生和諧友善的關係，教師才能發揮言教、身教的教育功能，培養學生友愛、助人的情懷，減少校園欺凌行為或霸凌事件的發生。

四、輔導不良行為

　　成功有效的班級經營者在發現學生有輕微犯錯或行為過失，即能加以輔導糾正，杜絕學生再犯，並鼓勵增強其展現良好、理想的行為。教師不可能期待班級所有學生都不會犯錯，但教師應可期望學生犯錯時，能改正錯誤行為或調整不當行為的表現方式，這就是班級經營之教師輔導管教的專業知能。

伍 . 融入多元智慧理論、創新應用，以開展學生潛能

　　從多元智慧論的觀點，學生的學習是多樣的，與其八種智慧相對應。學者 Gardner 認為人類本身具有八種智慧，而且有能力激發它們，但每個人的八種智慧並非是齊一均等的發展，八種智慧為語文智慧、邏輯—數學智慧、空間智慧、肢體—運作智慧、音樂智慧、人際智慧、內省智慧、自然觀察智慧。

　　教師對於學生多元智慧要有以下的認識：

　　1. 學生的多元智慧發展並不是平行齊一的，學生個體有其自己的優勢智能與弱勢智能，例如某些學生學科成績佳、有些學生善於繪畫、有些學生精於運動、有些學生喜愛科學及操作、有些學生有音樂長才、有些學生自律能力強、有些學生善於與同儕互動溝通。

　　2. 學生間的優勢智能有很大的差異，相同的優勢智能間又有個別差異存在，例如一樣都有運動長才的學生，某些專精於徑賽，某些專精於田賽，某些專精於球類運動，某些專精於游泳。

3.學習活動的安排就是要開展學生的優勢智能，使學生在教師及同儕幫助下，最大可能發展區潛能可以被啟發出來，這就是認知心理學家維果斯基（Vygotsky）所提倡的「鷹架作用」（scaffolding），學生經由社會文化（教師及同儕協助與指導）歷程，可以提升認知發展及問題解決能力。

4.對於學生弱勢智能的學習，教師可採用分組合作方式，讓學生也有參與的勇氣及表現的機會。

陸. 了解不當行為內涵、誘導啟發，以導正學生表現

有些學生心中遠離學習活動，因而無法表現預定之學習活動，上課時，思緒突然被外物吸引而中斷，例如做白日夢或做其他與學習無關之事，他們並沒有破壞性活動，但這些舉動會影響其學習表現。此種學生與故意有不當行為、干擾學習活動進行之學生並不相同（Burden, 1995）。要減少學生的不當行為，教師必須採取適宜的處理策略，此種介入策略的決定是一種複雜的判斷，須根據行為表現、學生個人特質及不當行為所在之情境環境等因素綜合而定（Doyle, 1986）。

學者柏登（Burden, 1995）認為教師對於學生的不當行為應有以下基本認識：

一、了解行為意涵

學生不當行為是指在班級活動進行中，學生行為於某一特定時刻有礙教學活動之進行。班級導師要讓學生明白何謂不當行為或不應出現的行為，例如課堂學習中非經教師允許不能離開座位，或轉頭與同學交談、捉弄前面同學，或看課外書等；下課時，不能在教室內傳接球或快速奔跑等。

二、兼顧複雜因素

對不當行為之介入處理是一種複雜判斷的歷程，須同時考量該行為本身、學生個人特質及行為顯現時之所在情境。如果學生不當行為是原生性

的生理環境導致，學生較難自我控制，教師在處置時可考量有較大的容忍度。此外，教師也應判定學生不當行為事件的前因後果，考量事件發生的過程、學生的動機，不能只從事件的最後結果作為懲處學生的依據。

三、知悉引發緣由

　　影響學生不當行為的因素主要是學生生理環境因素（原生性變因，例如自閉症、亞斯柏格症、情緒障礙等）、物理環境因素（例如教室太悶熱、座位安排不當等）及社會文化環境因素（例如同儕關係不佳、學習內容太單調、教師講述內容聽不懂等）三者。對於學生不當行為發生的主要原因，教師要加以探討分析，如此才能採取最適合的處置方法。

四、明瞭行為種類

　　不當行為之種類有個體之不當行為及群體之不當行為二者，其緣由都有其「**社會脈絡**」（social contexts）。群體不當行為例如學生聯合起來，故意排擠某位同學（關係霸凌）；或是少數幾位同學一齊欺凌、傷害特定同學（身體霸凌）；或是學生故意散布不實語言，或說出傷害同學自尊的話語（例如大肥豬，豬腦、胖妞）（言語霸凌）；或是藉由「**網路霸凌**」（cyberbully）、「**手機霸凌**」（cell phone bullying）同學；或是集體作弊等。群體不當行為對班級學生的自尊、生理、心理等傷害較大，教師在處理時要格外小心。嚴重的違規行為如集體吸食毒品、打群架、飆車等，這些行為需要學校行政及警察人員介入處置，不是教師個人可以單獨處理的，教師得知後必須立即通報，以免使事態擴大。

五、熟知行為輕重

　　不當行為之輕重程度不一，輕微、中度、重度之不當行為間差異甚大。教師在處置學生不當行為時，要以較大的容忍度包容學生，對於輕度不當行為的學生可以加以勸說，對於重度不當行為的學生，例如違反校規，定要依校規處置，並通知學生家長。校規議處只是治標方法，進一步

對學生輔導管教才是治本之道，教師不能因學生出現不當行為，而認為學生是「**壞學生**」，放任學生不管，如此，只會讓學生變本加厲，成為真正的壞學生。

六、採取矯正策略

不當行為之介入處理策略，就是教師採取適宜行動以停止學生之不當或破壞行為，使教學活動歸於正常。教師採取的策略，要同時考量到學生人格特質的差異，教師要以理說服學生，讓學生知道其行為的不對，而不是直接採用斥責處罰的方法，因為「**常被教師處罰的學生，不會在乎多一次的處罰；常被教師責罵的學生，不會在乎多一次的責罵；他們在乎的是教師的一點點關懷與鼓勵的話語。**」在介入處置的策略中，教師也可採取行為改變技術來改變學生的不當行為。

七、適時介入處理

如果學生對課業失去興趣，教師首先應提供學習情境以協助學生學習，如果不當行為持續不斷發生，教師則應適度採取介入處理策略。教師不應放棄任何學生，教師要把所有學生帶上來，因為這是教師職責，對於學生不當行為，教師若能積極介入，並用對方法，不傷害學生自尊，多數學生的輕、中度不當行為都能改善。

八、避免責罵體罰

某些無效能之舉動，教師應儘量避免，例如粗暴責備、恐嚇、體罰、群體處罰及扣分等。教師對不當行為學生的告誡語，不能有輕蔑、侮辱、傷害的意涵，否則會破壞師生間的關係，例如「你是耳聾嗎？每次跟你講的話你都沒有聽進去。」「你知不知道你的行為有多惡劣嗎！」「我怎麼會這麼倒楣，教到你這種『壞學生』」、「你父母有你這種小孩，實在也很可憐！」這些指責侮辱的用語，不但無助於學生行為的改善，還會傷害到學生。此外，教師也應避免以下的處罰行為：(1) 以剝奪學生的生理

需求作為懲罰手段，例如不准學生上廁所、不准學生休息、不准學生吃午餐；(2) 讓學生彼此間互相懲罰，例如學生拿球丟人，叫被丟（受傷）的同學拿球丟肇事者，或打肇事者；(3) 教師不應學生犯錯而有情緒性失控的行為出現，例如大聲怒吼學生、摔課本或物品、用力拍打桌椅等，因為教師此種行為可能會驚嚇到學生，而影響日後的學習（根據精神分析學派創始人佛洛依德的看法，學生突然受到驚嚇、懼怕的情境會以潛意識的型態被壓抑下來，之後會影響其人格發展與個體行為）。

　　根據教育部修訂公告之《學校訂定教師輔導與管教學生辦法注意事項》中，對於干擾學習活動或出現不當行為的學生，教師基於導引學生發展之考量，衡酌學生身心狀況後，得採取下列一般管教措施：(1) 適當之正向管教措施；(2) 口頭糾正；(3) 在教室內適當調整座位；(4) 要求口頭道歉或書面自省；(5) 列入日常生活表現紀錄；(6) 通知監護權人，協請處理；(7) 要求完成未完成之作業或工作；(8) 適當增加作業或工作；(9) 要求課餘從事可達成管教目的之措施（例如學生破壞環境清潔，要求其打掃環境）；(10) 限制參加正式課程以外之學校活動；(11) 經監護權人同意後，留置學生於課後輔導或參加輔導課程；(12) 要求靜坐反省；(13) 要求站立反省。但每次不得超過一堂課，每日累計不得超過兩小時；(14) 在教學場所一隅，暫時讓學生與其他同學保持適當距離，並以兩堂課為限；(15) 經其他教師同意，於行為當日，暫時轉送其他班級學習；(16) 依該校學生獎懲規定及法定程序，予以書面懲處。

　　注意事項中也規定：教師得視情況，於學生下課時間實施前項管教措施，並應給予學生合理之休息時間。學生反映經教師判斷，或教師主動發現，當事者有下列之一情況者，應調整管教方式或停止管教：(1) 學生身體確有不適；(2) 學生確有上廁所或生理日等生理需求；(3) 管教措施有違反第一項規定之虞。教師對學生實施第一項之管教措施後，審酌對學生發展應負之責任，得通知監護權人，並說明採取管教措施及原因。

思考與討論問題

1. 物品可以設定統一規格與標準，以符合品質要求，但班級屬性中，學生個別差異極大，如何以「全面品質管理」（TQM）的理念來經營？

2. 〔情境事例〕

   林老師這學年擔任某國中二年一至四班的英語老師，從第一節課上課起，林老師就覺得其任教二年三班的班級氣氛與其餘三個班級有顯著的不同，此班學生上課特別喜愛講話，常規秩序也比其餘三班差，林老師心想：「同樣的任課方式與教材內容，為何班級間學習行為差異這麼多？若是教師本身教法不當，此種情形在其餘三個班級也會出現，但沒有啊！」林老師百思不解。三星期之後，林老師決定把心中所想的，告知二年三班的級任陳老師。

   〔事例思考〕

   若你是林老師，你會如何向二年三班陳老師表達你所要講的話？直截了當的告訴陳老師：「他們班上的常規很差、同學學習態度最不認真！」或是委婉的請求陳老師，於課堂上課時，坐在教室後面，協助監督同學的行為表現，或是有其他更好的策略，請你想想並與同學分享。

3. 企業管理時必須「有所變、有所不變」，班級經營亦是如此，也要「有所變、有所不變」。請問教師班級經營之「變」與「不變」的意涵為何，請分別加以說明。

   ➡ 參考內容

   (1)變的內涵──權變方法：

   　　教學策略可以變──創新有效。

   　　管教方法可以變──個別差異。

   　　評量型態可以變──多元適性。

   　　活動安排可以變──活潑多元。

   　　課程規劃可以變──學生中心。

(2)不變內涵——

教育理想及將教職視為「志業」的願景不變。

教師對學生教育愛與對教育熱忱的執著不變。

對教職工作的投入態度與人師行為實踐不變。

對學生品德養成與正向行為的培育態度不變

對學生多元能力啟發與全人教育目標的堅持不變。

4. 在班級幹部的遴選中，有些老師會同時遴選出五位班長，每位班長負責一天的教室管理。對於此種班級組織幹部的運用，你有何看法？

5. 若你是位科任教師，班上有位活潑好動，但惹多數同學討厭的一位男學生，跑來告訴你，他想擔任分組活動的組長（或課堂小老師或小幫手），你是否會答應學生的請求，或是有更好的處理策略？

6.「管理的眼睛要明亮，要能洞悉學生的一舉一動；管理的耳朵要清晰，要能明辨學生的一言一行；管理的口舌要理智，要能激發學生的學習動力。」對於上述的論點內涵，請你舉班級經營的實例加以說明。

7. 林老師對於班級學生字體工整要求十分嚴格，學生字體欠缺工整，林老師都會將其擦掉請學生補寫，小雅媽媽對於林老師的要求不認同，告知林老師新課綱強調的是學生核心素養的培育，花那麼多時間在字體書寫上無法提升學童的閱讀能力。對於小雅媽媽的觀點你認同與否，請說出你的看法。

8. 教育部訂定之《學校訂定教師輔導與管教學生辦法注意事項》中明訂輔導與管教學生要兼顧平等原則與比例原則，此外，教師基於導引學生發展之考量，衡酌學生身心狀況後，教師可以採取十六項的一般管教措施，就你所知道的列舉其中的三至五項加以說明。

〔延伸閱讀〕

十一條平等原則：教師輔導與管教學生，非有正當理由，不得為差別待遇。十二條比例原則：教師採行之輔導與管教措施，應與學生違規行為之情節輕重相當，並依下列原則為之：

1. 採取之措施應有助於目的之達成。
2. 有多種同樣能達成目的之措施時，應選擇對學生權益損害較少者。
3. 採取之措施所造成之損害不得與欲達成目的之利益顯失均衡。

第 7 章

不當行為的類型與原因

「在鼓勵中長大的學生，擁有擊不垮的信心；在賞識中長大的學生，可開啟無限的潛能；在讚美中長大的學生，懂得感恩與惜福心。」

「Our actions do speak louder than our words。」（行為比語言的聲音還大——以言教者訟，以身教者從）

「沒有『不會犯錯』的學生，只有『不會有效處理』學生犯錯行為的教師。」

「多聽一點學生意見、多想一點創意點子、多做一些師生溝通，則學生不當行為自然減少。」

「不喚起學生學習的慾望，只用權威式、強迫式教學的老師，等於是在打一根冷的鐵。」—教育家拉西曼（引自戴晨志，民91）

「鼓勵與讚美是學生前進的動力，沒有被激勵的學生，問題行為就不會減少。」

班級經營的主要目的是建構及維持一個良好的班級學習環境與系統，以促進師生良性互動，提升教學效能與學生的學習。班級經營的工作涵蓋了班級的行政、班級的環境（含社會心理環境與物理環境）、班級的秩序與常規、班級的課程與教學，以及教學之外的其他班級活動（李春芳，民 82）。雖然班級經營的內容層面涵蓋甚廣，但教師在計畫教學活動、從事教學行為時，最關心的是學生「**秩序與管理**」的問題（簡紅珠，民 86）。「**秩序與管理**」的問題包括學生能遵守師生約定，表現適宜的正向行為；服從教師指導，表現積極的學習活動；願意參與群體合作與他人有效溝通互動等。

班級經營依其功能而言，主要區分為以下三種：一為「**行政經營**」（administrative management），內涵主要是密切配合學校行政單位，順利推展學校各項行政工作；妥善運用校內外可用資源，經濟有效的處理班級經營事務。二為「**教學經營**」（teaching management），主要在於安排與布置適宜的教學情境，規劃與進行有效的教學活動，使學生獲致預期的教學目標，使教學有「**效率**」（efficiency），並有良好「**效果**」（effect），進而提升「**教學績效**」（performance）與「**效能**」（efficacy）。三為「**常規管理經營**」（discipline management），主要在引導與掌控學生班級行為，矯正不良行為問題，增強學生積極正向的行為，使學生表現理想與符合規範的行為，成為品行端正的國民（黃德祥，民 85）。在以上三項班級經營運作中，「**常規管理經營**」為「**行政經營**」與「**教學經營**」的核心基礎，如果教師常規管理不佳，則教學與行政之班級經營的功能則無法有效的發揮；學生無法表現正向良好的行為，則其餘班級事項的經營皆會事倍功半，無法達到預期成效。

第一節　不當行為的內涵與原因

「不當行為」（misbehavior）係指在某一特定時刻，學生行為表現
有礙學習活動之進行。學生之不當行為會打斷班級活動之流暢性，但並非
每種違規行為均為不當行為，應考量行為活動時之情境脈絡；此外，行為
並非完全由內在或外在因素單獨引起，而是個體與環境因素交互作用結果
（Burden, 1995）。不當行為產生與當事者所處「**生態**」（ecology）有密
切相關，教室生態環境包括「**物理環境**」（physical environment）與「**社
會環境**」（social environment），這二個環境變因都可能是影響因素。

有些學生之不當行為是具體顯現而明確的，然而在多數狀況下，情境
判別並非如此之單純，了解學生不當行為主要關鍵是「**教師應察看學生於
教室中在做什麼**」。有一點必須認清的是並非每種違反規定的表現均為不
當行為，教師於課堂中所要介入的是一上課就有明顯不專注的學習活動，
如果在課堂結束前幾分鐘學生的不專心表現應是可容忍的行為。

依照相關學者的論點（黃德祥，民 85；Edwards, 1993; Froyen,
1993），班級常規管理或學生適宜的行為表現的評定效標有以下八項：

1. 良好自制行為：凡事能自我訓練、自我克制、自我約束，對人會尊
重、對事會盡力、對物會珍惜，不放縱滋事等。

2. 獨立自主表現：能獨立自主、控制自己、掌控環境，接納自己與受
他人接納等。

3. 正向自我概念：對自己有積極正向的知覺、看法與感受，並肯定自
己等。

4. 適當班級行為：表現合班規、校規之適宜、理想的行為等。

5. 預防常規問題：預防學生產生不當的行為或偏差表現等。

6. 合作群體學習：學生間能相互合作、群策群力，不排斥他人，共同
學習與成長等。

7. 積極努力學習：學習活動能全神貫注、用心向學，提高學習成
就等。

8. 參與班級活動：每位學生均能積極參與班級各項活動，盡心盡力，以發展良好的群性行為等。

學生不當行為應被視為是「**情境脈絡中的活動**」（action in context），其原因的探究應從「**生態模式**」（ecological model）的觀點加以分析，學生不當行為的發生並非只是學生個人人格特質所致，而是與學生所處的整個學習情境或情境脈絡有密切關係，教師須於不同情境中對學生活動的可能結果做可靠的判別。一致性結果策略，並非要求每位教師於不同時段展現相同的教學活動，而是對學生之不當行為做一種可靠而一致的判斷。

壹. 不當行為的類型

班級經營中的不當行為，通常可分為以下幾種：干擾教師的教學，使教學中斷，例如課堂吵鬧、亂丟東西、隨意走動、哭鬧、捉弄同學等；分心行為，出現無法專注學習活動的行為，例如不專心聽講、趴下睡覺、不做課堂作業或教師指派的學習活動、做自己的事情、看課外書等；反抗行為，不遵從教師或幹部的領導，例如與老師頂嘴、不聽組長的意見、不理會老師的告誡等；攻擊與破壞行為，直接攻擊他人或以語言謾罵同學，例如與同學打架、與同儕吵架、破壞同學物品或教室東西等；不良行為，出現負向、不符合社會規範的行為，例如偷竊、欺騙、說謊等。這些不當行為皆是學生不適宜的行為，其嚴重性視其行為表現情形而異。身為一位教師，若不能有效處理學生不當行為，則無法使教學順暢，使學生專注於學習活動。

不當行為包含干擾教師教學以及干擾其他同學學習。不當行為使得學生在身體或心理處於危險中，又或者是破壞他人物品，它以不同方式出現在課堂中，柏登（P. R. Burden）將學生行為分為七大類型（Burden, 2013）：

1. 不該說話時說話：課堂上，學生談論的內容和上課主題無關，或

者，該安靜時卻說話、未經教師允許任意講話。

2. 激怒他人：學生嘲笑、辱罵或打擾別人，例如「你動作很笨拙，跑步像豬一樣慢。」

3. 在課室中到處走動：學生未經允許即在教室內到處走動，或者走至未經允許的區域。

4. 不配合：不遵從教師指示、違規、爭論、找藉口、拖延、唱反調等，例如書寫習作時不認真，趴在桌子上睡覺。

5. 干擾：說話不合時宜或嘲笑他人、發出噪音、參與某些事件導致意外事件發生。

6. 挑釁行為：對他人展現敵意、推擠或打架、口語辱罵、對他人殘暴、破壞物品、偷竊。

7. 違抗教師：向教師頂嘴、不遵從教師的要求。

克根（S. Kagan）等人認為學生在班級中出現不當行為時，第一時間要對學生進行機會教育，教導學生如何選擇較好的行為。教師採取的策略稱為**「雙贏紀律的三根柱子」**（Three Pillars of Win-Win Discipline）：(1) 教師、學生與父母站在同一面向，為學生的行為共同負起責任；(2) 在建立立即與長期紀律的解決方面，教師與學生要共同協同合作，並有共識感；(3) 教師要幫忙學生做出負責任的決定，而不是在班級中製造出學生破壞性的行為。對於學生破壞性行為，克根等人將其分為 ABCD 四種類型：**「侵犯性行為」**（Aggression）、**「破壞規則行為」**（Breaking rules）、**「對抗行為」**（Confrontations）、**「脫離行為」**（Disengagement）（Charles & Senter, 2008）：

1. 侵犯性行為：侵犯指的是對他人採取敵意行動，它可能是身體的侵犯、口語的侵犯或被動式的侵犯。身體的侵犯如打人、踢人、咬人、捏人、推人與打人耳光等；口語的侵犯如輕蔑的話、罵髒話、嘲笑他人、詆毀他人、給予他人不雅的綽號等；被動式的侵犯指在合理的要求下，當事者固執地拒絕順從或配合。

2. 破壞規則行為：學生以不同理由破壞班級規則，例如他們因一時生

氣、無聊、精力太好沒有地方發洩、想要引起他人注意、嘗試避免失敗、想要控制權、不了解教師所期望表現的行為、沒有能力遵循所訂的班規等。破壞規則常見的例子包括沒有經過允許就講話、課堂學習中發出怪聲或吵雜聲音、咬嚼口香糖、任意傳紙條、離開座位、工作未按時完成等。

3. 對抗行為：對抗（反抗）是學生間或學生與教師間一種權力較勁，使用的是強烈的爭辯，讓個人觀點可以使他人順從。班級中的反抗行為包括拒絕順從、抱怨（發牢騷）、爭辯、對於事情為什麼不好或採取不同方法來做的原因給予許多似是而非的理由。當事件不符合當事者心中所想的，學生會對教師給予的訊息加以否定並貶低訊息的價值性，或是對學習活動持抵制不配合行動。

4. 脫離行為：學生以各種理由從學習活動或課程中逃離，他們心中可能對其他事件更有興趣、自覺沒有能力可以完成教師指派的工作或活動，或發現工作太難或太無聊，因而不想參與。被動式的脫離行為包括沒有專注傾聽、工作不專心或學習活動馬虎敷衍、工作未如期完成、行動時表現習得無助感，或說「**我不能**」。行動的脫離行為包括將工作擱置在一旁不管、過度請求協助，或是說出「**要做的事我已經做得很好了**」或「**如果……工作會做得更好**」等消極的話語。

柯夫曼（Kauffman）等人統整之前對消極參與課堂活動與有攻擊性學生行為變化的研究發現，學生不當發展有七個階段，對於前幾個階段之不當行為徵候或訊息，教師若能及早發掘掌控，並採取適合策略，則可避免行為的惡化（Kauffman et al., 1993, p.35）：

第一階段：行為平靜期（calm）

出現可欲行為，學生專注課堂學習與重視目標導向，遵守班規與期望，認可並服從規定，能接納他人意見，表現主動等。此時期的教師要能變化班級活動，持續維持學生的學習興趣，採取有效行為管理策略。

第二階段：行為觸發期（trigger）

學生可欲行為有時也會被教師察覺的意外事件打擾而改變。問題行為開始，發生的某些事件引發學生焦慮與不舒服，例如與同學或教師發生小

衝突、受到激怒或嘲笑、需求無法滿足，或遭遇不愉快事情、日常生活的改變、做事的壓力、對要求無法做出適當的回應、犯錯等；在家事件如受到威脅、虐待；一夥人鬧事；健康、營養或睡眠發生問題，此時期之教師若沒有高度警覺性，則學生行為可以轉變至較為嚴重那端。

第三階段：行為震動期（agitation）

行為強化類型，例如知覺沒有能力參與課堂活動、欠缺同理心、經常出現逃避課堂活動行為、隨意進出群體（專注度不夠）、無法與他人交往、經常移動（改變心意）、無法聚精會神、製造口語型噪音、使用不適當的溝通語（例如重複字眼或複述）。退化行為，例如忽醒忽睡、使用含糊不清的語言指向不明確的事件、手插口袋、退縮不與他人互動（特別是群體）等。此時期教師要能快速察覺學生強化或退化的不當行為，確認學生的需求為何，讓學生可以改變至平靜時期行為。

第四階段：行為加速期（acceleration）

此時期的學生會察言觀色，發覺教師沒有作為時，會以強迫方法唆使更多學生參加，為展現個人權力，與教師爭辯、不順從教師教導、反抗教師、挑戰教師權威，即使假裝順從也會伴隨出現不適當行為。問題行為例如以戲弄、三字經、侵犯姿態故意激怒他人；哭叫亂吼、任意奔跑無法控制、離開教室、以各種理由逃避學習或參與活動；透過口語辱罵或身體行動威脅或恐嚇他人、破壞公物等。教師此時期的處理要快速但要有敏銳洞察力、講究技巧，處理方法不對，可能更激怒學生，造成更嚴重師生衝突。

第五階段：行為高峰期（peak）

如果學生不當行為沒有變好，之後的情況即是「**失去控制**」，出現嚴重的資產破壞、身體攻擊、自我傷害、無法自制、脾氣暴戾、嚴重缺乏同理心。高峰期的行為較無法持久，因為它會耗損（很容易讓當事人精疲力盡），但它對班級的傷害也最大。

第六階段：行為降溫期（de-escalation）

失去控制時期過後，接下來的感受是困惑，他們可能退縮、否定任何

已發生的事件，或責備他人（進行外在歸因），他們反而想要尋求認可或對明確指示的具體回應，他們不想再討論已經發生的事情（勾起不愉快的經驗），他們有意願參與某些簡單的任務。

第七階段：行為回復期（recovery）

此時期的學生仍然有防衛心理，避免討論之前已發生的事件，在與他人互動方面不會像之前那樣熱絡，表現的行為是渴望從事某種獨立性工作，要回到之前的平靜期通常要一段適應期。此時期教師要儘量協助學生，讓其能儘速融入群體生活，參與班級活動。

問題行為逐步變化如圖 7-1：

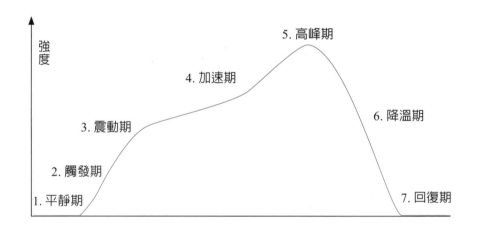

圖7-1　問題行為逐步變化圖

資料來源：Kauffman (1993, p.35).

貳 . 不當行為的原因

柏登（Burden, 2013）認為了解如何控制課堂秩序的其中一種方式，是知悉學生行為表現不當的原因，之後才能針對原因採取有效策略。

一、表現不當的原因

雖然表現不當的原因很複雜，遠超乎個人的理解與掌控範圍，但其中有些部分可經由教師直接處理：

（一）健康因素

學生行為問題可能和他的健康因素有關，例如缺乏睡眠、過敏、生病、飲食不當等都可能影響他的作業完成度或者與他人的互動；對一些孩童而言，糖分對他們的行為會產生影響也可能導致過動；身體的缺陷，例如視力或聽力損失、癱瘓，或者嚴重的心理疾患，都可能引發行為問題。

（二）神經方面的疾病

心理疾患在某方面會影響學生的行為。例如注意力不足過動症（ADHD）乃是腦部某區域控制運動神經的功能失靈，這些學生可能缺乏注意力（容易分心、無法遵從指導、當下任務未完成隨即轉換至下一項任務）、過動（多話或坐立不安、活動量過多）、行為衝動（無法等待、脫口說出答案、不顧後果就從事危險活動）；天生罹患致命性酒精綜合症狀的孩童，性格可能是過動或衝動的；母親在懷孕期間吸食古柯鹼所產下的嬰兒，也可能表現類似的行為。

（三）藥物或毒品

無論合法或非法的藥物都可能引起學生行為表現不當。舉例來說，不須處方、治療鼻塞的藥物可能使學生的警覺心比平常低；酒精或藥物濫用也可能引發學生在校的異常行為，情緒方面如躁動不安、沮喪，身體方面如思睡、目光呆滯，感官表達方面可能有幻覺情況。

（四）家庭或社會的影響

學生問題行為可能和家庭條件有關，例如缺乏合適的衣服或住所、缺乏父母督促和紀律養成、缺乏家庭常規的建立，或者是重大事情的發生，諸如：父母離異、朋友或親戚過世。社區或社會因素也可能造成學生行為

問題產生。此外，電視對於孩童價值觀與行為的影響，已經引起相當大的關注和爭論，觀看電視中的暴力行為，影響學生變得更具攻擊性。另亦可能從家中成人習得辱罵不文雅字眼。

(五) 物理環境

教室環境的安排、氣溫、聲音、光線也可能影響學生行為。其他因素如學生集群結眾也可能影響其行為的表現。這些原因可能促使學生無法對課程投入，也可能導致注意力不集中及行為失當。

(六) 學生未經思考的決定

教室不僅對教師，對學生而言也是個複雜的環境。學生經常面臨挑戰、誘惑，以及種種條件，影響他們採取某種行動。學生的個性和習慣也會在此起作用。基於這些因素，學生有時會做出糟糕的決定，導致不當的行為產生。

(七) 教室的其他學生

有些不當行為是導因於班上其他學生的影響。有位學生被捲入某事件，可能是因為班上另一位學生做了失當的事。此外，同儕壓力也可能促使學生做出自我不認可的失當行為。

(八) 班級經營的教師因素

在班級經營過程，教師本身有時會出現一些問題，例如過度負面、權威式的班級經營氣氛、對事件過度反應、對所有學生使用大量處罰及責備、缺乏清楚的教學目標、重複學生已學會的內容、教學過程活動與活動的安排之間停頓太久、花太多時間處理一個學生的問題、無法辨別學生的能力水準。雖然幾乎沒有一位教師可以永遠避免上述的情況，但是有效能的教師可以辨認出班級內教師的命令和管教所存在的潛在負面影響。覺知這些情況是預防的第一步。教師定期反省教學行為，有助於了解是否自身採取的某些行動，造成學生缺乏注意力和行為表現不當。

（九）教師的授課因素

教師們對於教學內容和授課方式可自行決定，但若教師以索然無味的方式教學、未設計有意義的教學活動、沒有讓學生參與其中，學生可能因此對課程失去興趣。這樣的教學方式是無效的，未將學習動機納入教學考量。當學生對課程失去興趣，他們更可能偏離學習任務，以及表現失當行為。

二、影響不當行為發生的主要因素

學者伊凡斯、施密特等人（Evans, Evans, & Schmid, 1989）綜合相關資料，發現學生不當行為發生主要受到三個因素的影響：生理環境因素、物理環境因素及心理社會因素等。

（一）生理環境（physiological environment）因素

生理環境因素係指影響行為之生物物理變因（biophysical variables），例如疾病、營養上的因素、神經系統功能失調、性格、先天遺傳缺陷、身體殘疾、藥物和毒品。生理環境因素偏向於原生性的個體內在變因，此因素主要分為以下三種：

1. 與健康因素相關的行為問題：例如過敏、睡眠不足、疾病、不良飲食習慣等因素，影響學童完成作業及與人交往溝通的能力表現。

2. 生理缺陷：例如視障、聽障、小兒痲痺、先天嚴重生理殘疾，以及藥物及毒物所導致之坐立不安、粗心大意及心情不定等行為。

3. 神經系統方面失調：大腦功能受損導致心智障礙、記憶力無法集中（例如易分心、無法專注、工作缺乏毅力與恆心）、過動（喜愛說話、坐立不安）、易衝動。學習障礙則為腦神經功能異常，導致學習者在聽、說、讀、寫等學習上有顯著困難者（智力正常或正常以上）。

（二）物理環境（physical environment）因素

1. 家庭和社會因素：例如父母管教和訓誡方式不當、家庭作息不正常、父母離婚（家庭教育功能無法有效彰顯）、朋友或親戚身亡、電視影

響（例如電視暴力情境導致學童較多之攻擊性行為）。

2. 學校因素：包含課程內容與安排方式、教師、行政人員及職員的教學及工作效能、學校作息排定不適切及教室設備（軟硬體設備不佳）。

3. 班級安排：物理環境規劃布置，例如溫度、噪音、光線及學生人數擁擠等情形（Zentall, 1983）。

4. 教學因素：包括學習氣氛、課程與教材的適切性（教材艱難或內容太多）、教學傳遞的有效性（不明確），以及教師不適當行為，例如過度使用負面之極權主義方式、對學生行為表現情境反應過度、大量使用處罰、責備學生、缺乏明確清晰之教學目標。

（三）心理社會環境（psychosocial environment）因素

心理社會環境因素主要包含個人價值觀、動機、偏好及個體身旁重要他人之影響，大致可分為下列三個部分：

1. 情緒和學習上的缺陷：學生情緒和學習上的缺陷會阻礙學生推理及以適切態度與人互動能力，其原因可能是發展遲緩、欠缺溝通能力、心智遲鈍及學習障礙等。

2. 個體內因素：個體內因素如興趣、價值觀、動機等（這項變因是在教室中養成而非天生俱有），個人因素決定學生喜好與參與之活動。再如期望因素，期望可預測未來事情結果、決定如何評價行為。期望影響師生及學生、父母之間的互動關係。例如學生問題行為發生的年級愈低，教師在無意中會認為此學生日後的品行不會很好，進而給予較少反應，常注意其不當行為，而忽略其適宜之行為；至於此類學生也認為其學習無法達成、教師是不公平的，進而造成師生關係之疏離，結果將是學生放棄學習。

3. 父母、教師、同儕間人際互動之程度及溝通之內容：學生從重要他人獲得之讚揚對其行為的影響最大。據此觀點，教師應鼓勵學生間彼此稱讚與增強，而方法可於群體之合作活動中實施，或於討論中讓學生分享他人好的理念與看法。此外，學生常常想於行事活動中獲取教師注意與讚

美，教師行為常影響學生行為表現，如果是位過度嚴厲、較少給予讚賞而導致沉悶教室氣氛之教師，常無法引起學生動機或培養學生適當行為。一個好的學習環境是常常有讚美聲、有計畫之教學活動，以及公平之班級常規管理（Smith, Neisworth, & Greer, 1978）。

第二節　不當行為處理應避免之行為與處置

壹. 教師應避免的行為

學生不當行為處理或班級常規管理雖有不同模式，但卻有一些共同之處，就是教師應避免不當行為產生，這也是教師於教學或班級經營中所應避免的行為表現（Burden, 1995; Burden, 2013; Weber & Roff, 1983）：

一、粗暴、羞辱的責罵學生

粗暴的責罵是一種負面的口頭回饋，研究證實此方式是一種既無效能，也無效率而又須付出高成本的策略。此種行為包括以一種特別嚴厲態度對學生說教、大聲吼叫，因而學生感覺有被羞辱之感。教師有時會有此舉動乃是被學生不當行為激怒，反應失控所致。

二、恐嚇、威脅

教師訓誡學生，如果學生未遵守教師之意則會遭到嚴厲處罰。多數實際工作者及研究者堅信，使用恐嚇方式所得之負面功效大於其正面效益。教師可警告學生，但以恐嚇威脅態度已失教育本質，此時教師可能已情緒失控，恐無法達到預期效果。

三、嘮叨不休

　　持續且不必要之喋喋不休的責罵，只會使學生更加心煩、抗拒和憤怒。教師可能認為這只是一種口頭訓誡，但在學生看來，卻是一種嘮叨不停的煩人行為。

四、強迫學生道歉

　　「強迫」學生道歉，也是一種強制學生說謊的行為，因為學生並非出自內心的真實感受，此舉對問題解決一點助益也沒有，強迫學生道歉表面上是教師權力的展現，呈現的是「**教師贏、學生輸**」的局面，實際上是一種雙輸的情況。

五、諷刺的批評

　　諷刺的批評即教師使用嘲弄、辱罵、嘲笑方式對待學生，教師可能認為這亦是一種處罰方式，但卻容易傷害學生自尊，使學生抗拒、不悅，同時也降低教師在學生心中的尊敬地位。

六、群體處罰

　　因為個體不當行為而處罰整個班級或團體，教師認為同儕壓力可逼使個體行為改變，殊不知其功效甚微，會使其他學生不服，容易引起負面效應，嚴重的後果，團體會群起反抗教師。個體學生的不當行為與群體學生在沒有關係情況下，對群體進行處罰，其合理性與價值性均令人質疑。

七、安排做額外的學業

　　學生出現不當行為後，教師命令他們抄寫字典、百科全書、課文或某特定的描述語詞，例如「上課我不要再講話」、「我不會再打同學」等，此種處罰策略會讓學生產生敵意。安排額外學業讓學生來做，對學生而言會產生一種非常不悅之感，增加的作業，學生寫作也不會認真完成，影響學生日後對該科目的興趣。但若是學生回家功課未完成，教師可以適當增加作業或工作，除貫徹執行紀律外，也可作為適當的處分。

八、扣分

　　以學生之學業成就作爲處罰其不當行爲的方式，會使學生對**「學業成就功能」**產生質疑，使學生對學業成就之成績與不當行爲間產生混淆不清之感。只有當學生不當行爲出現在課業學習時間內，教師才可酌情扣該課部分的平時成績。例如理化分組實驗時不專心，干擾到組員或他組同學的學習，教師可扣減當事人的平時成績分數。

九、罰抄寫

　　學生如有不當行爲，教師會罰其抄寫字典、百科全書或其他書籍；或讓學生抄寫一特定的陳述句（例如「我不會再犯錯了」），此方法會引起學生之敵意，使學生誤認寫作是件不愉快之事。罰學生抄寫是一種不明智之舉，但如果生字或字詞常寫錯誤，讓學生多練習書寫幾次，在教育場域中是適切的。

十、體罰

　　體罰就是對學生身體所施加的一種痛苦，廣義而言，所謂體罰就是**「直接造成當事者身體上的痛苦或傷害，或間接控制當事者的身體造成其心理及生理上的痛苦或傷害。」**體罰之弊遠大於利，其產生的副作用可能爲逃學、閃躲（說謊、偷竊、欺騙）、焦慮、懼怕、緊張不安、退卻、消極的自我概念、反抗與反擊等。

十一、罰身體勞動或活動

　　此即使用體力勞動作爲處罰。此方式實施時，教師可能對學生身心狀況不熟悉，因而容易導致學生受傷，此外學生安全是另一值得商榷者，而教師以身體勞動作爲處罰，可能會使學生對體力勞動之事失去興趣，而失掉教育本質。《學校訂定教師輔導與管教學生辦法注意事項》中，教師合理管教之一爲要求課餘從事可達成管教目的之公共服務（例如學生破壞環境清潔，罰其打掃環境），此種懲罰實施不能與學生學業成績有任何關聯。

十二、中止學習

　　中止學習會使學生喪失上課權利，導致課業落後。中止學生學習本身並無正面效益，遠離教室可能更符合學生所願，若是學生將隔離或中止視為一種獎勵，教師就不應使用隔離法。

貳. 常規管理的合理作法

　　溫斯坦（Weinstein）等人從教學流暢度受到干擾最少的考量下，對於課堂學生的偏差行為處理，提出以下具有合理性的作法（陳奎伯等譯，2009）：

　　1. 用明顯表達方式，讓學生知道教師已察覺到他的行為，但教師以教學為重先忽視此行為。

　　2. 運用臉部表情讓學生知道他的行為是不適當的，教師有點生氣了。

　　3. 以直接的眼神接觸注視學生，給當事者一個「**關愛的眼神**」。

　　4. 透過手勢或點頭的方式傳遞訊息給違規學生，讓學生知道不能再出現不當行為。

　　5. 邊講授教材內容邊走向當事者，在當事者位置停留片刻。

　　6. 停止正在進行的教學活動，暫時的停頓安靜會引起當事者注意及警覺。

　　7. 明顯地提高上課音量，讓當事者知悉他已干擾到教師教學活動進行，他的干擾行為讓教師得用更大的音量上課。

　　8. 教師直接或在講課過程中叫出違規學生的名字。

　　9. 要求當事者回答問題，此策略可以配合先叫出學生姓名，再提出他沒有聽到或可能無法回應的問題，以將其注意力帶回到課堂中。

　　10. 運用「**我－訊息**」（I-message）或其他暗示來表達教師個人對當事者課堂行為的失望或感受。

　　艾邁爾等人（Emmer, et al., 1994）認為學生問題行為可採用五階段介入程序，以輔導改正當事者行為：

　　階段一：使用非口語符號暗示學生停止擾亂行為。

　　　　　　　程序：非口語線索。

　　　　　　　教師介入：舉起食指指向學生、走到學生座位旁停留。

階段二：如果不當行為沒有停止，要求學生遵守可欲行為之規則。

　　　　　　　程序：口語線索。

　　　　　　　教師介入：小強，請遵守班規；小強，請不要發出聲音。

階段三：若是擾亂行為還是持續，明確給予學生二個選擇機會：一為停止不當行為，二為選擇一個發展計畫（行為改變方案）。

　　　　　　　程序：指出學生要做的選擇。

　　　　　　　教師介入：小強，如果老師講話時你繼續講話，你就必須選擇一種發展計畫：一是立即停止違規行為，二是老師根據班規處置。

階段四：如果學生問題行為仍然沒有停止，要求學生坐到教室特別設計區域（例如最前面、教室後面或角落區）書寫發展計畫。

　　　　　　　程序：非隱蔽性的隔離──離開原來座位，改移到師生視線看得到的地方。

　　　　　　　教師介入：小強，請坐到前面的特別座；小強，請到教室後面站著。

階段五：隱蔽性隔離法──若是學生拒絕遵從階段四的指令，教師可以採用「**隱蔽性隔離法**」（seclusionary timeout），將學生安置到另一個位置區域（例如輔導室、辦公室），直到學生完成發展計畫。

　　　　　　　程序：隱蔽性的隔離。

　　　　　　　教師介入：小強，因為你選擇不負責任，根據我們的約定，你需要被送到輔導室將你的發展計畫寫完。

　　五個階段介入程序通常配合問題解決計畫表實施。方案引進班級時，教師必須於學期初向學生解釋計畫表的目的與表格項目如何填寫，較佳的教導方式是角色扮演與問題案例模擬，方案教導過程中也要提供正向案例應用的說明，例如自我反省改進之用。五階段介入程序法的優點為強

調學生責任感的培養與做選擇的權力，逐次進展對問題的回應程序，允許教師先採用非懲罰式的介入策略，提供快速有效手段，讓正在干擾學習活動中的行為最小化或消失，當師生取得共識後，階段程序的實施簡單而明確。系統實施的缺點是每個階段的促發要非常快速，教師要展現果斷，其中可能需要某些內在中介策略（例如肢體語言），以避免在安置學生時發生衝突；此外，某些學生自己在書寫可接受的行為計畫時可能會有困難，若事前教師與學生能討論計畫內容，獲得全班同意，則實際執行成效會較佳（Emmer, et al., 1994）。

對於不當行為的處置策略，柏登（Burden, 2013, p.210）提出一個使用最小介入方法之三階段回應計畫策略，如表 7-1：

表7-1　使用最小介入方法之三階段回應計畫策略

教師回應	階段一： 提供情境的協助	階段二： 使用溫和的回應	階段三： 使用中度的 （適度的）回應
目的	幫忙學生設法解決教學情境，持續專注課堂學習	採取非懲罰式行動，讓學生回復到課堂學習活動	移除可欲的刺激，以減少不想（不期待）其出現的行為
範例行動	・移除造成分心的目標物 ・以例行事件提供支持 ・增強適當行為 ・提高學生的興趣 ・提供線索 ・幫忙學生克服困難（障礙） ・重新導引行為 ・對課程有高度的警覺性	一、非口語型回應 ・忽視行為 ・使用非口語的符號 ・身體靠近學生 ・用手指指著學生 二、口語型回應 ・課堂中直接叫出學生姓名 ・使用幽默 ・送出「我一訊息」 ・使用正向的稱讚語（非評價式的）	邏輯性結果 ・撤回學生特權 ・改變學生的座位 ・在問題行為上面要求學生寫反省單 ・以隔離法安置學生 ・課餘時留下學生 ・與家長進行接觸 ・將學生送至校長室，由校長處理

教師回應	階段一： 提供情境的協助	階段二： 使用溫和的回應	階段三： 使用中度的 （適度的）回應
	· 提供非懲罰式的隔離 · 改變班級環境	· 提醒學生班規條目 · 給予學生選擇 · 詢問學生：「你正在做什麼？」	

　　教室經營或常規管理有效作法，除必須講求科學與藝術外，有些基本原則必須把握，根據麥卡錫（McCarthy）與肯博隆－麥肯柏（Cambron-McCable）二位學者的看法及班級經營的實務現況，對學生不當行為的作法，可根據以下原則：

　　1. 師生共同訂定：班級常規或生活公約的訂定，要由師生共同討論訂定，最好採取正向的描述詞，而不要使用負向的語詞。

　　2. 班規具體可行：班級常規要簡短，語句清楚，並且是所有學生能做到的。

　　3. 定期檢討常規：班級常規的擬定與實施一段時間後，師生要共同檢討，如果某些生活公約全體學生均表現很好或多數學生未能確實做到，師生要做適當的檢核與調整，這與教室布置的意涵相同。

　　4. 權變處罰策略：對於違反班級常規的同學，要根據其不當行為的程度，採取適宜的處罰方式，對於第一次犯錯及累犯同學的處罰方式應有所差異。

　　5. 不能殃及無辜：教師不能因一位學生的不當行為而處罰群體或全班，例如因二位同學上課吵架，而剝奪全班同學下課休息時間。

　　6. 立即回應處理：對課堂內或下課時學生的不當行為，教師要立即處理，不能因教師正在教學、批改作業等而忽略，立即處理才能收到立竿見影之效，例如鄰近二位同學在課堂中愛講話，教師可調整學生座位，以阻斷學生的不良行為。

7. 公平合理處置：當教師處理學生的不當行為時，要對事不對人，公平而合理地採取必要的處置策略，其中對於「**緣由**」的探究十分重要，例如吵架、打架、分心、課堂睡覺、作業未按時寫完等，這些不當行為的處理，教師皆應了解其原因，再採取適當的處置。

8. 嚴禁體罰學生：不論學生出現何種不當行為，教師均不應體罰學生，體罰學生是法令所不允許的。《教師法》第 14 條第 10 款：體罰或霸凌學生，造成其身心嚴重侵害，經教師評審委員會委員三分之二以上出席及出席委員二分之一以上之審議通過，並報主管機關核准後，予以「**解聘**」。

9. 尋求支援系統：如果學生的不當行為，教師無法單獨處理，可以請學校行政人員、輔導室、學生家長介入處理，或是進一步轉介至醫療機構、輔導諮商機構，請求協助處理。

10. 常規也須教導：班級常規是一種典型的潛在課程，也需要教師的教導，因為希望學生行為一夕之間發生改變是不可能的，教師應有耐心，慢慢的指導與不斷的叮嚀，才能改變學生不適當的行為。

歐布瑞恩（O'Brein）認為教師在處理不當行為時，要使用正向的描述語，關注教導過程，不要讓介入處理區變成「**戰鬥區域**」（battle zone）。戰鬥區域的核心是教師感到學生是對抗的、不受尊敬的，他們提供給學生的是困惑與降低學生尊嚴之訊息，讓學生覺得他們是沒有價值與沒有權力者。教師對引發衝突之挑戰性情境採用的均是同一固定反應（同一種方法），不考量學生個體所處的環境脈絡與導致行為背後的因素，對學生行為反彈不認同。學生則嘗試得到同儕對問題行為的認可，以操控教師擴大問題行為，目的在於獲取更大權力與個人更多需求。教師的介入只在贏得勝利，成為贏的一方，問題解決成為師生全面的衝突，師生關係是負向的，教師介入處理程序沒有讓學生習得衝突解決技巧。若是教師改成以尊敬、負責任的方法，提供學生清楚與一致的訊息，則學生不會知覺受到威脅，教師彈性的回應能考量到學生所處的情境脈絡，明確的讓學生知道教師有能力解決問題，師生從問題解決的「**學習區域**」學到新技巧，則

師生關係良好，問題解決結果是「**雙贏**」（O'Brein, 2001）。

參 . 與學生合作及預防不當行為原則

　　以下為一些與學生合作的基本原則，可以讓學生在一種正向且具生產力的教室氛圍中學習，並獲得令人滿足的學習經驗（Burden, 2013）：

　　1. 聚焦於教學的主要任務：教師的主要任務是幫助學生成功達成教育目標，促發學生學習動機，以及幫助他們在教師帶領的教室內外成功地發展知識和技術，讓優勢智能得以開展。

　　2. 了解並知道如何滿足學生需求：了解班級學生的喜惡、能引起他們學習動機的事物，了解他們的需求和渴望，以及了解什麼會影響他們一生。運用那樣的資訊來營造一個適當的學習環境。

　　3. 了解並尊重不同種族與文化差異：教師清楚理解學生的不同種族與文化背景後，在之後準備學生學習素材與導正學生行為上，能更快的進入狀況。

　　4. 知道不當行為的原因以及處裡方法：有步驟性的減少甚至移除造成學生不當行為的原因。

　　5. 提供清楚明瞭的班級規定與處理程序以導正學生行為：需要教導學生並令其清楚理解規定與處理程序，讓學生了解教師期待其表現的行為為何。

　　6. 對於學生的不當行為提供特定且具有階段性的處理程序：對於學生不當行為的處理，要發展出一套具有特定性的處理程序，讓學生能正向的改變並維持良好的師生關係。

　　7. 減少運用控制型的懲罰方法：強制或懲罰會造成當事人反社會行為，應用其他處置技巧以營造一個正向的學習環境，更有助於學生行為的改善。合理懲罰（處罰）並不是體罰，學校場域中，體罰與霸凌都是「**零容忍**」（zero tolerance）的行為或事件，教師應堅持並恪遵「**零體罰**」（zero corporal punishment）與「**零霸凌**」（zero bullying）的發生。

8. 發展一個具有合作性並且負責任的班級：運用技巧讓學生保持專注力與參與感，對於學生良好行為給予增強並且提升學生負責任的態度，以營造一正向的學習社群。

9. 讓學生有意義的參與班級事務的決定：班級事務的決定包括班規的訂定，與事後的處理程序、課程活動的內容與課程教材的選擇。讓學生參與旨在使學生對於學習過程以及課室環境中有更多的投入。

10. 教導學生批判性的社交技巧：不少學生缺乏在學術環境中須具備的社交技巧知能，教師須幫助學生培養此種社交技巧，以發展出成功的課室紀律。

11. 讓家長或監護人在合理程度內參與：教師須定期的讓家長知道其子女在班級中的表現，並且讓家長知道孩子們在課室中的學習狀況與進步情形，以讓家長知道教師需要他們支持與協助的地方。

第三節　紀律管理模式的分類

紀律理論模式奠基的理論基礎為斯肯納的行為主義、羅吉斯與馬斯洛的人本主義，二種主義分別代表教師的控制力與影響力。傳統行為改變技巧於學校教育的應用是較早班級經營強調的取向，教師使用正增強或負增強以鼓勵可欲的行為，透過消弱、反應價值及其他處罰方法來減少不當行為（1960 至 1970 年代）。1980 至 1990 年代強調紀律模式的應用，如坎特（Canter）、瓊斯（Jones）等，理論模式重視透過酬賞與懲罰於班級情境實務的直接應用，強調學生服從與教師權威建立的重要性，他們的實徵研究在 1990 年代被推廣為「**全校性正向行為支持**」（SWPBS）技巧。班級經營除使用行為分析模式外，也採用心理教育取向或系統理論，如馬斯洛需求階層論及生態系統理論，對於學生行為問題從發生後的處理轉換到行為發生前的預防，班級「**正向行為支持**」（positive behavior support, PBS）同時兼顧介入處理與預防，包含「**正向的**」（positive）與「**主動的**」

（proactive）二個意涵（Egeberg et al., 2016）。

　　管教或紀律最基本的目的是培養學生「**自我控制**」（self-control）能力的發展，如果學生缺乏自我控制與自我調整能力的話，即使擁有學業知識（認知）與科技技能，也很難發揮正向效益。透過自我控制，學生可以展現他們的責任感，能夠在不妨礙其他同學的權利及需求情況下，實現個人需求的滿足（Woolfolk, 2011）。沃夫剛與葛力克曼（Wolfgang & Clickman）依據教師控制力與影響力的不同程度，提出對應的紀律模式圖（Tauber, 2007），連續體的二個極端分別表示高控制程度與高影響力或高支持度（圖 7-2）：

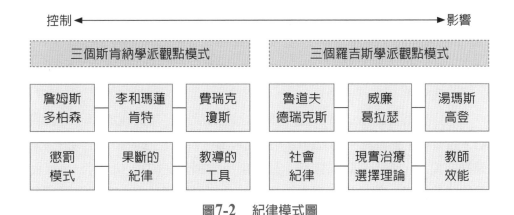

圖7-2　紀律模式圖

　　斯肯納與羅吉斯的理論分別代表行為主義、人本主義，二者紀律模式理論的代表性術語並不一致，表 7-2 為斯肯納與羅吉斯紀律學派代表性術語對照摘要表（Tauber, 2007, pp.86-87）：

表7-2　斯肯納與羅吉斯紀律學派代表性術語

斯肯納	羅吉斯
權威形象	有學識的領導者
控制	影響

斯肯納	羅吉斯
壓力	激勵（促發）
要求合作	贏取合作
讚美（獎賞）	鼓勵
支配控制	導引啟發
贏─輸	贏─贏
外在紀律	自我紀律
自由意志：假象	自由意志：真實
缺乏信任	信任
操控者	促發者
環境的偶然性	自我實現

　　斯肯納與羅吉斯二者都重視學生自由的價值，差異在於如何行使自由，斯肯納主張教育中個人自由可透過教師努力改進對學生的控制而得到最好的協助，而不是放棄控制；羅吉斯不強調外在紀律（控制），反而重視自我紀律，對教師與學生而言，二者都認為應該有意識地發展同理心、真誠、尊敬、誠實與協助。就「**自由意志**」（free will）而言，斯肯納相信世界根本沒有自由意志存在，自由意志的存在只是人們假裝出來的，因為唯有這樣，人類才會感覺自己比其他物種更為重要；相對的，羅吉斯相信人類之中存有自由意志，所以紀律模式必須考量到自由意志變因（Tauber, 2007）。

　　之後的班級經營概念分析類似於連續體理論，從專制的到權威性的，連續體中間為「**混合模式─平等主義型**」，連續體對應的教師權力分別為教師中心、學生中心與責任分擔型，從只關注學生行為轉換為同時強調學生行為、認知、情感與關係。平等主義型或非介入主義者模式之教師不會嘗試直接控制學生需求，或訂定高標準的教師需求，它重視學生

內在興趣，提倡者如尼爾（A. S. Neil）。尼爾主張學童行為養成中不需要哄騙或唆使，在個人探索中，他們需要的是提供足夠學習空間、時間與權限給予。紀律模式的代表者如哈里斯（Harris）提倡的交換分析、金納（Ginott）提倡的和諧溝通、高登（Gordon）提倡的教師效能訓練、庫恩（Kohn）提倡的超越班級模式等（Egeberg et al., 2016）。

　　在二個極端體中間之互動主義者型模式，關注的是改變個體所處的社會環境，與社會環境對個體的形塑。互動主義者型或權威性型教師以正向及尊敬的態度與學生一起工作，確保學生有尊嚴的學習，維繫良好師生關係。依此論點發展理論模式的學者如艾伯特（Albert）、德瑞克斯（Dreikurs）、庫寧（Kounin）、葛拉瑟（Grasser）。而法治紀律（Judicious discipline）、有尊嚴的紀律也是根據互動主義者思想型態建構的班級經營模式。沃夫剛與葛力克曼（Wolfgang & Clickman）從教師控制程度界定的連續體型態為介入主義者型—互動主義者型—非介入主義者型；高登倡導的「**教師效能訓練**」模式，反應的是教師控制程度很少；坎特倡導的果斷訓練，反應的是教師控制程度很大，強調規則、獎懲的使用；互動主義者型如葛拉瑟，倡導正視面對問題與訂定契約守則（Egeberg et al., 2016）。

壹 . 教學控制程度類型

　　教師之班級常規管理方式，依教師控制、管理與影響程度的不同，區分為低教學控制、中教學控制及高教學控制三種模式，其哲學理念、教師角色與常規管理模式的內涵均有所差異（Burden, 1995, 2013）：

一、低教學控制模式

　　低教學控制模式的哲學理念、教師角色與常規管理模式為：

（一）哲學理念基礎

　　學生有基本責任可掌控自己的行為，而學生自己也有做決定的能

力，孩童被認為有內在先天潛能，有能力自我決定，促進自我成長。而教師於教學、管理及常規紀律維持時，對學童的看法、感覺、理念及喜好均應予以考量。

（二）教師角色

教師有責任建構環境，以促發學生掌控自己的行為，例如規則訂定時，教師要引發討論情境，以激起學生認識適當行為的界定範圍，以便訂定合適的規則。當不當行為發生時，教師也要幫忙學生釐清問題所在，並導引學生做適當決定以解決問題。

低教學控制下的學生有較高自主權，而教師掌控程度相對的較低，但這並不是意味著教室是一個秩序混亂的學習場所。教室內也須訂定基本規範，教師最重要之責，是確保規範能落實執行，使學生於一個井然有序的環境中學習。

（三）常規管理的模式

低教學控制之常規管理模式如柏恩（Berne, 1964）及哈里斯（Harris, 1967）的溝通分析模式、金納（H. Ginott）的和諧溝通模式（Congruent Communication）、高登（T. Gordon）的教師效能訓練模式（紀律作為自我控制，Discipline as Self-Control）、費伊等人（J. Fay & D. Funk）的用愛與邏輯教導模式（Teaching with Love and Logic）、卡羅若梭（B. Coloroso）的內在紀律（Inner Discipline）、庫恩（A. Kohn）的從紀律到社群模式（From Discipline to Community）等。

二、中教學控制模式

中教學控制模式的哲學理念、教師角色與常規管理模式為：

（一）哲學理念基礎

學生發展是內在先天與外在力量的結合，學生對行為的控制是師生共同的責任。此理念採用以學生為中心的哲學觀，此部分與低教學控制的哲

學觀相符應，不同的是中教學控制模式也強調團體脈絡的重要性，學習是在群體情境中產生的。

（二）教師角色

教師於教學、管理及常規訓練的過程中，也要考量學生的看法、感覺、理念與喜好，學生的行為與學業表現是教師同時所要關注的焦點。雖然教師提供機會以讓學生掌控自己的行為，促進其能力發展及做適度決定，但學生可能不知某些行為可能有礙其個人成長與發展，因而學生要深究行為表現的可能結果，做適當調整，以獲取最有利好處。

此外，在中教學控制模式中，規則及實施程序常由師生共同擬定，教師可藉由提出少數要學生遵守的規則後，再由學生討論其他規則，而教師也有權否決學生們所決定的規則，有責任貫徹規則之實施，幫助學生了解他們決定與行動的結果；與低教學控制模式相較，中教學控制模式的教師有較多的控制權。

（三）常規管理的模式

中教學控制之常規管理模式如德瑞克斯（R. Dreikurs）的邏輯後果模式（Logical Consequence）、艾伯特（L. Albert）的合作性紀律模式（Cooperative Discipline）、葛拉瑟（W. Glasser）的控制理論（非強制紀律理論，Noncoercive Discipline）、庫寧（Kounin）的行動管理模式、尼爾森（J. Nelsen）等人的正向班級紀律模式（Positive Classroom Discipline）、葛溫（R. Curwin）等人的有尊嚴的紀律模式（Discipline with Dignity）、克根（S. Kagan）的雙贏紀律模式（Win-Win Discipline）等。

三、高教學控制模式

高教學控制模式的哲學理念、教師角色與常規管理模式為：

（一）哲學理念基礎

學生的生長與發展是外在環境制約的結果，孩童是環境塑造而成的，學生並沒有先天內在的潛能。

（二）教師角色

教師及成人要為學生選擇可欲的行為，增強好的行為，並採取必要步驟，以消弭學生不當行為，學生的看法、感覺及喜好較少受到注意。由於教師的教學經驗較為豐富，因而他們有責任選擇最好的學習素材，以促進學生發展及掌控自己的行為。

高教學控制的教師相信學生本身無法監控與掌控自己的行為，他們必須約束學生的行為。在沒有學生的參與下，教師自行決定規則與實施步驟，增強學生好的行為，並採取必要手段以阻止學生不當行為。和先前二個模式相比，高教學控制更強調個體行為的管理。

（三）常規管理的模式

高教學控制之常規管理模式如斯肯納（B. F. Skinner）的行為改變模式（Behavior Modification）、瓊斯（F. Jones）的肢體語言模式／正向紀律模式（Positive Discipline）、坎特夫婦（L. & M. Canter）的果斷紀律模式（Assertive Discipline）、安哲曼（Engelmann, 1969）及杜布森（Dobson, 1992）的行為主義者的體罰模式、馬紹爾（M. Marshall）的無壓力紀律模式（Discipline without Stress）等。

貳. 紀律模式的特性

三種不同紀律模式的特性比較如表 7-3 所列，教師控制程度為低、中、高，對應的學生控制程度為高、中、低。

表7-3　不同紀律模式特性摘要表

模組類型	引導模式	互動模式	介入模式
教師控制程度	低	中	高
學生控制程度	高	中	低
學生意見、感覺及偏愛之重視程度	高	中	低
理論基礎	人本及精神分析思想	發展及社會心理學	行為主義
孩童的觀點	·孩童早期發展是從內在驅使（內在力量造成的） ·個體從做決定中成長 ·學生是自己命運的主宰	·孩童發展從內在、外在驅力兩部分	·孩童發展主要受到外在力量與情境的影響 ·孩童被環境塑造與受所處環境的影響
主要使用過程	·發展具關愛及自我導向學習之學生 ·建立師生情誼之橋梁	·解決問題時，和學生一起面對及訂定契約 ·協助提供學生諮詢	·訂定規則和提供獎賞及懲罰
教師教學使用策略	·營造能促使學生控制自我行為之環境 ·幫助學生覺察問題以及引導學生選擇適當的方法解決問題 ·成為一個積極投入的傾聽者 ·允許學生表達自我感受	·透過互動，使孩童清楚了解界限準則在哪裡 ·實際執行準則 ·共同訂定問題解決的方法，並達成共識	·控制環境 ·挑選與使用適當的增強物和懲罰

資料來源：Burden (2013, p.20).

表7-4為低控制、中控制、高控制紀律模式的代表人物及其主要論點：

表7-4　各個教學紀律模式與其提倡者（支持者）摘要表

引導模式	互動模式	介入模式
低控制教學法	中控制教學法	高控制教學法
對等的溝通 Haim Ginott（金納） ・使用理性的訊息 ・邀請學生參與合作 ・表現出樂於助人和接受包容的態度	邏輯結果 Rudolf Dreikurs（德瑞克斯） ・民主化的教學 ・鑑別及正視學生的錯誤目標 ・使用邏輯結果	行為改變 B. F. Skinner（斯肯納） ・確認期望的行為 ・透過增強塑造行為 ・有系統地使用行為改變
視紀律為自我控制 （教師效能訓練） Thomas Gordon（高登） ・確認誰擁有問題 ・最大化的溝通 ・利用影響的力量	合作教育 Linda Albert（艾伯特） ・建立歸屬感 ・建立學生自尊 ・促進合作關係	果斷紀律 Lee and Marlene Canter（坎特） ・再次確認教室權利 ・教導期望的行為 ・建立處置（行為結果）
愛與邏輯教育 Jim Fay and David Funk （費伊與方克） ・與學生分享控制權 ・學生自我概念的維護 ・邏輯推論和同理心（愛）的平衡	正向班級經營管理 Jane Nelsen, Lynn Lott and H. Stephen Glenn（尼爾森等人） ・善用教室會談 ・展示關愛態度與行為 ・使用管理技巧	正向紀律 Fredric Jones（瓊斯） ・建構組織教室 ・設立限制規範及促進合作行為 ・給予支持後援系統
內在紀律 Barbara Coloroso（卡羅若梭） ・使學生有解決問題的能力 ・提供支持與結構 ・以尊嚴和尊重對待學生	非強制性紀律 （現實治療法及控制理論） William Glasser（葛拉瑟） ・提供有品質的教育 ・協助學生做適切的決定 ・提供支持和鼓勵	無壓力紀律 Marvin Marshall（馬紹爾） ・提升責任感而不是服從心 ・引導和監控行為 ・教導社會發展及管理系統

引導模式	互動模式	介入模式
從紀律到社群教育 Alfie Kohn（庫恩） · 提供引人入勝的課程內容 · 發展互愛的學習社群 · 允許學生做選擇	有尊嚴紀律 Richard Curwin, Allen Mendler and Brian Mendler（葛溫與曼德勒） · 創造三維（三面向）計畫 · 建立社會契約 · 教導學生做負責任的選擇	
	雙贏紀律 Spencer Kagan（克根） · 和學生一同解決問題 · 聚焦在短期及長期解決方案 · 協助學生做負責任的選擇	

資料來源：Burden (2013, p.21).

哈丁（C. J. Hardin）從三個向度分類班級經營的理論模式：(1) 視班級經營「**為紀律**」（as discipline）；(2) 視班級經營「**為系統**」（as system）：一套有系統的經營技巧；(3) 視班級經營「**為教學**」（as instruction），三個分類觀點的概念與常規管理模式摘要如表 7-5 所列。將班級經營視為系統乃是在建立一套有系統的經營技巧，持此論點者強調事先建立不當行為的預防計畫，比不當行為發生後的回應處置計畫成效較好，例如庫恩（Kohn）發現採用處罰與威脅方法，只會讓學生有暫時的順從行為，實施結果造成師生間的緊張關係，容易產生反效果，因而傳統紀律模式對於問題行為的處理情況成效不佳。班級經營方案採用有系統的方法，可以為教師提供完整的指示與建立一個有目的的學習氛圍，以有計畫和有秩序的方式實施活動，讓學生專注於課業與課堂活動，減少擾亂與紀律問題的發生（Hardin, 2012）。

表7-5　三向度的班級經營的理論模式表

基本班級經營模式	概念	常規管理模式代表
視班級經營為紀律	1. 教師有責任維持班級的控制 2. 紀律先於教學 3. 不當行為出現時必須要有適當的處置或處分	· 班級經營的行為取向 · 坎特的果斷紀律 　（assertive discipline） · 瓊斯的正向班級紀律 · 艾伯特的邏輯後果 　（logical consequences）
視班級經營為系統	1. 班級經營是系統化的 2. 經營與教學是互相交織影響的 3. 關注於學習社群的建立 4. 規劃是必要的	· 葛溫與曼德勒的有尊嚴的紀律 　（discipline with dignity） · 班級組織與經營方案（COMP） · 庫寧的建立社群 · 馬歇爾的無壓力的紀律：懲罰或獎賞
視班級經營為教學	1. 關注於教導利社會行為技能 2. 目標在於建立協調的習性 3. 全校性方案在於教導衝突解決與同儕調解的技能 4. 教師要幫助學生做出合乎倫理的判斷與決定	· 卡羅若梭的內在紀律 　（inner discipline） · 正向行為支持 · 衝突解決與同儕調解 · 葛瑟克爾的法治紀律／法律紀律 　（judicious discipline）

資料來源：Hardin (2012, p.7).

思考與討論問題

1. 班級中如發現失竊事件，以全班同學「票選班級小偷」的行為，不僅不符合教育理念，依照法學上「無罪推定主義」，師生不是法官，更不能判斷誰為偷竊者，此種行為也顯示老師缺少法學素養。若你是班上級任導師，有位同學很緊張且哭泣地來告知你：「老師，我的500元被偷了，回到家裡會被媽媽打！」你會如何處理？

2. 古諺說：「愛是好的，但姑息卻是絕對的錯。」一位教師不能對學生太嚴格，但也不能對學生溺愛或縱容學生，這是一種「有智慧的愛」，請問何謂「有智慧的愛？」

3. 智慧型手機的普及，多數學生均人手一機，課堂上課時若有同學玩弄手機而不專注學習活動，你會如何處理較為適切？

4. 又到了選舉模範生的時間了，六年四班照例依五年級的方式選舉班上的模範生，有同學提議：「去年被選上模範生與孝悌楷模的同學，要把名額讓給其他同學，今年不能再被提名。」若你是級任導師，你會如何處理？在你帶領的班級過程，你對班上同學只能當選一次模範生的看法為何？

5. 某些教師會以班上常規行為表現最差的同學，請他（她）們擔任班級的風紀股長，教師的目的在於讓這些學生從管理別人行為的歷程中，體會到行為不佳被其他同學厭惡的心情，有將心比心的意義。你對於這樣的策略方式，有何看法？

6. 教師班級經營的四 L：「Love—愛、Listen—傾聽、Laugh—微笑、Light—溫暖。」請就這四項的內涵加以說明。

7. 請你從多元智能（語言、邏輯數理、視覺空間、體能、音樂、人際、個人內在、自然觀察、生命智力）的論點，說出此理論對一位教師班級經營的啟示。

8. 在兒童節前夕，有家長委員暗示教師：「他女兒在班級各方面表現均不錯，但就是沒有當選過『模範生』……，很可惜。」若你是該班的導師，聽完家長的話後，你會如何回應？

9. 〔情境事例〕

中午用餐時間，雅倫的媽媽突然現身班上，告知老師說家中有急事要先把雅倫接走，老師知道雅倫的父母已經離婚，平時的上下學都是雅倫爸爸在接送，雅倫也願意跟媽媽先行離開學校。

〔事例思考〕

如果你是雅倫的班級導師，你會如何處理？

【實務問題──忙碌開學日的級務處理】

　　開學第一日是級任導師最忙碌的一天，如果是一個新班級，由於老師對學生還不熟悉，在班級事務的處理上更為困難。以下幾個具體策略可提供教師參考：

1. 在開學之前、編班之後，詳細觀看班上學生的個別資料，對於輔導紀錄表中有記錄特殊行為或特殊表現的學生要熟知。

2. 教師自我介紹，包括歡迎各位同學來到新班級、教師個人的求學歷程、對同學的期待與要求等。教師自我介紹時，要展現教師和藹可親、平易近人的特質魅力。

　　這個部分，教師可將個人事先準備的「開學訊息單」發給學生，「開學訊息單」資料包括以下幾項內容：教師學經歷的介紹、班級經營的理念與作法、上下學時間及注意事項、一星期服裝的穿著（哪幾天穿著便服、哪幾天穿著制服、哪幾天穿著運動服）、學期新的課表等，如果是國小中低年級學生，此份「開學訊息單」更顯得十分重要。

3. 由於同學彼此間大部分均不熟知，教師可讓同學上臺自我介紹，包括個人的興趣專長、曾擔任過的班級幹部、優良或特殊事蹟、新班級中可擔任的班級幹部。同學自我介紹時，可設計一份「自我介紹表」讓每一份學生書寫，這樣，同學在自我介紹時才不會慌張。同學介紹完後，教師可將「自我介紹表」收回，以進一步作為認識班上同學之參考資料。

4. 帶領全班學生認識校園硬體設備，包括課堂會使用到的專科教室、教師辦公室、行政各處室、校園特色等。

5. 安排學生課堂座位，不論是採用小組合作學習座位、傳統橫列座位、馬蹄型座位等，均要考量到學生的動線，原則上以身高為座位安排的第一考量點，但要兼顧視力不佳及生理狀況特殊的學生，讓每位學生均能清楚的看到黑板上的文字為主，開學後，再根據實際的課堂需求及學生行為表現情形調整座位，最好能每隔一星期或二星期輪流調整。

6. 分發同學「緊急聯絡電話通知單」讓學生帶回家，請父母撰寫，其中包括父母親或學生監護人白天的聯絡電話、手機，離學校較近一至二位長輩親屬的電話、手機，若是學生在校發生意外事件或受傷，第一想送達治療的是哪家醫院等。「緊急聯絡電話通知單」寫好後，最後要有一格是父母親或監護人簽章，以示資料的正確。當教師收到此份資料後，要依照全班學生座位整理造冊，一份隨身攜帶、一份放教室或辦公室的抽屜內，以預防意外事件的發生（目前學生資料已全部電腦化連線，教師也可以直接登入學務系統下載，學生家長之聯絡電話、手機均屬家長隱私，非經家長同意，教師不應任意讓他人知道）。

第 8 章

常規管理理論（一）——低教學控制模式

「愛心多一點、包容多一點、溫柔多一點、耐心多一點、親切多一點、好話多一點，學生的行為可加好幾點。」

「責罵學生的話語，要『先思考再行動』；鼓勵學生的話語，要『先行動再思考』。」

「教育現場沒有問題行為的『學生』，只有學生的『紀律問題』要處置。」

「及時洞悉察覺問題，才能立即有效處置；處理不能激怒學生，才能達成『雙贏』目標。」

柏登（Burden, 2013）認為班級經營是教師建立一個可以鼓勵正向社會互動、學習活動投入與自我激勵之學習環境的行動，班級經營關鍵問題有以下七項：(1) 如何有效安排物理環境？(2) 如何讓學年開始即可有效運作？適當的程序與班級規則是什麼？(3) 學生的學習成效如何有效達成？(4) 要如何鼓勵與支持才能讓學生展現適當行為？(5) 如果班級出現擾亂行為，要如何有效快速回復秩序？(6) 班級時間與教學活動要如何有效地安排？(7) 學生的安全如何有效確保？

對於促進學生正向行為與達成學業要求，班級經營與教學要注意以下幾個變項：

1. 班級經營變項方面：(1) 班規；(2) 活動間順暢的轉換；(3) 學年開始的活動管理；(4) 學習時間的有效使用；(5) 監控學生的實作行為；(6) 察覺班級行為，與學生進行溝通。

2. 教學變項方面：(1) 教師導向學習策略；(2) 學生投入或回應活動的高層次規劃；(3) 根據學生需求採取彈性教學；(4) 合作學習策略的運用；(5) 教學歷程中具有幽默感與熱忱；(6) 使用激勵性策略以培養目標導向學習。

低教學控制模式中，主要就團體管理模式與交互分析模式、和諧溝通模式、超越紀律：從順從到社群模式、內在紀律模式、法治紀律模式等加以介紹。

第一節　團體管理模式與交互分析模式

壹. 團體管理模式

在低教學控制模式中，瑞德（F. Redl）及威廉（W. William）倡導團體管理（group management），強調「**團體動力學**」（group dynamics）的重要——群體期望與個體行為會相互影響，他們認為學生行為主要受到

社會和心理因素影響，根據其實際觀察發現，學生於團體中的行為表現
與學生獨處時之行為表現顯然不同。他們視團體為一個「**整體的機體**」，
其中每位學生均有其應扮演的角色與功能，學生的角色扮演可實現個人需
求，或因這是團體所期許與感滿意的。團體期望影響個人行為，而個體行
為也影響到團體（Burden, 1995）。團體管理模式的理念認為個別學生的
行為可以藉由群體同儕的力量來規範，教師只要適當的分配學生小組，以
班級團體動力學的方式來矯正學生的不當行為，藉由團體的影響力使小組
成員表現正向適宜的行為。

　　瑞德及威廉二人認為學生紀律可透過群體行為影響而改變，個體在群
體中的行為與個別行為有很大差異，班級（群體）中學生可能做平時獨自
一人不會做的事，或是不可能做某些特定事情，此種特定事情是在他們獨
自一人或少數幾個人時會做的。群體行為對班級紀律的影響作用，他們將
之定義為「**團體動力**」（group dynamics），團體動力關注的是藉由群體
或群體內成員的督促，進而影響個體學生的行為。任何班級中的學生會扮
演不同「**學生角色**」（student roles），例如領導者、追隨者、小丑（吸
引大家注意者）、煽動者（引發不當行為者）、替人頂罪者等，教師對學
生不同角色的出現，要有高度的警覺性，何種角色可被鼓勵或不被認同，
教師要有適當明確的教導（Charles ＆ Senter, 2008）。

　　瑞德及威廉二人認為要透過團體內在力量以影響個人行為，此時教
師對團體動力學應有深切認識，以發揮有效控制力；此外，團體行為也
受到學生心中所知覺或期待的教師扮演及「**教師角色**」（teacher roles）
的影響。教師角色扮演乃因應團體所需，是多元性的，教師角色如學習幫
忙者、法官、仲裁者、偵察員、楷模學習者、個體支持者、父母代理人、
朋友等，教師也需要察覺學生期待其扮演的教師角色，有時，教師可採
用開放式方式與學生討論得知。在團體動力運作中，教師可藉由「**診斷性
思考**」（diagnostic thinking）方法，協助學生解決衝突與困難（Burden,
1995）：

1. 蒐集資料以發掘潛在問題。

2. 補充隱而不見的訊息，如先前相似情境中之學生相關的背景資料。

3. 歸納出結論並付之行動。

瑞德及威廉二人認為教師在採取行動維持控制之前，要先自問：(1) 不當行為背後的真正動機？(2) 班級的反應如何？(3) 不當行為與教師之間的互動關係如何？(4) 行為改變時學生反應如何？(5) 改變後如何影響學生未來進一步的行為？

瑞德與威廉二人堅稱教師對學生要有明確期待，教師態度要盡可能客觀，有容忍度與幽默感，幫忙學生對班級與學校有正向態度；教師要使用技巧影響學生行為改變，不要採用處罰方法來控制學生行為，正向技巧包括支持學生自我控制、提供情境的協助、評價事實（例如幫忙學生察覺適當與不適當行為的潛在原因）。若是教師在不得已情況下要使用處罰，必須和事先計畫的處置（後果）一致，處置對學生而言是不愉悅的，例如單獨坐在一旁、完成未做完的工作、不允許參加特定的課堂活動等，任何處置絕對不能對學生有身體上的傷害，此外，教師不應出現爆發性的生氣，或嘗試「**要給學生一個教訓**」（Charles & Senter, 2008）。

「**學生小組成就區分法**」（STAD）中，小組成員要精熟單元內容，並接受個別評量，小組個別成員評量分數的加總（進步分數）或總平均，為小組共有的分數，成員為了在個別評量或實作中表現精熟，學習過程中小組成員會相互幫忙，讓組員的表現均有進步或精熟，得到最高的進步總分。團體管理模式的群體分組，最好採用「**異質性分組**」，藉由群體內學生的相互約束或規範，使個體展現正向行為；此外，以整個團體組織為單位，進行學習過程與結果的評定，更能達到效果。「**異質性分組**」學習結果評定以組別為單位，以發揮「**鷹架學習**」的功用，達到新課綱「**自發**」、「**互動**」、「**共好**」的目標。

貳. 交互分析模式

交互分析模式主要的提倡者為柏恩（Berne, 1964）及哈里斯（Harris, 1967）二人，其模式的中心概念為「**自我狀態**」（ego states）。自我狀態是人們根據其生活經驗發展而成，而以意識或潛意識方式儲存在個人腦中。自我狀態的展現有三：「**父母自我狀態**」（較多權威取向、多用批評、命令口語）、「**孩童自我狀態**」（易受情緒支配、不易掌控自我情緒）及「**成人自我狀態**」（以理說服人、就事論事）。在常規管理中，教師要以成人自我狀態（adult ego state）教育學生，給予學生機會，使學生也能展現其成人自我狀態，如此，學生才會成為一位有理性之人，了解自己與他人，進而以積極建設性態度表現孩子及父母的自我狀態行為。例如要上室外活動課時，學生因身體不適要向教師請假，學生告訴教師：「老師，我今天感冒，身體不太舒服，這節室外活動課我想要請假。」（成人自我狀態）教師聽完，大聲責罵（孩童自我狀態）：「不行！運動會快到了，全班要練習大隊接力，你不能請假！」（父母自我狀態）則此時師生關係會變得不和諧，可能引發師生衝突；如果教師聽完學生的話，趨前反問學生：「你早上看醫生了嗎？」（成人自我狀態）之後親切的告訴學生：「身體不適要多休息，不要勉強！如果很不舒服，要記得告訴老師。」、「要不要老師請一個同學陪你？」（成人自我狀態）學生聽完，會感受到教師的溫暖、愛心與關懷，會更尊重教師，師生間則能維持良好的人際關係。

交互分析的基本前提是要讓所有學生感到適切、溫暖，所要強調的是使學生對自己所應扮演角色之自我狀態有深切的了解。問題解決的有效性在於師生適切而雙向的溝通，每個人應以對方相同的自我狀態與對方互動（例如成人－成人），如果雙方自我狀態不同（成人－孩童；父母－孩童），則二者溝通會封閉，溝通的有效性將會受阻，此種無效溝通將促使師生間衝突增加。因而在常規管理中或教學互動中，教師要站在學生角度思索問題，此外，也要使用適當技巧，教導學生與人適切而合宜的口語互動能力。

參. 愛與邏輯性的紀律教導

費伊（J. Fay）與方克（D. Funk）二人認爲以「**愛與道理**」（邏輯性）建構的班級環境，可以幫助學生發展擁有自律及獨立問題解決技巧，教師要與學生共同學習，教導學生爲他們自己思考，提升學生的責任心，爲未來社會生活提供有效的準備，其紀律模式稱爲「**愛與邏輯性的教導**」（Teaching with Love and Logic）。愛與邏輯性的方法給予學生充分的信任，相信學生有能力解決他們的問題，教師的責任是建立一個適合的情境，此情境讓學生有機會爲其行爲做出決定。以愛與邏輯性建構的班級環境有四個基本原則（Burden, 2013）：(1) 維持學生的自我概念，不要傷害學生自尊；(2) 與學生分享控制權，將部分權力給予學生；(3) 兼顧事件發生的後果與教師的同理心，在合理的情況下給予學生處分；(4) 透過問題及示範提升學生思考能力。教師以上述四個原則作爲紀律計畫的基礎，愛與邏輯性的基本規則有三：(1) 使用可強制執行的限制；(2) 在限制當中提供學生有選擇的權力；(3) 應用同理心與行爲後果策略。他們將「**紀律視爲諮商者**」（discipline as consultants），諮商者之教師要做的事情如下（Burden, 2013）：

1. 透過可實施的說明方式設定可強制執行的限制。

2. 透過選擇方式，提供給學生個人價值、尊嚴及力量的相關訊息。

3. 用同理心考量行爲後果的處置，而不是直接使用處罰。

4. 教導學生並說明如何照顧好自己與爲自己的行爲負責。

5. 與學生分享關於其實作表現與負責任的感覺。

6. 藉多種不同的探索方法，鼓勵學生解決問題，過程中允許學生做出自己的決定。

7. 在合理的限制之內，讓學生有充分的自由寬容度，培養學生能爲結果負起全部的責任。

8. 透過問題引發學生的思考能力。

9. 使用更多的行動而非文字來傳遞價值給學生。

10. 允許學生體驗生活自然的後果，透過問題讓學生有充分時間進行思考，鼓勵學生分享思考經驗與分享控制的權力，讓教師與學生關係成為亦師亦友。

第二節　和諧溝通模式

漢姆・金納（Haim Ginott）的著作有《教師與兒童》（*Teacher and Child*）、《父母與孩童》（*Between Parent and Child*）、《父母與青少年》（*Between Parent and Teenager*）。金納倡導「**和諧溝通模式**」（congruent communication），以小步驟方式促進學生「**自我管理**」（self-discipline）能力，認為在常規訓練中要強調的是與兒童有效溝通，成年人要避免抹煞兒童個性，對其所處情境及行動表現要特別重視。教師要藉由良好的溝通與適宜讚美的使用，以營造安全、富人性化及積極進取的班級；此外，教師要避免侮辱、威脅口語，改用的是以肯定、接受的態度來接納學生，以激發學生需求與意願。金納認為教師的責任在於營造良善班級氣氛與環境，建立學生正向行為舞臺，使學生能遵守規矩，表現適宜的行為。

壹. 使用策略

下面是和諧溝通模式中教師可使用的策略（Burden, 1995, 2013）：

一、傳遞適切訊息

重視訊息傳遞的情境，教師應了解、接受學生感受，避免使用責備、命令、訓誡、控訴、輕蔑及威嚇語氣，以免傷了學生自尊；教師語言使用應關注於當時情境與具體的事實。金納認為若有同學違反規則，少用「**你（妳）-訊息**」提示，多用理性的「**我-訊息**」（第一人稱話語）。

二、適當表達憤怒

憤怒是一種內心眞摯感受的呈現，教師也應合理及適切的表達其憤怒，讓學生知道其行爲已讓教師生氣了。有效表達方式如「當……老師會生氣」、「當……老師會不高興」，讓學生知道哪些行爲會引起教師的煩擾與不悅。教師切勿使用輕蔑之語，例如「你……，眞是一位不負責任的學生」、「你的功課實在很差」。

三、邀請學生合作

提供機會讓學生表現，以培養其獨立自主，並對其能力表示肯定，讓學生有機會參與班級事務，包括座位安排、參與特別活動等。教師不應使用由上而下之直接命令方式，應讓學生對特殊活動有參與表白機會，藉邀請合作也可減少學生對教師的依賴。金納認爲某些班級活動或課堂問題可以經由師生共同討論決定，此種方式可培養學生的判斷力及責任感。

四、接納與承認學生感受

教師有時要勉勵學生當遇到問題時不必過分擔憂；而且教師應隨時傾聽學生意見、接納學生、了解其內心眞實感受；此外，要提供機會，讓學生表達內心感受，並讓學生知道此感受的普遍性，不必過度擔心。正向承認學生感受的訊息，例如「明天功課很多，又要考試，可能比較辛苦。」負向批評的訊息，例如「這樣的功課還嫌少呢！只考一考有什麼好緊張的。」

五、避免標記學生

標記是一種無效能表現的方式，不當描述如「你是不負責任、不可靠的學生。」「你在班級、學校、家庭中皆是不受歡迎的人。」學生如果常聽到這些話語，會信以爲眞，久而久之，發展成一種負面的「**自我意像**」（self-image）。教師應使用建設性的批評，明確告知學生要改進的地方，避免爲學生貼上負面的標籤。

六、使用導引作為改變學生的手段

　　碰到問題時，教師應提供問題情境，提出數個解決問題的方案供學生選擇，以作為學生下一步行動的導引，例如學生把東西灑落滿地，教師不應批評學生，而應提供清掃整理方式，供學生判斷挑選。

七、避免傷害性問題

　　一位富啟發的教師應避免問會引起學生憤怒、抗拒的問題或不當評論。不要使用「**為什麼**」的傷害詞，例如「為什麼你無法變好？」「為什麼你總是忘記我告訴你的每件事？」相反的，教師提出問題後，應邀請學生一起討論解決之道。

八、接納學生意見

　　學生所問之問題或所提意見可能與班級正討論的主題無關，但教師也應給予尊重與讚賞，因為從某方面而言，這對學生可能非常重要。

九、不要使用諷刺話語

　　在常規管理中，教師諷刺學生是最不明智之舉，因為顯然的，學生不會心服口服，自覺受到傷害、自尊受損，例如「你為什麼東西都要去碰觸一下呢？你是不是有問題？」「你為什麼不聽別人的意見呢？真是死腦筋！」

十、避免匆忙給予協助

　　當教師提出問題時，應明確重述一次，讓學生對問題能具體陳述與了解，然後再問學生：「你自己有什麼意見？」讓學生有思考時間，才能激發學生潛能。

十一、簡潔快速處理小問題、不要拖泥帶水

　　如果教師碰到學生小問題發生，例如遺失報告、折斷鉛筆、忘記帶作業等，教師要即刻處置，以快速而有效方式處理，不須冗長而長篇大論的

說理。

貳 .「我—訊息」與稱讚類型

　　有效的教師透過情況描述與指出要達到的需求內容，邀請學生合作，教師不應在學生身旁命令或指揮，有效能的教師會隱藏自己的資產（優勢），總是詢問他人，例如「我現在要如何做才能對學生最有幫助？」當教師使用此種方法時，可以避免許多班級問題。金納建議教師多使用「**我—訊息**」（I-message）自在地表達個人的感受與氣憤，不要使用「**你—訊息**」（you-message）。使用我—訊息的教師傳遞給學生的訊息為：「**我（老師）非常懊惱**」、「**我（老師）受到驚嚇**」，使用你—訊息的教師會指責學生說：「**你真的是野蠻人**」、「**你為什麼這麼笨**」。使用「**簡明的語言**」（laconic language）回應，或再直接詢問學生的不當行為，焦點在於學生行為，而非學生個人，才是最明智的處理，簡明的語言特色就是簡短與指出重點（Charles & Senter, 2008）。

　　班級中多數教師會使用「**稱讚**」（praise）來強化學生適當行為，金納認為有效稱讚的特性有以下七點：(1) 不要只因為學生做了什麼便稱讚他；(2) 稱讚盡可能地明確具體；(3) 避免虛假的稱讚；(4) 稱讚避免引起同學間的競爭；(5) 私底下給予學生稱讚；(6) 避免稱讚學生的品性；(7) 避免引發學生間比較或優越感的稱讚。金納將稱讚型態分為二大類：一為「**讚賞式稱讚**」（欣賞式稱讚，appreciative praise）；二為「**評鑑式稱讚**」（評定式稱讚，evaluative praise）。讚賞式稱讚對於學生功課、行為與學業成就正向表現的讚許時，不會涉及學生人格與品性的評鑑，它具有生產力，僅指對學生努力或進步的回應；評鑑式稱讚具有破壞力，它比沒有使用更糟，因為此種稱讚也包含對當事者人格與品性的評鑑。金納提醒教師在使用稱讚時，要避免使用與學生品格有關的形容詞，只有不涉及學生人格、品性與潛能判斷的稱讚，才能使教室成為安全的學習環境，在此環境中學生可以自由探索與勇於嘗試錯誤（Charles & Senter, 2008;

Hardin, 2012）。

評價式稱讚話語如（修改自單文經主譯，民 93）：

「把樹葉掃得這麼乾淨，你真是個好學生。」（好學生評價已經評斷到當事人的人格特質）

「小明，你已經長大了，在戶外教學時都沒有吵鬧，是個乖學生。」（小明是乖學生，其餘同學會推論自己是不乖的學生）

「小雅，你直笛吹得這麼好，一定是個很棒的音樂家。」（對人格加以評定）

「小強，這次數學考這麼好，老師以你為榮。」（下次數學沒有考好，是否感受到教師會以他為恥呢？）

讚賞式稱讚話語如：

「把樹葉掃得這麼乾淨，真讓老師難以置信。」

「小明，老師很欣賞你在這次戶外教學的表現。」

「小雅，你直笛吹得這麼好，一定花了不少時間練習喔。」

「小強，這次數學考這麼好，你很細心。」

在與學生個人關係方面，金納建議教師除要以身作則外，更要尊重學生的隱私，若是學生不想與教師討論個人問題，教師就不要打探，但教師要盡可能表現想與當事人對話的誠意。關於學生不適當行為，金納忠告教師要簡明地教導學生表現適當行為，不要斥責當事人的不當行為，與學生討論問題時，教師也應該全面地避免詢問「**為什麼的問題**」（why questions），為什麼的問題語句會讓學生感覺有罪惡感與防禦心，無法與教師有進一步的對話，例如「為什麼你用那種態度跟蘇珊講話？」「為什麼你不把回家功課做完？」有效能教師與學生互動中應展現高度「**自我管理／自律**」（self-discipline）行為，金納不贊同教師使用嘲諷與處罰，嘲諷學生是非常危險的，與學生討論情況或問題絕對要避免；班級紀律維持中，處罰更應全面禁止，因為處罰會讓學生產生敵意、仇恨與報復心態，對學生行為的改善似乎沒有幫助（Charles & Senter, 2008）。

第三節 超越紀律：從順從到社群

壹.目標與內涵

　　庫恩（A. Kohn）於1996年編著《超越紀律：從順從到社群》（*Beyond Discipline: From Compliance to Community*）專書，書中庫恩要求教師放棄透過強迫與酬賞方式來處理行為問題，改以提供給學生專注學習的課程與關懷的社群。教師主要目的在於發展關懷的、支持的班級，此班級情境能讓學生有高度的興趣從事於學習，為達到此目的，學生必須能夠完全地參與班級事務，包括影響所有班級成員之問題的解決。庫恩認為班級經營的最終目標不只是單純要求學生服從，而是要學生表現適當行為，包括讓學生了解其做的事是對的，與他們的行為對他人的重要影響。庫恩指出教育的目的不僅是在培養好的學習者，更要栽培「**好人**」（good people），他強調這個目的無法經由行為改變技巧達成，稱讚、特權與處罰方法可以改變學生行為，但無法改變學生個體。庫恩強調班級經營焦點應從強調約束負向行為，改為強調促進正向行為，教師愈是透過酬賞系統來控制學生，愈難培養學生成為具有道德感與關懷他人的學習者。庫恩建議教育目標若是要培養孩童為其行為負起責任，教師必須允許學生對於對與錯之行為自己做出決定。將教室視為社群，其紀律理論模式稱為「**超越紀律**」（beyond discipline）（Charles & Senter, 2008; Hardin, 2012）。

　　庫恩之「**超越紀律**」模式關注的內涵有四個：(1) 批評新式班級經營理論：要求孩童自己做，不如與孩童一起做；(2) 檢視學生本質的信念：學生並非自私與自我中心的，為培養學生做決定及與他人良好關係，必須滿足其自主決定、關係歸屬與成功勝任三個需求；(3) 提出處罰與獎賞的替代方案：師生共同合作，以學生興趣與疑問來導引課程，善用其好奇心與欲望來導引能力的培養；(4) 建構班級社群：以協同合作取代競爭，學生在社群中能被關懷與被鼓勵，並且受到肯定與尊重（單文經主譯，民93）。

貳. 班級社群

　　庫恩認爲建構班級社群有五個重要原則：(1) 建立教師與學生之間良好的關係；(2) 安排活動促進學生之間的連結關係；(3) 舉行班會：庫恩建議班會在學年開始時就要舉行，討論內容如「學校變成可怕的地方是什麼？去年你討厭學校時你經歷何種經驗？何時你的心情不好或對他人不悅？何時你希望學期快點結束？」此種內容可讓學生有反省機會；(4) 了解班級與學校廣泛的課程──透過相關課程安排群組協同合作活動；(5) 使用學業教學：社群的探索不能與學業學習分離（Charles & Senter, 2008）。

　　庫恩指出有效班級經營的核心是教師認爲班級重要內容由其自我評估，其中也包括他們如何與學生互動、要求學生做什麼等，而教師要有創造優質環境的責任，不要過度依賴「**酬賞**」（reward）與「**稱讚**」（praise）。庫恩反對教師使用稱讚的理由有以下幾點：(1) 酬賞與稱讚的效益很短，最後會失去其有效性，酬賞使用愈多，當事人的需求也愈多；(2) 許多學生只爲酬賞而學習，無法眞正了解其所學習內容的眞正價值，動機是外塑的；(3) 有些教師使用稱讚方法基本上是欺騙學生的，教師假意稱讚學生或與學生談話，實際上是在批評其他學生的行爲，例如「上課時你總是很專注聽講」的稱讚語，隱含的意涵是「其他學生上課都不專注」；(4) 會產生其他副作用，例如不眞實、逃避、只爲獎賞工作，此外，也會引發學生不信任自己的判斷，阻礙關懷與自信態度的養成。對於處罰的使用，庫恩也持反對立場，尤其是體罰更不可行，因爲體罰是紀律維持最差的方法。他教導學生暴力行爲是不可以接受的，處罰的替代方案是要求師生建立一個學習者的社群──「**班級社群**」（classroom community），此種社群允許有新的想法，也容許失敗，教師在社群運作中可以改變行爲，透過創造的班級社群改變班級組織結構，學生在社群中會彼此關心，也會關心教師與學校（Charles & Senter, 2008; Hardin, 2012）。

　　班級社群的建立，要奠基在學生能與一位值得其尊敬與關懷他們的大人間有正向關係上，班級中最適當的人選為教師，建立的社群運作要能使學生每天合作，共同合作情況要能持續。班級應提供廣泛課堂活動，能提供學生朝向同一目標協同工作的機會，學生從做重要事件中，體認自己的重要性，進而成為主動的參與者。社群的建立應與學生的學習活動緊密結合，讓學生從活動中學習，以增長學生智慧，幫助學生成為具有道德與同情心的人。為了解決社群討論的議題與班級問題，庫恩認為班會有其實用性與價值性，學生在班會中的聲音可以讓所有人聽到，能得到積極的訊息，體驗到社群的感覺，學習問題解決與做決定，發展出推理與分析的能力。至於班級規則的發展，庫恩不建議採用，其原因有三：(1) 規則會讓學生成為鑽措辭漏洞與方法的小律師；(2) 規則使教師變成警察，強調強制實施而非學習；(3) 學生破壞規則時，典型的反應提供一個處置／處分，它強調的是處罰學生，而不是幫助學生成長為一位能自律的個體（方德隆譯，民 103；Hardin, 2012）。

　　庫恩指出班級的紛亂與歧見是一定會發生的，重要的是教師要如何解決班級內發生的紛亂與歧見，如何看待班級的紀律情況。其實班級紛亂與歧見可被視為是幫助學生解決問題與成長的機會，在他們的社會與道德發展中變成主動參與者；衝突也可以幫忙學生體會他人需求，培養同理心，聚焦於整個班級的需求，減少他們出現不當行為的頻率（方德隆譯，民 103；Hardin, 2012）。

參. 處理策略

　　對於教師如何處理問題學生，庫恩提出了十項具體策略（Charles & Senter, 2008, p.85; Hardin, 2012, p.149）：

　　1. 教師透過無條件的愛及耐心的教導與學生發展正向關係，讓當事者知道不管其行為如何，教師（重要他人）是關懷他們、尊敬他們，且認為他們是有價值的，如此學生才會養成尊敬他人、關懷他人的態度；當情

緒需求獲得滿足，學生更會幫助他人達到他們的需求，而不會強占他人需求而產生爭執。

2. 幫助學生學習專注傾聽、冷靜、發表意見與了解他人看法的技巧，教師有責任教導學生發展這些有價值的技巧。

3. 診斷發生了什麼事情與事件為什麼會發生的能力。

4. 分析在問題發生時教師應擔負的責任是什麼（例如是否教學策略或不切實際的班級需求導致）。

5. 擴大學生參與決定如何解決問題的範圍（例如教師詢問學生：「對這個問題的解決，你認為你可以做什麼？」）。

6. 幫助學生思考適當的方法，發展最實際的問題解決方案。

7. 協助學生決定如何對事件進行賠償或補償（例如修復破壞物品、清洗弄髒的地方、向受害者道歉等）。

8. 重新檢視計畫實施的情況（當事者可能要做更多工作才能使情況好轉）。

9. 提供充足時間讓師生冷靜與反思，更有彈性的處理問題。

10. 切記師生「**協同工作**」（working with）方法比純由教師主導的「**怎樣做**」（doing to）方法更有效益。透過互動式活動（例如合作學習）或家族式活動促進學生間緊密的關係；社群活動可以提升學生「**透視的談話**」（perspective talking），學生才會從他人的觀點看待情境，避免流於主觀。

第四節　內在紀律理論

壹 . 生活訊息

在學生常規管理理論中，卡羅若梭（B. Coloroso）提出「**內在紀律**」（inner discipline）模式，他與學者修仁柏格（Ms. Schallenberger）一樣關

注的是要讓學生思考他們的行為，以及學生行為如何影響到他人，不贊同對學生不當行為加以「**處罰**」（punishment）與「**處置**」（consequences，行為後果）。卡羅若梭認為透過班級教學與正向師生互動，學生被賦予權限後足以信任自己，進而學習自我管理。支持學生自律行為展現的原則如：「**我喜歡自己**」、「**我可以為自己思考**」、「**沒有問題嚴重到無法解決**」。卡羅若梭認為學生提供的重要「**生活訊息**」（life messages）語言如「**我相信你**」、「**我信賴你**」、「**我知道你可以處理**」、「**你有被傾聽**」、「**你有被照顧到**」、「**對我而言你是很重要的學生**」。學生透過一個或多個重要生活訊息的溝通情境而獲得鼓勵，班級情境是一個安穩、安全與成長的環境，這樣的環境才可以培養學生具創造性、建設性與負責任的行為（方德隆譯，民 103；Hardin, 2012, p.183）。

　　卡羅若梭強調教師要引導學生，讓學生可以自己做決定，並能為其選擇負其責任，為了要培養良好的紀律，教師必須做三件事情：(1) 以敬重與尊嚴對待學生；(2) 生活或學習中給他們可以行使權力的感覺；(3) 給予學生機會做決定，為自己行動負責任，從成功與失敗中學習。他相信從處理問題與接受後果過程中，可以幫助學生管理他們的生活；為了確保學生發展內在紀律，教師必須為學生提供適當程度的組織結構與支持。卡羅若梭主張教師不應該因為學生做出不好的決定而挽救或責備他們，相對的，要引導學生如何做出新的決定以解決問題（Burden, 2013）。

　　教導內在紀律乃是基於四項哲學與心理學基礎：(1) 學生是值得花時間、精力與努力去教導的，如此才能協助他們成為富有機智的、適應力的、同情心的人類；(2) 教師不會以「**不希望被人對待的方式**」來對待小孩；(3) 任一個培養小孩自律行為的方法都必須確保學生和教師的自尊不受到傷害；(4) 權力被認為是以學生為中心的（做決定的權力），教師必須相信學生自己會負責任與行使做正確決定的權力（單文經主譯，民93；Charles & Senter, 2008）。

　　內在紀律模式三個核心概念為：(1) 發展內在紀律比傳統班級控制更為重要；(2) 解決問題是發展內在紀律的關鍵所在；(3) 學生必須被教導如

何思考而不是思考什麼（how to think, not what to think）。內在紀律培養的五個步驟為（Hardin, 2012, pp.182-183）：

1. 創造一個學生們可以接受重要生活訊息的班級環境。

2. 建立班規以讓學生為生活做準備，而不只是為班級所需做準備。

3. 將學生不當行為作為一個問題來解決，而不是只作為一個常規議題而已。

4. 對學生不當行為發生的處置時，教師必須提供真實生活的處置方式，以讓學生在實際生活中有所遵循。

5. 教導一致性正義概念的內涵。

貳. 班級組織型態

由於教師類型不同，建構的班級組織也不同，對應教師管教型態，卡羅若梭將班級分為三種類型：「**水母班級**」（jellyfish classroom）、「**磚牆班級**」（brick-wall classroom）、「**骨幹班級**」（backbone classroom）（方德隆譯，民 103；單文經主譯，民 93；Hardin, 2012, pp.183-184）。

一、水母班級

班級類型是沒有結構性的，像「**水母**」（jellyfish）一般任意漂浮，教師對學生的期望常常改變，學生不知如何回應與表現。此種班級情境下，教師採用的處罰是專斷且不一致性的，班規不明確，班規的執行也沒有具體的準則，教師班級經營的風格讓學生捉摸不定，學生根本不知道教師要期待表現的行為為何。如果違反班規時，有些學生受到嚴厲責罰，有些學生沒有，教師的情緒轉變很大。水母班級類型的教師人格特質為「**意志薄弱型**」，此類型教師的特質是軟弱無能，沒有明確的班級結構與規範，規範與懲罰的標準不一，常令學生無所適從，班級管理方式前後不一致，容許混亂和吵雜，常運用說教斥責學生，情緒控制不佳，學生覺得教師不會花太多心思在同學行為的輔導矯正上。

二、磚牆班級

磚牆班級是一個獨裁的組織，班級規則是嚴苛且不能妥協的，就像「**磚牆**」（brick wall）一樣，班規是用來控制與操縱學生，所有的權力都掌握在教師手中，教師經常採用身體的威脅、羞辱與賄賂方法來控制學生；教師只嚴格執行班規，班規的訂定由教師一手掌控，學生違反班規時，不考慮學生的動機與個別需求。此種班級的氛圍不友善，學生只被命令去思考什麼，而不是教導他們如何思考。磚牆班級類型的教師人格特質為「**保守封閉型**」，此類型的教師是缺乏朝氣的個體，只想限制和控制他人，教師個人擁有至高無上的權力，雖會承擔學生行為的責任，但不會教導學生發展內在紀律能力；教師有一套班級的管理規範，但班級氛圍不佳，注重教條，對於學生發展內在紀律的能力欠缺信心。

三、骨幹班級

班級具有一致性的結構，結構是有彈性具有功能性的。學生心聲能被師生傾聽到，能學習尊重自己與他人，也能學習去接受自己的感覺，並用合理的方法將這些感覺表達出來。在此種班級組織中，因為犯錯被視為學習的機會，因而教師會給予學生第二次機會，其目的在於教導學生如何解決問題及三思而後行。教師對於學生可欲行為形塑的步驟為：(1) 承認學生的感覺並對感覺型態加以分類；(2) 容許學生會生氣、痛苦或懼怕，進而採用適當的方法去表達這些感覺；(3) 鼓勵學生對自己的感覺加以果斷的說明；(4) 承認學生的感覺是真實的、合法的，教師不要任意對學生的感覺加以批判，例如「你太膽小」、「你太小題大作」；(5) 教導學生如何有效處理自己的問題，不要把問題擴大。骨幹班級類型的教師人格特質為「**剛毅果斷型**」，此類型的教師具有創意性、果斷性，有條理地建構班級組織，訂定合理可行的班規，妥善安排學習活動激勵學生展現自我，教導學生信任自己與他人，積極幫助學生發展內在紀律。

參. 班規與處置

卡羅若梭主張班規在班級組織中仍是必需的，認為班規必須符合三大準則：簡單的、陳述清晰的、與學生生活期待有關。學生在學習或工作上四個必須確實遵守的規約為：(1) 準時出席；(2) 有所準備；(3) 完成作業；(4) 尊重自己與他人的生活空間。對於紀律與懲罰的看法，卡羅若梭與皮德思的說法相同，卡羅若梭也認為「**紀律**」（discipline）與「**懲罰**」（punishment）是不同的，紀律反映的是班級情境的真實情況，沒有教師的權力與控制，指的是真實世界的後果或介入（或是後果與介入策略的組合），紀律允許學生做出合法的選擇，當學生無法做出有效合法的選擇時，理應對自己選擇的後果負責（受到懲罰）。至於懲罰行動會有五個要素：(1) 是「**成人導向**」；(2)「**需要判斷**」；(3) 從「**外部加諸的權力**」應用；(4) 會「**喚起當事者的生氣與怨恨**」；(5) 會「**引發更多的衝突**」。卡羅若梭認為對於「**真實世界後果**」（real-world consequences）的處置，要符合 RSVP 原則：(1) 處置是否「**合理**」（Reasonable）？(2) 處置是否「**簡單易行**」（Simple）？(3) 處置是否是「**有價值**」（Valuable）的學習工具？(4) 處置是否「**實際可行**」（Practice）？（Hardin, 2012）

在學生不當行為的處置方法，卡羅若梭重視的是「**自然處置**」（自然後果）（natural consequences）策略，此種策略即「**真實世界後果**」的處置。雖然自然處置是最佳的學習工具，但若是自然處置會引發下列問題，教師必須立即介入處理，以提供學生安全與適切的真實世界後果：(1)「**對生命產生威脅**」；(2)「**違反道德議題**」；(3)「**不健康的行為**」（Hardin, 2012, p.185）。自然處置策略可讓學生培養自我承擔行為的結果，例如「寒流來臨當天，小明不穿外套走出室外，回家後小明可能就感冒了。」、「八年級學生美雅因為拒絕承擔帶材料至學校的責任，想持續借用同學的材料，最後，可能其他同學都不願意再借給她，結果是作品無法完成。」威脅到生命或道德的行為，例如不仁慈的、有害的、不公平的、不誠實的。威脅生命的情況：「一年級學生小強下課時想要在教室桌

上跳來跳去。」、「福加上完體育後不歸還躲避球，想在教室內利用課餘時間與財明傳接球。」威脅道德的情況：「九年級的學生克昌同意在數學考試時，將答案抄錄一份給建志。」、「小明因為想買戰鬥陀螺，趁小美不在時從其皮包內拿取 200 元。」（Hardin, 2012）

　　卡羅若梭指出，教師介入處理時，不應採取「**殺手式的敘述**」（killer statement）語言來諷刺、揶揄、辱罵學生，例如「以前你妹妹從不會做這種事。」、「你以為自己是籃球國手嗎？」（單文經主譯，民 93）班級衝突事件爭執中，若是學生與學生間的問題，卡羅若梭認為教師應扮演一個幫助學生發展解決問題計畫的促進者，透過訊息的傳遞與授權，明確讓學生知悉：「你有一個問題，但老師知道你有能力可以解決問題。」卡羅若梭提供六個教導問題解決的步驟：(1) 確認與定義問題；(2) 列出可能的解決方法；(3) 各種解決方法的評估；(4) 選擇一個解決方法；(5) 列出方法解決的計畫；(6) 重新評估問題與學生個體。卡羅若梭進一步指出進行上述六個問題解決步驟時，要考慮到「**和解式正義**」（Reconciliatory Justice），和解式正義包含 3R 的紀律訓練：「**賠償**」（Restitution）、「**解決**」（Resolution）、「**和解**」（Reconciliation）。賠償指的是專注於學生所做的事情，同時補償受害者所遭受的傷害，其中也包含對他人財物損害的補償，例如破壞同學的鉛筆盒、損毀他人的文具，均要負起賠償之責；解決指的是要對於造成不當行為情況的原因做進一步的確認與改正，讓不當行為不再發生，讓學生能反思其所作所為的不適當之處，進而改進日後的行為表現；和解在於對違反規約學生的矯正處理，同時幫助在情境中受到傷害學生能恢復健康的過程。經由 3R 程序，教導學生如何自行解決個人製造的問題，避免以後類似的情形再度發生（方德隆譯，民 103；單文經主譯，民 93；Hardin, 2012）。

　　對於班級紀律如何導引內在紀律，卡羅若梭勸告教師要自問自答二個問題：「**我的教學目標是什麼？**」「**我的教學哲學為何？**」前者表示的是教師與學生要達到的成就到哪裡，後者顯示的是師生思考如何以最佳的方法完成任務，想要控制學生的教師會朝向採用賄賂、酬賞、威嚇與處罰方

法以限制與強制行為；想要「**增權賦能**」（empower）給學生做決定與解決問題的教師，會傾向給予學生機會思考、行動，與給予培養責任感的機會（Burden, 2013; Charles & Senter, 2008）。

卡羅若梭認為處置／處分學生並非懲罰學生，處置學生是要教導學生如何處理自己造成的問題。她認為懲罰會使學生沒有勇氣去承認他們的行為過錯，因為他們可能會否認犯行，或是文過飾非、推諉責任，將問題或過錯歸咎於他人或外在事物，而不是自己。根據卡羅若梭的理論，紀律訓練會經歷四個步驟，這是運用懲罰方式所無法做到的。相對於處罰，適當紀律應做到以下四件事以引導學生表現正向行為（單文經主譯，民 93；Charles & Senter, 2008; Hardin, 2012, p.185）：

1. 紀律訓練會讓學生了解，他們應該做好哪些工作 —— 告知學生他們哪裡做錯了。

2. 紀律訓練會增進學生處理問題的能力，盡可能讓學生能掌握解決問題的要領——給予他們問題的擁有權。當學生是問題的擁有者，且知覺情境是他們製造的，他們才知道有責任可以使事件變得更好，教師應提供忠告與支持，不要直接提供解決方法。例如「你沒有完成數學習作前，你不可以在自習時間到圖書館（處罰）。」的訊息，最好改為「當你完成數學習作後，你可以在自習時間到圖書館（紀律）。」

3. 紀律訓練會給予學生解決問題時的選擇機會——給予他們對自己製造之問題的解決方法。

4. 紀律訓練會保有學生的尊嚴，不會傷及學生自尊——保留學生完整的尊嚴，紀律是幫忙學生如何處理他們遭遇的生活問題。

肆 . 欣賞式稱讚

卡羅若梭和金納（Ginott）、德瑞克斯（Dreikurs）立場一樣，皆認為教師對於學生的努力，若是給予評價式讚美，而不是欣賞式稱讚，則學生產生破壞性行為的機會將會增加。教師應該切記，不要把對學生成就的

讚美等同於學生的自尊，因為稱頌或讚美可能冒著鼓勵學生將錯誤視為對自己負面評價的危機。教師要多使用「**鑑賞式讚美**」，不管是要引起動機或是給予稱讚，教師都不應該使用破壞性的話語。教師應該要了解，當學生無法達到教師的期望時，稱讚學生也會具有破壞性，教師應多使用欣賞式的稱讚，少用評價式的稱讚（單文經主譯，民93）。

六年級的學生怡君在第一次定期考查數學考了94分：

評價式：「怡君，妳是一個聰明的女孩，所以數學考試可以考94分，不是嗎？」

欣賞式：「怡君，妳在數學科的考試中，表現得相當好。」

三年級的學生文進，他整天都沒有打擾到其他同學：

評價式：「文進，你真是個好孩子，今天都沒有打擾到其他同學。你真是一位乖學生，表現很像你哥哥一樣。」

欣賞式：「文進，你今天都沒有打擾到其他同學，表現很好。你和其他同學一樣，今天都學到很多東西。」

九年級學生小雅在校內英語演講比賽中有很好的表現：

評價式：「小雅，做得好，妳真的表現很棒，老師一直以來就認為妳是位優等程度的學生。」

欣賞式：「小雅，其他的參賽者和老師都很欣賞妳今天的表現，準備充分且表現傑出。」

內在紀律模式雖有不少優點，但其缺點有三：(1) 系統容易被操弄；(2) 如果學生沒有正確的自律與道德，使用自然處置（自然後果）的方法成效不佳；(3) 若是學生對於其製造的問題不坦然認錯，也不在意，則系統運作程序對學生而言是沒有效益的（Charles & Senter, 2008）。

第五節　法治紀律

「**法治紀律**」（judicious discipline）是由葛瑟克爾（Forrest Gathercoal）提倡，其理論是將教育專業倫理、有效的教育方式與學生在憲法上的權利等三者綜合應用於班級的一種形式，它需要學生願意接受為自己的行為負起責任，並且要求教師必須營造一個尊重學生公民權利的環境（張如慧譯，民 93）。法治紀律對於民主班級經營的建構提供一個有效方式，促進品格養成課程的實現（Gathercoal & Crowell, 2000）。

壹. 法治紀律基礎

根據葛瑟克爾的觀點，教師與學生必須了解三項美國憲法的基礎：「**自由**」（freedom）、「**正義**」（justice）、「**平等**」（equality）。自由並不表示學生可以為所欲為，而是指學生有權利做他們自己，且透過行為與意見表達他們自己的權利；正義指學生有權利對於校規與處置可以得到公平對待，當學生被控違反校規時，有權利要求正當合法的程序；平等意指學生擁有平等機會的權利，但不意味著每一位學生都被相等地對待，而是每一位學生都有平等的成功機會（Hardin, 2012, p.232）。

教育工作者總是相信教導學生公民權是重要教育任務的一環，法治紀律採用的信念是以公民般的方式承認與尊敬學生。法治紀律是一種哲學，也是一種兼顧學校紀律與班級經營的架構，根據美國權利法案，教師教導學生在民主社會生活與學習中應有的權利與責任感。法治紀律呈現給教育者的是一種能尊敬每位學生權利與重視學校中其他同學權利情境，讓學校維持一種動態均衡的狀態，此模式讓教師教導學生個人的權利，並且允許學生在學校與班級中行使個人的權利（Gathercoal & Crowell, 2000）。

法治紀律以美國的《權利法案》（Bills of Rights）中的三個修正案為基礎，分別為憲法第一修正案、第四修正案、第十四修正案，三個修正案的內容摘要如下（方德隆譯，民 103；Hardin, 2012, pp.234-235）：

　　第一修正案：「國會不得制定有關下列事項的法律：宗教組織的設立或禁止宗教信仰自由；剝奪人民言論、出版或和平集會的自由；人民向政府請願尋求訴願救濟的自由。」

　　第四修正案：「所有人具有保障人身、居家、文件與財產權的安全，有權利抗拒不合理的搜索和拘捕。除非有可能成立的證詞，加上宣誓或被證實，並具體指出明確搜索的地點、拘捕的人或扣押的物品，否則不應發出搜捕票。」

　　第十四修正案：「所有出生或歸化美國的人民，都適用於美國司法管轄，且均為美國及所居住之州的公民。任何州不得制定或執行有關剝奪美國公民特權或豁免權的法律；除非經由合法的法律程序，均不得剝奪任何人的生命、自由或財產，也不得拒絕給予任何人的法律保護。」

　　法治紀律的班級經營基礎是美國的《權利法案》，特別是憲法第一、第四與第十四修正案。根據葛瑟克爾觀點，憲法第一修正案旨在保護言論自由、表達自由、新聞自由、宗教自由與和平集會的權利；第四修正案明確闡述學校教育工作者要關注學生擁有財產情況的程序原則，其目的為保障學生在學校的「**財產權**」（property），教師與學校行政人員必須有合理正當的理由，才能搜索學生的置物櫃與書桌；第十四修正案明確規定「**平等保障條款**」（equal-protection clause），禁止對任一學生的歧視；此外也應用到其中的「**正當程序條款**」（due-process clause），在學生衝突中，了解正當程序概念且有能力運用概念的教育工作者才被視為是公平與公正的。葛瑟克爾認為這三個法案內容特別適用於學校教育情境中，實行法治紀律模式的教師必須教導學生這三個法案的概念，以及該如何落實在學校的環境之中（方德隆譯，民 103；Hardin, 2012）。相較於教師中心的班級經營取向，法治紀律模式是一個以學生為中心的取向，模式的應用採用的是非懲罰式的方法，建構在學校文化上，重視公民技能的未來應用性（Gathercoal, 2002）。

　　葛瑟克爾法治紀律的班級模式之所以重要，其原因有二：一為班級裡的差異性愈來愈大，在多元文化與不同族群之下，此紀律模式可以幫助

學生了解他們在學校社群中的價值，以關心他人、信心、自我價值感、歸屬感與合作態度取代不寬容與偏見態度；二為強調教師的角色不是父母替身的立場，而是關注「**學生在學校中擁有憲法保障的權利**」。因而教師應用法治紀律模式，透過由學習社群等師生成員的專業與倫理準則，建立一個實踐民主社會價值的典範（方德隆譯，民 103；Hardin, 2012）。如果學生被教導能均衡個人需求的權利與社會權利，則學生可以學習在適當時間、地點，以適宜行為行使他們的權利，學生發展的規則與期望自然會反映出對個體適當行為的了解，進而展現適宜行為。此外，學生可以說出社會法律的觀念，在學校與班級中做的更多，就能營造友善氛圍，以達成學業精進的目標（Gathercoal & Crowell, 2000）。

葛瑟克爾認為教育工作者不能以「**教師中心**」理念，靠獎懲來建立教師權成，他堅信「**學生中心**」行為是教師主要的專業倫理信念，以學生為中心的教育工作者會和學生共同分享權力與權威，透過以身作則與授權給學生，教導學生為自己做出正確決定，協助學生進行獨立思考，為個人行為負責。當學生違反規約時，教師應該說：「**告訴老師發生了什麼事？**」或是說：「**從這件事情中，你覺得你學到了什麼。**」教師每次與違規犯錯的學生互動時，都應該將焦點放在「**問題的解決方面**」，而不是「**為何要製造問題**」，進而責罵處罰學生，如此才能協助學生成長，以及幫助學生由錯誤中重新站起來（張如慧譯，民 93）。教師角色是將民主的養成逐次引進學校與班級管理中，民主式態度的轉變並非只是外在權威的合法性，更是教師內在行動的改變，教師應與同仁、行政人員、家長與學生間建立社群夥伴共同工作。教師若只使用酬賞與懲罰來培養學生更高層次的道德發展是不切實際的，此種方法增強的「**好行為**」與不鼓勵的「**壞行為**」無法持久。品格養成課程中六個良好的核心品格是：可信賴度、尊敬他人、責任感、公平、關懷與公民權（Gathercoal & Crowell, 2000）。

貳. 強制的國家利益

　　法治紀律模式除以權利法作為班級經營的理論基礎外，也提出了四種國家保障的權益，此權益稱為**「強制的國家利益」**（compelling state interests）（Gathercoal & Crowell, 2000; Hardin, 2012, p.236）：

　　1. 財產損失與損害（教育工作者有責任保護學校財產不被破壞）。關注的是對個人與公民財產的保護與適當的使用。

　　2. 對健康與安全的威脅（教育工作者應保障學生的健康與安全，包括身體、心理與情緒安全）。政府最基本的目的是保護進入公立學校就讀學生的健康與安全。

　　3. 合法的教育目的（讓教育工作者的權限合法化）。關注的是支持行政人員、教師、教育行政機構可以根據整體教育實況與學校任務，做出必要的決策。

　　4. 嚴重中斷教育進行的過程（授權學校專業責任的權力進行有效處理，必要時限制學生權利）。關注的是賦予學校專業責任的權限，以阻止嚴重干擾學習活動學生的權利。

　　為確保多數學生的權利與需求，教育工作者可將以上四項概念內涵轉換為班規，例如「學習與活動注意安全」、「小心保護個人的財物」、「全心全力的做事」、「尊重其他人的權利與需要」等規則。四項**「強制的國家利益」**（由國家保護的權益）在班級情境應用的實例如下（張如慧譯，民 93）：

1. 財產損失與損害

　　導師：「小明，到禮堂要穿著規定的鞋子，以免木頭地板受到破壞。」

　　化學老師：「各位同學，請把實驗室的桌面清理乾淨，然後小心地將顯微鏡置放在原來的位置。」

2. 威脅健康與安全

　　「小雅與小皓，學校規定不准在走廊丟球。」

「小強，要記住，所有同學在實驗室中走路都要小心。」

3. 合法的教育目的

「小雄，作業繳交的規定在開學時已經說明過了，沒有任課老師的允許，凡遲交者一律不予計分。」

「考試作弊同學，該科均以零分計算。」

4. 嚴重中斷教育進行的過程

「校規第 9 條：學生不應持任何形式的刀械到校。」（學生行為不僅干擾教學，也可能威脅到師生安全。）

「小強，課堂規定發出怪聲音或捉弄同學要坐到前面特別座。」

參 . 強制的國家利益對應的班規

將四項強制的國家利益轉換為班規的細目舉例如表 8-1（Hardin, 2012, p.239）：

表8-1　四項強制的國家利益轉換為班規的細目舉例

強制的國家利益	對應的班規
1. 財產損失與損害	・愛惜學校的資產 ・正確地使用學校設備與資產 ・尊敬他人的財產，不要隨意拿取他人的東西
2. 健康與安全的威脅	・以安全與健康的方法做事 ・報告自己或其他同學被霸凌的事件 ・班級內不容許嘲弄或騷擾 ・禁止打架與爭吵打鬧 ・禁止種族歧視、性別歧視與具威脅性及貶損的言論 ・禁止攜帶武器或對身體有傷害性的物品到校
3. 合法的教育目的	・對自己學習負起責任 ・攜帶需要的教材到教室 ・已安排與準備好要上課 ・每天攜帶書本、鉛筆與紙張到教室

強制的國家利益	對應的班規
4. 嚴重中斷教育進行的過程	·尊重他人的權利與需求 ·不干擾教學進行與他人的學習 ·課堂中先舉手再發言 ·先得到允許才能離開座位 ·當老師在說話時，不要插話

在民主與專制的班級型態方面，葛瑟克爾主張教師應建立民主式的班級環境，因為在此種型態的班級中，才能形塑學習者行動自由，培養自信、信任與道德良心等特質。葛瑟克爾主張的民主式的學習環境不是放任隨意，相反的，他認為教育工作者應認同且依《權利法案》的原則來制定規則，規則不應太多，要依上述四種「**強制的國家利益**」原則來訂定，此種學習情境有四個特色：規則儘量簡短不要多、學生可參與規則訂定、學生了解他們在班級中有自由但也有責任、學生知悉他們的權利也能尊重他人的權利（張如慧譯，民 93）。

法治紀律在班級應用是否能達成，與班會有很密切相關，葛瑟克爾從行動研究中發現，實施民主班級會議的關鍵要素有以下幾點（Gathercoal, 2002）：

1. 決定誰可以主持班會，何時應實施班會，適當的班會時間、地點與方式為何？

2. 要領導班會進行，班級中教育領導者只有一位，就是教師。

3. 班會中所有學生與教師的座位安排，應讓每位同學可以看到對方的臉，圓周式與矩形式的座位安排較佳，同學與他人進行溝通較為容易。

4. 班會進行中，設定期望但不要指名單一學生回答，以免讓學生有不舒服感覺。

5. 班會進行中，設定期待，將討論內容聚焦在主題上，不要偏離主題或對他人進行批評。

6. 不要強迫學生參與班級會議。

7.每位學生或教師可以書寫個人的班級日誌，日誌內容儘量簡短，以作爲反省改進參考。

8.班會之後或開會期間，學生與教師可以設定他們的目標，以作爲努力的參考。

對於違反班級規則的學生，葛瑟克爾強調教師要扮演心靈導師的角色，將學生問題視爲教學的機會，因而要對學生做適當處置。他強調適當行爲教導的重要性，但這並不是要懲罰學生的不當行爲或故意設計來懲處學生，而是讓學生從反思檢討中改進不當行爲，其模式主張應該揚棄「**以牙還牙**」的懲罰方式，或是「**與眾人爲敵**」的想法。教師從提出問題開始，採用詢問引導與積極傾聽的方法，讓學生有機會陳述緣由。教師的處置與學生違規行爲所接受的處分要符合「**相當**」（commensurate）與「**並行**」（compatible）原則，相當原則指學生所受到的處分方式，必須與學生的違規行爲吻合，學生必須是有此不當行爲才會導致如此的處分方式；「**並行**」原則是指學生有滿足個人價值感與追求學業成就的需要，但必要考量到學生行爲對學校與班級的影響。教師聚焦在二個重要議題：一爲現在該做什麼？二爲我們能從中學到什麼？此外，教師要考量二個面向：一要了解問題的本質；二要考量學生間的個別差異。教師在實施處置前，必須決定什麼是學生的最佳利益，以及什麼是處置的最後目的。教師應先檢核學生的行爲與環境，了解什麼是能夠改變的，以預防未來問題再度發生；其次要決定學生應該學習什麼，來預防學生不當問題的發生（方德隆譯，民 103；張如慧譯，民 93）。

教師在班級中使用法治紀律模式時，可以參考遵守以下事項（Hardin, 2012, p.233）：

1.決定以尊重的態度對待所有學生，並確保學生擁有正義、自由與平等的權利。

2.研讀美國憲法第一、第四、第十四條修正案內容，以確保學生權利。

3.與學生共同回顧檢視修正案內容，並且與學生討論作爲民主公民應負的權利。

4. 透過教導學生面對強制的國家利益時，個人權利與責任要如何取得平衡。

5. 教育學生善用時間、地點與態度展現的概念。

6. 運用強制的國家利益概念，與學生共同創造班級規則（轉換為班規）。

7. 透過班會討論的民主程序，解決班級議題。

8. 經由邏輯後果與問題解決程序合理處理個人紀律議題。

思考與討論問題

1. 班級經營中，為何要訂定班級常規或生活公約？如果你是新班級導師，你最想訂定的班級生活公約前四個要項是什麼？請將其寫在黑板上和同學分享。

2. 七年一班下午第三節放學前，小明很緊張的告知老師，他的手機不見了，手機可能被班上同學拿走（／偷走）。如果你是班級導師，你要如何有效地加以處理？

3. 若你是位班級導師，你「懷疑」班上可能有同學攜帶違禁品，你想搜查學生書包，但又怕傷了學生自尊與侵犯學生的隱私權。此時你會如何處理？

4. 班級常規管理也是一種「權變理論」的運用，雖然沒有一套常規管理模式可以適用於所有違規犯過的學生，但對於學生不當行為的處理則有一些共同的原則可以遵循，你可以說出這些原則嗎？

5.〔情境實例〕

林老師是國中一年八班的導師，今天林老師開完晨會、進到教室後，看到惠美的位置又是空的，此時惠美剛好背著書包，氣喘噓噓的從教室外跑進教室，林老師一見惠美，怒氣沖沖的大聲責罵：「惠美，妳

最近上課為什麼老是遲到？妳以前不會這樣的，下次再遲到，老師要嚴格處罰妳！」沒等到林老師說完，惠美還來不及放下書包，便急忙跑到老師前面，向老師深深鞠躬道歉，羞愧的低著頭跟老師說：「老師，我知道錯了，下次我會改進的。」林老師聽完惠美的話後，嗓音更大聲的回答道：「不要每次只會說『我知道了，我會改進的』，要記得早一點起床、早一點出門，不要再遲到了！」當惠美低著頭回到座位上時，眼角已流出數滴眼淚，此時惠美心力交瘁的疲憊表情，毫無掩飾的呈現在林老師的面前，林老師看了，突然覺得自己的情緒怒火是否大了些，心想，惠美是否家中出了什麼問題，以前的惠美從不遲到的，惠美遲到以來，林老師好像沒有一次與惠美好好談談，詢問其問題何在，而均是大聲斥責她。

林老師突然收起生氣的怒火，不慍不火的把惠美叫到身旁，和顏悅色的跟惠美說：「惠美，妳家中是否發生了事情，能不能告訴老師，老師相信妳是位有原則的同學才對呀！」觸動心底深處的語言，引發了惠美的淚水，惠美竟哽咽起來訴說著：「爸爸和媽媽，上個月狠狠的吵了一架，媽媽的嘴角流著血，匆匆忙忙拎了個簡單的行李離家出走，再也沒有音訊了。現在父親要我擔起母親的角色，早上必須送妹妹上小學，之後才能到學校，因為妹妹早上有時無法準時起床，所以……老師，對不起，我辜負了老師對我的期望，以後，我會叫妹妹早點起床……」眼眶泛紅的林老師，很慶幸自己沒有鑄成大錯，同時心疼的告訴惠美：「老師錯怪妳了，為什麼妳不早一點把媽媽離家的消息告知老師。妳的情形，我想全班同學都會諒解的，若有需要老師幫助的地方，只管告訴老師……」隨著鐘聲揚起，惠美回到座位上開始了一天的學習（修改自薛春光等著，民94，頁59－遲到的淑媛）。

〔事例思考〕

閱讀完上述案例，對一位教師的班級經營有何啟示？教師對於班級中常遲到的同學要如何處理？

6. 請你以班級情境的實例說明庫寧所提的「漣漪效應」與「同時處理」之意涵，並舉出老師也要「後腦長眼睛」字詞所代表的教育意義。

7. 請你明確說出低、中、高三種教學控制模式使用的時機與情境爲何？一位新班級導師要採用哪一種教學控制模式最爲適切，請説出你採用的理由。

8. 從生態模式的觀點來看學生的不當行爲才能找出其眞正原因，若你的課堂中有位同學一直在看課外書，而不想聽教師講課，其可能的原因有哪些？你又會如何讓學生能專注於課堂的學習活動，請説説看。

【教師效能的評鑑】

福艾夫斯與布耶爾（Fives & Buehl, 2010）認爲教師效能的評鑑可以透過下列指標來衡量：

- 當學生出現擾亂或噪音時，你能夠叫他們安靜的能力爲何？
- 你能夠與每個學生群體建立友好之班級經營系統的能力爲何？
- 你能夠讓學生遵守班規的能力爲何？
- 從經營整體課堂中，維持只有少數問題學生的能力爲何？
- 對於違抗學生有效的回應能力爲何？
- 對於班級適應最困難學生，你能有效處理的能力爲何？
- 關於學生行爲，你能夠做出明確期待的能力爲何？
- 你能夠讓課堂活動平穩進行的能力爲何？
- 就每個非常有能力的學生，你能夠提供適當挑戰性活動的能力爲何？
- 你能爲班上學生設計好問題的能力爲何？
- 你能夠使用不同評量策略的能力爲何？
- 當學生困惑時，你能夠提供替代性解釋或範例能力的程度爲何？
- 你能夠判斷學生理解你已教過內容之能力爲何？
- 在班級中，你能實施不同教學策略的能力爲何？
- 你能夠回應學生解決困難問題的能力爲何？

- 你能夠幫忙學生進行批評性思考的能力為何？
- 你能夠促發學生創造力發展的能力為何？
- 你能夠為個別學生調整課程到適當層級的能力為何？
- 你能夠讓學生相信他們在學校活動中能學好的能力為何？
- 你能夠協助家庭幫忙學童在學校表現良好的能力為何？
- 對於學校活動沒有興趣的學生，你能夠促發其學習動機的能力為何？
- 你能夠改善失敗學生讓其進步或知覺成功的能力為何？
- 你能夠幫忙學生進行有價值學習的能力為何？

第 9 章

常規管理理論（二）
——中教學控制模式

「學生紀律問題處置原則要『預防重於處理』、『輔導重於管教』、『管教重於懲罰』。」

「紀律是一種教導，不是訓練；教師是教育者，不是馴獸師，更不是執法者。」

「成就每個學生的挑戰不要停止，打擊每個學生的信心不要發生。」

「當學生喜愛課堂活動，班級紀律問題自會減少；當學生問題行為減少，課堂學習表現自會提升。」

中教學控制模式常見者為德瑞克斯（R. Dreikurs）的邏輯後果模式、艾伯特（L. Albert）的合作性常規管理模式、庫寧（J. Kounin）之行動管理模式、尼爾森（J. Nelsen）等人之正向班級紀律模式、葛拉瑟（W. Glasser）的無強執紀律（控制理論／選擇理論）模式、葛溫與曼德勒（R. Curwin & A. Mendler）之有尊嚴的紀律、克根（S. Kagan）的雙贏紀律模式等。

第一節　控制理論（control theory）－選擇理論

壹. 基本人類需求──成功的社會關係

葛拉瑟（Glasser）倡導「**現實治療法**」（reality therapy），也主張處置學生行為問題應聚焦於目前環境或狀態，而不是探究之前學生的不適當行為，他將現實治療訊息出版在《沒有失敗的學校》（*School Without Failure*）一書中，讓教育工作者知道。他指出人類基本需求是成功的社會關係，他認為學生要為其行為做出好的選擇負起責任，且要為他們的選擇存活。班級中使用現實治療時，師生要共同參與建立班級規則，教師要一致地執行規則，不能接受藉口，若是學生出現不當行為，教師應該詢問學生：「你正在做什麼事？這件事對你或班級有幫助嗎？你想要得到什麼幫忙？」並要求學生為他的行為做某種價值判斷，教師建議學生合適的替代選擇行為，師生進而共同規劃一個消弭不當行為的計畫，必要時教師訴諸適當的處置。之後，葛拉瑟將現實治療概念發展為「**控制理論**」，並提出人類五個基本需求，最後將控制理論再更名為「**選擇理論**」（Choice Theory）。控制理論強調在學習環境中，教師必須要了解的是學生想要的是滿足其需求，若是需求滿足能達到，則學生是愉悅的；相對的如果需求滿足不能達到，則學生會有挫折感（Burden, 1995, 2013）。

一、三 R 理念

在控制理論模式中，葛拉瑟增加了隸屬、愛、控制、自由與樂趣的需求，學習活動如無法滿足學生這些需求，則學生無法成功（Glasser, 1986）。此外，葛拉瑟認為學生常規管理是一種「**總體行為**」（total behavior），在原因探究與處理介入上，要考量到整個情境脈絡。葛拉瑟曾大聲疾呼「**不要放棄任何孩子！**」提出「三 **R** 理念」（戴晨志，民91）。「**不要放棄任何孩子**」與教改革新的目標「**將每位學生帶上來**」是相同的：

（一）做對事情（Right）

教師要教育學生有正確的判斷力，把事情做好、做對。因為「**做對事**」及「**把事做對**」同等重要；方向正確、方法正確，事情才會事半功倍！更重要的是，絕不能使學生或孩子的人生路走偏了。教師要讓學生做對事，要循循善誘、正確引導，讓學生具備正確的理念與認知態度。

（二）面對現實（Reality）

教師要教導孩子面對現實，不好高騖遠，不妄想一步登天，實事求是。在學習現實環境中，懂得學習、知道感恩、腳踏實地、不投機取巧、辛勤努力，懂得一分耕耘，一分收穫。學生能面對現實，才知道努力的重要。

（三）負起責任（Responsibility）

教師要教育孩子有責任感，能為自己的學習負起責任。雖然生活或學習中有錯誤、有挫折、有失敗、有嘲笑聲，但是每個人都要為自己的行為、為自己的成敗負責。尤其最重要的是要有挫折容忍力，不怕失敗。要學生從失敗中站起，就需要教師、家長、同儕的鼓勵、支持與讚賞。對於中止偏差行為方面，葛拉瑟認為要以冷靜且沒有敵意的方式，要求學生陳述正確的規則或程序，之後遵守。葛拉瑟建議教師可對學生提問三個問題：(1) 你在做什麼？(2) 這有違反規則嗎？(3) 你應該做些什麼？（羅素貞等譯，2020）。

二、現實治療法

　　此外，葛拉瑟也認為任何學生均想要滿足其需求，如果教育情境能達此目的，則學生會有喜悅感，較不易出現不當行為，否則學生會有挫折感。是故，教師應營造、安排適宜的學習情境，使學生於此情境中能有歸屬感、有某些基本權力與控制力、能自由學習而有樂趣。葛拉瑟堅信，學校管理本質必須改變，以滿足學生需求及促發有效學習動機。

　　現實治療法應用於改善班級學生行為問題，主要有下列八種原則與策略（羅素貞等譯，2020；Woolfolk, 2019）：

（一）關心學生情況

　　教師須全心全力的投入，與學生建立良好師生關係。教師的關懷要讓學生知道，其功能有二：一為讓學生了解教師對他的行為表現已經知悉；二為讓學生知道教師也很關心他的一舉一動。關心學生才能與學生建立溫暖的私人關係，與學生發展一個「**正向銀行帳戶**」。

（二）重視現在行為

　　以現時行為為焦點，關注於「**現在**」，不關切過去與未來。教師要明確的讓學生知道，他之前的行為表現為何教師不會追究，教師重視的是「**現在起**」的行為表現。教師能拋棄學生過去行為表現的看法，在處理學生行為問題上才能避免以偏概全的「**月暈效應**」。處理當下的行為包括二個程序：「**1. 發生什麼事？**」（發展一條時間軸，進行功能性評估）；「**2. 你做了什麼？**」（幫助學生對自己在問題中的角色負責，協助他們建立內在控制觀）。

（三）強調價值判斷

　　協助學生評估現在的行為並做價值判斷，讓學生承擔自己的責任，如果學生能判別自己行為的不對，則對之後行為的輔導矯正有很大的幫助；相對的，若是學生無法察覺自己行為的錯誤，則教師介入處理的功效有

限。問題解決的價值判斷有三個程序：

1.「**這對你有幫助嗎？**」—— 幫助學生思考自己的行為及背後的假定。

2.「**這對別人有幫助嗎？**」—— 強化學生的社會認知。

3.「**這是否違反規定（是否違反公認的國家利益）？**」—— 幫助學生理解自己及他人在學校、班級中的權利與責任。

（四）替代行為方式（制定計畫）

與學生訂立契約、行動計畫或替代的合宜行為方式，並行之文字，讓學生有所遵循。契約訂定必須師生雙方共同同意，若無法獲得學生認同，則契約變成命令，學生不會遵從。替代行為方式即制定計畫，具體應用的用語如：

1.「**你能有什麼不同的做法？**」—— 社會技能訓練。

2.「**你需要老師做些什麼？**」—— 增權賦能與功能評估。

3.「**你需要其他同學做什麼？**」—— 增權賦能與功能評估。

（五）信守契約承諾

當事人在契約中簽字並信守承諾，實踐篤行不放棄，以達成行為目標。做出承諾的用語如「**你開始要這麼做了嗎？**」（強化學生的責任感與績效責任）。

（六）不接受藉口

教師不接受學生任何失敗藉口，相對的要協助學生重新擬訂新計畫。不接受學生未表現預期行為目標的藉口，在於讓學生知道自我承擔責任的重要性，及教師對之前師生約定的重視。如果計畫無法運作，分析原因並發展新計畫（對學生有高度期待，並與學生共同堅持）。

（七）避免責罵處罰

教師不能採用懲罰與責罵方式，學生須對自己的行為負起責任。

（八）絕不放棄學生

教師持之以恆永不放棄，直到學生行為改變為止（魏麗敏、黃德祥，民 85；Gilliland, James, & Bowman, 1994）。

持續採用控制理論的策略後，若是學生的不當行為沒有明顯改善，教師可採用其他的理論策略，因為各種管理模式都有其限制或不足之處。控制理論的核心要點是教師關切的是學生「**現在之後**」的行為表現，而不是追究學生之前的問題行為應受的責罰，若以過去行為推估學生目前可能的行為表現，無法喚起學生內在改變的動機與想改變的態度，學生會想：「我之前打過同學，老師到現在還認為我是有暴力傾向的學生。」「我之前有偷過同學的 200 元，老師到現在還認為我是有偷竊習慣的學生。」以之前的不當行為推估學生現在起再犯此不當行為的機率很高，是一種推估的偏誤或成見，此種偏誤或成見就是教育心理學上的「**月暈效應**」或「**暈輪效應**」（hallo effect）。

從控制理論模式而言，在班級學生行為的改變上，要充分激發學生的自主性與責任感，協助學生了解行為的可能後果，並容許學生自己去解決自己的常規問題，另外協助學生了解滿足個人需求的方法，並且利用班會協助全班學生共同處理班級行為問題（陳奎憙等人，民 85 ）。如果教師建立的學習環境能滿足學生需求，則學生出現不當行為的機率就不高。

貳 . 優質的學校

葛拉瑟在《沒有失敗的學校》（*Schools without Failure*）中強調學校必須是一個安全且公平的學習環境，教育的目標之一在於讓學生認為學校是一個「**好地方**」（a good place），讓學生有選擇機會，且能滿足學生的需求，當學生需求可以獲得滿足時，班級中的紀律問題就不會發生。葛拉瑟定義學校是一個「**優質學校**」，優質學校的特色是「幾乎所有學生都相信，只要他們肯做（願意學習），他們就可以滿足個人的需求，讓他們覺得繼續去做是合理且有意義的。葛拉瑟的選擇理論建立在二個前

提上面：(1) 個體行為是為了滿足五項需求中的一項或多項；(2) 我們所能做的是守秩序，可以掌控行為者是個體，不是他人，個體所做的選擇是內在動機促發的。因而學生的不當行為或是人類行為，都是個體想要改變外在世界，以符合滿足內在需求世界覺知的一種嘗試（陳真真譯，民 92a；Tauber, 2007）。

葛拉瑟認為人的一切行為都是為了滿足五大需求，然後為了達到內心的「**優質世界**」（quality world）而表現出總和行為（總體行為），優質世界是人間經驗圖像的組合。根據選擇理論，個體做了正向或負向的選擇，都是來自當事者自己的決定，以正向行為（例如開心的、負責的、勇敢面對的）有效控制其生活，以負向行為（例如生氣、逃避）來面對生活。葛拉瑟希望用選擇理論來化解當事人無效控制生活的問題，學習有智慧的控制行為（陳玲菲，民 97）。

葛拉瑟提出的需求階層為：生存的需求、隸屬的需求、需要自由與做選擇的需求、權力和影響的需求、玩樂與趣味的需求（Tauber, 2007, p.196）：

表9-1　五大需求與其行為態度對照表

五大需求	行為、態度
玩樂與趣味的需求	例如盡情歡笑、有學識、高興的、享受的
權力和影響的需求	例如能力、成就、被傾聽、與自我競爭、認可，讓個體感覺對生活有控制感
需要自由與做選擇的需求	例如選擇、自我決定、自由、自主、自治、獨立
隸屬的需求	例如關係、友誼、互動、合作、親密
生存的需求	例如空氣、水、食物、家（庇護所）、性

就學校教育而言，學校學習環境要能滿足學生的「**選擇**」（choices）、「**權力**」（power）與「**趣味**」（fun）等三種需求，如果學校教育沒有透

過社會能接受的方法滿足學生這些需求，學生會自己尋覓可以滿足需求的方法，即使這些方法是社會無法接受的方式，如此結果就會產生紀律問題。相對的，一旦「**選擇**」、「**權力**」、「**趣味**」三種內在需求得到教師了解與認可，就可以作為促發學生動機的有力工具（陳真真譯，民 92a；Tauber, 2007）。

葛拉瑟堅信當教師滿足學生心理需求，學生將選擇展現適當行為；相對的，若是學生心理需求無法獲得滿足，就可能出現不當行為。一旦紀律問題產生，教師使用強制手段（無論是獎賞或懲罰）對學生不當行為的改善是沒有幫助的，因而學生行為不是自己選擇的。葛拉瑟提倡的「**優質學校**」（quality school）意味著「**互相關心、一起投入，不論是施予者或是接受者，總是感受到美好。**」其界定教育是一種「**過程**」，在學習過程中，學習者會因教育過程提升其生活品質。葛拉瑟堅持優質學校才能培養品學兼優的好學生（單文經主譯，民 93）。

參. 增進師生關係的策略

建立一個被學生稱為「**好地方**」的學校，學生不僅可以滿足他們的需求，每天學習所獲得的現實世界與其心中所覺知的優質世界十分接近。優質學校的教育工作者會採用七個增進彼此良好關係的習性：支持的、激勵的、傾聽的、接受的、信任的、尊敬的、協商的；而較少採用七個阻礙師生關係的行為：批評、責備、抱怨、嘮叨、威脅、處罰、賄賂。葛拉瑟強調「**個體選擇**」的重要性，個體的選擇受到其個人未被滿足的與重要的需求知覺所影響。就學生憂鬱行為而言，葛拉瑟堅稱憂鬱是學生自己選擇的結果，學生不能將困境歸之於其他人或其他事件。葛拉瑟提出所有行為都有四個組成元素（component）：「**行動**」（actions）、「**想法**」（thoughts）、「**生理反應**」（physiological reactions）、「**感覺**」（feelings），行動與想法就像車輛的前輪，是個體可以完全操控的部分；生理反應與感覺則像後輪，隨著前輪的方向而前進。當個體行動與想法改

變，轉爲積極行爲與正向思考，則負向的生理反應與感覺也會轉變爲正向的方向（Tauber, 2007）。

行爲是一個整體，行爲元素間相互受到影響。整體行爲四個要素中，葛拉瑟認爲「**行動**」與「**想法**」較爲重要，當人們把認知注意在行動與想法的改變，其他的因素也會隨之改變，因而要改變行爲，必須改變個體的行動與想法，也就是探索個體的五大需求與總和行爲，才能改變個體現在所做的、所行動的、所想的，之後，當事人的情緒與生理感受才可能改變（陳玲菲，民 97）。就學習內涵而言，葛拉瑟認爲學習是「**滿足所有基本人類需求的鑰匙**」（key），當學生也相信此觀點時，紀律問題就會減少：(1) 學習可以帶來知識與技能，成功的學習者滿足了他們安全與保障的需求，在工作上可以獲得酬勞，開啟事業之門；(2) 學習也可以讓個體獲得權力，此種權力與影響不是短暫的，它可以持續一輩子；(3) 知識就是力量是不容置疑的，自由與能做選擇的需求可以透過學習過程而得到加強；(4) 學習者喜愛的學習情境是有趣的、令人興奮的、有挑戰性的和有用的事情，學習者學習態度是自我主動的；(5) 教育工作者應多花點時間去設計有趣且具挑戰性的課程，少用「**胡蘿蔔與棍棒**」（carrot and stick）方法叫學生學習（陳眞眞譯，民 92a；Tauber, 2007）。

葛拉瑟主張在優質學校中教師角色應扮演的是「**引導管理**」（lead-managing），而非「**老闆管理**」（boss-managing）。老闆管理堅信動機是一個人對他人所做的事情，教育工作者採用高壓手段強逼著學生去學習，學生的動機是外塑與被動的；引導管理者則相信若是一個有助益學習的優質情境存在，學習者可以經由學習活動滿足內在需求，表現的行爲是有建設性的或利社會的，這些行爲皆是社會認可的，因而班級中紀律問題會減少，學生的動機是內發與主動的。此外學校也要教導高品質的課程，學習內容是有用的技能，而不是死記的資訊，學生自己訂定其可以達到的品質標準，而不是由教師設定（陳眞眞譯，民 92a；Tauber, 2007）。

第二節　邏輯後果及合作性紀律模式

德瑞克斯（R. Dreikurs）倡導「**邏輯後果**」（logical consequences）之紀律模式、艾伯特提倡合作式管理模式，二者對於學生不當行為的類型與因應策略均有詳細論述。

壹. 邏輯後果模式

邏輯後果模式主要的倡導者為德瑞克斯。德瑞克斯主張教師所安排的事件直接且必然的與學生行為有關，強調要讓學生經驗其不當行為的必然結果，例如學生亂丟紙張，則學生必須撿拾這些紙張；學生未經舉手就講話，教師應忽略其行為，而改叫其他舉手同學；學生在桌上亂塗鴉，就必須自行清洗乾淨（Burden, 1995）。

德瑞克斯依據社會興趣強調學生「**自我控制**」的重要，能自我控制的學生較能展現主動、做負責的決定、對自己與他人展現負責態度，改善在校行為。好的紀律在「**民主的班級**」中最易展現，班級的特徵之一是師生一同工作，對於班級如何有效運作共同做出決定。好的紀律不會在「**獨裁的班級**」（autocratic classroom）或「**寬容的班級**」（permissive classroom）中出現，「**獨裁的班級**」中之教師會做出所有決定，強逼學生依照個人指令去做，沒有提供學生主動學習與負責的機會；「**寬容的班級**」中之教師無法要求學生遵從班規或相關規則，以慈悲的態度對待學生，讓學生的不當行為一再出現（Charles & Senter, 2008）。

邏輯後果紀律模式認為學生的不當行為是成長過程所需的需求無法獲得滿足，模式潛在的假定是所有學生欲望與需求要得到社會性的認可，若是需求無法達到，學生會表現一種階層式的不當行為，此階層式不當行為即為德瑞克斯提倡的「**錯誤目標**」（mistaken goals）。德瑞克斯認為一位學生的需求認可沒有達到，學生首先會展現引起他人注意的行為，若是行為沒有得到可欲性的認可，學生會與教師進行權力的爭奪；如果學生

的權力無法得到可欲性的認可(無法得到權力),學生會以公平議題爲藉口嘗試向教師報復;若是報復行爲沒有成功,學生最後會出現「**不適當行爲**」,學生會自我放棄或不從事學習活動(Malmgren, et al., 2005)。

德瑞克斯相信人們與生俱來有拓展自己社會關係的能力,人們本來就存有想與他人發生互動與關聯的動機,因而教師必須採取民主式教學策略,堅守基本信念:所有學生都有尊嚴和價值、所有學生一律平等,每個人都有自己做決定的權利。在處理學生問題時,也應該和行政人員、學生父母維持正向關係。德瑞克斯教育觀點的應用有三個原則:(1) 依據學生不當行爲的目的,採用適用的懲罰及獎賞策略;(2) 教師應知悉所有學生都想要獲得歸屬感,渴望獲得同儕接納;(3) 教師應採用民主的程序,鼓勵學生共同積極參與班級課程決定及教學活動。德瑞克斯認爲教師對於學生不當行爲的處理步驟有三個程序(Burden, 1995, 2013):

一、確認不當行爲目的

檢視學生不當行爲的意涵,考量教師自己的感受與反應等,以衡量學生不當行爲的眞正目的。學生不當行爲的目的不外是引起教師注意、獲得特權、作爲報復或展現其他不適切行爲。

(一)獲得注意

當學生感受到自己在班級中沒有價值或被教師、同學忽略時,會以不當行爲的形式來引起別人的注意與認同,例如故意捉弄同學、任意拿同學東西、未經教師同意即大聲回答等。

(二)尋求權力

尋求權力的學生會反抗班級規範或教師權威,以印證自己在班上的重要性。學生爲尋求權力、掌控他人,通常會違反班規、爭辯、說謊、頂嘴,爲反抗而反抗。

（三）作為報復

尋求報復的學生認為直接傷害別人，可以提升其自尊及在班級的地位。此類學生通常外表凶惡、懷有敵意（內心可能是懼怕的），其報復手段包括偷竊同學財務、破壞同學物品、踢撞同學、表現暴力行為等。

（四）顯現無能

顯現無能的學生會將自己孤立起來，被動或拒絕參與班級群體活動，不與班上同學互動。外表上看不出此類學生有任何的不當行為，但實際上，此類學生的學習是消極的、被動的。

四種學生不當行為類型、學生的信念與班級中實際的行為實例如表9-2所列：

表9-2　四種學生錯誤行為的目的與行為表現摘要表

錯誤目的	學生的信念	學生不當行為的例子	教師對不當行為的反應	學生對教師介入處理的反應
獲得注意	當事者只有從教師或其他同學那裡得到注意，他才會感覺到是班上的一份子	1. 持續要求注意 2. 渴望成為教師的寵愛 3. 炫耀自己 4. 以教室小丑出現 5. 故意遲到 6. 愛出風頭	惱怒或生氣	短暫停止但接著再出現不當行為
尋求權利	當事者感覺能控制教師或同學時，才會覺得是班上的一分子	1. 否認／爭辯 2. 說謊／反抗 3. 亂發脾氣 4. 質疑教師的權威與知識 5. 不服從、無動於衷	專業受到威脅	持續地以口語或身體行為公然反抗或激怒教師

錯誤目的	學生的信念	學生不當行為的例子	教師對不當行為的反應	學生對教師介入處理的反應
作為報復	學生感覺他是脫離班級社會結構的，因而會攻擊同學或教師	1. 對教師或同學攻擊 2. 成為霸凌者 3. 威脅教師或同學 4. 偷竊、犯法 5. 喜怒無常 6. 虐待他人 7. 破壞／暴力 8. 乖戾的／殘酷的	受傷	出現更激烈的報復行為
顯現無能（避免失敗）	學生感覺沒有能力完成學業或維繫同儕關係，並且不願意再嘗試	1. 課堂睡覺或做白日夢 2. 企圖把自己從教室中隱藏起來 3. 逃學、無法學習 4. 懶散、輕易放棄 5. 閒混的／無助的 6. 不成熟方法 7. 不與他人結交	沒有足夠能力可幫助學生	更加遠離教師或同學

資料來源：Hardin (2012, p.23); Tauber (2007, p.144).

　　德瑞克斯認為要確認學生的不當行為，可從教師的反應類型加以判別，因為教師的反應可指出學生有哪些類型的期待，若是教師感受煩惱，表示學生的不當行為為獲得注意；教師覺得受到威脅，表示學生的不當行為為尋求權力；教師覺得受到傷害，表示學生的不當行為為尋求報復；教師感受無力感，表示學生的不當行為為表現無能。另一種確認錯誤目標的

方法是觀察學生對於糾正其行為的反應，若是學生暫時停止行為後再重複出現，其目標為獲得注意；如果學生拒絕停止不當行為或是持續增強不當行為，其目標為尋求權力；若是學生變得暴力或敵對，其目標為尋求報復；如果學生拒絕合作、不參與學習或婉拒與人互動，其目標為表現無能（金樹人譯，民80）。

二、選擇教師反應類型

教師一旦確認學生的不當行為後，要立即掌控自己的反應，以免增強學生的不當行為。如果學生不當行為的目的是要引起教師注意，則教師就不能對其做出立即反應，盡可能忽視此行為，之後再與學生討論，以謀求改變此行為的可能方案。教師要有效處理學生的不當行為，一定要知道其錯誤行為的目標為何？目標導向之不當行為的處理要能有效，必先要知悉其不當行為的目的，爾後才好對症下藥，採取相對應的因應策略。

三、鼓勵取代稱讚學生

激勵學生方式包括言語和行動二種，教師應認同學生工作表現，增加學生信心。鼓勵學生是要正向導引學生，肯定學生的能力表現。但「**鼓勵**」（encouragement）與「**讚美**」（praise）不同，德瑞克斯認為鼓勵著重於學生「**整體學習歷程**」，可以促發學生的內在動機與進一步學習的動力；讚美是學生達成某些任務後一種被認同的經驗行為，偏向於「**學習最後成果**」，讚美使人喜悅，但激發的是學生的外在動機。稱讚與鼓勵內涵差異的比較摘要如表9-3（Tauber, 2007, pp.159-160）：

表9-3 稱讚與鼓勵內涵差異

稱讚	鼓勵
已完成學業後給予的酬賞（成功結果）	是一種努力表現的認可
告知學生他們的行動令人滿意	幫忙學生評價自己的學習表現

稱讚	鼓勵
將學生任務與他們的個人價值做連結	關注於任務強度，幫助學生對自己能力的知悉與信心建立
對學生個人做出冷酷的判斷	表示對學生個體的接受與尊敬
過度使用時效益會降低，使用受限	每個人都渴望獲得，隨時都可以給予
是給予恩惠，讚美者居於優勢地位	表示的是平等地位間的訊息

　　讚美是指對他人的優點、長處、正向行為給予肯定的評價與稱讚，使其產生自信、自尊與愉悅感。讚美不同於鼓勵，讚美多運用於正向行為出現後的欣賞、稱許及肯定；而鼓勵多用於事前或行為表現歷程之引導、支持、加油及敦促，用以激發正向及進一步的行為表現。當學生表現不佳或學習遇到挫折失敗，或情緒困擾、學習低落、欠缺信心與勇氣時，特別需要師長及父母的鼓勵，教師若能將內在的期許與關懷轉化為外在的鼓勵，可以激勵學生產生勇氣、信心與繼續向前的動力，此動力與自信可以協助學生克服困難，再次勇於向前邁進。失敗、沮喪、膽怯、害羞、內向的學生，特別需要教師的鼓勵，教師要善用正向的言詞以鼓勵同學，因為「**在讚美中長大的孩子懂得感恩，在鼓勵中長大的孩子滿懷信心。**」、「**讚美是語言的鑽石，鼓勵可使美夢成真。**」（王淑俐，民89）

　　班級經營之果斷紀律模式強調教師事先規劃之班級結構的重要性，邏輯後果紀律模式強調教師應協助學生達到其內在需求的重要性，需求的滿足要得到他人的認可與接受。教師努力建立一個讓學生感覺需求可以被認可與接受的班級，學生較可能不會出現問題行為。德瑞克斯提倡邏輯後果的應用，行為後果與不當行為間必須有明確與邏輯性的關聯，邏輯後果應用前要與學生討論，並獲得學生的同意。

　　教師的責任是學習確認不當行為之目標與進行有效處理，教師的處理態度應是友善的，而不是威脅逼迫的。德瑞克斯建議教師要冷靜回應的用語如「**你需要老師給你更多的關心嗎？**」或「**你想要說明的是什麼？**」

而班級規則應是師生共同討論訂定，遵從或破壞班級規則者必須服膺「**邏輯後果**」（logical consequences）準則。服從規則才是好行為，才能獲得愉悅的後果，例如享受學習樂趣，或與他人建立正向的合作夥伴；不當行為得到的是不愉快後果，例如在家中完成所有工作，暫時不能參與一般的課堂活動。不論教師的處置為何，班級中不能使用處罰，處罰只會讓學生暫時回到課堂活動，無法真正改善學生的不當行為（Charles & Senter, 2008）。「**自然或邏輯後果**」是讓學生知道回頭「**做正確的事情**」（do it right），例如走廊跑步的學生，讓他回到原來的地方以走路方式（做正確的事情）前進，以保護自己與他人；書寫不完整的學習單要重寫等。教師運用時可以經由以下策略來支持學生的社會／情緒發展（Woolfolk, 2011, p.519）：

1. 教師回應時應將「**行為**」與「**行為者**」分開，有問題的是「**行為本身**」，而非學生個體。

2. 對學生強調說明，他們有權力選擇自己的行動，以避免失去個人的控制權。

3. 鼓勵學生進行反思、自我評估及問題解決，避免全由教師單向說教或訓斥。

4. 幫助學生找出並提出下次碰到類似情況時，他們可以採取不同行動的理由。

德瑞克斯認為必然性結果模式使用，本質上是一種民主方式，由師生一起決定規則和活動的必然結果，師生須共同負起責任，以建立積極正向的班級氣氛，進而促發學生有更多的成長機會。教室之常規管理並不是處罰，它只是教導學生對自己行為有適當的約束力，學生必須為自己的行為負責、懂得尊敬自己與他人，且有義務影響其他同學表現適當行為、熟悉規定與負起行為結果（Burden, 1995）。德瑞克斯堅信教師採用邏輯後果比使用處罰更為有效，教師要讓學生經驗不當行為之後的後果（處置）；邏輯後果是一個教師安排的事件，此事件必須與學生不當行為有直接與邏輯性的緊密關聯（Burden, 2013）。教師安排的事件沒有與學生不當行為

有直接的關聯，則不是邏輯後果紀律模式，例如學生上課未經允許講話，罰其抄寫課文，教師安排的事件就不是邏輯後果紀律模式的應用。

邏輯的後果也是懲罰的一種，因為它也是運用強制刺激以減少目標行為的方法，如果行為後果不被學生接受或了解，多數學生會認為教師採用的行為後果方式也是一種懲罰。教室使用邏輯後果的方法時，會給予學生停止不適切行為的選擇權，或面對不當行為應負的後果。德瑞克斯提供以下規準來區別邏輯的後果與懲罰間的差異（Hardin, 2012, p.88）：

1. 當有人破壞法律或規則時，必須有對應方法恢復社會秩序。邏輯的後果代表的是生活的準則；懲罰只表達教師個人的權利，以及教師對學生掌控的權威。

2. 邏輯的後果直接與不當行為間產生連結，但懲罰沒有，教師採用的方法與事件行為間沒有連結。

3. 邏輯的後果不包含道德判斷的元素，它明確地區隔事件行為與行為者；懲罰會納入不同程度的道德判斷元素，將行為與行為者混淆。

4. 邏輯的後果只關注現在即將發生的事，懲罰則是關注於過去的事件。

5. 邏輯的後果採用的是不具威嚇式方法，但懲罰可能會伴隨憤怒的情緒發生。

6. 邏輯的後果給予學生多種選擇的機會，懲罰則是要求學生順從。

紀律模式的課堂應用例如英文課時教師要求學生移除耳機、關掉音樂，但學生藉著對教師微笑來拒絕遵循教師的指令，教師若進一步提高音調，重複相同命令語，會造成學生反抗與學生的不愉快。從學生的反應可以知悉，當事者在於獲得教師或同學的注意，與尋求權力。依據德瑞克斯的觀點，教師應避免與學生產生權力的爭奪，較佳的處理方法是教師可以忽視學生戴耳機的行為，取而代之的是讓學生擔任某種工作程序之領導角色，例如幫教師整理耳機、讀出剛才聽的問題關鍵語、到前面白板寫下今天的回家功課等。若是學生錯誤行為在於獲得權力，教師要找尋有生產性的方法，讓學生感覺他是有權威的、有價值的與被認可的；教師也可嘗

試讓學生坐在自己的位置上，讓學生權力需求獲得滿足，但實際結果是學生被忽略與處於劣勢，而引導行動朝向正向行為的表現（Malmgren, et al., 2005）。

貳. 合作性紀律

艾伯特（L. Albert）根據阿德勒（A. Adler，倡導個體心理學，認為人格動力為社會動機——自卑感及追求優越）及德瑞克斯的哲學及心理觀點，發展一種班級經營及常規管理的有效方法——合作性常規管理（cooperative discipline），此方法主要奠基在三個行為概念上面：(1) 學生選擇他們的行為；(2) 學生行為的最後目的就是實現隸屬的需求（need of belong）；(3) 學生不當行為就是要達成四個立即目標：「**獲得注意**」（attention）、「**尋求權力**」（power）、「**作為報復**」（revenge）及「**避免失敗**」（avoidance of failure）（Burden, 2013）。

一、3C 能力的培養

艾伯特強調學生可以選擇他們的行為，但教師應有足夠力量來影響學生的選擇，此影響力並非控制，他鼓勵教師、家長與學生應以三個 C 來幫助同學學習：學生能與教師、同儕「**和諧相處**」（connecting），以增加學生的認同感；讓學生對班級「**有貢獻**」（contributing），以提高學生的自尊心；讓學生感到「**有能力**」（capable），此能力讓學生知覺其在行為或學業上能獲得成功。艾伯特也提醒教師若能營造良好群體學習與積極取向的班級情境，鼓勵學生接受挑戰，以建立學生自尊、強化學生合作與學習動機，則能有效減低或消弭學生的不當行為（Albert, 1995）。

（一）讓學生感到有能力

第一個 C——有能力的，教師可以從下列四個面向來做：(1) 犯錯也不會怕：創造一個讓學生即使犯錯也不會感到困窘的學習環境；(2) 建立學生的信心：讓學生感受成功是可達到的，幫忙學生了解學習是一個改進

的過程，而非結果；(3) 讓學生有實際的進步：設定學生能達成的目標，善用「**昨天、今天、明天**」對話，例如「記得之前你還無法拼出這些單字，看看現在多容易，相信你可以學習得更快」；(4) 確認成就：將學生知識與技能或優良作品展示，或傳達給父母、社會知道。

（二）能與他人和諧相處

第二個 C── 和諧相處的，可藉由五個 A 達成。班級中不論學生行為表現如何，教師的態度必須能：(1)「**接受學生**」（acceptance）；(2)「**注意學生**」（attention）；(3)「**欣賞學生**」（appreciation）；(4)「**肯定學生**」（affirmation）；(5)「**情感關懷學生**」（affection），如此才能發展師生的正向關係。

（三）知覺自己是貢獻者

第三個 C── 有貢獻的，就每個學生而言，其行為使學校變得更好時，當事者正向行為應讓同學或他人知道，使同學更能自我肯定，此方面教師可以：(1) 鼓勵學生投入班級事務，教師能欣賞學生對班級的付出；(2) 鼓勵學生參與學校活動，建立學生以校為榮的感覺；(3) 鼓勵學生參與社區活動；(4) 鼓勵學生參與環境保護的活動，例如協助學校街道打掃；(5) 鼓勵學生幫忙其他同學，建立「**圓周朋友**」（circle of friends，正向的互賴及同儕關係），進行同儕教導或同儕忠告等（Charles & Senter, 2008）。

二、實施步驟

合作性常規管理實施方式有五個步驟：(1) 指出及描述學生行為；(2) 確認學生不當行為的目標；(3) 根據瞬間的不當行為挑選介入處理技巧；(4) 選擇激勵方式以培養學生自尊；(5) 邀約學生父母作為學生不當行為處理的搭檔。親師懇談時，要讓家長知道其子女在班級學習中成功的機會很大，教師的用詞要謹慎，少用批評性的措辭。合作性常規管理就是運用適當的處理策略，達到積極控制，並藉由激勵方式以培養學生的自尊心

（Burden, 1995, 2013）。

艾伯特認為為了幫助學生成長，教師應創造一個可以儘量讓學生去做，即使學生犯錯也不會受懲罰或感到難堪的情境；教師也可以提起學生以往成功的經驗來幫助建立學生的信心，訂定的學習目標或行為規範是所有學生均能達到的。不論學生行為表現如何，教師皆應接受學生、傾聽學生、欣賞學生、接納學生、肯定學生，以積極的言辭來描述學生好的行為與能力，使師生能「**和諧相處**」發展正向關係，幫助學生學習，提供機會讓學生可以展現其專長或能力，使學生感受到其對班級的「**貢獻**」。相關技巧如：讓學生參與班級事務、做決定時徵求學生意見、使用合作學習群體學習模式、小組合作共同完成學習活動等（Albert, 1995）。

艾伯特描述「**尋求權力**」型的學生是：「**年輕人不會亂發脾氣，但是他們會使用它。**」「**尋求權力**」型的學生想當老闆，但會使用否認、說謊、亂發脾氣與質疑教師能力，較年長的學生更會使用口語反駁教師，好像教師是站在證人席位上一樣。艾伯特將此類型的學生（尋求權力型）比喻為「**律師症候群**」（lawyer syndrome）的學習者，尋求權力的學生可能會讓教師覺得在身體上或專業上受到威脅，但教師絕對不要涉入學生的權力爭奪之中。其實尋求權力型的學生在生活或學習行為上多數有很大的挫折行為，學生可能具備領導能力、果斷力與獨立思考能力，這些正向特質需要靠教師的巧思啟發與策略引導。「**作為報復**」的學生許多是缺乏歸屬感的，他們將生氣、痛苦目標轉移到教師與其他同學身上的背後原因，多數是個人因素造成的，例如家庭破碎、父母親失業或是種族偏見導致的，他們可能是霸凌事件的「**受害者**」（victims），或變成「**霸凌者**」（bullies），藉由暴力或攻擊他人把隱藏在內心的情緒表現出來，教師不應以責罰方式回應，否則同學的內在情緒會受到更大傷害，教師要藉由正向管教方法，了解學生行為的緣由，協助輔導學生，才能使學生的不當行為真正的改變（Albert, 1995; Hardin, 2012）。

【課堂情境】

林老師告知了幾個方向之後，允許學生在課堂最後 15 分鐘內可做他

們今天發的回家試卷，她突然注意到小強在看別的地方，於是她把手放在小強的肩膀上說：「小強，你要開始做回家功課了。」

➤ 尋求注意型：「小強抬頭看了林老師一眼，微微笑，便開始做他的功課。」

➤ 尋求權力型：「小強大聲地回應：『好愚蠢，這和我們昨天做的是一樣的東西，為什麼我們要一再重複地做同樣的事呢？』」

➤ 尋求報復型：「小強激烈地抖掉林老師的碰觸，且大聲咆哮說：『拿開妳發臭的雙手，我不需要妳的幫忙。』」

➤ 避免失敗型：「小強放下他的手並看著他桌上的功課，很小聲地說：『我不會，我不知道要怎麼做。』」（修改自方德隆譯，民 103；Hardin, 2012）

參. 後果的類型

教師對學生行為反應的類型就行為後果而言，可分為「**自然的後果**」（natural consequence）、「**合理的後果**」（logical consequence）、「**人為的後果**」（contrived consequence）三種（Tauber, 2007）。

一、自然的行為後果

指學生行為所受到的處置是自然發生的，其受到的處置並非來自他人所加諸的，例如學生沒有充分準備，自然的行為後果是考試成績不理想；天冷不穿外套，可能遭受的自然後果是感冒。自然的行為後果實施時，若行為結果會伴隨有關學生安全或意外事件的發生，教師要積極介入預防，以免學生發生危險。

二、合理的行為後果

指學生行為所受到的處置是他人加諸的，而此種處分是合理的、可行的。在班級情境中，學生行為與教師提供的處置間會有一個可以認可的連結，此種行為後果必須讓學生親自體會，否則無法達到行為矯正的目標。

例如學生沒有努力準備而考得很差，教師規定此學生要利用時間繼續研讀教材，補考成績通過才能學習新單元，教師此種處置是合理的。合理的後果包含三個 R：「**有關聯的**」（related）、「**尊敬的**」（respectful）、「**合理的**」（reasonable），處置歷程遺漏任何一個 R 都不是合理的後果。

三、人為的行為後果

指學生行為所受到的處置是他人加諸的，但此種處置是不合理的，例如身體有味道的學生，教師叫他罰寫「我將來會乾淨的來上學」五百遍；或是一位學生考試成績不理想，教師罰他繞操場跑一百圈等，學生行為的表現與得到的處置完全沒有關聯性，此種人為的行為後果遭受的是「**處懲**」（punishment），而不是處置或處分，人為的行為後果會引發學生的「**怨恨**」（resentment）、「**報復**」（revenge）與「**退縮**」（retreat，或降低自尊感）。

肆. 可行策略

對於學生的不當行為原因，艾伯特提出以下具體的策略，供教師參考（單文經主譯，民 93；Albert, 1995; Charles & Senter, 2008）：

一、學生想引人注意時

1. 教師利用目光的接觸使學生知道教師已發覺到他們的不當行為。
2. 在教學過程中，身體靠近該學生。
3. 在教學過程中，問學生問題請學生回答，或使用學生的名字作為教學情境人物。
4. 具體獎勵其他專心學習或表現良好的學生。

二、學生想尋求權力時

1. 藉由同意該學生合理的提議或改變主題內容，以避免師生直接的對抗。

2. 承認學生的權力並且清楚告知學生教師要採取的行動，例如「沒錯，老師沒有辦法讓你做完這頁的數學習題，但是老師會在下課鐘聲響起時，把全班的數學作業簿收齊。」

3. 教師改變活動內容，做些意料之外的事或活動，或針對其他有趣的話題帶動全班討論，以轉移全班的注意力。

4. 採取緩兵之計，並且讓學生有選擇的機會，例如「請你安靜坐好，把雙手放下、兩腳靠攏，先把這項作業完成；或者，你可以到教室辦公室老師的座位上暫時休息一下。請你自己決定。」

三、學生想報復時

1. 教師立即撤銷學生某項特權，例如「志明，你今天不可以到一樓玩球。」

2. 關懷學生並且使用積極肯定的陳述詞，直接向學生說明，例如「你出發點不錯，但是你選擇的行為表現並不好。」

3. 嚴格要求學生歸還、修復、更新或補償被破壞的東西、物品。

4. 必要時，請學校行政人員或學生家長介入協助處理問題。

5. 教師處理的焦點在於行為，而非學生──大聲客觀地描述發生的行為，而非評鑑行為，講的是現在發生的行為，而非是昨天或上星期的行為，教師以堅定而果斷的語句說出行為必須立刻停止。

6. 教師須管理負向的情緒──即使感覺生氣、挫折或受傷，教師仍然要保持冷靜、客觀，不要殺氣騰騰，如此才能減少學生敵對態度，幫忙讓所有人平靜下來。

7. 教師稍後與學生討論不當行為──當師生情緒都冷靜下來，隔一節或隔天與學生深入討論。

8. 讓學生能保留顏面──給當事人與同儕留顏面，可以讓學生打退堂鼓，不再抱怨，有時間順從教師指示，重要的是在停止不當行為之前，不再重複出現。

四、學生想逃避失敗時

　　1. 一面承認指定作業的難度，一面提醒學生之前好的行為表現與成功經驗。

　　2. 修正教法、適時增刪教材，告訴學生：「這個單元較難，要用心聽講，教師會講的比較慢，有問題者要立即舉手發問。」

　　3. 藉由成就表揚來教導學生說：「我行」、「用心我就行」，而非「我不行」。

　　4. 提供同儕教導或要求學生幫助同學，例如幫助低成就或領悟力較慢的學生，藉以增加學生自信心。

　　5. 使用具體的學習素材，讓學生能夠看見、感覺與用手操弄。

　　6. 教導學生一次只要完成一個步驟，以讓學生能享受小成就。

　　7. 在不同情境教導不同智力學生時，允許學生使用他們特殊的知能。

第三節　積極的常規管理

　　尼爾森（J. Nelsen）、羅特（L. Lott）與格倫（S. Glenn）編著的《積極的班級管理》（*Positive Discipline in the Classroom*）一書在於解釋如何建立班級氛圍，培養責任、互敬與合作態度，其二人倡導的紀律理論稱為「**積極管理**」（positive discipline）模式。他們指出當教師提供的班級是接受的、鼓勵的、尊敬的與支持的，則班級會有最佳的紀律出現，如此的班級會使學生表現尊嚴、自我控制與關懷他人的行為。

壹. 關係建立的障礙物與增進物

　　教師班級管理中，對於關係建立有五種「**障礙物**」（barriers to relationships）與五種「**增進物**」（builders to relationships），前者因缺乏尊重與鼓勵，阻礙良好關係；相對的，後者因尊重與鼓勵，增進良好關係

（Charles & Senter, 2008）：

一、假定對檢視（assuming & checking）

　　許多教師假定不用檢視就知道學生想什麼、感覺怎樣、能做或不能做的事情、他們應如何回應或不該回應的行為；相對於用假定方法，教師與學生共同檢視（非只用假設想像），了解學生所想與所感覺的內容，如此的情況較為實際也較好。

二、解救／解釋對探索（rescoring/explaining & exploring）

　　教師會認為下列都是有助益的：為學生做冗長解釋，將學生從困難中解救出來，或幫學生做好大部分工作；然而實際上允許學生自己察覺情境，從情境或經驗中學習，學生的進步更大。解救訊息如「外面很冷，不要忘記穿夾克。」探索訊息如「看看外面，記得你在戶外需要做什麼，才能照顧到你自己。」

三、指示對邀請／鼓勵（directing & inviting/encouraging）

　　教師以缺乏尊重方式直接指示學生做某些事情，例如「鐘聲響起前把你的座位清理乾淨。」此種命令語伴隨的是抑制學生的主動與合作信念；相對的，教師應邀請與鼓勵學生，培養自我導引能力，例如「鐘聲馬上響起，我感謝你幫忙清理教室，使得下節課更乾淨。」

四、期望對頌揚（expecting & celebrating）

　　教師不應對學生學習與行為設定太高期望，當他們感覺無法達到期望時將會受到批評，會有失落與挫折感；教師若改為關注學生進步情況，學生會更注意自己的表現，為學習負責。期望訊息用語如「我確實認為你可以做到那種程度。」頌揚訊息用語如「我認為你比之前較有責任心。」

五、成人中心對尊重（adult-isms & respecting）

　　教師沒有考量到學生身心發展成熟度，以成人的觀點來看待他們的

行為，容易產生過失而欠缺鼓勵；相對的，教師應了解學生間的差異，以尊重語句與其互動。成人中心（成人主義者）訊息如「為什麼你從來不會……」、「我無法相信你會做如此一件事！」、「你應該知道我想要的計畫內容是什麼？」。尊重訊息如「對這個計畫所規定的內容，你的了解多少？」。

貳 . 藉班會增進師生關係

　　尼爾森與羅特堅信班會有其獨特性，對於建立班級紀律是非常有助益的，班會可以提升社會技巧，例如傾聽、旋轉式談話（轉動式對話）、聽到不同觀點、協商、溝通、幫忙他人、為自己講話內容負責等；相對的，學業技巧在班會歷程中也會提升，因為學生必須練習說話技巧、要專注、要有批評思考、要做決定與參與問題解決。師生在共同對話中互相尊敬，彼此傾聽對方看法、重視對方意見，無形中增進師生友好關係（Charles & Senter, 2008）。

　　對於有效班會的實施，尼爾森與羅特提出了八個原則：

　　1. 座位安排成圓形，允許同學面對面接觸。

　　2. 教導學生以正向音調練習給予讚美，並表現對他人的欣賞，簡單回應用語如「**謝謝你**」。

　　3. 設定議程以便能在指定時間與地點內完成會議。

　　4. 發展溝通技巧，配合的行動如轉動式說話、專注傾聽他人說話，學習使用「**我—敘述**」語（I-statements），例如「**我認為**」、「**我感覺**」等，以尋求問題解決而非責罵他人。

　　5. 了解每個人都有不同想法的權利，教師以案例說明個體的獨特性，對同樣事件而言，不同人們的感受與想法不會完全一樣。

　　6. 確認同學行事的原因，詢問學生是否也曾經想表現出四種不當行為類型之一，其緣由為何？

　　7. 練習角色扮演與腦力激盪，問題解決策略如：(1) 討論問題情境的

關鍵要素；(2) 讓學生以角色扮演方法分析問題所在；(3) 大家集思廣益選擇一個最佳解決方案。

　　8. 關注於非懲罰式的問題解決，而非當事人的懲處方式，教師要教導學生不是要懲罰或貶低他們，相對的是協助犯錯學生，表現更多正向行為（Charles & Senter, 2008）。

　　尼爾森擴展德瑞克斯的理念，進一步提倡積極的常規管理。尼爾森認為「**仁慈**」（kindness）、「**尊敬**」（respect）、「**毅力**」（firmness）及「**鼓勵**」（encouragement）是父母及教師在常規管理中所須具備的特質，教師除應表現關懷、尊重、鼓勵學生外，在學生常規建立上，要明確地讓學生知道哪些是受人尊重與值得鼓勵的行為，哪些是不受他人尊重或不被鼓勵的行為等。教師除積極增進學生學業表現外，也應重視培養學生在學校或社會中能成功的各種生活技能（單文經主譯，民 93；Nelsen, Lott, & Glenn, 1997）。

　　積極的常規管理有以下幾點內涵：

　　1. 使用自然和必然結果作為手段。

　　2. 了解學生不當行為的四個需求（注意力、權力、報復、被認定的不適切行為）。

　　3. 當教師描述出學生的不當行為時，也要表現仁慈及堅定之心。

　　4. 成人、孩子間須相互尊重。

　　5. 舉行親師會談。

　　6. 教師以鼓勵作為激發學生自我評價的手段，並關注學童活動。

參. 自我增能與必要技能

　　此外，尼爾森也認為要減少常規管理的問題，應幫助學生同時具備社會的、學業的及生活的技巧，以讓學生自覺是有能力且有影響的人，可隨時控制自己的行動與生活。在明確性常規管理上，尼爾森指出教師要傳達給學生以下七件重要事情，包括三項自我增能的覺知及四項必要的技能

（單文經主譯，民 93；Nelsen, Lott, & Glenn, 1997）：

一、三項自我增能的覺知

（一）知覺個人能力

教師創造一個安全的氣氛，使學生能夠在免於成敗評價的情境下，展現他們的學習與行為。

範例：「美伶，老師知道妳一定會做這一題。」

（二）知覺基本關係的重要性

教師認真專注的聆聽學生的感覺、想法與觀念。

範例：「美伶，妳對我們的討論內容貢獻了很多非常棒的點子。」

（三）知覺在生活中個人力量的影響

教師給學生機會，讓學生對班級有所貢獻，使學生知覺其對班級的重要性，進而相信自己對班級有正向或負向的影響。

範例：「怡明，請妳擔任下星期親師會場地布置小組的組長，好嗎？」

二、四項必要的技能

（一）自我內省的技能

學生有機會從聽取同學的回饋中，了解自己的情感與行為，並學習能對其行為或學習的結果負起責任。

範例：「哲佳今天一直批評我的新髮型很難看，雖然這讓我覺得很難過，但我還是喜愛我的新髮型。」

（二）人際互動的技能

學生能透過與人對話與分享、傾聽與同情、合作、協商與衝突解決等，發展人際互動的能力。

範例：「雅欣，我知道妳這麼用功，但還是考不到 90 分的感受。我上次考試的時候也是這樣。」

（三）自我調整的技能

學生雖未遭受到教師的懲罰或責罵，但他們能以負責、檢討與誠信，來面對其遭遇到的問題。

範例：「老師，對不起，我不小心撞翻了家庭聯絡簿，我會負責把它們撿起來並依序排列整齊。」

（四）自我判斷的技能

重視學生從非懲罰的情境中學習，讓學生有機會與勇氣來練習做決定與判斷。

範例：「老師，如果我們之前的計畫不要再修改，一開始就進行觀察，結果應該比較正確。不過至少老師您已經給我們有嘗試的機會了。」

第四節　**教學管理模式**

庫寧（J. Kounin, 1970）以課程及「**進度管理**」（movement management）作為預防及描述學生不當行為的主軸。庫寧認為教師對學習者行為的影響，可能是正面的，也可能是負面的，若教師能知道維持教學動力，明確而有系統的轉換學習活動，則能維持學生的學習動機，此教師即是有效能的教室管理者。在班級經營中，有效能的教師兼具教學者與管理者角色，要能營造有助於學生學習及行為正向改變的學習環境。庫寧認為要使學生回歸正常行為的二個技巧是：「**掌握先機**」（withitness）與「**同時處理**」（重疊，overlapping）。庫寧認為「**班級經營**」與「**紀律**」（discipline）不同，前者是教師建立與維持學習環境秩序的策略，後者是對學生問題行為的回應，有經驗的教師會關注於經營管理，間接減少處理紀律問題的需求（Kauchak, 2007）。

　　庫寧堅稱管理行為的關鍵因素，為教師有能力知道班級所有地方、所有時間將會發生何事，在事件未轉變為不當行為前，能立即處理起始問題。庫寧的論點來自觀察有效能教師班級經營的運作後得知，他發現教師對班級發生事件有較佳的洞察與敏銳力者，則班級會有較佳的行為表現，庫寧將之稱為「**掌握先機**」／「**全面掌控**」能力。他發現，有此種技巧的教師當學生獨立活動時，較能夠監控學生，並與學生互動，甚至是小群體的課程教學，教師也能掌控班級紀律，他將教師能同時注意到二個或更多的班級事件能力稱為「**同時處理**」，這二個技巧是有效能教師應具備的重要知能（Charles & Santer, 2008）。

壹 . 掌握先機 —— 背後長眼睛

　　「**掌握先機**」一詞是庫寧自行杜撰出來的名詞，指不當行為發生時，教師對目標學生及時反應處理的技巧，教師腦袋後面長眼睛，課堂中學生在做什麼事教師都知道。一位有先見之明的教師，會洞悉教室中即將發生的事情，指出正顯現的不當行為，而以適當及立即的態度處理。對情境良好監控及立即處理是教師掌握先機的二個主要關鍵，掌握先機可使不當行為轉為嚴重或傷害同學的機率大大減少。掌握先機也是一種全面掌控的能力，教師要能在「**第一時間**」知悉「**那些當事者**」在「**做什麼事**」，能全面掌控的教師才能避免「**時間錯誤**」（timing errors，介入處理前等待過長的時間），或「**目標錯誤**」（target errors，責備並非真正犯錯學生，而讓真正的肇事者逃避其應負的行為責任）（Woolfolk, 2019）。

貳 . 同時處理 —— 一心多用

　　「**同時處理**」指教師可同時處理二件以上的事件，意味著同時追蹤及監督多個活動（又稱為重疊）（Woolfolk, 2019）。一位具同時處理技巧的教師，也較具有掌握先機的能力，如果學生知道教師有此能力，在學習歷程中較不敢出現不當行為，比較有可能回歸正常學習活動及表現適切合

規範的行為。同時處理表示教師可同時進行多項活動，這些活動均在教師的監控之下，例如課堂中坐在相鄰的二位同學在說話，教師可邊講授邊走到二位同學座位處停留，師生間的最短距離有助於學生停止不專注行為，此策略並沒有影響到教學進行；分組學習活動中，教師批閱一組的學習單，同時管理到其他各組的上課秩序及學習單的完成。

參 . 進度管理

庫寧認為課堂的有效管理是讓學生專注與投入的重要變因，好的教師在教學時要避免學生無聊與挫敗，他指出有效能的教師會使用可識別的策略來吸引學生的注意力，此外，也能澄清具體的期待為何。庫寧將此種策略稱為**「群體警覺性」**（group alerting），具體做法如掃瞄全班每位同學，對全班拋出具挑戰性或新奇問題。教師在給予學生指示或做解釋前能吸引學生完全的注意，此種的指令或說明才有效益，如此，學生才能主動參與課堂活動的學習。定期叫學生回應、操弄或解釋，學生學習才會專注，庫寧將此種策略稱為學生的**「績效責任」**（accountability）。庫寧發現良好課程的氣勢可以持續使學生對課堂有察覺與活動參與力，他使用**「氣勢」**（momentum）這個字詞，指的是教師課程開始後，能迅速進入主題，維持課堂活動進行，有效轉換每個活動，讓班級活動有秩序地進行，並有圓滿的結束。活動間的轉換能讓課程穩定進行，不會讓學生覺得是一種突然的改變或無法連結，此種活動間的轉換策略，庫寧稱為轉換**「順暢」**（smoothness）（Charles & Santer, 2008）。教師對教學活動的順暢性能有效管理，教師個人及學生才能體會到教學活動的有效運作，體會到學習活動的效益。

進度管理指教師能有效控制課程間的動力、步調與轉換處理。在進度管理策略中，教師常犯的二個錯誤：

一、急動

「**急動**」（jerkiness）指教師教學活動流暢性過於快速，造成的原因主要受到不必要的活動、噪音、不當行為及進度耽誤等因素的影響，因而使教學活動的轉換無法平穩、順暢。所以教師須於另一工作開始前儘速完成已進行的工作，在工作轉換時要注意其流暢而無跳躍感。課堂教學的急動通常發生在教師未能充分注意到學生學習進程的狀態下，突然由一個主題轉換到另一個主題，無法讓學生獲得完整的概念或知識。

二、滯留

「**滯留**」（slowdowns）指教學活動連接過於緩慢、浪費太多無謂時間，滯留主要導因於下列二個因素：

（一）過度滯留（overdwelling）

教師在學生已經了解的話題上一再重複述說，對學生做過多冗長的導引和解釋，也對學生的不當行為喋喋不休、嘮叨不停，以致浪費許多時間。過度滯留的產生主要是教師花費太長的時間在導正學生正確行為的表現上（這些行為學生已表現很好了），或於課堂教學中花費過多時間重述與傳遞主題密切性不高的話題。

（二）支離破碎

「**支離破碎**」（fragmentation）指教師花太多時間於旁枝細節上，或將一個原可簡單而完整呈現的活動，分割成一些不必要的小步驟，以致干擾教學活動的進行，進而影響學生的注意力。

肆．團體焦點（group focus）

指全體學生能同時專注於相同事物上，即教師的規劃要盡可能讓更多學生都投入學習活動或課程活動，避免只限少數學生可以參與而已。團體焦點考量的因素有三：(1) 高度參與的團體形式；(2) 責任感；(3) 注意力

（Burden, 1995）。

　　1. 團體形式（group format）：學生對群體的活動能做最大的參與，在教學活動中，作答、解決問題、整理教材及完成工作，均可以最大參與形式行為出現。

　　2. 責任感（accountability）：讓學生知道教師會觀察和評定其學習表現時，通常對學生負起學習之責有所助益，其使用技巧如讓學生先寫下答案，再隨機叫學生回答。學生責任心的培養包括認知與實踐，讓學生知道遵守規則及程序的重要性，並於生活及學習活動中力行。

　　3. 注意力（attention）：讓學生於所有時間皆關注於學習活動，使用技巧如提出問題讓學生思考解決方法、隨機點名學生作答或回答問題、改變反應形式等。

　　如果學生對學習活動已感滿足，則興趣會較低，而使學生變得較無聊、顯現與正進行之工作活動無關的行為。避免學生厭煩的三大要素是：

　　1. 使學生有進步（progress）：學生對重要目標的追求上，最迫切需求的是「**進步**」，而進步會更讓教師重視與提供其正向回饋。

　　2. 學習活動有變化（variety）：有變化性的課堂活動，有助於維持學生注意力、減少學生厭煩。因而教學型態、教材內容困難度、教材呈現方式、群體位置編排及教材的使用均要富有變化。

　　3. 富挑戰性的活動（challenged）：有挑戰性的學習活動更有可能吸引學生注意與好奇心，避免無聊情形發生。

伍. 連漪效應（ripple effect）

　　學生不當行為發生時，教師對當事者所採取的處理方式，會直接、間接影響周遭的學生，當學生親眼目睹教師對不當行為的處罰時，會警惕自己不再重蹈覆轍。在連漪效應中，教師可藉由糾正學生的不當行為或提醒學生注意其不當行為（此為中止不當行為），而影響到其他學生，使其表現適宜或合班級規範的行為。例如林老師因為小強上課頻頻與鄰座小明講

話，因此叫二人站立反省，讓其他上課也想閒聊的同學引以爲戒，課堂專注聽講不敢再發出干擾學習活動的聲音。此種處置不當行爲的當事人，讓其他也可能出現此類似不當行爲的學生立即收斂其不適切行爲，即爲「**漣漪效應**」的作用。「**漣漪效應**」的作用接近「**殺雞駭猴**」或「**殺一儆百**」的意涵，從社會認知論的觀點而言，「**漣漪效應**」的行爲爲「**抑制**」減弱作用的一種，是一種「**替代學習**」（vicarious learning），也是一種「**預期結果破滅**」。教師使用「**漣漪效應**」時要注意自己的情緒管理，不能對當事者的訓誡或處罰過於嚴厲，否則反而會產生負面結果，產生所謂的「**寒蟬效應**」（chilling effect），深怕動輒得咎，而懼怕學習。

第五節　有尊嚴的紀律

　　理查・葛溫（R. Curwin）與艾倫・曼德勒（A. Mendler）提倡的常規管理模式爲「**有尊嚴的紀律**」（Discipline with Dignity），其核心理念爲任何一個人（教師或學生）在學校情境中都必須有尊嚴地被對待，因而任一位學生都應被學校全體教師、行政人員與職員有尊嚴地對待。有尊嚴地被對待指的是要營造一個能滿足教師與學生需求的優質環境。葛溫與曼德勒認爲教師與學生的需求有以下四種型態：(1)「**個人認同**」（personal identity）需求：經由正向自我概念的培養而達成；(2)「**聯繫**」（connectedness）需求：經由與他人發展正向的互動關係而達成；(3)「**權力**」（power）需求：經由控制自己的生活而達成；(4)「**成就**」（achievement）需求：經由能夠完成學業的表現而達成（Hardin, 2012, p.101）。

壹. 兼顧紀律與尊嚴

　　葛溫與曼德勒二人相信：執行紀律的同時又能顧及學生尊嚴，有助

於班級經營的成功。教導以及增強學生負責任的行為是這個概念的重要核心，這使得教師可以有更多時間教學，同時把焦點放在與學生之間正向的互動，而非把更多的注意力擺在課室內學生行為問題的處理。顧及學生尊嚴的紀律能讓學生在學習的同時，幫助他們了解上課規矩以及違反規定的後果，能培養學生自尊心及安全感。這對學生不僅是一種鼓舞，也成為他們在未來人生做重要決定時（無論教室內或教室外）之關鍵工具（ULMCM, 2017）。

　　學校教職員、學生與父母間的共識是一致認為學校的核心價值（core value）是：(1) 學校是一個能讓我們和平解決問題的地方；(2) 學校是一個可讓大家互相保護與關心的地方，而不是彼此傷害與攻擊處所；(3) 學校是一個讓我們學習為我們所做之事負責的地方；(4) 學校是一個讓我們學習我的方法不是唯一有效方法的地方。為了管理班級行為，規則是有需要的，規則可明確告知一個人應做與不應做的事，規則的訂定必須以學校核心價值為基礎（Charles & Senter, 2008）。

　　葛溫與曼德勒指出當班級情境中個別學生、群體學生或教師的需求沒有被滿足時，就會引發紀律問題。相對的，班級環境若能滿足學生的需求，則學生不當行為自會減少；教師責任在於使學生個體與群體的需求衝突減低至最小程度。他們將班級經營視為**「基於特定教師與其學生的需求上，在個別的班級中發展的一種歷程。」**教師的工作除教導學科內容外，還應包含處理學生的行為問題。若是教室發生紀律問題，教師應該先反省自己的角色，因為問題發生的緣由可能起因於師生溝通的方式不佳，或是教師帶領班級的方法不適切。**「尊嚴紀律」**模式鼓勵教師要常常省思自己的行為或帶班方法，就好像教師要常檢視班級學生的行為一樣（Hardin, 2012, p.101）。

　　教師應以學生為中心建立在**「尊嚴管理」**上面，對學生傳遞尊嚴、重塑希望。理論模式建構在四個基本哲學原則之上：(1) 以學生為中心，關注學生的尊嚴、自尊與整體福祉；(2) 班級民主氛圍的營造，讓學生參與班規的訂定與違反班規的處置；(3) 教師避免使用威權的態度來對待學

生，不要成爲「**獨裁教師**」（autocratic teacher）或「**獨斷專權主義者**」（authoritarian）；(4) 反映的是責任模式，學生應爲自己的行爲負起責任，強調長期行爲的改善而非短期的矯正（單文經主譯，民 93）。

　　對於班級學生行爲問題，葛溫與曼德勒提出所謂「70-20-10」原則，他們認爲班級中有三種群體的學生：第一種群體學生很少違反規約或破壞原則，此群體學生人數約占班級的 70%；第二種群體學生會稍有違反規約，但情況不嚴重，此群體學生人數約占班級的 20%；第三種群體學生經常出現違反規約行爲，大部分的時間是失控狀態（情況嚴重），此群體的學生數約占班級的 10%。根據葛溫與曼德勒的論點，好的紀律計畫要能控制那些經常嚴重違規的 10% 學生，找出有效處置方法，不要讓這群學生走投無路，變本加厲；且不要過度規範或完全不管稍有違規的 20% 學生，以免這群學生產生疏離感（Hardin, 2012, p.102）。

　　葛溫與曼德勒認爲教師的反應也是增強學生適當行爲的有效策略，在其《尊嚴管理》（*Discipline with Dignity*）一書中，提出了「**捕捉好學生**」（catching a student being good）的策略。此策略在於課堂中發覺有好行爲或工作專注的學生，私下加以鼓勵，方法使用可確保學生隱私，又可使當事者持續表現更正向的行爲。葛溫與曼德勒相信，學生很期待這種正面形式的教師反應，當學生感受到沒有明顯的好行爲則無法獲得教師任何的反應時，不當行爲也會改進（賴麗珍譯，2006）。

貳 . 三層面計畫

　　紀律尊嚴是要教導學生個人的責任，其目標是在一個安全環境中，教導學生做明智的抉擇，允許學生能做出決定與容許學生犯錯機會，葛溫與曼德勒對於學校執行「**零容忍**」（zero tolerance）政策的效能存疑，因爲在大部分學校情境中，「**零容忍**」政策並非是最佳的解決策略，學生的異質性很大，教師、行政人員與家長不能以一套標準來對待所有學生。問題學生雖可以從學校中移出，但卻無法令他們從我們生活中消失，學校

教育人員定要積極設置處理問題學生的策略，改變其行為。對於發展紀律計畫，葛溫與曼德勒提出三個層面的計畫（方德隆譯，民 103；Hardin, 2012）：

一、預防

　　預防層面的核心就是建立與執行「**社會契約**」（social contract），社會契約賦予學生權力，讓學生可以參與班規訂定與協助班級管理。成功的社會契約從建立「**班級原則**」（classroom principles）開始。葛溫與曼德勒發現，無論教師採取放任的、權威的、民主的班級經營方式，教師效能大致相同，其中微小的差異在於教師本身省思與自身信念程度不一所造成的。班級原則中的「**旗幟規則**」（flag rule）代表教師的價值系統，不容許學生妥協與商量，以班級投票訂出的班規，至少要獲全班 75% 以上同學的同意，如此才能有執行的公信力。

二、行動

　　行動層面提供二個目的：(1) 當紀律問題發生後，應該要做什麼才能停止問題；(2) 以迅速有效方法處理問題，以免小問題變大問題。要有效處理紀律問題必須善用「**處置**」（或處方，consequences）策略，九個處置原則為：(1) 一致性執行處置；(2) 提醒學生違反哪一條規則了；(3) 運用接近控制的權力（例如教師趨前走向學生）；(4) 當施予處置方法時，做直接眼神接觸；(5) 使用溫柔的聲調，避免採用咆哮與吼叫；(6) 讚許合宜與期待的行為；(7) 不要讓學生在同學面前感到尷尬；(8) 教師在氣頭上（或將失去控制時）不要施予處置；(9) 不要接受推託之詞、討價還價與哀訴牢騷之語。

三、解決

　　當社會契約無法發揮效用時，教師就應採取訂定「**個別契約**」（individual contracts），其目的在於幫助學生確認他們在班級中的需求或

想要什麼，想出一個能夠滿足他們需求的方法，而不須再使用不當行為方式展現，而違反班級的社會契約。個別契約的訂定，教師要能做到以下幾點（Hardin, 2012, p.109）：

　　1. 發掘那些對於遵守社會契約有困難的學生。

　　2. 教師盡可能在消弭個人認知偏見下，探究學生個人內心的感受。

　　3. 私下安排與學生會談的時間。

　　4. 發展的計畫內容要考量到學生需求、成熟度與完成教師指派工作的能力。

　　5. 詳細記錄計畫，讓學生知道哪些事項已形成共識。

　　6. 如果學生無法完成計畫，再配合學生需求進行計畫修改。

　　7. 提供必要協助，使計畫可以順利推展。

　　8. 再有必要時，可尋求諮商師、家長、行政人員等專業人員的協助。

參.執行原則

　　尊嚴管理運用尊嚴、希望、健全班級、社會契約、個別契約、處置與尋求權力等概念來處理學生的行為問題，執行時包含七項基本原則（單文經主譯，民 93）：

　　1. 實踐尊嚴管理的教師，會努力進行長期行為的改變，而非重視短期快速的矯正過程。

　　2. 實踐尊嚴管理的教師，會中止無效的作法，省思做好的處置策略。

　　3. 實踐尊嚴管理的教師，中心信念為「**我會公平**」，但不會以相同的處置方式對待所有違反契約的學生。

　　4. 實踐尊嚴管理的教師，要讓規則產生實質意義，例如要學生遵守規則的回應：

　　　　「不要在走廊奔跑的理由，是因為某位同學可能跌倒或受傷。」

　　　　「沒有稱呼學生其他名字的理由，是因為有人的自尊或感情會因而受傷。」

5.實踐尊嚴管理的教師，會以身作則示範他們所期待學生表現的行為。

6.實踐尊嚴管理的教師相信，學生負責行為遠比其服從更為重要。責任術語意涵指的是「**運用你可獲得的訊息來做出最適切的決定。**」服從術語意涵指的是「**不要質疑，並確定不會標新立異。**」

7.實踐尊嚴管理的教師，總是有尊嚴地對待學生與他人。

教室中應用有尊嚴的紀律指導原則時，必須承認以下事項（郭明德等譯，民 92；Tauber, 2007）：

1.持續性的行為改變要比僅僅是短期的壓抑變化更令人滿意。

2.教師應停止做沒有效能的處置，例如停止經營使用傳統的棍棒、酬賞與處罰技巧，以免使違反規則的學生認為無所謂。

3.班級的規則應讓學生感受是此時此地的表現（合理且可行的）。

4.教師應該以身作則，示範他們期待學生要表現的行為，陳述語訊息要考慮到有用性與價值性，例如「不要跟著我做，照我說的來做。」（命令語）「**說**」訊息無法展現示範功能。

5.隨時隨地都要有尊嚴地對待學生，學生無法被尊嚴地對待，會自暴自棄，表現更破壞性行為。有不當行為的學生沒有被尊嚴對待，學生會認為：與其被他人視為笨蛋，不如再繼續出現此行為。包括學生，沒有一個人想要在公眾面前被羞辱、被視為愚蠢與無能；紀律可以有尊嚴、應該有尊嚴、必須有尊嚴與可以有尊嚴地被執行。

肆 . 後果／處置（處分，consequences）

為培養學生負責任的行為，葛溫與曼德勒認為學生破壞規則或違反契約時，應使用「**處置**」（處分，consequences），不要採用「**懲罰**」（punishment）。葛溫與曼德勒認為處置的應用不必照程序進行，而應從建立的清單中挑選最適合個別學生需求的方法。對一位故意破壞規則的學生，與一位不小心違反規則的學生，二者的處分方式應有所不同。處置的

目的並非懲罰學生，而是要協助學生學習負責任的態度與如何做出較佳決定（Hardin, 2012, p.104）。

有關於處置的使用原則有以下幾項（Charles & Senter, 2008）：

1. 當規則被破壞時必須執行處置。

2. 從一系列處置方式中選擇最適當的一個，選取時要考量到當事人犯錯的原因、情境、涉入程度，以最佳方法幫助學生。

3. 告知犯錯學生規則與接受的處分，多餘的話就不要說。

4. 考量到學生隱私，只有涉入學生可以聽到。

5. 不要使學生難堪。

6. 不要把它視為贏—輸情境，因為處分不是競賽，也不要把它視為權力鬥爭。

7. 控制教師情緒，冷靜與平穩說話，但不要接受當事人任何藉口。

8. 有時讓當事人選擇處置方法會有更好效果。

懲罰的目標在於使破壞規則之當事人為其不當的行為付出代價，處置（處分）的目標在於協助犯規者從經驗中學習適當行為的方式，本身具有教導意涵，而不是懲罰性的，例如（單文經主譯，民 93）：

規則：學生不能踢人、在教室打球或傷害他人。
處置：在放學結束前，為受害者做一件好事。
懲罰：中午午睡時罰站 40 分鐘。

規則：所有垃圾都必須丟進垃圾桶。
處置：從地上把垃圾撿起來重新丟進垃圾桶內。
懲罰：在全班同學面前向教師道歉。

規則：尊重他人，不能故意弄髒同學衣物。
處置：放學前把弄髒的外套清洗乾淨還給同學。
懲罰：罰寫國文課文十遍。

　　葛溫與曼德勒認為師生遇到暴力時，策略使用要能讓每個人安靜下來，決定如何繼續工作並採取正向方式，教師應教導這些程序並示範給學生知道（Charles & Senter, 2008）：

　　1. 使用六步驟的問題解決：(1) 停止並安靜，等一下，深呼吸與放鬆；(2) 想一想，快速探究意見，若當事人是你能預知他將會發生何事；(3) 決定你想要已經發生的事件為何；(4) 先前事件沒有發生，決定第二種可能的解決方式；(5) 執行最佳解決方案；(6) 評估方案結果，是否有達到你期待的目標？重複情境再發生時你會如何因應？

　　2. 解決我一問題：(1) 對問題命名，特別指出當事人已說或已做之事；(2) 說出你想要發生的行為；(3) 說出你對於已發生事件將如何做；(4) 使用一個備案計畫；(5) 執行計畫。

　　3. 學習有耐心：對於需求無法獲得滿足時，必須學習有耐心等待，以免挫折或生氣，耐心是需要學習的。

　　4. 穿上保護罩：穿上隱形保護罩，以遠離負向思考與不文雅字眼，它使你有免疫能力，無法受到傷害。

　　5. 使用工作語詞，避免受到攻擊：(1) 有禮貌的說話，例如請、謝謝你；(2) 詢問他人，你做的事情是否干擾到他們；(3) 若有冒犯他人請說對不起。

　　6. 必要時暫時撤離情境：如果發現自己處於對抗中，應從情境中暫時撤離。

思考與討論問題

1. 學習活動中若是吵雜聲太大，教師說出「小甜甜」，全班學生會自動回應「小聲點」；「亮眼睛」—「專心聽」等，這即是師生「默契用語」。請你動動腦，列舉出三種師生「默契用語」，並將其書寫在黑板上。

2.〔情境實例〕

陳老師是一個新進教師，自從其考上教師甄試後，常鞭策自己要成為一位學生心目中的好老師，因而每天準時上下班、上課從不遲到，學生的作業也專心的批改，把自己應做的事情儘量做好。每節上課鐘聲響起，陳老師立即進到教室，開始滔滔不絕的講課，學生也不敢吵鬧，因為只要學生一吵鬧，陳老師會以嚴厲的口吻責罵學生並扣平時成績的分數，其任教的班級學生均不敢干擾教師教學，課程進度均能依時完成。陳老師的上課方式，是「講述」教材內容→「寫習作」→「批改作業」→「準時發給學生」→「講述」下一單元的循環模式，對於學生上課的學習情形、內心感受的知覺、學生作業的正確度、考試成績的分數均不關注。陳老師認為學生考試成績不理想，是學生自己不用功引起的，該上的、該講的、該讓學生寫的，他都做了。由於陳老師每節下課鐘聲響起即離開教室，因而從未與學生有互動機會，他認為下課是教師休息時間，學生不應來打擾教師，教師有充足的休息機會，課堂上課才會更有精神，由於這個執著，陳老師於每學期第一堂課即明確告訴學生，下課時間、午休時間均不能到辦公室找老師。

〔事例思考〕

「準時上下班、準時上下課、教學進度按時教完、作業按時批改完」，陳老師教學該做的事都做了，陳老師是否是位認真負責、稱職的教師？你的看法如何？將教師行業視為一種「職業」與將教師行業視為一種「志業」，二者有無差別？請說出你的看法。

3. 身為教師要如何促發班級學生的向心力，讓班級學生會有更強的凝聚力，請列舉三項具體策略作法。

4. 請你就：「有效能教師的三項法寶──品德操守、專業智能、策略方法」這一句加以詮釋。

5.「嚴格也是一種愛的表現」，縱容、放任、溺愛無法維持班級常規，會干擾教師教學，教師教學「嚴格」的標準要達何種程度，你的看法

爲何？

6. 在問題討論法中，如果老師所提的問題爲「內容導向問題」並指名學生回答，被老師點到姓名之學生回答錯誤，此時全班哄堂大笑，有同學大聲說出：「這麼簡單也不會」，碰到此種情況，身爲教師的你會如何處理？

7. 教學過程中，讓學生對學習重點或關鍵之處特別重視的具體方法有哪些？請你列舉三至五種。

8. 有效能的教師在學習過程中會爲學生搭起「鷹架」，請你具體列舉三種教學「鷹架」導引之實例策略。

【實務問題──家庭聯絡簿運用】

　　目前中小學親師溝通中，最常使用者爲電話與家庭聯絡簿。家庭聯絡簿是親師溝通有效的橋梁，教師如能有效應用，則可增進親師間的關係。下列使用的原則可供教師參考：

1. 開學第一天給家長的一封信中，要明確告知家長家庭聯絡簿的重要，拜託家長無論生活再怎麼忙碌，家庭聯絡簿要每天簽名。

2. 在課堂中要對學生宣導：「每天一定要把家庭聯絡簿給父母簽名」的觀念，讓學生明確知道「把家庭聯絡簿給父母簽名」是每天必做的一項回家功課。

3. 學生每天一早到學校必須把家庭聯絡簿放在教師桌上，或交給排長（小組長）收齊後，交到固定的位置，如果有缺交的同學，排長或小組長要把座號寫在黑板上。

4. 教師每天要利用時間（早自修、科任老師上課時間、下課時間、午休時間）親自批閱家庭聯絡簿，若家長在家庭聯絡簿上有「寫字」（建議、意見、看法、詢問等），教師一定要書寫文字回應。

5. 對於學生的不當行爲或學習態度，教師回應的用詞要格外注意，活用「三明治」方法，先給予同學之前其他行爲的肯定、再提出目前的行爲事實、最後再告知家長希望能予配合的事項等。

　　「建志開學來一直表現很好，分配的工作也能如期完成，但最近的學習狀況好像比較不理想，上課時常分心，常要老師提醒，回家功課的字體也比較潦草，似乎比以前退步了，希望媽媽能注意其回家功課的書寫情形，叮嚀字體要注意工整。」

　　若是學生的行為是違規犯錯的負向行為，如偷竊、說謊、打人等，則不宜將行為事蹟寫在家庭聯絡簿上，以免傷了學生的自尊，此時改以電話溝通的方式較佳。

6. 遇到班級重要活動，如學校定期考查、校慶運動會，可把考試的日期、科目或活動內容細節等用電腦列印出來，浮貼於家庭聯絡簿上，以讓家長知悉。

7. 對於學生在校的優異表現、優良事蹟、正向的行為表現等，要詳細的於家庭聯絡簿中記載，讓家長了解其子女在校的學習狀態與進步情形。教師在家庭聯絡簿上應多寫鼓勵、讚美或感性的話言，少記載學生的缺點。

8. 每個月至少要一次在學生的家庭聯絡簿上書寫鼓勵或建議的文字，若是學生學習或行為表現有進步，給予讚美；若是沒有明顯進步，也要書寫鼓勵的言詞，給予正向的肯定。

9. 若是家長連續幾天未於家庭聯絡簿上簽名，教師應該打電話給學生家長表示關心，並確認家長未簽名的真正原因。

【實務問題——召開班親會】

　　中小學每學期在開學後一個月內要召開班親會（班級學生家長會），班親會召開時，由於有些家長是第一次到校，可能會參觀各班教室，因而教師在班親會召開時要注意：

1. 將教室情境布置完畢，教室內外打掃乾淨，要發給家長的書面資料事先影印裝訂完成。

2. 在教室外及黑板上張貼歡迎海報，海報可以用電腦套裝軟體（自由軟體）繪製或以手工設計。

3. 教師要注意自己的服裝、儀容，以樸素、端莊、大方為主；此外，一定要提早到達教室，以歡迎家長的到來，並顯示教師的用心。

4. 班親會會議中要選出一位召集人、一位副召集人、總務組、文書組、活動組、行政組等組長，其中總務組負責班費的保管，班費要繳交多少由出席家長共同討論決定。

5. 會議的決議事後要作成會議紀錄，影印給每位學生帶回。

第 10 章

常規管理理論（三）──高教學控制模式

「耐心傾聽學生內在的心聲，用心教導學生紀律的養成。」

「建立良好的紀律，滿足學生的需求；翻轉課堂的教學，實現學生的夢想。」

「有愛心教師是『不會傷害學生』，有策略教師是『不會打擊學生』。」

「問題學生會從學校或教室『離開』，但不會從社會中『消失』。」

「紀律維持是教學根本，沒有好的紀律，教學成效就無法提升。」

　　高教學控制模式常見者為斯肯納（Skinner）的行為改變紀律理論、瓊斯（F. Jones）的肢體語言紀律模式、坎特（L & M. Canter）的果斷紀律模式、行為主義者的處罰模式、馬紹爾（M. Marshall）的沒有壓力之紀律模式、莫里斯（R. Morris）的真實紀律模式等。

第一節　瓊斯肢體語言理論模式

　　瓊斯（Jones, 1987）在其著作《正向的班級紀律》（*Positive Classroom Discipline*）與相關著作《正向班級教學》（*Positive Classroom Instruction*）、《教學工具》（*Tools for Teaching*）等，強調教師在幫助學生維持自我控制能力方面，有積極正向的影響，教師應努力學習正向的班級經營技巧，建立正向的班級紀律、溫文儒雅、肯定學生、訂定明確規範、鼓勵合作而不強制，不要扮演獨裁的角色，要求學生唯命是從，利用恫嚇來威脅或控制學生。教育者必須是有效能的教師及善用適切的班級管理方法。瓊斯認為在矯正學生的不當行為方面，可有效運用肢體語言（例如微笑、目光注視、身體靠近）的策略。他建議教師要：(1) 適當地營造班級氣氛；(2) 以適當教學策略及預定安排的情境來掌握學生動態；(3) 建立合作學習模式；(4) 要培養多套的處理技巧以管理學生的不當行為。

　　在處理學生不當行為問題上，瓊斯提出了「**夾心蛋糕**」（layer cake）策略，策略由治本（最上層）到治標（最下層）的四個階層為「**班級結構**」（classroom structure）、「**情境限制**」（limit setting）、「**責任訓練**」（responsibility training）、「**支援系統**」（backup system）。班級結構為班級經營的核心，有效班級環境的安排可以預防紀律問題的發生；情境限制藉由教師的「**肢體語言**」（body language）讓學生遵守班規，教師肢體語言是教師重要媒介，可傳遞果斷的訊息，讓學生免於困窘；班級結構為紀律問題的預防，情境限制在於紀律問題發生的矯正。責任訓練在於運用團體獎賞與團體績效責任，讓學生能承擔群體績效表現的責任，其哲學信

念爲「**人人爲我，我爲人人。**」有效獎賞與誘因必須是群體系統，而不是個體誘因系統的集合。對於嚴重或重複出現的問題行爲，教師應採用非對抗式的負向懲戒方法，以解決學生紀律問題，此層次爲支援系統，支援系統只有在情境限制及責任訓練層次無效時才使用（Hardin, 2012）。

壹. 適當地營造班級氣氛

　　瓊斯認爲教師在建構班級組織時，應考量相關規定、作息方式、座位安排、師生關係等因素。教師要教導學生知悉規定、實施步驟、作息方式及教師本身所設定的標準與期望。此外，班級教具設備的妥愼安排可提升教師的機動性及增加與學生親近的機會，在座位安排上，瓊斯主張將好學生打散於品行不良的學生之中。瓊斯研究發現：一般班級中，約 95% 學生的不當行爲是與鄰座同學講話、做白日夢、製造噪音、離開座位等一般孤立行爲，這些行爲非混亂行爲，但它們卻損失約 50% 的教學總時間，就教師來講，讓教師有高度挫折感，它占用教學大量時間──浪費的、極端無效的。瓊斯相信紀律的目的是幫助學生更有效與更喜愛地投入學習活動，紀律策略應是正向的，盡可能採用非強迫的方法。對於班級紀律管教技巧，提出六大面向供教師參考：(1) 班級結構可防止不當行爲；(2) 透過班級同意限定座位；(3) 透過肢體語言限定位置；(4) 以說、看、做教導，讓學生有最高的注意力與投入程度；(5) 透過激勵系統訓練責任感；(6) 對個別學生提供有效的幫忙等（Charles & Senter, 2008）。

貳. 使用適當教學策略及預定安排的情境來掌握學生動態

　　在班級經營中，教師如果無法掌控學生，會花太多時間在每位學生身上。教師通常會利用課餘時間發掘學生問題，以提供必要的協助與指導。瓊斯建議教師可使用讚美、激勵與彈性策略，來處理班級常規管理。

　　1. 首先教師讚美學生已正確做了什麼。

　　2. 告訴學生下一步正確的作法，並鼓勵他們盡力完成。

3. 讓學生採取必要的行動，使他們也有空幫助其他學生。

當學生表現與工作活動無關的行為時，可採取的策略就是以身體語言讓學生知道其不當行為已在教師掌控中，策略如熟知與監控所有學生行為、當需要處理學生問題時暫停教學活動、改變上課位置、眼神接觸、叫出學生姓名，以及走到學生桌旁，將手放置在學生桌上，並給予簡短而直接的口頭提示。

瓊斯研究發現，班級紀律問題不是發生在少數具有敵意性反抗的學生身上，而是發生在大多數學生浪費大量的課堂時間，教師透過接近控制法、負增強、激勵與好的肢體語言等方法，可以有效協助教師維持班級控制並促進學生學習。瓊斯認為班級組織結構是班級經營的核心，班級控制的有效方法為「**走動管理**」或「**接近控制**」（proximity control），教師要有系統的安排教室空間，能於最短時間內移到標的學生的眼前；教室呈現的素材也能讓全班學生清楚觀看到（方德隆譯，民 103；Hardin, 2012）。

參 . 建立合作學習型態

合作學習型態就是團體焦點。瓊斯認為內在的激勵才能促使學生獲得特定信念與展現合作行為，此種內在的體制，瓊斯把它稱之為「**喜好活動的時間**」（preferred activity time, PAT）。PAT 就是指不同的活動或殊榮，例如學生出現不當行為時，教師可用手錶、碼錶、計時器記錄學生違規時間，以扣除學生所獲得之獎勵時間（反應代價原則）；另一方面，如果學生迅速將教室打掃乾淨，按時回到座位或表現教師許可的行為，學生們可獲得特殊的獎勵。瓊斯認為教師給予學生時間應遵循「**祖母規則**」（Grandma's Rule），「**祖母規則**」運用時二個並列活動為學生「**必須做**」的事與學生「**想要做**」的事。「**祖母規則**」明確規定小孩還沒有吃完青菜就不能給他們甜點——要求學生負起責任，學生要做完自己該做的事情，然後才能做自己想做的。也就是說，學生如果沒有表現出教師所要求的期望行為，就不能給學生獎賞或激勵。在學生正向的行為表現上，教師一定

要有所堅持不能心軟，尤其不能本末倒置，先給予學生獎勵，然後才要求希望學生表現教師期望的行為（Jones, 1987, p.153）。

瓊斯認為教室中「**最喜愛活動的時間**」之機會是課程與課程變換之間，此時間內學生若能在正確的地點、正確的時間、做正確的事情，可以減少課堂問題。教師為了讓學生學習時間管理，必須教導學生為行為負責及培養合作習慣，責任訓練一開始，教師把時間當作禮物（增強物），學生愈能利用時間，則愈能管理自己，教師就愈不需要管理他們（李逢堅譯，民 92）。喜愛活動應是學生喜歡做的教育活動，這些活動必須為設計簡易、實施容易，讓教師有充分準備的時間且具有教育目的（Jones, 2001）。

肆 . 要培養多套的處理技巧以管理學生的不當行為

多套處理方式包括不同程度的處罰，處罰強度依學生違規行為而定，例如口頭警告、暫停學生上課權、剝奪學生某些權利、召開父母親會議等。瓊斯在正向班級經營的支援系統中，認為學生違反校規時，有三種層次的支援系統：一為輕微的支援反應，師生間的私下情境，它是一種教師班級經營策略與處理方式（例如師生會談或與學生眼神接觸等）；二為學校行政人員與家長的介入處理，用於中度的支援反應，教師處理情境用於公開的教室之內（例如在教室內隔離、公開警告學生、放學後留下等）；三為重度的支援反應，處理情境是公開的，且需要有二位專業人員，必要時送交警察機關或是司法機關，此層次教師及學校應盡量避免使用。至於中止學生的學習權，或是停學請家長帶回管教等，教師也應謹慎使用（Hardin, 2012）。

伍 . 班級結構與班規

限制情境的步驟有以下六個：(1) 教師後腦長眼睛：教師有高度警覺性，隨時察覺班級中發生的任何事情；(2) 暫時停止教學，採取行動處理

學生不當行為；(3) 透過轉身緩和情緒，以堅定眼神注視與叫出學生的名字等方法，中止學生不當行為；(4) 走到學生的座位旁邊，跟學生進行眼神接觸；(5) 暗示學生應該正確做哪項工作，配合口頭上的告知；(6) 平放手掌，與學生保持眼神上的接觸（方德隆譯，民103；Hardin, 2013）。

一、班級結構

控制不當行為的最佳方法是預防它發生，而最好的預防技巧是「**班級結構**」，有效的班級結構包括以下原則（Charles & Senter, 2008）：(1) 座位安排：教師與學生生理距離最小化；(2) 班規的訂定；(3) 班級例行事務的有效處理；(4) 運用課堂鐘聲響起時間讓學生處理個人雜事。透過肢體語言預防不當行為發生的方法有以下幾項：

1. 適當喘息：展現鎮定行為會讓學生平靜，技巧為回應情境前，教師的呼吸要平穩並從容觀看全班，情緒不能有太大起伏。

2. 眼神接觸：教師掃描全班，讓所有學生知道教師在看他們。

3. 身體接近：教師走近不當行為學生身旁，短暫看著他，當事人不當行為會收斂或消失。

4. 身體姿勢：學生會從教師姿勢察覺教師的身心狀態，例如疲倦、無力感、沒有興趣，或有自信、無所畏懼、有領導力等。有效能的教師即使疲倦或有煩惱，也要表現出身體挺直與走路有朝氣的形象。

5. 面部表情：各種面部表情可以向學生傳遞不同訊息，例如讓學生感受教師熱誠、認真、喜樂與賞識的表情可激勵他們表現好行為；厭煩、煩悶與放棄的表情會刺激不當行為發生。面部表情以眨眼示意與微笑特別有效。

二、班規

教學前，教師建立班級結構的最佳方法就是制定班級規則與程序，瓊斯將「**一般規則**」（general rules）描述為處理廣泛的行為表現之規則，且最好用正向而非負面的語句呈現，他認定有效的班規要符合四大要素：

(1) 數量條目要少，通常不要超過五到八條；(2) 可迅速且能一致性地具體執行；(3) 條目簡單且清楚；(4) 公告周知讓所有同學都了解。規則的確立，只是有效班級經營的開始，爲了傳遞規則的實施是認眞的訊息給學生知道，教師必須透過人際互動的權力、身體展現、情感的語調等方法，此種方式瓊斯稱之爲「**限制情境**」（limiting setting）。限制情境即是透過身體來傳遞班規、執行規則，不容許學生違反班規（方德隆譯，民 103；Hardin, 2013）。

瓊斯認爲教師對於班規及其運用普遍易產生的誤解有以下幾點（單文經等譯，民 93）：

1. 好的課程中教師不會遭遇紀律問題。
   ➤ 所有的課程都需要紀律維持。
2. 某些教師天生就有卓越的經營長才，因而不會有紀律問題。
   ➤ 班級經營能力不是天生的，是經驗累積與專業知能的應用。
3. 有些學生實在難以管教，紀律對他們而言是無效的。
   ➤ 將每位學生帶上來是教育目的，所有學生都需要不同程度紀律。
4. 紀律與班級規則會阻礙學生創意與主動自發態度。
   ➤ 良好的紀律有助於教師創意教學的實施。
5. 教師教得久，班級經營技巧愈好，愈不會有紀律問題。
   ➤ 某些新進或年輕教師有更佳的班級經營技巧。
6. 有些教師根本不需要紀律方面的協助。
   ➤ 教育現場的所有教育工作者都需要紀律的協助，以促發有效學習。
7. 教師唯一問題是今年教到這班（運氣不佳）。
   ➤ 這只是教師爲自己的失敗找藉口。
8. 學生不喜歡且討厭班規。
   ➤ 若是訂定合理且有價值，學生並不會討厭班規。

瓊斯堅信：就本質而言，不管教師課程內容爲何，與生俱有的技能爲何，教師年資多少，特定課堂中學生出現不當行爲的人數多少等，所有教師在特定時候，都需要班級經營方面的協助，因而教師必須教導班規、解

釋班規，鼓勵與說明學生與他人一樣須接受與遵守班規（單文經等譯，民93）。瓊斯認為教學前，教師建立班級結構最好的方法就是訂定班級規則與程序，在高品質教學情境下學生投入程度愈高，不當行為出現的機率就會減少。

瓊斯將班規分成二大類型：一為「**一般性的班規**」（general rules）；二為「**特定性的班規**」（specific rules）。一般性的班規在於教師對工作與行為廣泛的引導、標準與期望，通常反映的是良好的行為和工作習慣，此類型班規發展時要考量不要訂定那些每次都會被破壞又不想執行的班規，班規內容如「以你希望他人如何對待你的方式來對待他們」、「尊重他人的財物」；這些班規應定期公告與檢討。特定性班規指的是程序步驟、例行事務，特定細節關注的是學生要做什麼、要如何做、何時去做，特定性班規要被教導與複習，直到像學會學科技巧一樣，班規內容如「**發言前先舉手**」、「**離開座位前要先得到許可**」等。瓊斯建議教師開學前二星期要教導學生真正了解特定班規（單文經等譯，民93；Charles & Senter, 2008）。

瓊斯認為獎勵制度的準則是真正的獎勵，此獎勵是「**實在的東西**」，是真正能讓學生為了得到它，而肯長時間投入心力努力工作，並表現良好的行為。不論獎勵增強物為何，此增強物必須是學生想要的或喜愛的，此外，獎勵是每個學生都有機會得到的，例如數學習作練習時間，教師說：「最先完成此單元習作且全對的人，將得到一張大白鴿獎勵卡。」此種獎勵制度只能促發少數學生努力的動機，對多數學生而言無法達成，因而不是一種真正的獎勵，或是說：「讓我們以三年仁班為榮吧！」此種鼓勵語雖很重要，但卻無法激發大多數學生的動機。獎勵與活動一樣，都要重視其教育價值，具教育價值的活動是合理的、學生喜愛的，就班級團體而言，合理的教育活動是指能藉由投票決定，然後全班同學共同遵守團體決定，在規定時間內做相同的活動；至於「**自由活動**」，是指學生在規定時間內可做自己最喜愛的活動（金樹人譯，民80）。

陸.責任訓練

教師的職責之一是「**責任訓練**」（responsibility training）。責任訓練的內涵就是要教育學生如何管理自己，為自己的行為負責，負責的管理要訣是與他人進行合作，自動的與他人合作才能減少課堂時間的浪費。透過激勵系統可以進行責任訓練（Charles & Senter, 2008）。瓊斯發現在多數班級中，同儕團體會強化個人的不當行為，在責任訓練層次中，教師可運用同儕團體力量控制班級行為，進而改變個體成員行為（Hardin, 2012）：

1. 祖母原則：例如先吃蔬果，才能吃點心；學生要先做完應做的事，才能從事他們喜愛的活動，例如先把學習單寫完才能看課外書（以高頻率活動為增強──普立馬克原則）。

2. 學生責任感：透過激勵幫助學生為他們的行動負起責任。

3. 真誠的激勵：例如「假設你準時完成你的工作，你有 5 分鐘喜愛活動的時間。」而非「讓我們一起用相同方法工作，之後我們將以所做之事為榮。」

4. 喜愛活動的時間：給予時間可以從事自由運用，例如玩益智遊戲或多元活動。

5. 教育價值：學生喜愛的活動要兼顧個體或群體，各種活動都要有其價值性。

6. 群體關心的：活動能讓全班有意願投入，持續於任務進行、表現好行為、完成指派的工作。

第二節　果斷紀律

坎特（L. Canter, 1992）較早出版的常規管理書籍（1976 年），名之為《果斷紀律》（*Assertive Discipline*），2010 年又出版《果斷紀律：今日課室之正向行為經營》一書，對之前的理論加以修訂，認為教師應以堅

定與正向的態度控制其班級，並有效掌管班級。坎特夫婦（L. Canter & M. Canter）主張教師要教育學生選擇負責的行為，並躬自篤行，以增強學生自尊心及提高學業表現。坎特認為師生在班級中都擁有某些基本的權利，學生的基本權利如擁有最佳的學習環境、有權要求教師幫助他們改正不好的行為、有權要求教師幫助他們建立良好的行為、有權要求教師不違背他們的最大利益，以及選擇如何行事，而且充分了解其行為後果是隨其選擇而來的。教師的基本權力如建立最佳的學習環境、要求學生表現適當的行為，必要時可從學校行政人員及家長處獲得協助。坎特也確認教師應表現三種角色與責任：一為一致性；二為教師必須扮演施予獎賞及懲罰的角色，並且不管學生或者情況如何，必須能夠確實貫徹執行獎賞及懲處；三為教師必須有意願與學生產生積極的互動（單文經主譯，民 93）。

壹. 教師的責任

在教學活動與班級經營中，教師有權力與責任（Burden, 2013）：

1. 建立規則與明確定義學生行為中教師可接受及不能接受的行為。
2. 讓學生知道教師所訂定的規定及指示。
3. 如有需要，應尋求父母及行政人員的協助，以掌控學生行為。

教師對學生行為的回應態度，會影響當事者的自尊與在學校的成功程度，因此，教師必須使用果斷的回應風格，清楚與自信地對學生解釋說明，並以行動強化教師對學生的話語內容。果斷紀律的基本原則有七個：(1) 教師有權力教導學生並期待其表現好行為；(2) 教師必須發展一致性且堅定的原則；(3) 當學生選擇不當行為時，教師要確實執行對應的處置／處分方式；(4) 對於表現適當或正向行為的學生，教師應給予正面的處置；(5) 教師必須建立班級計畫，給予班上學生正向或負向行為的處置；(6) 必要時，教師須尋求學生父母與行政人員的協助支持（Hardin, 2012）。

果斷紀律模式四個主要元素：(1) 建立一系列一致的、堅決的與公平的規則，規則及程序要明確的告知讓學生知道；(2) 根據訂定的規則，

事先決定一系列正向的處置，學生遵守規則並有良好表現時給予獎賞；(3) 根據訂定的規則，事先安排違反規則之一系列負向的處置；(4) 與學生討論制定模式執行的計畫。坎特氏（坎特夫婦）堅信有效行為管理方案是給予學生有選擇的機會，學生若是察覺教師的期待，或當他們選擇滿足期待會發生什麼事，或選擇的行為與班規不一致時將會發生何事時，學生才知道該做的事與不該做的事。果斷紀律的教師應於學年開始時，建立有系統的紀律計畫，將計畫內容於最短時間內讓學生了解，包括溝通的期待與處置，教師對所有學生，應以一種公平與令人信賴的態度執行讚美與處置。果斷紀律模式能夠應用於所有班級情境與所有年級，紀律模式應用時，學生也需要教師正向的回饋，教師發展的處置必須是適切的，能根據班級情境與學生年齡進行調整，例如實驗過程浪費 5 分鐘時間，當事人行為後果可以是下課時打掃實驗室，或午餐時間清理實驗室，或於放學後整理實驗室等（Malmgren, et al., 2005）。

發展計畫的步驟如下（Hardin, 2012）：

1. 徵求行政同意：紀律計畫獲得行政人員同意，計畫內容讓家長知道。

2. 訂定明確班規：班規發展的規則如下：(1) 班規必須是具體的或可觀察到的行為，例如「保持好行為」、「盡自己最大能力」之班規太廣泛而欠具體；(2) 規則應該是整天都可以適用的，例如「課堂中不能講話」之規則在分組合作學習中就不適用；(3) 規則內容能與學生年齡契合，例如「禁止使用手機」之規則在低年級與高年級就不同；(4) 規則應包含獨特的紀律，例如教師期待同學不要遲到，可訂定「準時上課」的規則；(5) 規則也能教導適當的班級行為，例如「不要用手打人、用腳踢人或破壞物品」規則，可以教育年幼學童培養正向行為。

3. 提供正增強：關注於正增強的提供，其中包含對學生個人或全班的獎賞。全班性獎賞有三大優點：(1) 因有同儕壓力而執行容易；(2) 可以有效解決特定的問題；(3) 在有需要時即可實施。

4. 有效處理：冷靜且快速執行違反班規學生的處置。在學生常規管

理中，教師要言行如一，常規管理內涵是：(1) 學生必須隨時遵守規定；(2) 積極肯定學生會遵守規定；(3) 當學生違反規定時，必須負起其行為的後果。

貳 . 具體策略

在班級中運用果斷紀律模式時，坎特提出二個實用的策略：一為「**破唱片法**」（broken-record）；一為「**後果一致性**」（consistency of consequence）。「**破唱片**」用於事實性行為的了解，而不是行為原因的探究，使用技巧包含了教師的堅持，但實際上是教師不斷重複他（或她）最初的訊息。此技巧對於想要轉移教師注意力的學生特別有效，方法使用很簡單，即教師不管在師生對話中學生如何爭辯，教師堅持持續重述最初想要知道的訊息，如同破唱片重複播放一段歌曲一般，例如「你有無用手推小明」、「你有無用手推小明」等。採用此法時，教師應使用精準的用語、相同的聲調、相同的音量，並控制情緒。「**後果一致性**」指學生出現不當行為時，行為結果的處置必須確實執行，例如早自修吵鬧干擾到同學，規定扣減下課休息時間，教師不能因之後同學有其他好的行為表現，而取消扣減下課休息時間的規定，因為學生透過行為「**選擇**」的結果，要讓學生知道必定會被執行（Tauber, 2007）。

有效處置的原則有四：(1) 處置方式最好不要超過五項；(2) 後果必定是學生不喜愛的，但不能有身體上或心理上的傷害，尤其不能體罰；(3) 處置不要太嚴屬但要有效——班級中約只有 10% 的學生會造成實際嚴重問題，對多數學生的處置不要採嚴屬條款；(4) 當學生選擇表現不適當行為，就要使用負向的處置：例如暫時隔離、請當事人書寫行為日誌、排除他們最喜愛的活動等。坎特強調，學生行為的記錄不該採用累積方式，不要把昨天的不當行為加記在今天的紀錄板上，讓學生感受每天都是全新的開始。後果一致性的實施可透過「**紀律階層**」（discipline hierarchy），初犯時給予警告，第四次違反班規要通知家長，累犯的學生要送到校長室

等（Hardin, 2012, pp.48-49）。

在使用破唱片策略時，坎特夫婦做了以下提示：(1) 僅僅在學生拒絕傾聽，或持續做不適當的反應，或者拒絕為他表現的行為負起責任時才使用；(2) 教師在重複述說時，最好以「**那不是重點……** 」或「**我了解，但……** 」為起始訊息；(3) 每一次使用時重複最多三次；(4) 若是有需要的話，在使用第三次之後可以直接告知一個應表現的結果行為（金樹人譯，民 80）。坎特指出有效能的教師會展現宏亮的教師聲音以吸引學生的注意與尊重，教師聲音包括音調、音量與音質，不同教師聲音會影響班級的氛圍。

參 . 教師回應風格

坎特氏夫婦從教師回應的風格（response styles）將教師分為三種類型：一為「**果斷型教師**」（assertive teachers）；二為「**非果斷型教師**」（nonassertive teachers）；三為「**有敵意型教師**」（hostile teachers）（Hardin, 2012, p.45; Tauber, 2007）：

一、果斷型教師

此風格的教師能同時保護師生的權利，教師的期待能讓學生知道，以冷靜及有條理的態度堅持學生順從教師的期待，他們會清楚且堅定地表達需求，對學生有正向的期待，態度反映在他們的言語與行動之中，言行一致說到做到；學生知道班級的界限，對於學生不當行為的處置是公平且一致的，當學生認為他們被教師公平對待時，會尊重教師，而展現教師所期待的行為。果斷型教師會先滿足自己的需求，但之後也會為班級學生的最佳利益採取最好的行動。

二、非果斷型教師

此風格的教師是被動的、態度前後不一致且沒有意願要求學生表現期待行為，優柔寡斷，讓學生十分困惑，學生不清楚教師的方向、目標焦點

或教師期待他們要展現的行為。教師會威脅學生，但學生知道教師不會貫徹執行他說的話，有侵犯性的學生會掌控班級，而無侵犯性的學生因為感覺權利被剝奪會有挫折感。此風格的教師對學生懷有內在敵意、有挫折與倦怠感，視工作環境是不友善的與不愉快的。非果斷型教師不會滿足自己的需求，但之後也不會為班級學生的最佳利益採取最好的行動。

三、有敵意型教師

此風格的教師採用嫌惡式技巧（例如諷刺與威嚇）來操控學生，教師認為班級是教師個人與學生間的對抗，且要採行嚴厲規則，否則班級會混亂失序。教師回應學生的方式是負面的、高傲的、諷刺的或敵意的，以非專業的方式評論學生，要矯正學生不當行為時，採取的是非常嚴苛的處罰方法，視教室為戰場，以贏得勝利為目標。有敵意型教師會先滿足自己的需求，但之後不會為班級學生的最佳利益採取最好的行動。

每種回應類型對教師與學生會有特定結果。敵意型反應型態最會讓教師與學生感到不愉快，對班級不喜愛，其嚴酷減低了班級信賴關係的發展，讓學生對教師與學校產生負面的態度。非果斷型反應型態會讓學生覺得沒有安全感與挫折感，教師無法達到班級設定的需求，產生高度壓力，慢慢地對不當行為學生會有敵意態度；學生感覺到他們只被教師操控，教師對他們只有少許尊重。果斷型反應型態則不會發生以上問題，此外，教師建立的班級氣氛可以允許教師與學生達到需求，教師邀請學生協同合作，幫忙學生表現可以接受的行為，教師提供學生清楚的期望、態度一致公平，學生覺得班級氛圍是溫暖與支持的（Charles & Santer, 2008）。

課堂上課期間，教室後面二位學生在聊天，沒有專心聽講。三種不同教師風格的回應行動如下（Tauber, 2007）：

1. 非果斷型教師：「我上課時請不要講話（幾乎是懇求的態度），我需要警告你們多少次你們才會聽？」

2. 有敵意型教師：「嘿，你們二個，你們的規矩到哪裡去了？你們是我不幸的教學中遇到最不尊重他人的學生。如果你們知道做什麼對你才是

好的，就坐好並住口。」

3. 果斷型教師：一邊上課一邊走到正在聊天的同學旁邊說：「小明、小強，上課的規則是當有一個人正在說話時，其餘的人都要安靜與聆聽，我希望你們立即停止交談，坐好並面向前面，將注意力集中在課程上。」

坎特夫婦認為果斷紀律要有效的運作，教師必須配合三件事情：

1. 訂定班級「規則」（rules）：規則敘寫的是學生如何正確的表現行為，行為是具體的，例如「不要動手」規則比模糊敘述「尊敬同學」較好，規則條目最好三至五個，內容僅限行為而非學業議題。

2. 「正向認可」（positive recognition）：指學生表現班級期待行為時，教師要給予個人真誠的關注，正向認可要經常使用，因為它可以提升學生自尊、鼓勵持續好行為，建立正向的班級氛圍，具體方法如鼓勵、表示欣賞、正向口語讚許、電話告知父母等。

3. 「矯正行動」（corrective actions）：指學生干擾到同學學習權利時，教師應介入處置。矯正行動雖然對學生會造成輕微的不愉快，但不應對其身體、心理有任何傷害，其有效性不是在於其程度之強弱，而是應用時的公平一致。行使時，教師必須再次提醒學生選擇行為的後果。坎特夫婦堅信教師沒有關注並限制不被接受行為的舉動時，學生干擾或不當行為會惡化（Charles & Santer, 2008）。

一位果斷型教師必須堅持某些事件，就坎特夫婦而言，他們堅持的是班級規則。規則是形成教師紀律計畫的基礎，他們將規則稱為「**界限設定／情境限制**」（limit setting）。坎特氏是現實主義者，他們接受班級定會發生紀律問題的事實，班級中學生不當行為問題是無法避免的，因而須設計一套周詳的紀律計畫來因應──有組織且可支援教師的嚴格處置階層，以符合可接受與不可接受之學生行為的程度狀況。基本規則如：(1) 任何人都不能以任何理由干擾我的教學進行；(2) 任何人都不能以任何理由干擾任一學生對學習的努力付出；(3) 任何人都不能對他／或其他學生施予身體上或心理上的傷害；(4) 好的行為可以得到酬賞。其他特別的規則如：(1) 課堂中發言前要先舉手並得到許可；(2) 課堂中同一時間只能有一個人

可以發言；(3) 教室與專門課程間的來回走動要安靜；(4) 課堂上課要備妥紙筆；(5) 所有指派的家庭作業都應按時完成（Tauber, 2007）。

　　艾邁爾等人設計一個果斷評估量表，作為評估教師果斷的適切程度（Emmer, 1994, p.144），三種類型教師為非果斷型教師、果斷型教師、敵意型教師，五個測量指標分別為眼神接觸、肢體語言、訊息、聲音與面部表情：

表10-1　果斷評估量表

	非果斷型教師		果斷型教師	敵意型教師	
	←				→
	1	2	3	4	5
眼神接觸	教師避免注視學生		教師與學生維持眼神接觸	教師怒目注視學生、目光敵視著學生	
肢體語言	教師轉身、姿勢緊張、身體搖晃、拿紙或筆盲目亂動		教師面對學生、留神注意的姿態，但沒有威脅感，以手勢支持講述話語	教師以具威脅性態度催逼著學生、指著學生，握著拳頭	
訊息	順服的、自我貶低、為學生行為找藉口，向學生懇求、要學生認錯		清楚說明問題或堅持行為要立即停止，告知自己對行為的感受，減緩緊張關係，可能使用到幽默話語	叫出學生名字、標記學生、責備與威脅、以諷刺的話語責罵、長時間的說教（訓斥）	
聲音	顫抖的、發牢騷的、猶豫不決的、過於低沉的、中斷的		適切語調、自然的音調、以不同方式加強語氣	過於大聲、喊叫、刺耳聲或尖叫	
面部表情	不適切的微笑、習慣性的抽筋、神經性的抽動		表情配合口語訊息適切展現	極端的表情，扭曲的、憎恨的、勃然大怒的表情	

肆.果斷訊息的傳遞

果斷訊息的傳遞是一種堅定的、冷靜的、自信的與有條理的態度。教師果斷的口語訊息技巧有以下幾種（Tauber, 2007）：

1.聲音音調：傳遞的音調應是堅定的中性音且是清晰條理分明的，不應該是嚴厲的、諷刺的或是威嚇的；同時，也不應使用微弱的、刺耳的、纖細的或嘶吼的聲音來隱喻學生欠缺承諾的負向行為。

2.眼神接觸：教師應該直視學生的雙眼，但教師不應堅持或要求學生也要雙眼直視教師，因學生個人人格特質的差異，強迫學生直視教師並不太適切。

3.手勢：教師手勢能表達許多重要的口語訊息，例如手掌向上表示「停止」；手掌向上平穩搖動表示「別再繼續」；食指置放在嘴唇上表示「安靜」；雙手、手掌張開且放低在一起表示「音量小一點」。上述手勢中的張開手掌或緩慢搖動手掌，傳遞的訊息是教師的意志力與自信，教師若是握緊拳頭並快速移動，傳遞給學生的訊息是軟弱、挫折與緊張不安。

4.大聲叫出學生名字：不論教師離學生多遠，大聲叫出違規學生的姓名可以快速使當事人靜下來，因為會引起學生的注意，展現教師是一位有權力的、有個人主見的與有洞察力者。

積極性肯定包括讚美、以寫有積極激勵的紙條通知父母或學生，或賦予學生特殊活動與權限。坎特認為教師對每位學生必須一視同仁，沒有偏見或歧視，公平的執行規則與獎懲，對不同年級的學生，採用的處理策略也有所不同，教師與其使用優柔寡斷或敵視的反應風格，不如採用「**果斷反應**」來處理學生的不當行為。學生不當行為發生時，教師要做有系統而積極的介入處理（Burden, 1995）。坎特夫婦建議教師對於不當行為的處理要冷靜與立即，可用的策略為「**紀律階層**」（discipline hierarchy），教師的處理要根據學生干擾行為出現的情況採取對應的矯正行動：

1.學生第一次違反規定，警告學生即可：

「小明，我們班的規則是不能吼叫，給你一個警告！」

2. 第二次再犯時，剝奪學生某些權利，例如慢幾分鐘下課。

「小明，我們班的規則是不能吼叫，背對桌子留置在教室 5 分鐘！」

3. 第三次違反時，再剝奪學生更多權利。

4. 第四次違反時，教師應通知父母協助處理。

「小明，你知道我們班上吼叫的規則，你的行為是要選擇老師打電話給你父母。」（教師告知小明父母）

5. 第五次違反時，請行政人員協助處理或送至校長室。

「小明，我們班的規則是不能吼叫，你的行為已經選擇要到校長室與校長面談！」

如果學生不當行為嚴重，則某些步驟可省略，可將學生直接送至校長室處理。例如「小明，打架在班級中是不被允許的，你已經選擇要立刻到校長室。」教導學生對其行為負責時，應包括：(1) 教學生特別規定；(2) 使用正向積極態度，激發學生表現適宜行為；(3) 學生要對其行為表現負責。對於班級中有嚴重行為問題的學生（約占 5-10%），教師與學生間可採取一對一的問題解決會議，會議的目標在於讓學生能深入察覺問題所在，最終選擇為其行為負起更多責任；教師給予的協助是提供正向的支持，與有困難的學生建立正向關係，建議學生發展個別化行為計畫，在此過程中，父母與行政人員應積極介入，提供必要的協助（Burden, 2013）。

伍. 提問技巧

教師果斷的反應態度可以反映教師的教學效能，教學效能的策略之一是班級討論，有效的班級討論前提是教師要懂得提問技巧。坎特（Canter, 2010）認為有效的提問策略要把握以下原則：

一、直接將問題拋給全班學生

將問題拋給全班學生（對全班提問，不要對單一學生提問），可以使每位學生都專心於教師提問的問題上面，提問前先不要指名要由哪位學

生回答。如果教師先指名學生再提問，會讓多數學生對教師的提問失去專注力。

二、讓學生有等待回答時間

教師提出問題到指定學生回答間要保留 20 至 30 秒時間，候答時間的長短可隨提問問題的複雜度加以調整，學生有等待候答時間才能多加思考，回應問題較能完整。聖羅克爾（Santrock, 2011）認為給學生思考的時間至少 3 至 5 秒以上，時間長短要考量到問題的性質。

三、不要讓學生大聲搶答

讓學生大聲搶答的方法只會讓班級學習外向、主動的學生有更多的表演舞臺，對於內向、沉默、害羞的學生更為不利，可能造成班上「**舉手回答**」的同學永遠都是相同的少數幾位。

四、讓學生彼此檢視回答的內容

當學生回答後，教師可再隨機抽選學生針對剛才答案內容的適切性提出回應，如此，可讓全班同學都專注於聽別人回答的內容。

五、隨機抽選任一學生回答

隨機抽選學生回答問題，可讓每位同學都能積極投入問與答的學習情境中，隨機抽選時也可以善用網路之隨機抽選程式，以提高教學的活潑性。指名特定學生的提問時機有三：(1) 指定學習不注意的學生回答，將其注意力導向至課堂學習；(2) 對全班提問後指名平時很少發言的學生回應；(3) 接續前一位學生對提問問題的回答內容，跟著指名特定學生再回應（Santrock, 2011）。

六、讓全班學生都有回答機會

讓學生於個人小白板上書寫答案或於個人學習機上直接鍵入作答，如此，可讓所有學生有回答的機會。為真正達到提問的功能，教師問的問題

儘量避免「是 / 非」的是非題，而是能促發學生思考、推論能力的擴散式問題。

七、提供更多的訊息導引

若是學生無法回答，教師可提供更多的訊息或線索，以引導及促發學生對問題的了解，此部分可根據學生資質及學習表現狀況加以彈性應用。

坎特強調一位成功的教師要歸納綜合學業表現及行為管理的技術，變成一種總體常規管理策略，所發揮的功效最大。坎特認為有效能的教師即是一位果斷反應型教師，其與優柔寡斷型及怒氣衝天型教師對學生不當行為的處理有顯著的不同。

【教室情境一】

課堂教學活動時，有學生在說話：

➤ 優柔寡斷型教師：「柏正，我不斷地要求你上課不要說話，而你一再地說話，請你不要再說話了，好不好！」

➤ 怒氣衝天型教師：「林柏正，請你閉嘴！真被你氣死！」

➤ 果斷反應型教師：「柏正，課堂要講話，請你舉手，否則就不准說話。」

【教室情境二】

課堂休息時間，二位學生在打架：

➤ 優柔寡斷型教師：「柏正、志明，為什麼你們二個老是愛打架，我已經告訴你們很多次，拜託你們二個不要再打架了，好嗎？」

➤ 怒氣衝天型教師：「林柏正、陳志明，你們二個像是個野蠻人！再打看看，看老師怎麼處罰你們。」

➤ 果斷反應型教師：「柏正、志明，不許打架，各自坐回自己位置去，等你們冷靜下來再跟老師說理由。」

【教室情境三】

課堂作業練習時間，雅美坐在位置發呆，還沒有動手書寫：

➤ 優柔寡斷型教師：「雅美，為什麼每次書寫作業時間，妳都在發

呆，然後才跟老師說妳時間不夠，寫不完！」

➤ 怒氣衝天型教師：「方雅美，妳再發呆不快一點，下課時就不要出去！」

➤ 果斷反應型教師：「雅美，如果妳不會趕快問明芳，明芳會教妳；若是妳會要趕快寫，下課時全班均要繳交給老師批改哦。」

第三節　無壓力的紀律與眞實紀律

壹. 無壓力的紀律

「**無壓力的紀律**」（discipline without stress）提倡者爲馬紹爾（M. Marshall），他主張透過懲罰或獎勵策略來教導學生負責任的態度，獎懲的基礎是社會發展的階層制度，此階層制度協助學生增加自我責任感、社會知覺與社會責任，教師需要的是一個有系統的班級經營，使用非強制的方法促發學生學習，但方法並不是寬容的。傳統的獎懲方法無法培養學生的社會責任，要眞正改變學生行爲，必須深入了解學生的內在動機（方德隆譯，民 103；Hardin, 2012）。無壓力的紀律模式之主要概念爲：(1) 積極比消極作爲更能成爲一位有建設性教師；(2) 選擇賦予學生權力；(3) 就持續改進方面自我評估是必需的；(4) 人們選擇他們自己的行爲；(5) 改變行爲最有效的方法是自我改正；(6) 表現負責行爲是最重要的酬賞物；(7) 使用權威時不採用處罰方法成長最快（Burden, 2013）。

馬紹爾建立的社會發展階層以 ABCD 表示，A 表示「**混亂**」（Anarchy）—— 無政府管理狀態；B 爲「**霸凌或打擾**」（Bulling / Bothering）——作威作福狀態；C 爲「**順從**」（Conformity）——合作服從狀態；D 爲「**民主**」（Democracy）——自律主動狀態。「**混亂**」是社會發展階層的最低層次，是社會行爲最不被允許的，班級社會在此層次中的運作是沒有社會秩序或是極度混亂的情形。第二個層次爲「**霸凌或打**

擾」他人，班級社會在此層次中的運作情況是學生會霸凌其他同學，有時甚至會霸凌教師，會霸凌或打擾他人的學生只有當權威人士（教師或具有權威的他人）在場時，才會服從，學生常對教師講的話為：「我無法控制我自己，我們需要你來監督。」第三個層次為**「合作與順從」**，此層次的行為是可以接受與被期待出現的行為，班級社會的學生在此層次中以符合期待標準的行為展現合作與順從，學生與教師間或學生與學生間緊密連在一起，以適宜的態度融入他人生活之中，學生的動機受到外在因素的影響，如同儕壓力或班級期許等。第四個層次為**「民主」**，此層次的學生會為自己的行為負起責任，負責任的動機是內發的不是外塑的，學生從自我滿足中獲得酬賞。學生選擇好行為是來自自我評價與自我調整的察覺，學生負責任的行為表現，是因為內在動機與對期待事件的了解產生了連結，讓他們成為主動，且覺得他們做的事情是對的（Charles & Senter, 2008; Hardin, 2012）。ABCD四個層次的行為與對應行為的描述如表10-2所列：

表10-2　無壓力的紀律——處罰與酬賞

符應的字母	接受度	行為的層次	行為的描述
D	可以接受的行為	民主（Democracy）	・對他人表示友善 ・發展自我信賴感 ・做好，因為這是應該要做的正確事情 ・發展自我紀律 ・表現主動 ・展現責任感 ・動機是內在的
C		合作／順從（Cooperation/Conformity）	・傾聽 ・做被期待的事情 ・順從 ・體諒他人（具有同理心） ・遵守規定

符應的字母	接受度	行為的層次	行為的描述
			·某人出現時會與其合作 ·動機是外在的
B	不可接受的行為	霸凌／打擾 （Bullying/Bothering）	·操控或霸凌他人 ·打擾他人 ·破壞班級標準 ·對權威有反應（挑戰權威） ·動機是外在的
A		混亂 （Anarchy）	·吵雜 ·失去控制 ·不安全（不友善的環境） ·沒有秩序 ·沒有目標與混亂 ·動機是外在的

資料來源：Burden (2013, p.37); Hardin (2012, p.159).

一、三個階段

馬紹爾提出之無壓力紀律實施的三個階段為（Hardin, 2012, pp.163-167）：

1. 行動前教導詞彙與概念，教導概念時要根據學生年齡、成熟度，選取合適的教材內容，此外，教師還要以不同方法呈現教材，盡可能安排多元的學習活動（型態）。

2. 以有效提問方法檢查學生是否了解，檢查了解適用時機為學生處於發展階層 A 與 B 層次，表現社會無法接受行為，教師的處理方式要立即介入，教師不是要處罰學生，而是協助學生培養建立自我控制與社會責任感。

3. 使用引導式的選擇，若有需要教師可使用權威，但不能使用處

罰，學生之選擇、自我控制與責任感三者是相互影響的，**「引導式選擇」**（Guided Choices）的作用在於提供學生選擇的機會，進而培養其責任感，過程中教師可樹立權威，而不會與學生對抗。

馬紹爾認為有效的教學活動是教導學生認識四個層次的名稱與特性，內容可採用層次的視覺化圖表，學生可以用圖形方式描述、寫下層次的描述語，對他人以口語方式說出、傾聽他人應用對應層次表現的學校行為等。他堅信教師使用不同型態與舉例說明，四個層次會變成學生心中圖像，心中圖像會導引學生行為表現，會導引學生參與能獲得滿足與樂趣的行動，減少無法滿足或會有痛苦的行為。教師教導時應強調層次 C 與層次 D 動機的根源與本質的差異。層次 C 的動機是**「外在動機」**，目標在於得到讚美及避免不舒服，學生負責任的行為是因為成人的指示，其中包含酬賞及懲罰，同時也可能受到同儕影響或避免出現不良後果，才展現負責任行為。層次 D 的動機是**「內在動機」**，學生相信行為可以帶來滿足與喜悅，個體負責任的行為並不是被要求、被告知，或是受到酬賞與懲罰影響，學生主動做對的事情，是因為他們知道這樣做對班級、學校及他們自己最有利（Charles & Senter, 2008）。

馬紹爾強調教學與實施歷程的重要性，因為多數學生無法自行了解要如何表現教師所期待的正向行為。班級中的教學要把握三個原則：(1)**「正向性用語」**：將負向規則改為正向語句，例如將「不要奔跑」，改為「我們在走廊要用走的」；(2)**「選擇反應」**：允許學生選擇他們對情境的反應，讓他們有更多自我控制、負責與權力分享；(3)**「反省自評」**：採用提問方法以引導學生反思與自我評定。馬紹爾提出**「喚起責任感系統」**（RRS）方案，此系統有三個要素：(1)**「教導」**：教導學生社會發展的階層；(2)**「提問」**：當學生無法為行為負責時檢核學生是否了解；(3)**「促發」**：當學生持續出現不當行為時引導學生做選擇（Burden, 2013）。

二、四個策略

為營造一個正向班級環境，馬紹爾提出四個策略（Hardin, 2012, pp.169-170）：

（一）評鑑教學

馬紹爾認為班級紀律問題常與教師的教學有關，好的教學可以減低學生的行為問題，當學生擾亂課程時，教師需要進行反思是否與其課程內容、教學程序、班級經營或紀律模式等有關，差異化的理念有助於教師採用最有法的方法解決問題。

（二）舉行班會

馬紹爾認同葛拉瑟（W. Glasser）的觀點──教師應定期召開班會，以傾聽學生想法。他認為班會的實施給予學生練習與人溝通，以及社會化技巧習得的機會，班會有助於許多班級問題的解決，改善教學與學習，促發教學省思、適當提案的討論與相關問題的釐清。有效的班會要掌握三個關鍵部分：(1) 澄清所要討論的主題，以確定每個人都了解討論的議題或主題；(2) 個人化的程序：給予每位參與者都有機會將自己的知識及經驗與主題進行連結；(3) 學生觀點能透過假設性的問題與情境，讓教師有機會協助學生心智功能的強化。

（三）確認適當行為的標準

馬紹爾不認同在班級中使用「**規則**」（rules），他認為規則會對班級關係產生不良效果，因為規則本身指的是控制，會造成班級師生或同學間的敵對關係。在下列情況中，規則更易延伸班級問題：(1) 規則不清楚時；(2) 規則被認為不公平，或是實施情況不一致時；(3) 規則會引發學生去鑽相關的漏洞，避免受罰；(4) 當規則被破壞時，必須有對應的規則處置方式。較好的方法是教師將期待行為與其標準明確解釋清楚，賦予學生權力提升個人責任感，促發其內在動機、增強學習投入，而不是只要求學生順從。

（四）適切地使用獎勵與酬賞

雖然馬紹爾同意酬賞可作為高度的誘因，但他認為酬賞不應與期待的行為標準有所關聯，因為被期待行為給予酬賞方法無法培養學生社會責任，他建議作為鼓勵與促發動機方面，可改用「**承認**」（acknowledgements）、「**認可**」（recognition）、「**確認**」（validation）等語詞（方德隆譯，民 103）。「**承認**」是再次認定與增進自我滿足，其功能在於認可學生已經完成的工作或活動，關注的是學生已經做好的事情，不隱含對個人的評價，其訊息語法如「你的成績顯示你非常努力。」「你很努力的做你的專題。」

馬紹爾建議當班級出現擾亂行為時，教師必須立即把握時機進行社會責任的教導。社會責任是透過引導方法來學習，而非經由教師講述、處罰的歷程來學習。相對於處罰而言，對於問題學生的行為處理，馬紹爾建議採用以下策略（方德隆譯，民 103；Hardin, 2012, p.172）：

1. 使用正向語言：教師應該告知學生要其展現的正向行為，而不是只關注於不可欲的行為（不期待的行為）。

2. 授權給學生做選擇：提供學生一個以上的選擇，可以培養學生做抉擇與自主能力，此策略也適合應用於班級活動與課外作業方面。

3. 詢問反省性的問題：馬紹爾強調沒有一個人可以確實改變一個人，教師對學生的控制只是短暫的，但若是改為反省性的問題，讓學生反思檢討自己的行為，其成效會更好。

4. 教導有效控制衝動：許多學生可能不知道如何停止衝動行為，因而教師必須教導相關技巧，讓學生知道如何將衝動行為轉化。

5. 轉換活動時，給予明確、簡要的指示：只有短暫注意力的學生，在課業專注程度方面較有困難，藉由給予明確的指示說明，減少轉換活動的時間，可以更快速地讓所有學生專注於課堂活動。

6. 標記學生的分心行為：當事者可能不知道自己的行為已經讓班級同學與教師分心，標記告知當事者分心行為，較有可能使問題學生停止其不

當行為，並思考他們正在做什麼。

　　7. 尋求問題學生的協助：向學生解釋教師無法獲得所有答案，因而需要學生提供建議，告知教師要怎樣做才能停止擾亂行為。

　　8. 讓問題學生負責：擁有責任感可以幫助當事者專注於課業活動上面。

　　9. 改變教師行為：藉由詢問當事者下列問題，以改變行為：(1) 你想要什麼？(2) 你選擇做什麼才能對你想要的有幫助？(3) 如果你選擇所做的事，對你所想的沒有幫助，你的計畫又是什麼？(4) 你要做什麼來執行你的計畫？

貳. 真實的紀律

　　莫里斯（R. Morris）認為在學生未準備做決定情況下，期待學生做許多決定的紀律理論是沒有效益的，其結果只會造成教師與學生之間多餘的協商與爭論，他認為比較實際的作法是教導學生正確與錯誤行為，期許學生順從大人權威，直到學生可以有效做出決定。當學生完全成熟與有經驗，屆時鼓勵學生對行為做出選擇才會有效，紀律必須透過教師用心的引導與教學程序才會有其成效，其紀律理論稱為「**眞實的紀律**」（Real Discipline）。

　　莫理斯認為「**眞實的紀律**」不是一個新的理論，而是許多教師與父母已經使用很久的技巧匯集，這些技巧在於教導孩童尊敬、負責與合作態度，在教師細心的引導下，可以讓學生學習如何表現適當行為。莫里斯認為學生也可以選擇，但只有在學生有充分準備下才可以實施，選擇是讓學生有較多的決定而不是選取對他們最為有利的，學生要做的二件事情是對大人的順從與對權威的尊敬。莫里斯的紀律概念如下（Charles & Senter, 2008）：

　　1. 紀律是給予一個學生所需的結構系統，而不是他們應受到的處置（賞罰）。

2. 紀律字詞來自「**信徒**」（disciple），有教導與學習的意涵，沒有責罵與處罰之意。

3. 紀律不是當學生出現不當行為後你要做什麼，而是你做了什麼他們才不會有不當行為出現。

4. 紀律不是讓學生自己做選擇，而是他們可以做選擇時，再準備讓其做決定。

5. 不要讓學生選擇他們之後無法做到的事。

6. 用指導語訓練學生順從，順從重於合作，要學生順從時若與其討價還價，之後教師可能會懇求學生。

7. 學習最好從較多結構轉移到較少結構，不要排斥其他方式。

8. 為了避免嚴重行為問題發生，要從學生的輕微行為問題開始處理。

9. 學生適當行為養成是循序漸進的，不要以處罰方法想讓其在短時間內達成。

10. 教導學生行為最佳時間為其行為需求未被滿足時，當學生滿足需求後，就較少會出現紀律問題。

11. 若是教師教導學生解決的策略，學生較不可能出現問題行為。

12. 當事人若為青少年，較喜愛接受指導而不喜愛受掌控。

13. 紀律的實踐是持續不斷有禮貌的去做，它比教師長時間的說教成效更好。

14. 口語上的警告如「不要打架」、「停止辱罵」比生理上的傷害更好。

15. 紀律結束時間為當事人行為已獲矯正，而非採用處罰。

16. 今天實踐的程序是明天的成果。

真實的紀律實施有三個階段（Charles & Senter, 2008）：

一、階段一：訓練順從

有組織地訓練學生接受成人的權威，進而培養自動地順從。基本的順從被視為是一種「**無思考的活動**」（nonthinking activity），它不用經由反省或做選擇即可成為習慣。順從班級行為應透過直接教導與密集監督來

達成，教師經由講述並示範如何做給學生看，讓學生重複行動直到成為習慣為止。訓練順從要有三個配合條件：

（一）明確的班級規則

教師訂定規則時，不需要徵求學生同意，教師要做的是在權威的基礎下，教導學生為什麼要有規則、為什麼要訂定班規，解釋規則內容並採納學生意見，規則建立後要確保能夠確實執行，這就是教師的**「堅持」**。

（二）限制學生行為與強迫學生去做

建立標準，不要與學生協商設定的限制。良好紀律的第一個祕訣是當學生觸及限制線時不要給學生選擇，教師以友善而坦率的語調告知學生要做何事，教師對限制的說明要果斷，例如「請在門口排好隊」、「立刻做你們的功課」等，教師不能妥協，也不要與學生討價還價。

（三）重建班級中的教師權威，不要給學生太多自由

教師權威來自合法性與社會習俗，其影響力來自教師熟知他們的工作、知道他們為什麼要設定限制，與知悉他們對學生學習的期待，這些經由教師聲音的語調、講述的字詞與個人肢體語言訊息傳遞給學生，例如「這是你必須做的內容，這是你在班級的工作」等。

二、階段二：教導學生如何表現行為

真實的紀律第二個階段為聚焦於合作、適當行為與責任感提升的技巧、態度與知識，教師制定班級規則，透過解釋、說明示範、實作與改正性的回饋等方法快速教導學生，學生了解必需的規則，且接受教師權威後，會展現順從行為。這個階段教師要教導學生要有禮貌地與他人相處、學習與遊戲並重、解決衝突、設定個人目標、安排活動與管理時間。教師必須教導學生做什麼，其中最佳方法是經由直接教學、實作與周密的監督來教導行為技巧，行為未達教師期待時，一定要要求學生重做，持續做到教師所期望的標準。

三、階段三：管理學生的選擇

第三個階段爲選擇管理，當學生有能力處理行爲，要幫忙學生獨立，提供他們有更多選擇。學生做選擇時要能考量到他人的權利、需求與學校的利益，此外，教師也應考量哪位學生有權利、義務做特定的選擇，當事人更要關注到特定目標的結果，例如學習作業未按時完成的學生，教師必須堅持其要完成工作才有選擇的權利。對於學生不當行爲處理時，教師主要目標是幫助學生能自律與適當地管理自己。將眞實的紀律視爲一種活動時，教導學生獨立選擇的三件事：(1) 要考量到個人權利與責任的均衡；(2) 必須考慮到他人的需求與權利；(3) 學生應該環顧每個未被監督到的情況，以展現個人的責任心。獨立性並不是「**做你自己的事**」，而是「**當你自己做事時，做了什麼才算是對的事。**」

許多教育者認爲低自尊是學生行爲問題的根源，但莫里斯並不同意此論點。莫里斯同意在學校學業不佳或常惹麻煩的學生，有較低的自尊感，相對的，學業表現較佳學生有較高的自尊感，但自尊無法決定成敗，學校中的成功或需求缺失決定學生的自尊，若是學生有能力且有成功感，則學生較會自覺良好，因而讓學生有適度成功經驗是十分重要的。莫里斯認爲容許學生失敗、不給予學生壓力、學生不害怕指責，或允許他們自由選擇的情況下，只會縱容學生，讓學生有更多自我寬容，漸漸的學生會沒有羞愧感，對不當行爲會加以合理化。莫里斯不同意教師使用「**如果……就**」的描述語與不當行爲學生對談，例如「如果你再用那種態度跟我講話，我就把你送到校長室。」此種描述語無法讓學生對態度有選擇機會。教師可以說：「在班級中我們不應該用那種態度說話，不要再說了。」教師最重要與最有權力的是堅持，教師必須明確告知學生他們沒有選擇權利，但可以照教師教導的方法去做，若是學生不聽，教師可以反覆採用嚴格的語氣，如果還是沒有效用，教師可使用輕微處罰如「**隔離法**」（timeout），但隔離時間不應太長，教師還是要教導學生重做正確的行爲才有效（Charles & Senter, 2008）。

思考與討論問題

1. 根據《國民中小學辦理戶外教育實施原則》，戶外教育為學校課程與教學之一環，依據課程目標，以學校本位課程為主軸，結合領域教學及彈性學習課程，戶外教育課程活動內容以學生學習為核心，增進自然與人文關懷、認識家鄉及愛護家鄉為主要目標，每學期以至少辦理一次為原則。根據實施原則，教師群在辦理戶外教育時要注意哪些事項，請列舉說明。

2. 教師若是突然舉行家庭訪問，多數學生家長會認為是其子女在學校闖下大禍或犯下重大違規行為，或是在校表現不好等，因而教師若要進行家庭訪問時，要注意哪些事項？

3. 你能想一想，家長人力資源可以幫助班級做哪些事情？

4. 某些家長為了感謝老師的辛勞，於教師節或節日前夕會特別送教師小禮物（如水果、餅乾等）以表敬意，你對於家長送教師禮物行為有何看法？你會不會拒絕？為什麼？

5. 請說明教師使用家庭聯絡簿時應注意哪些事項，才能發揮家庭聯絡簿的功能？

6. 教師在檢查家庭聯絡簿時，若是發現家長的簽名有可能是學生代簽的（教師只是懷疑而已），你會如何處理？

7. 如果你班上有位學生作業均馬虎不用心寫，你在家庭聯絡簿上書寫請家長協助督導，而家長完全未回應，學生作業情況也沒有顯著改善，你會採取何種策略？

8. 親師溝通時要把握哪些原則，才能有效達到溝通的目的？

9. 〔情境事例〕

陳老師是國中二年三班的英文老師，也是此班的級任導師，每次考完試後，均會將班上考試成績整理重排，由最高分至最低分排序，發考卷時第一位被叫到的同學是全班考得最高者。每當陳老師在發考卷

時，同學均很渴望是前幾位被老師叫到姓名的人，等到考卷發到二分之一時，陳老師的情緒就會開始轉變，一邊發考卷一邊責罵同學：「成績考得很不理想！」試卷愈發到後面，不僅臉部表現變得很嚴厲，責罵同學的語調更大聲：「你（妳）看你（妳）考得是什麼成績？」、「你（妳）怎麼考得這麼爛？」，陳老師不僅責罵同學，對於不滿意的成績，還會把考試卷用力丟擲在地上，讓同學自己去撿。

　　每考完一次定期考查，陳老師就會調整班上同學的座位，他先將同學集合在走廊上，同學依此次英文考試成績的高低排成一排，照成績高低由中間向教室二旁依序入座，最中間者是此次成績考得最高的同學，左右二旁是班上考試成績最差的，陳老師認為這樣的位置排列，可以讓同學自我警惕，有知恥近乎勇之效。

〔事例思考〕

你認為陳老師的作法，有哪些不妥之處？

第 11 章

教學效能的理論與策略方法

「有效能的教師是：學生學得『快樂、充實，有成就感』；教師教得『如意、完整，有投入感』；家長覺得『滿意、放心，有參與感』。」

「有效能教師的三項法寶——品德操守、專業智能、策略方法。」

「班級是快樂的學習天堂，教師是學習天堂情境的規劃者與導引者。」

「教學要有方法、管教要有技巧、溝通要有策略。」

「教師講得清楚、說得明白、教得清晰；學生做得確實、聽得明白、習得完整。」

教學是師生互動過程，學生雖是學習中心，但教師則是教學主體，是學生學習的導引者，教師教學的行為表現直接、間接影響到學生的學習展現、學習成就及教育目標的達成，這就是「**教師效能**」（teacher effectiveness）的理念，也就是有效能的教師行為、有效能的班級經營可以促發學生學習機會的最大化。有效能的教師所展現的就是有效教學行為與教學活動，要展現高度的教師效能，教師本身要有良好的「**自我效能**」（self-efficacy），教師自我效能是教師個人對自己能力的信念（Woolfolk, 2019），此種信念會影響教師教學行為展現與管教策略。

第一節　有效教學原則

壹. 教學效能與有效教學原則

當教師對自己的課堂教學成效持有高自我效能感時，會相信自己有能力幫助學生成功。教師之高自我效能對學生學習成就的影響包括：(1) 比較願意嘗試或採用可能有助於學生學習的新教學策略；(2) 對學生的學習表現有較高期望，也會設定較高且多數學生可以達到的目標；(3) 會投入較多努力及時間於教學活動上，在幫助學生學習時較能堅持及較有耐心。教師效能並不是唯一影響學生學業表現的因素，學生也必須精熟知識及技能學習，並善用有效學習策略（Ormrod, 2008）。

一位高效能教師所持的信念為不管學生的先備知識或能力為何，教師個人都堅信他可以讓所有學生成功學習，達到期待的目標，這即是教師的「**教學效能**」（teaching efficacy）（Kauchak, 2007）。馬廉德（Marland）以實際訪談發現，以下有效教學原則對學生行為產生一定程度的影響（Clark & Peterson, 1986）：

一、補償原則

「**補償原則**」（the principle of compensation）指的是有效教學之教師會特別對待害羞、內向、能力較低及家庭教養較差的學生，此種對待主要會給予這些學生更多的關懷與體諒，學習過程也會付出更多教學時間與心力。

二、彈性策略運用原則

所謂「**彈性策略運用原則**」（the principle of strategic leniency）指的是有效教學之教師有時會忽略那些被認為需要特別注意的孩子，在教室裡所做之違反規定的事情。此種學生之所以會出現輕微違反常規行為，主要在引起教師的注意。此時，教師若忽略不管，反而可讓這些學生不再出現類似行為。

三、權力分享原則

有效教學之教師會採用非正式的方式，在學生間建立權力分享架構以影響學生，此方法可讓教師和某些學生共同分享責任和權力，亦即教師會選擇性增強某些學生之良好行為，這些學生是教師所認為當班長的適當人選，而此學生可在同輩間發揮影響力，此為「**權力分享原則**」（the principle of power sharing）。例如教師一再重述：「班長做事能力很強，老師交待的事情均能做得很好。」此種行為可對班上同學產生潛移默化的作用，強化班長領導的權力，使得全班同學更會服從班長的領導，亦即教師把其權力藉由正向的讚賞，轉移至班長身上。

四、定期檢查原則

有效教學之教師會每隔一段時間查驗學生進度、發掘學生問題所在，並鼓勵能力較差的學生，此原則即稱為「**定期檢查原則**」（the principle of progressive checking）。教師的定期檢查可藉由教室行為觀察日誌、學生行為表現紀錄表、平時評量考查成績、學生週記或日記等，來

檢核學生的行為或學習表現。

五、情緒壓抑原則

「**情緒壓抑原則**」（the principle of suppressing emotions）的內涵指的是，有效教學之教師會有意識的壓抑自己教學時所產生的情緒感受。之所以會有此原則，乃是因為教師們相信，如果他們表達出自己的情緒感受，很可能會帶動學生興奮的情緒，進而促使學生過度地表達自己的情緒感受，造成管理上的問題。教師情緒壓抑即教師的情緒管理，教師不應將個人、家庭或其他班級外的因素所導致的情緒反應，直接轉換表現於教室之中。

馬廉德歸納所得的五項原則著重在學生的特徵上。補償、彈性策略運用及權力分享均需要教師深入了解他的學生，才可判斷哪位學生適用哪種原則來引導；情緒壓抑是一種預防性策略，是教師自我的控制，可避免引起教室秩序混亂。教師的情緒管理若是不適切，可能會使教師表現非理性行為，引發師生衝突事件。

貳．有效教學基本原則

康諾思（Conners, 1978；引自 Clark & Peterson, 1986）以刺激回想記錄方法，探究有效教學之原則，結果發現有效教學教師所持之基本教學原則有以下幾點：

一、認知連結原則

新知識由教師根據學生過去經驗和學生未來要學習的內容，有條理而清晰的將其串聯在一起，以便有效地教授給學生。「**認知連結原則**」（the principle of cognitive linking）也就是要喚起舊經驗或已有知能（先備知識），以便將舊經驗融入新經驗中，快速而有效的學習新知能。

二、知識整合原則

　　為學生提供練習的機會，並讓學生將其在某一科目所學的技巧、知識應用到別的學科中，以便達到「**訓練遷移**」（transfer of training）的目的。「**知識整合原則**」（the principle of integration）就是新課程中「**知識的統整**」，學生學到的是完整的概念，而不是片段的知識。

三、做結論原則

　　教師在教完某一課程或某一單元後，會做重點摘要、重點複習，並做一綜合整理。「**做結論原則**」（the principle of closure）就是教師在課堂結束前，能把課堂內容的核心概念或教材重點，以簡潔而清晰的方式幫學生整理複習。

四、學生參與原則

　　有效教學行為之教師會讓所有學生都能全心全意參與課堂活動，減低學生疏離感，協助害羞學生克服不願參與學習活動的心理。要讓所有學生能參與課堂活動，教師可以採用異質分組、問題討論、角色扮演等學習活動。此外「**學生參與原則**」（the principle of general involvement）中規劃的課堂活動之任務目標是多數學生都能完全達到的，讓學生的「**投入時間**」（engaged time），或是「**任務時間**」（time on task）可以反映其「**學業學習時間**」（academic learning time），學生理解與任務完成的成功率很高（Woolfolk, 2019），學生能達成任務才會促發其進一步的學習動機。

五、平等對待原則

　　有效教學之教師對待班級學生會一視同仁，講求公平、一致。教師要做到「**平等對待原則**」（the principle of equality of treatment），一定要放棄對學生個人的成見，避免「**月暈效應**」及「**刻板印象**」的產生，其中性別的刻板印象必須破除。

　　有效教學之教師在課堂上，很有可能發生學生參與原則與平等對待原則實施上相互衝突的情形。例如違反平等對待原則，對較畏縮之學生給予特別照顧、鼓勵獎賞等，以使他們能全心全力參與學習。有效教學之教師必須在原則與實際狀況中取得「**平衡**」，配合實際情境彈性使用。

參 . 有效教學前置原則

　　此外，康諾思也發現三項有效教學「**前置原則**」（overarching principle of practice），作為教師有效教學行為基礎：

一、情緒壓抑原則

　　與前述馬廉德所述教學原則相似，但除了防止學生擾亂班級秩序外，此原則也運用了「**看得見的情緒壓抑**」（visible suppression of emotions），即保持沉默、板起臉孔，直到課堂安靜，並且隨時故意地表現出生氣或受挫之臉色，以阻嚇學生。情緒壓抑原則即教師控制情緒同時，也能以肢體語言傳達對學生不當行為的關注。

二、教師真誠原則（the principle of authenticity）

　　此乃教師自我行為表現方式，此方式須和學生建立良好的關係及營造適宜的班風。有效教學行為之教師會以開放、誠摯及誠實的態度來對待學生。

三、自我監控原則（the principle of self-monitoring）

　　有效教學行為之教師會隨時留意自己的行為表現，並且了解自己的一舉一動對學生的重要影響。教師的自我監控，即是一種教學行動反思行為，教師若能隨時隨地注意自己的言行舉止，調整不適切的教學行為與管教態度，則可以維持良好的師生關係。教師自我監控並評估自己的教學或管教行為，也是「**後設認知能力**」（metacognition）的一環。

第二節　有效能的教師行為

　　為使教師的表現及教學效能信念的理念，有效落實於教師實際教學活動上，必須探討教學歷程中的有效教學行為。

壹. 有效教學行為內涵

　　阿希頓（Ashton, 1984）從個人成就感、對學生行為和成就的正向期望、對學生學習的個人責任、達成目標的策略、正向的影響、教學掌控程度、師生共同的目標、民主式決定等方面，來比較有效能與無效能的教師行為：

　　1. 個人成就感方面：高效能教師認為和學生一起活動是重要的和有意義的，且認為自己對學生學習有正向作用；低效能教師對教學感到挫折和沮喪。

　　2. 對學生行為和成就的正向期望：高效能教師期望學生進步，而且往往能促發學生達成其期望；低效能教師則常預期學生會失敗，且對教學努力有負面影響及學生會有不當行為發生。

　　3. 對學生學習的個人責任：高效能教師認為教師應負起學生學習責任，學生遭遇到失敗的學習經驗時，會檢討自己的教學行為，以使學生獲得更多幫助；低效能教師則認為學生應完全負起自身的學習責任，當學生學習遭遇到失敗時，教師會從學生的能力、家庭背景、動機或態度等教師以外的其他因素來歸因。

　　4. 達成目標的策略：高效能教師會為學生學習訂定計畫，也會設定師生目標及確立達成目標的有效策略；低效能教師的教學活動則缺乏特定目標、教學歷程充滿不確定性，並缺乏有效、完整的教學策略。

　　5. 正向的影響：高效能教師對教學、自身及學生等有勝任愉悅感；低效能教師對教學有挫折感，常出現沮喪，對學生及教學工作則有負面的情感反應。

6. 教學掌控程度：高效能教師深信能夠影響學生學習；低效能教師常覺得教學具有無力感。

7. 師生共同的目標：高效能教師之班級常是師生共同參與以達成教學目標；低效能教師之班級則是師生目標分開對立，而且彼此關注的焦點亦不一樣。

8. 民主式決定：高效能教師允許學生參與有關達成目標和學習策略的決定；低效能教師則是將學生排除在外，自行決定達成目標和學習策略，而不讓學生參與。

依學者羅森辛（Rosenshine, 1978）的觀點，教學歷程變項中教學行為的主要內涵為「**教學線索**」、「**教學發問**」、「**教師反應**」、「**教學回饋校正**」及「**教學內容**」五項，在這幾方面教學行為表現優異者，也就是一位有效能的教師或有效能的管理者。羅森辛與史蒂芬斯（Rosenshine & Stevens, 1986）綜合相關研究，歸納結論，結果發現有效能的教師，大都表現下列的教學行為：

1. 教學進行時，會簡短、具體的陳述目標。

2. 單元開始時，會簡短地溫習上次的學習內容，並說明學習的必要條件。

3. 井然有序地呈現教材，每教授完一個單元內容，會讓學生即時學習。

4. 能給予學生清楚、明確而詳盡的講解。

5. 能提供富挑戰性的作業，讓學生有主動練習的機會。

6. 向學生提出適當問題，以得知學生了解程度及反應。

7. 剛開始練習時，會引導學生學習。

8. 提供學生有系統的回饋和矯正。

9. 提供清晰的教學及作業練習，監控學生作業，使學生有學習信心並能獨立學習。

貳 . 有效教學行為應考量學生學業需求

瓊斯二人（Jones & Jones, 1990）環顧相關文獻後，認為以下十三項學業需求與學生學習動機關係密切，這十三項學業需求也是有效教學之教師在計畫教學活動時所應考量的原則：(1) 使學生了解及評估學習目標；(2) 使學生了解學習過程，掌握學習重點與脈絡；(3) 讓學生主動地涉入學習過程；(4) 教材內容要與學生生活相關；(5) 藉由設定目標或依據學生興趣以控制學習環境；(6) 使學生經驗成功，重視評量試題的難易度，採用標準參照測驗；(7) 使學生接受具體而立即的回饋以增強其自我效能；(8) 當學生表現實作目標，以適當的酬賞作為激勵；(9) 讓學生看見學習典範，此典範可激發及酬賞學習者的活動；(10) 使學生能經驗到良好的班級結構環境（良好班級氣氛）；(11) 讓學生有時間組織整合其學習內容；(12) 能讓學生與同儕有正向積極的接觸；(13) 學生接受教學方式能和其認知、技能及學習式態相配合。

參 . 有效能的班級經營

馬札諾等人（Marzano, et al., 2009）認為有效能的班級經營要能在班級中使用特定技巧，以建立適當的支配地位。高支配地位同時兼顧班級學業與行為面向，其特徵是目標明確與強力指導，內涵包括教師要教導的行為內涵與可欲的行為表現。中至高度層級的支配與中至高度的合作功能相同，均可以提供學習過程最佳的師生關係。適切的支配程度可以幫助學生維持適當的行為，並且不會干擾到正向師生關係的發展。其具體作法如：(1) 建立班級規則與實施程序；(2) 不當行為發生時，適時使用紀律介入策略；(3) 展現果斷的行為，例如使用果斷的肢體語言（保持眼神接觸、站直、適當距離處面對學生）、以適當的音量說話（清楚且鏗鏘有力、避免情緒性字眼）、堅持學生表現出適當行為（不要因學生否認、爭辯或似是而非的解釋改變心意）；(4) 明確說明單元、期中、期末學習目標（對學

習目標提供回饋、持續有系統地修正目標）（Burden, 2013）。

　　一般而言，有效能教師的班級經營具有以下特徵：

一、學生正向行為較多

　　學生的違規行為少，相對的表示學生正向的行為較多。有效能的班級經營中，學生上課遲到、作業缺交、課堂不專心聽講、打瞌睡、說謊、罵髒話、與人爭吵、打架等行為出現的頻率甚少，而相對的表現較多的循規蹈矩與正向行為，例如上課不遲到、作業不缺交、課堂專心聽講、精神飽滿、不罵髒話、不與人爭吵、不會發生打架等行為，同學喜愛學習、喜愛教師、喜愛同學、喜愛班級活動等。

二、學生學業表現較佳

　　每個學生均能專心投入於學習活動，配合教師規劃安排的程序而全力以赴。雖然不是每個同學均考滿分或九十分以上，但每位同學均能將自己最佳的潛力表現出來，達到自己預期的成績與標準，時時有信心、日日有進步，超越自我，表現最佳的學習成果，成績日漸進步，所設定期望標準均能達到，每位同學均能適性發展，展現個人的長才與優點。

三、師生關係互動良好

　　班級就像一個溫馨和諧的大家庭，學生與教師和睦相處，教師積極關心接納每位學生，有效輔導同學學習及生活，學生各個喜愛接近教師，願意信服接受教師的指導與教誨。同學間在合作中學習，而非在競爭中成長，教師對學生沒有偏見，以愛心及耐心來感化學生，很少用到處罰，師生間的關係非常融洽。

四、班級情境布置得宜

　　教室的情境中，有形的物理環境如採光、通風、座位安排、教具擺放等均能符合標準與價值性，也符合人性化、安全化的需求；情境的規劃如

學習角、教室的美化、綠化與教室布置均能使學生有如沐春風的感覺。師生在一個賞心悅目、情境優雅的班級環境中，互相體會學習的樂趣與境教功能的發揮。

五、班務處理富有效率

　　教師對於班級活動的規劃安排、教學活動的進行、學生不當行為的掌控、學生生活輔導、學習輔導、行為輔導、作業批改，甚至是學生意外事件的處理等，均能掌握時效，有條不紊，井然有序而不手忙腳亂，效率高效能也高，對班級事件的處理得心應手，對於班級事務與學生一舉一動皆能掌控與知悉，在學生不當行為發生前，均能採取有效預防策略。

六、善於運用時間管理

　　有效的班級經營之教師，會於最適當的時機表現最適宜的行為，確實做好時間管理，不會浪費自我時間，或於重要環節處理無關事務；不會讓學生覺得學習是枯燥乏味的，也不會浪費學生的時間。對於自我時間安排更能做有效規劃，作業準時批改完成、教學按進度進行、活動依計畫實施。善於時間管理的教師，兼用科學方法與藝術策略，快速而有效完成各項班級事務。

七、有效進行親師溝通

　　有效能的教師，會善用家長的人力資源，確實做好良好的親師溝通，使家長成為班級經營的助力而非阻力，在家長協助下，共同負起教育學童之責。有效能的教師，能善用溝通策略做好親師合作，使家長樂於助學，樂於參與班級或學校事務，成為教師班級經營與教學的共同夥伴。

八、善於運用人際溝通

　　有效能的教師能與行政人員、學生家長、教師同仁與學生間進行有效且雙向的溝通，善用溝通策略，使用傾聽技巧，與人相處和善。能做好人

際溝通的教師，自然能有效做好情緒管理，不會意氣用事，有高度的 EQ
（情緒智能）、MQ（心理智能）與 SQ（微笑智能），在常規管理及與人
互動中不會做出非理性的行為。

九、學生喜愛班級活動

有效能的班級，會促發學生內在的學習動機，學生會以身為班級一分
子為榮，喜愛與同學相處，喜愛班級的一切活動，不會投機取巧，不會逃
避，願意與同學合作互助，為班級爭光榮。而教師更會熱衷於所帶領的班
級，師生均喜愛班級所構成的群體社會。

十、師生善於情緒管理

有效能的班級，師生的情緒穩定、與人相處和睦。就學生而言，不會
任意與同學發生爭執、吵架或謾罵他人，尊敬師長、友愛同學，以合作代
替競爭，以服務代替投機；就教師而言，會以愛心對待學生，以理性溝通
處理問題，以策略方法解決同學問題，不會體罰學生，或出現教師非理性
的行為舉止。

十一、富有熱忱與教育愛

有效能的班級，教師會全力投入於班級事務的處理與班級活動的規
劃推展，對學生一視同仁，以教育愛取代責罵，把教育工作視為一種「**志
業**」，善用方法與策略，以身作則，能為學生表率，負起「**傳道、授業、
解惑**」之責，與學生感情融洽，與學生關係良好，從教育活動中發現生活
樂趣與滿足。

有效能教師的班級經營信念要「**以愛為起始點、依法行政、依理行
事、依情管教**」（吳明隆，民 102）。教師管教或不當行為的處理能同時
兼顧法、理、情，例如學生嚴重干擾學習活動進行，教師可以採取隔離
法，讓學生將座位暫時移到教室前門外聽講，教師此種管教方法是合法
的，但若是當天天氣嚴寒，並下著大雨，受罰學生可能會感冒，則教師對

學生不當行為的處置在情、理上是無法讓人信服的；再者，如果學生腳受傷尚未康復，當其干擾教學活動程序時，教師命令其站立反省，教師也是依法行政，但教師未考量到學生腳受傷的情況，在情、理方面也無法給予學生、家長合理的交待。

有效能的班級經營奠基在教師的愛與榜樣上面，「**愛**」、「**耐心**」與「**榜樣**」是身為教師最基本的核心信念，但單靠這三項還是無法進行有效的班級經營，教師還需要三個配套措施：一為熟悉各種紀律理論模式；二為講究策略方法；三為因應個別學生差異，採取權變領導。同樣的事件，對於不同學生可能要採用不同的紀律模式，教師要同時考量當事者行為問題的動機與結果，不能只以外在行為結果作為處置的唯一依據。

第三節　有效教學的五項關鍵行為

學者柏力克（Borich, 1996）在《有效教學方法》（*Effective Teaching Methods*）一書中，認為有效能的教師應表現以下十三種明確有效的教學行為：

1. 正向積極期望：能負起學生學習之責，對每位學生均有積極正向的期望。

2. 達到高成功率：致力達到學生有高成功率之目標，適時變化難度內容，使課程難度能配合學生能力。

3. 表現實作知能：讓學生有機會展現、應用剛學會的概念與知能，並能對其實作表現提供即時回饋。

4. 給予最多學習：盡可能增加教學時間的最大量，以促進學生對學科內容的了解，能給予學生最大的學習機會。

5. 安排學習活動：藉由質疑、建構及深入探索活動，以導引及掌控學生學習。

6. 運用多種輔具：使用多種教學材料、口語表達方式及具體可見之教

學媒體輔助，以培養學生建立觀察及參與學習活動的過程。

7. 系統轉換步驟：引發、誘導學生對每個問題的反應，並能轉化爲下一個學生的問題，促發學生進一步的反應。

8. 掌控單元內容：每次呈現的教材內容不宜太多，讓學生有自己實作表現行爲的機會。

9. 學生建構知識：鼓勵學生推理及建構有意義的正確答案，此答案的習得並非全由教師直接講述而來。

10. 激勵全體投入：提出之口頭問題及尋求答案過程中，能讓學生全心全力的投入。

11. 使用學生語言：使用自然發生於教室之對話，讓學生可以就已學過之內容知識加以詳細闡述，進一步擴展及評估知識內容等。

12. 學生承擔責任：學習責任能適度轉移至學生身上，以激發學生獨立思考、問題解決及做決定的能力。

13. 統整組織學習：提供學生心智策略運用，加以組織及學習已學過的內容。

這十三種有效的教學行爲展現，柏力克進一步將之歸類爲二大項，有效能教師之「**五項關鍵行爲**」（key behaviors）與「**五種促進行爲**」（helping behaviors）。有效教學之五項關鍵行爲如下：

壹 . 課堂清晰度（lesson clarity）

指課堂中呈現的內容是否清晰與易使人明瞭。通常教師可藉由下列反思自問方式，了解自己講述或表達的內容是否明確清楚：這觀點可使人了解嗎？是否能夠很清楚地解釋觀念，讓學生有系統地一步一步完成工作？傳遞給班上的口語是否清楚、聽得見、使學生能理解、有辦法掌握重點？在課堂上表達欠缺明確清晰的教師常是：

1. 使用模稜兩可、語意不清的話語。

2. 使用過度複雜的長句子。

3. 給予學生的指示欠缺詳細具體說明。

　　教學時，清晰程度愈高，完整表達教材的時間自會減少許多，所提出問題較能被學生正確回答，所闡述的內容較易為學生所接受。清晰行為展現是一種複雜行為表現，和個人的「**認知行為**」（cognitive behavior）關係密切，例如內容組織能力、課程熟悉度及教學傳遞策略等。研究證實，認知清晰度與口語表達之明確性二者間有密切關係存在。

貳. 教學多樣化（instructional variety）

　　指課堂內容教學歷程中，教學傳遞活動的變化及其彈性運用情形，包含各種不同教室行為、教學策略的統合應用。研究指出，使用多種教學資源、教學技術、增強策略、回饋型態等之教學活動行為，可有效改善學生的學習成就情形（Rohrkemper & Corno, 1988; Brophy & Good, 1986）。課堂教學要能建構多樣化，有效方法就是「**提出問題**」，有效能的教師需要具備問問題的技術，且懂得如何區別不同形式的問題：「**事實性問題**」（fact questions）、「**過程性問題**」（process question）、「**聚合性問題**」（convergent question）、「**擴散性問題**」（divergent question）。

　　教學多樣化的具體展現，就是能在教室中使用不同的學習材料、學習工具，重視空間規劃及作品創作等。教學多樣化行為會影響學科單元總結測驗、實作評量成就及學生對學習歷程的投入參與程度。

參. 教師工作取向（teacher task orientation）

　　指教師專注於教學工作，投身奉獻所花費的時間多寡。如果教師對特殊學習主題的教學工作所付出的時間愈多，則學生學習機會與時間也相對增多。完成某些工作取向問題活動時，教師所要考量的是：

　　1. 我花了多少時間在講述內容、回答學生問題及鼓勵學生從事獨立探索及思考？

　　2. 教學工作活動的組織安排及讓學生做好學習準備上花了多少時間？

3. 在學生實作表現評量實施上花了多少時間？

以上三項所考量的是教材呈現、學習內容及教材評量三個方面。教育理想目標在於教師能讓學生做好學習準備，並樂於學習，然而早期多數研究卻發現，相較於強調學習過程及找尋學習素材方法之教學活動，花較多時間直接於學習主題內容教授活動，班級學生的實作表現較佳。師生互動的焦點關注於「**知識內容**」方面，則學生學習成就也相對較高。以工作取向為主之教師，較強調個人與學生間之對話、學生實作評量行為表現的應用及學年結束之學期成就上面，其班級教學活動較能配合教學目標及促發使學生進步的課程及評量行為之建構。

肆. 參與學習歷程的程度（engagement in learning process）

指教師讓學生實際專心於學科學習活動之時間的多少。讓學生參與學習歷程的程度與前述之教師工作取向行為有密切關係存在。一位重視工作取向的教師較有可能提供學生機會，以學習要評量的素材內容。其中有一點要特別注意的是，教師投入於學科主題的教學時間數不同於學生實際從事於學習活動的時間量。

課堂中，為了讓學生表現較多的「**實際的學習行為**」（on-task behavior），艾邁爾等人（Emmer, et al., 1994）提出了六點具體建議：

1. 訂定能讓學生具體明瞭課堂中能為及不能為之行為表現規定。

2. 教師應於課堂中隨意走動，以掌控學生課堂作業行為。

3. 教師所安排的作業須能引起學生興趣並有價值性，不用教師提示也能完成。

4. 以簡潔、最省時間方式，將教學提示及班級編排組織方式，以行事曆方式寫在黑板上，讓學生知道他們下一個學習活動要去哪裡及要做什麼事。

5. 採用多元豐富的教學資源及教學活動。

6. 避免因處理學生的不當行為而影響、干擾到其他同學的學習活動。

伍.學生的成功率（student success rate）

　　指學生能了解習題及能正確無誤的做完習題的比例。成功率的劃分有三種情形：高成功率、中成功率、低成功率，如果學生的學習結果為低成功率，教師就應探究其原因，是教師教法不當、學生不用功、評量過程有瑕疵，或是教材內容過於艱深等。研究證實，教師工作取向行為（投入教學之時間）及學生對學習活動之投入程度與學生成功率有顯著關係存在。此外，史列芬（Slavin, 1991）的研究發現，低錯誤率的改善情形顯著受學生自尊、學生對學科內容及學校所持之態度的影響。提高學生成功率策略如「**自我導向學習**」（self-directed learning）及「**學習再學習**」等。這些學習策略，可激勵學生建構自己對課程內容的了解及其意義，也鼓勵學生從事推理、解決問題及做批判性思考活動的能力。

　　為學生搭起「**鷹架**」可以提高學生的成功率，例如安排與學習表現較好或技能較精熟的同學一同學習；學習歷程中配合教師示範或同學示範；問題解決過程教師列舉多種的解決策略；學習單問題敘寫完整，提供更多訊息給學生知道等。柏登（Burden）對於學習有困難的學生，提出三階段的介入處理回應（RTI）模式，班級中某些學生若是沒有得到額外的協助，則其課業無法達到基本標準，階段二與階段三的教學即為補救教學（學習扶助）。階段一「**核心教學**」包含教學的評量與診斷學生學習的困難，其關注的焦點是品質化的教學與教學系統的正常運作，從學生對教學的回應評估哪些學生無法達到設定的標準。階段二之「**補充教學**」程序，學生除接受階段一正規化教學外，也額外接受補充教學，普通班教師提供此階段的介入，有時會引進其他教育工作者作為教學的引導與支持。階段二與班級內補救教學（學習扶助教學）程序類似：(1) 平時教學外的時段；(2) 約 10-15% 學生需要補充教學；(3) 一般為小團體教學；(4) 普通班級教師需要更多明確具體的教導；(5) 多次的評量用於決定需求與進步的評估。「**密集介入**」階段（階段三）的教學一般採用一對一的方式，沒有受過特殊教育訓練的教師，直接介入的成效較差。階段三與抽離式補救教學

程序類似，有四個特徵：(1) 在普通教室外的其他地點進行；(2) 約 5-10% 的學生需要密集介入處理；(3) 根據需求進行個別化教學與評量；(4) 由特教教師而非普通教師進行教學（Burden, 2013）。

第四節　有效教學的五種促進行為

有效教學的教師除具備五種基本關鍵行為外，尤須再具備以下五種促進行為（helping behavior），以幫助教師有效展現五項關鍵行為。有效教學之五項促進行為包含：

壹. 使用學生的理念與表達模式

「**使用學生的理念與表達模式**」（use of student ideas and contributions）之行為包括承認、修正、應用、比較及歸納學生對課程目標的反應，以激勵學生參與學習活動。在問題探究中，若是學生回答了一個問題，教師可以簡短或補充內容，以重述剛剛同學發表的概念，常見的話語如：「剛剛雅倫說……」、「剛剛雅倫講述的主要重點為……」、「可能有同學沒有聽清楚，老師把雅倫講述的內容簡單再說一次」、「……，雅倫，妳剛才講的是不是這樣」、「雅倫講述的內容可整理成三個重點，1……」等。教師重複述說或歸納學生所回應的內容時，旨在釐清學生所講述的內容，讓全班學生更了解，不是在否定學生所反應的行為，否則可能傷害到當事者信心與自尊。

貳. 結構化的教學活動

教師對即將學習的內涵做簡單評注與介紹，或再總結摘要先前已經學過的事物，即稱為「**結構化**」（structuring）的學習活動。使用先前的教學活動或問題，結構化學習可作為學習的一種「**組體架構**」

（organizer），增加學生對學過之教材內容的理解及回憶；並可與其他教師已教過學習內容（先備知識）做一緊密連接與比較。結構化學習活動和學生學習成就與教師五種關鍵能力是否展現有密切關係存在（Doneau, 1987）。結構化的教學活動策略主要有三種：

一、使用「符號」表達方式

「**符號**」（signal）的有效使用可提醒學生對學習活動的注意與重視，所學之新事物較不易與學過內容產生混淆。符號於課堂教學活動運用如「目前，我們已經學過此種魚如何改變其顏色及游走路線……現在，我們將要學習…… 」、「之前，我們介紹了平行四邊形的面積，請問平行四邊形面積如何求得？『底乘於高』，很好，平行四邊形的面積是底乘於高，這節課，我們要運用平行四邊形，導出三角形面積求法…… 」。符號即是一種訊息回顧，也就是舊經驗的複習，使用「**符號**」形成有系統的表達，可以促發學生學習動機及使學生對新學習內容更具有意義化的觀點。此外，文本劃重點與標記重要概念也是一種符號學習策略的應用。

二、使用「強調」詞

教學活動中常使用「**最重要**」或「**很重要**」等詞語作為「**強調詞**」（uses emphasis），以導引學習活動及學生的專注力。例如課堂教學中，教師配合肢體語言，提高音調說：「這個地方『很重要』，考試一定會考。」教學活動進行時，要引起學生注意，教師通常會使用以下的強調詞：「**很重要**」、「**非常重要**」、「**常考的內容**」、「**考過好多次了**」。

三、口語行銷的行為

「**口語行銷**」（verbal markets）的應用如教學活動歷程中，使用「**現在，這個內容非常重要**」、「**稍後，我們要再回到這個主題**」、「**記得這個**」等，這也就是再次強調學習重要論點策略的使用。教師口語行銷的重點，在於妥慎反覆的運用口語，強調教材內容重點所在，以協助學生能

抓住學習重點。例如課堂教學中，教師使用以下語詞：「這一段要融會貫通、不要死記，否則考試會吃虧」、「此種語法每年均會出現，要特別注意」、「這個地方請做上記號」等。

除口語行銷及前導組體的使用外，有效能教師會把所組織的課程內容轉化爲學生「**行動結構**」（activity structures），行動結構是一組具不同認知活動的複雜工作。教師可用多種不同方式建構「**行動結構**」（例如合作學習、競爭、獨立學習），以適應學生的不同需求（Marx & Walsh, 1988），行動結構也就是教師安排的學習活動。一位有效能教師所展現的結果是學生較願意參與學習過程，以及從簡單事實的回憶中，擴展到需要推理、批判性思考及問題解決之「**高階反應層次**」（higher response levels），當學生愈積極參與學習活動，具有高度團體警覺性，愈能理解、吸收課程內容，學習成功率會更高。

參 . 質疑

「**質疑**」（questioning）就是提出問題。在教師發問之問題行爲探究中，多數研究指出（Brown & Wragg, 1993; Dillon, 1986），多數教師無法明顯區分「**內容導向問題**」（content question）及「**過程導向問題**」（process question）。

一、內容導向問題

指教師所發問的問題是「**內容、事實性**」的問題，學生可運用學過的學習內容直接解決。內容導向問題呈現時，教師心中已有唯一正確的答案存在。內容導向問題相關之專有術語有：

1. 直接的問題（direct）：問題性質不用解釋或再另外定義，學生可直接明瞭問題的性質。

2. 低階的問題（low-order）：與歸納及推論相較之下，問題只需要用到記憶中已有之事實資料即可獲得解決。

3. 聚合型的問題（convergent）：蒐集的資料來源雖然不同，但最後所獲致的答案內容是一樣的。

4. 封閉式的問題（closed）：問題不可能有第二種不同的答案或其他不同的解釋。

5. 事實性的問題（fact）：問題只需要有效回憶那些適當而可令人接受的片斷知識即可獲得解決。

二、過程導向問題

問題的解決不以事實內容答案的發現為主，重視的是從問題解決過程中，引發學生好奇心，培養其分析、綜合、判斷及重組創造的能力。與過程導向問題相關之專有術語有：

1. 間接的問題（indirect）：問題皆可能有不同的解釋及其他不同的意義存在。

2. 高階的問題（higher-order）：問題並非以簡單事實資料回憶即可解決，它需要更多較複雜的心智歷程。

3. 擴散型的問題（divergent）：不同的資料來源所獲得的答案也不同，正確的答案可能不只一種。

4. 開放式的問題（open）：不期望回答者只想出一種唯一正確的答案。

5. 概念性的問題（concept）：問題需要應用抽象概念，歸納及推論能力的統合使用。

上述直接的問題、低階的問題、聚合型的問題、封閉式的問題、事實性的問題均屬於「**內容導向問題**」，其字詞從不同的角度解釋，有不同的詮釋觀，但其內涵是相同的。而間接的問題、高階的問題、擴散型的問題、開放式的問題、概念性的問題均屬於「**過程導向問題**」，其名詞意涵的詮釋呼應內容導向問題。因而創造發問技巧的問題，可以概括分為二大類：「**內容導向問題**」與「**過程導向問題**」。

內容導向問題如「第一位登陸月球的美國太空人是誰？」過程導向

問題如「二次世界大戰期間，如果日本不偷襲美國珍珠港，你（妳）認為大戰最後可能的結果為何？」在討論教學法中，教師應多提「**過程導向**」（擴散性）問題，少問「**內容導向**」（聚合性）問題，才能促發學生的思考能力與訓練學生口語表達能力。「**過程導向問題**」還有以下幾種分類：

1.「**列舉**」的問題。實例：「網路」有哪些用途，你（妳）能條列式的一一列舉出來嗎？

2.「**假如**」的問題。實例：若你（妳）的運氣很好，中了樂透八千萬元，你（妳）最想做什麼事情？

3.「**可能**」的問題。實例：若是石油供應不足，社會可能面臨或發生哪些問題？

4.「**比較**」的問題。實例：高速公路採用「電子收費」是否一定比「人工收費」的方式為佳，其中要考量哪些事情？

5.「**想像**」的問題。實例：如果你（妳）坐在一棵水果樹下，突然一顆水果掉下來打到你（妳）的頭上，你（妳）第一個反應會如何？

柏登（Burden）認為教師可採用下列提問技巧，維持學生專注力與提升學習（Burden, 2013）：

1. 每節課準備關鍵性問題以提供教學結構化與導引活動。

2. 明確具體的描述問題。

3. 有條理與順序地提出問題。

4. 使用問題鼓勵全班學生參與學習活動。

5. 提問的問題要與學生生活有關。

6. 提出不同類型問題供學生回答。

7. 提問問題時採用不同與無法預測的形式。

8. 請某位學生回答前先問問題。

9. 提問後叫學生回答前，至少要有 5 秒以上等待時間。

10. 使用隨機抽選方法點選學生回答。

11. 請學生回應同學回答的內容。

12. 不要重複同類型的問題。

13. 透過對問題的了解與評論，促進學生回答的深度與廣度。

14. 當學生無法正確回答問題時，教師可採用提示、線索與立即協助等方法，導引學生回答。

斯頓柏格（Sternberg）提出師生互動詢問的七個層次，能夠以較高層次回應問題的教師，更容易培養學生的批判思考與認知發展。七個層次的師生互動詢問模式為（陳宥儒等譯，民 89）：

1. 第一層次——拒絕問題：例如「不要問太多問題」、「不要煩我」、「不要問這麼幼稚的問題」、「安靜」等。此層次的互動用語，會造成「**寒蟬效應**」（Chilling Effect），阻斷學生學習提問的技能。

2. 第二層次——重複問題當作回應：教師重複陳述學生原先的問題回應學生，是一種沒有意義的回應方式。例如學生問「為何○○人長得都很高」，教師回應：「因為他們都是○○人，所以成長得很快。」

3. 第三層次——承認不知道或直接回應：例如「我不知道」，或「因為……」，接著給予一個合理的答案。這個層次的回應教師最好給予獎勵語，例如「這是很好的問題」、「這是個有趣的問題」等，以培養學生提問的頻率。

4. 第四層次——鼓勵學生尋求權威型的答案：例如「老師去查一下網路資料」，或「你為何不自己去查一下法規資料呢？」後者回應語中學生被賦予責任，以主動學習者角色搜尋資料。

5. 第五層次——考量其他選擇性的詮釋：例如「居住在○○的人長得比較高，可能是因為……」，此層次最佳情況是師生共同尋找可能的答案。

6. 第六層次——除解釋外還考量評估解釋的方法：例如「我們要如何知道這些選項中，哪一個才是正確的？」此層次鼓勵學生考量到其他假設，學習到假設合理性的評估能力。

7. 第七層次——除解釋外還考量評估解釋的方法及後續的評估行動：例如「讓我們嘗試蒐集可以幫助我們做出結論的資料。」此層次學生不僅學習怎樣思考，也學習將想法轉化為具體行動。

肆 . 深入探究

「**深入探究**」（probing）指的是教師以學生或其他學生的話語，反覆的敘述發問以引發學生建構有意義的學習內容，例如「剛剛雅倫說，現代社會……，請問……」。深入探究包含三個階段：

1. 引發學生對答案內容清晰度的了解。
2. 再以其他相關資訊誘導學生進一步的反應。
3. 重新導引學生反應，使學生的回答內涵更為豐富且多元。

深入探究通常是將師生對話內容轉化為高層次的思考歷程。「**引發、誘導、重新導引反應**」學習循環圈的應用結果，學生的學習成就會有顯著改善。教學活動中，深入探究方法使用的具體方式是教師先提出一個簡單的事實性問題，然後，引發學生對問題反應的了解，進而以其他新的資訊誘導學生進一步的反應，重新建構答案，以獲得有意義的學習。深入探究的課堂應用如「小強，可否再說一些？」（延伸策略）「小強，對於剛剛所說的，再補充一些。」（延伸策略）「小強，把你的答案再說一次。」（澄清策略）「小明，對於剛才小強所講的，你同意或不同意，你的理由是什麼？」（重新導引策略）「小明，對於小強所講的內容你有沒有要補充？」（重新導引策略）。

伍 . 教師情感

「**教師情感**」（teacher affect）行為展現很容易使學生感受到，如果教師教學態度了無生氣、意興闌珊、靜態而口語無變化，則學生學習活動定會受其影響。因而教師在教學行為表現時，如果能配合面部表情、聲音語調、手勢運作等，較可能引起學生學習興趣與動機。「**教學熱忱**」（enthusiasm）是教師情感表現的一項重要指標，在班級教學中，如果教師精力充沛、朝氣蓬勃、全心投入、幽默且教學富趣味化，則學生會專注於學習活動，也會樂於學習。教師教學熱忱行為可以用下列方式傳遞給學

生：口語表達、手勢、眼神接觸及具體鼓勵學生之行為等。

　　教師情感的投入，是良好師生關係的基礎，也是教師權威有效運用的先決條件，其教學態度、教學行為、對待學生反應等均會顯著影響學生學習、對老師的看法及與教師關係等。要使教學更為成功，教師本身就不能忽視「**情感**」的因素。有效能教師的教室目標能同時達成學生學習的「**任務目標**」（task goals）與「**社會情緒目標**」（social-emotional goals），前者為學生學業與成就成功率的達成，後者則是幫助學生滿足如被接納、發展正面自我形象等需求；有效能教師的班級組織也會有很好的「**凝聚力**」（cohesiveness）（溫明麗等譯，民 94）。

思考與討論問題

1.〔情境事例〕

　　彰化縣某國中一年級，在第一次段考時出現一個創意性的考題：

　　　　「女人二十歲像橄欖球，卅歲像籃球，四十歲像乒乓球，五十歲像高爾夫球，請問球是比喻女人的什麼？1. 能力；2. 身材；3. 外貌；4. 追求者。」

　　　　此考題深具創意性，但卻引發爭議。

〔事例思考〕

你認為上述的考題有何不周延之處？

2. 監考時，如果你發現學生正在偷看小抄，你會如何有效處理，以符合考試公平正義原則，也不會傷害到學生的自尊心？

3. 每天學生的清掃態度和行為，無法以紙筆測驗測出，教師最好採用「典型表現評量」方式，若你是班上的級任導師，會如何評定學生此一方面的行為表現？

4. 第二次段考前，陳老師觀察班上小雅下課都坐在座位上讀書，跟之前段考前自在的學習表現有很大不同，私下詢問結果得知，小雅爸爸對

　　小雅第一次段考排名未能進班級前三名很在意，因而在第二次段考前特別叮嚀小雅，這讓小雅承受很大壓力。如果你是陳老師會如何介入處理？請說出你的看法。

5. 如果你被分派擔任學校段考（／定期考查）學科／領域的命題老師，命題時你要注意哪些事項？

6. 新課綱強調素養導向的教學與評量，請就素養導向教學與素養導向評量的意涵分別加以簡要說明。

第12章

親師合作的理論與策略原則

「親、師、生齊牽手，教育帶得走。」

「學生個個都是寶、只要教師教得巧、學生家長都說好。」

「親師好溝通、教學就輕鬆；親師溝通好、學生不當行為自然少。」

「講清楚、說明白，幸福自然來。」

「在否定中成長的學生、放棄自我；在批評中成長的學生、懷疑自我。」

「在讚美中成長的學生、學會感激；在鼓勵中成長的學生、充滿自信。」

「讚美是使學生精益求精的催化劑、鼓勵是使學生勇於向前的潤滑劑。」

「教師教得用心、學生學得寬心、家長覺得放心、行政覺得安心。」

「善用資訊科技，做好親師生溝通，達到親師生無人輸的結果。」

第一節　與家長接觸的重要性

　　在學童學習與人格養成的歷程中，父母、教師等重要他人對學童有顯著而重要的影響。瑪合利班克斯（Marjoribanks, 1994）將學習環境分爲三個層面：「**經濟資本層面**」（economic capital dimension）、「**智能資本層面**」（intellectual capital dimension）及「**社會資本層面**」（social capital dimension）。社會資本層面主要在於環境內成員「**質的互動**」，此層面的積極性，即雙方互動良好，對成員會產生「**社會性支持**」（socially-supportive）與積極正向的鼓勵。家庭教育與學校教育的密切配合，才能使學生的學習達到事半功倍的效益。

　　親師合作溝通的理論基礎，可以從「**心理**」和「**學理**」二個面向加以說明（李錫津，民 86）：

一、心理基礎

　　有效的溝通，是指雙方溝通者藉著某種「**符號**」（symbols）或「**肢體語言**」（body language），將一個訊息或觀念相互傳遞的過程。有效的溝通要素，包含「**二位以上溝通者**」、「**溝通管道**」（channel）、「**溝通訊息**」等三大項，每位溝通者可能是訊息給予者，也可能是訊息的接受者，當溝通雙方有共同意圖，感覺到溝通內容的意義性與本身切合性，則二者容易達成共識，進而轉化爲具體的行動，共同爲學生的學習而努力。有效的親師合作是學生學習成功的最大助力之一，當學生知覺家長、教師步調一致，形成共識，積極協助個人身心發展與各種學習活動時，則學生心理狀態會更健康，心理知覺會更正向，投入學習的動機會更強烈。班級教師與學生家長若是有共同的目標——讓子女健康快樂的成長，二者均有理性的信念、正確的自我概念與開放的心胸，秉持「**我好－你也好**」（I'm OK－You're OK）的態度，則能形成有效互動溝通，此互動溝通的機制，從心理學的觀點來看，有助於子女人格的正向發展。相反的，學生如果感受到父母與教師的理念不同，或父母不認同教師所規劃的學習活

動，或對班級爭執衝突事件的處理有質疑，則學生會無所適從。尤其是當家長與教師有衝突時，學生便成為衝突下的犧牲品，家長會要求小孩不要太順從或聽教師的話，教師可能會不太願意管教輔導學生，造成學生學習權的損失與心理的矛盾。

二、學理基礎

教師教育權論點中，父母將其對子女之自然教育權託付與教師，由教師對其子女之學習自由地實施教育之權利。教師在學校中，扮演有如父母的角色，所謂「一日為師，終身為父」，教師如同學生「班級父母」，教育學生、指導學生學習。為免教師誤用父母教育權，教師應有機會完全了解父母在學習權、教育權上的主張；此外，父母也應了解教師教育哲學理念、教學與班級管理方式，以扮演「家庭教師」角色，分擔或執行許多教師的工作；親師的密切配合、才能使學生學習獲得最佳的效果，行為獲致最好的改變。從教育社會學的觀點而言，家庭教育與學校教育對學童的人格發展與學業表現均有重要影響，教師、家長均是中小學學生的重要他人，二者若能密切配合，形成共識觀點，對學生的態度、人格、學業等均有關鍵性的影響作用。

有效親師合作對學習效果及學童正向習性培養有積極催化作用。柏力克（Borich, 1996）明確指出：當學生破壞班級或學校規則時，「親師會議」（parent-teacher conference）是比任何一種體罰方式更為有效的處理模式。親師會議讓教師有機會告知嚴重不當行為學生的父母，引發父母進一步的行動，以協助教師處理學生問題或學生的不當行為。沒有學生父母行為的有效支持，就無法於家中提供學生適當的獎賞及懲罰，則於學校中對學生不當行為發生的介入處理策略，就很難達成預定效果。

教育部訂定公布的《家庭教育法》，第 1 條為立法目的：「為增進國民家庭生活知能、家人關係，健全家庭功能。」第 13 條明訂：「高級中等以下學校每學年應在正式課程外實施四小時以上家庭教育課程及活動；另應會同家長會對學生及其家長、監護人或實際照顧學生之人辦理親職教

育。」第 15 條：「高級中等以下學校於學生有重大違規事件，應即通知其家長、監護人或實際照顧學生之人；並提供相關家庭教育諮商或輔導等服務。」家庭教育的教育活動內涵與家庭功能都是學校教育的「**支援教育**」，例如家庭性別教育可增進學生性別教育知能，對於班級中與異性互動及相處會有正向作用；家庭倫理教育如能落實，可培養學生尊重他人、關懷他人及對人的協助，較不可能出現霸凌行為等。每個家庭若能發揮應有的教育支持功能，不但有助於學生人格的養成與品德的形塑，教師輔導管教的影響也會更為有效。

教學歷程中，良好的親師合作則是有效教學的助力，學校與家庭間良好的溝通及有效的夥伴關係，將使學生獲得最大效益。父母積極投入，將使學生有強烈的上學意願、有更正向的學習態度及行為、更自願而有效地完成回家功課，且有較高的學習成就。親師溝通過程中要堅守以下原則：(1) 親師間要以誠懇互信的態度形成教育合作夥伴；(2) 親師間的互動要保持適當的距離，以免違反倫理議題；(3) 親師間切勿意氣用事，形成對立狀態，以免影響學生人格發展與學習。教師與學生父母有效協調溝通的原因有六（Burden, 1995）：

1. 創造開放、雙向的溝通模式，建立彼此友善的關係，在學生學習歷程中，形成密切的合作夥伴，共同導引學生學習。

2. 了解學生家庭環境，協助教師採取適合的教學活動或輔導管教策略，以因應學生的個別差異。

3. 告知父母教師對學生的學業期望、班級規約、規定事項及學生應表現的實作行為等。

4. 有效應用家長人力資源，以協助教師改善有關學生學業及行為問題。

5. 讓父母知悉有關班級常規管理及對學生行動的期望，以發揮家庭教育的支援功能。

6. 藉由父母幫忙，協助處理學童學習問題或不當行為，以達行為改善的效能。

第二節　父母處理問題的機制

親職教育型態受到父母的價值觀、態度與信念的影響。柏恩瑞德（Baumrind）研究發現，從幼童至青少年階段的發展，父母的親職教育或管教型態可以歸納為四種類型：「**獨斷專權型父母**」（authoritarian parents）、「**民主威信型父母**」（authoritative parents）、「**寬容溺愛型父母**」（permissive parents）、「**袖手旁觀型父母**」（rejecting/neglecting parents）（Olsen & Fuller, 2003; Woolfolk, 2019）。獨斷專權型父母之管教型態強調父母應完全控制子女，子女要絕對的服從父母，父母被定義為握有權力者，子女只能順從父母訂定的標準，不能反抗、不能有藉口。民主威信型父母的管教型態介於獨斷專權型父母與寬容溺愛型父母之間，此類型的父母允許子女參與規則與責任感的討論，以培養其具有負責任的行為，子女會有某種程度的自由，但此種自由不能犧牲他人的權利與責任。寬容溺愛型父母的管教型態強調努力提升子女調整自己的行為（儘量滿足子女需求），而非透過介入處理調整他們的行為（有條件的滿足需求），此類型的家庭中，子女比父母有更多的權力，父母盡可能讓子女安排自己的活動，避免控制他們，同時不鼓勵他們去服從外界所定下的標準。採用寬容溺愛型管教風格之家長，若是學童有較高的自律能力，在學校中很少會有行為問題出現；相對的，如果學童的自制能力較差，則不會考量到他人立場與權利，只想滿足個人需求，因而可能會有較多問題行為產生。袖手旁觀型父母的管教為低控制、低支持、低期待、低權力，放任不管子女的學習，為一種自生自滅型。

壹. 父母的處理機制

當學童出現不當行為或問題行為，身為父母的處理機制各不相同，有些消極悲觀、有些放任不管、有些自認無法處理，但有些則積極介入，尋求相關資源與人力。親師合作要發揮其功效，首先必須知道父母親處

理學童問題時的態度與看法，方能因應父母需求，建立共識，有效處理學童問題。父母處理學童問題的機制歸納起來，大約有以下幾種（Burden, 1995）：

一、自我懷疑（self-doubt）

當學生出現不當行為時，有些父母可能懷疑作為人類及為人父母的價值。根據他們的社會期望，加上先前能力不足或無法有效教育孩童，使父母的「**自我價值感**」（self-worth）受到嚴重質疑，對家庭教育沒有信心的家長，會質疑是否家庭教育失敗，或之前的管教方式不對。

二、不快樂及覺得可悲（unhappiness and mourning）

某些父母因為孩童有嚴重行為問題，而覺得生活了無生趣、缺乏快樂、沒有微笑、行動消極，父母的反應正如心愛的人逝世一般，覺得可悲而生活消極。此類父母通常是消極的面對其子女的行為表現，因為所有父母都希望子女在學校的表現是循規蹈矩、教師稱讚的「**好學生**」，對於子女學習過程表現的違規犯紀行為會有失落感。

三、罪惡感（guilt）

由於引起孩童問題的不確定因素，許多父母覺得有很深的罪惡感。他們堅信，孩童問題主因導源於父母本身的過錯，與孩童無關；有時父母會歸因於孩童學習困難的外在因素，或找出先前不重要的個人行為或事件，取代對自己的嚴厲責備。有罪惡感的父母會認為子女現在的不當行為是他們的過錯，是他們沒有把小孩教育好。

四、否定事實（denial）

有些父母可能否認孩童有問題行為存在的事實，他們心想，只要對事實加以否定，就不必為孩童問題而費心傷神了。否定孩童行為問題的事實，是一種逃避現實問題的消極行為，例如教師或輔導教師告知父母，學童可能有自閉症或過動症傾向，或在班級會罵三字經，多數家長直覺的反

應是「不可能，一定是老師誤解或搞錯了。」這是合理的反應，因爲家長都是期望小孩是品德善良、學習認眞的學生。

五、投射他人（projection）

承認孩童問題存在的某些父母，可能將其原因歸罪於外在他人，父母常將孩童問題歸罪於內科醫生、護士、案例工作者、諮商員、保母或教師等人身上；有時父母也會將其投射歸罪於他們的配偶或其他孩童身上。例如子女與同學發生吵雜衝突，或與人打架，家長會認爲是其他同學先挑釁或先欺負的，其子女不會先動手打人或罵出不雅的字詞。若是親師溝通不良、教師管教不當，家長更會將孩童的問題行爲歸罪於教師，造成親師間的衝突。（註：「**否定／否認作用**」（denial）與「**投射作用**」（projection）皆屬於一種自我防衛機制。投射作用會將個體的錯誤，或與自己有關事件，或不爲社會認可的慾望等歸諸於他人，以減少自己的焦慮與不安。精神分析佛洛依德學派對人格結構提出三個層次：本我（原始我—快樂原則）、自我（現實我—現實原則）、超我（理想我—完美原則）；對於人們的意識境界，分爲意識、前意識（暫時忘記，經過回想思索即可記得）、潛意識（被壓抑的知覺，個人平時無法得知，但對當事者之後行爲或人格發展有重要影響）；對於避免個人焦慮或痛苦採取的自我保護方法稱爲自我防衛機制，例如常見的投射、合理化、補償、壓抑等都是。

六、退縮不前（withdrawal）

某些父母以退縮方式來面對學童問題。他們相信，如果給予問題處理充足的時間及重視個人關懷的話，就能夠找出有效解決學童問題的方法。在某些事件上，退縮逃避反而會導致父母沮喪感，需要有專家的介入才能適時加以處理。家長退縮不前的舉動，也是一種逃避現實問題的消極行爲，此類型的家長，不會也不想參加班級親師會，或主動到學校與教師面談，協商討論處理或矯正子女的偏差行爲。

七、逃避及拒絕（avoidance and rejection）

　　有些父母由於異常孩童的出生或孩童診斷結果有明顯的先天缺陷，這些父母就盡可能避免與孩童接觸，這些孩童通常無法自我進食、換衣或自然地與其他孩童玩耍在一起。有逃避及拒絕行為的父母也無法面對事實，對於有特殊障礙或人格偏差的學童，若是父母親能勇於面對，與學校教育密切配合，則能讓子女的教育回歸正常，並融入普通班的學習，這就是「**回歸主流教育**」的意涵。

八、困窘及社會孤獨（embarrassment and social isolation）

　　某些父母因為身障孩童出生，自覺羞愧於人。有時候，此種困窘心理知覺，更阻礙父母與社會他人的接觸，而使其產生所謂的「**社會孤獨**」（social isolation）或自我封閉。在逛街購物、散步走路、拜訪他人或其他娛樂活動方面，這些父母或孩童常是閉門不出，因而班級親師會也不會參加，或不敢參加有關學校安排親職教育的所有活動。

九、產生敵意（hostility）

　　有些父母會因孩童的行為問題而表現出敵意反應，有時他們會因他人描述或詢問有關孩童問題行為，而顯得異常生氣。父母敵意或生氣的目標對象包括周遭任何一個人，例如公車上的旅客、街道上的行人、朋友、鄰居、親戚或孩童等均是。此類型的父母有時會因教師於家庭聯絡簿或電話的告知，而對教師產生懷恨，認為教師是故意在找孩子的麻煩，或是班上同學小題大作。

十、過度依賴或無力感（overdependence and helplessness）

　　當學童有問題行為時，有些父母會過度依賴他們的配偶、孩童、親戚、專家或學校教師，當父母過度依賴教師或輔導人員時，便會從輔導現場抽離出來，不願參加任何有關親職教育或親師溝通會議。但畢竟教師能力有限，教師面對的是全班學生，要處理的是全班學生的問題，而家長面

對處理的是自己子女個人問題，因而若是家長能與教師配合，發揮家庭教育支援功能，則學生問題行為的處理會更為有效。

十一、困惑（confusion）

　　許多父母由於孩童問題出現而困惑，他們感覺困惑的面向包括問題原因、正式課程能否配合及相關處理策略等。有些困惑是因為缺乏事實資訊及專家指導的不足所致，家長困惑的是：「為何班上的同學都很乖，唯獨我的小孩會這樣？」「為何別人的小孩功課都很好，唯獨我的小孩功課這麼差？」當家長不了解學生異質性與適性發展的理念時，會受到其他家長誤導而產生困惑感。

十二、挫折（frustration）

　　當父母決定採用行為課程，以處理孩童問題行為時，由於缺乏足夠服務或資源，使得父母常力不從心，進而產生強烈的挫折感。其中訓練有素專家的支援常緩不濟急，加上缺乏群體適當有效的服務，使得父母心灰意冷。在學生違規行為輔導過程中，若是當事者的父母也放棄，或放任不管，單靠學校教師的力量是有所不足的。

貳 . 處理子女問題的父母類型

　　上述父母處理子女問題行為的機制，總括起來，可以約略分為以下幾種：

一、漠不關心型的家長

　　此類家長對於子女的問題行為或學習困難毫不關心，對於子女在校的一切行為表現從不過問，也從不與教師聯絡，若教師告知其子女在校的行為表現，希望家長在家配合的事項，還會嫌教師管得太多。此種家長多半是家庭問題所致，例如經濟問題，早出晚歸，無暇關注於子女的學習與行為表現。此類家長的子女若出現違規行為，由於家長無法適時配合，通常

教師較難輔導。

二、無法處理型的家長

　　此類家長雖然知道子女學習不佳或行為表現不適切，但卻不知如何協助或管教其子女，因而只得全權委由學校教師處理。班級教師雖然積極輔導或協助，但缺乏家庭教育的協助，成效有時不彰，但由於家長也關心子女的學習及行為表現，因而親師間容易溝通，家長也會儘量配合教師的合理需求。此類家長的子女，若是教師輔導得宜，通常其行為或學習表現會有明顯的改善。

三、積極介入型的家長

　　此類家長對於子女的學習或行為表現，常常與教師溝通意見，對於子女在校的不適切行為會協助矯正並告誡，勇於面對問題。親師間的溝通良好，對於教師的意見與建議，通常會採納並配合，並會向教師提出具建設性的意見。此類家長的子女，由於家長與教師的密切配合，學習進步較多，行為改善也較為顯著。

四、斤斤計較型的家長

　　此類家長對於子女的學習或行為表現的不適切，往往怪罪於班上其餘同學或教師不當管教身上，而對於子女的優良表現則認為是家長教育得當，或子女本身聰穎造成的。此類家長自視甚高，因而會質疑教師的教學方法與管教方式，甚至批評教師的不是，與教師持不同觀點等，過分介入教師班級事務的處理與教學。教師若是不善溝通，極易與此類家長產生衝突。

五、強勢導向型的家長

　　強勢導向型的家長有部分在與教師進行親師溝通時，過於強勢、過於主觀，認為提出的理念或作法是對的，是可行的，教師應該要採納。當教師遇到此類型的家長，若教師本身缺乏自信與教育專業，可能會被家長牽制。例如「子女剛買的名貴智慧型手機在教室不見了，子女立即告知家長

手機被班上同學偷走，因為未放學，被偷的手機還在偷竊者的書包中，家長趕至教室要求教師立即搜查全班書包，將偷竊者立即找出，若是教師不立即搜查全班書包，找出哪位同學是偷竊者，就要……」如果教師無法堅持教育信念，而答應家長要求，可能會引發侵犯學生人權的問題，也會引發班上所有家長的不滿。

六、方法錯誤型的家長

此類型的家長，當子女出現不當或違規行為時，會坦然面對事件，但卻不知用何種有效方法來管教輔導子女，有些家長只會大聲斥責或怒罵子女，甚至鞭打子女，演變成親子關係不佳，或家暴案件。對於此類型的家長，最好藉由親職教育與輔導教師的介入，增進家長之輔導管教知能，以說理取代責罰，以引導取代打罵，重要的是要與學校教師密切配合，用對方法，不要以傳統權威式的方法來管教子女，當不知道如何與教師配合時，可以主動到校與教師溝通，或請求輔導教師的協助。

參．家長不熱衷於各項親師合作活動的原因

親師有效合作可促成學生行為的養成及學習成果的提升，為了使孩童能健康成長，家長自應樂於參與班級事務，協助教師教學及班級活動的推行才對。但事實不然，有部分家長並不熱衷於各項親師合作的活動，探究其原因，不外有以下幾點（Burden, 1995）：

1. 早期學生時期之不愉快經驗導致。這些家長可能把學校視為痛苦的地方，對孩童而言是個沒有希望的地方，他們認為學校人員無法有效解決孩童問題，父母即使告知教師，教師也無法有效處理其子女的問題。

2. 父母會因自己孩童有不當行為的紀錄，而以情緒化反應看待學童問題（Walker & Shae, 1995）。這些反應常是自我懷疑、否定、退縮、敵意、挫折，有此反應的家長常拒絕與學校人員做有效的溝通協調，也不願涉入有關學生問題處理的相關活動。此種情緒化的消極反應與行為表現，

會使學校教師處理其子女行為問題更為棘手，因為缺乏家長的密切配合，處理策略往往事倍功半。

3. 部分父母視學校教師、校長、諮商員及行政人員為處理學生不當行為的專家，他們拒絕參與學童活動或問題處理，是因為他們不想介入或干涉教師、行政人員所採取的處理策略活動。此類家長需要教師說之以理，詳細告知家長配合的重要性，讓他們也願意與教師密切合作。

4. 父母部分受到學校及官僚體制層級壓制所致，例如學校太小、過於嘈雜；尋求行政人員協助時，問題無法獲得有效解決；學校人員表現得非常忙碌，忽視家長問題所在；校園空間缺乏私人討論空間等，使家長覺得學校並非是令人十分舒適的地方。這就是友善校園情境不夠完善。

5. 學生家長彼此間思想、行為間差異很大，使個人覺得十分不悅而無法有效適應溝通情境，而父母與教師、行政人員的意見、看法間的不同，也使主觀觀念較強的家長有不舒適的感覺。對於此類家長，教師更要展現專業的態度，傾聽家長的看法，並以理性冷靜的心情表達教師處理問題的過程與策略。

6. 有些父母不知道「**理想學童行為**」是什麼，或如何幫忙改善孩童教育，當目睹學校無法滿足孩童需求時，他們可能退縮、生氣或產生挫折感，並沒有真正了解父母參與班級或學校活動的價值性。此類家長需要藉由親職教育或相關訊息，以讓其知悉家庭教育的重要性。

7. 父母不想參與學校活動，有其實際考量的困難所在。例如語言能力的表達不夠、不會開車、沒有可資利用的運輸工具、家中小孩缺乏照顧或平時上班過於疲倦，沒有多餘體力參與相關班級活動。

上述七項因素可以統整為以下幾大項：

一、完全信賴教師專業知能所致

部分家長之所以不想參與親師合作，乃相信教師的專業態度與知能足以解決其子女學習及行為表現的所有問題。此種家長持人性本善理念，肯定教師、信任教師，其相信把子女送到學校後，教師自然會盡到教師職責

與專長，做好子女的生活輔導、學習輔導與人格陶冶等。

二、舊經驗制約之內在因素影響

　　此類家長受到早期求學之不愉快經驗，或參加親師活動的不當感受，或個人面子問題等因素影響，而很少參加或不熱衷於目前的親師活動。例如因早期參加親師活動受到教師冷落，或親師會議討論時與人發生爭執，或因子女行為不當受到其他家長的指責等，均會影響家長日後再參與此類活動的熱度。

三、受科層體制之外在因素影響

　　學校受到傳統科層體制影響（科層體制為社會學者韋伯所倡導，以法定權力為基礎，追求組織「**效率**」及「**合理性**」目標），對於家長蒞校來訪，均以法理權威對待，行政人員官僚體制，使得家長覺得到校尋求協助是件麻煩或無趣之事（例如有事情詢問教務處，教務處教職員推給學務處，學務處教職員又推給教師等）；或是學校硬體設備不佳，缺乏人性化的機制，使得家長覺得很不自在，或相關子女隱私無法受到保障等，這些因素均會影響家長參與親師活動的意願。

四、家長個人因素無法有效配合

　　親師活動安排的時間不恰當或家庭因素，使得家長無法前往，例如家中有更小子女需要照顧；家長因為工作關係，無法暫停工作前往學校；或懼怕自己的語言能力表達不佳，不敢出席相關的親師活動等。家長個人因素多數是時間無法配合，若是學校能將親師會議時段安排在晚上或週末，對多數家長而言較為方便，雖然安排在晚上或週末會額外占用教師時間，但這樣的時段才能吸引多數家長參與。

肆．親師衝突

　　師生衝突的起因常是教師與家長溝通不良或家長誤解所造成，例如小孩在學校與同學吵架爭執，小孩怕父母責罰，將事情避重就輕的轉知父母是同學先出手推他，他才回手推倒同學，害同學受傷（其實是小孩與同學玩鬧時故意撞擊同學，同學出手推他，他反而以較重力道把同學推倒）。家長以為教師沒有查明事情原委，就處罰他的小孩，認為教師對小孩有成見，才會偏袒同學。或是學生傳遞訊息有錯誤，例如被教師罰站 5 分鐘，回到家裡向父母告狀被教師罰站一節課，如果時間點剛好是中午用餐時間，有些小孩還會擴大事件為被教師罰站，教師不准他用餐，身為家長聽到小孩哭訴：「我只是課堂拿書輕敲同學身體而已，中午用餐時間就被老師罰站，老師不讓我吃飯。」家長必定會十分生氣，因為小孩的舉動只是一般的玩笑行為，家長會覺得教師的處罰太重（其實教師只罰站 5 分鐘，目的在讓學生能靜思反省而已，罰站時同學也幫他把飯盛好了，完全沒有影響用餐時間）。當教師與家長發生衝突時，教師應該：

一、分析衝突原因

　　教師要先省思自己最近對學生的態度、輔導管教方法、學習活動安排等是否適當，或有待改進的地方，或是對學生有誤解之處。其他如作業的分量是否太多，處罰學生前是否查明事件發生的緣由，有無冤枉學生，是否盡到教師的基本職責等。

二、同理家長感受

　　當家長感受到小孩受到不合理對待，或受到教師誤會，或遭受教師之不當管教與過度處罰（體罰）時，當然會替小孩感到委曲與不捨，所以情緒會較為火爆，溝通口氣會不好，此部分教師要以為人父母的心情加以體諒。

三、親師溝通對話

　　為了釐清問題的癥結，找出親師衝突的原因，教師必須與家長進行面對面的溝通。教師本身要先做好情緒控制，以理說服家長，必要時，請相關學生出面說明事情經過及教師處理方法，讓家長真正了解事件發生的來龍去脈，教師並沒有採取不合理的處罰方法或以體罰來對待學生。親師溝通在於澄清問題，說明清楚，交換意見，找出家長心中的疑惑。

　　為使溝通能有效進行，教師可以從家長的肢體語言察覺家長的情緒資訊，從家長情緒資訊的回應中，重新思考當時情境下最好的處理策略。特別是在緊張狀態時刻，非口語線索也可作為教師監控自己的肢體語言如何有效運用（Olsen & Fuller, 2003, p.116）：

表12-1　肢體語言

態度	非口語線索
開放情緒	雙手張開、外套釦子沒有扣
防衛情緒	雙手交叉在胸前、雙腿交叉置放、握拳姿勢、以食指指向對方
評估情緒	手握著臉、抬頭直視對方、敲打著下巴、隔著眼鏡注視、擦拭拿下的眼鏡、用嘴咬著眼鏡架、擺出以管狀器材抽菸手勢、將手放在鼻梁上
猜疑情緒	雙手交叉、觸摸或摩擦鼻子、用眼角餘光掃視、揉眼睛、外套釦子扣了又解開
不安情緒	捏肌肉、咬筆桿、豎起拇指或摩擦拇指、咬指甲、手插進口袋
焦躁情緒	發出清除喉嚨雜物聲音、發出吹口哨聲、抽菸、捏或擠壓肌肉、在椅子上坐立不安、說話時摀著嘴、不敢直視他人、坐著時用力拉褲子、褲子中的零錢發出叮噹聲、拉耳朵、手心出汗
挫折情緒	呼吸短促、緊握著雙手、搓揉著雙手、握拳姿勢、指出食指、用手摩擦頭髮、摩擦後頸部
合作情緒	以全力衝刺的姿態站立著、張開雙手、椅子只坐前端邊緣、手握著臉、外套釦子沒有扣、抬頭直視對方
自信情緒	伸出手、手置於背後、腰挺直站著、手放進口袋將拇指伸出、手放在外套領子上

四、尋求行政支援

如果經由親師溝通方法（利用電話、面對面對話、家庭聯絡簿、LINE 等）還是無法讓家長心服，或解決親師間的衝突，或無法打開家長心結，教師必須尋求學校行政人員的協助，例如輔導主任、學務主任等，教師切勿意氣用事，不理會家長，否則可能會演變成更為嚴重的親師衝突事件。

五、外在支持系統

當行政介入也無法有效解決親師衝突，無法得到共識，可能須再尋求與家長有關係的家長委員或學區附近的有力人士幫忙，例如民代、里長等，此時，學校校長應作為教師的後盾，利用時間協商對話，尋求解決之道，相信學校的積極用心、教師的誠懇態度，定能有效解決親師衝突事件。

第三節　與父母溝通接觸的有效方法

壹. 教師與學生家長有效溝通的原則與方式

歐森（Olsen）與傅勒（Fuller）提出九項教師與學生家長有效溝通的原則（Olsen & Fuller, 2003）：

1. 選擇或創造一個可以讓教師與家長處於平等地位的環境，此種環境不是哪一方的權力較大或地位較高。

2. 詢問家長（父親或母親）學童在家情況，展現教師的關懷。

3. 關心與詢問家長情況，了解是否有需要教師協助之處。

4. 傾聽了解家長問題。

5. 當教師談論學生在學校生活或學習情況時，應使用「**敘述性**」而非判斷性語言，敘述性語詞可就學生行為以中肯、客觀的語句陳述表達；此

外，教師應避免夾雜使用教育上的專門術語。

6. 不要談論其他家長與學生狀況，尊重所有家庭的隱私。

7. 持續採取主動和家長建立互惠平等關係，不要被初期的有限成功溝通迷惑，以為親師溝通到此為止。

8. 在各學年開始時及學生問題發生前與家長建立溝通。

9. 撥出時間或雙方可以配合時間進行溝通。

教師在與父母接觸時，應考量三種不同的方式（Burden, 1995；吳明隆，民 88）：

1. 學年開始時，與所有父母做最初接觸：此時的接觸，就是要通知父母有關班級教學活動、成績評定要領、回家功課規定、班規、常規管理及對學生學業與行為期望。此外，也尋求父母能提供班級所需的教學資源、徵求自願投入與協助班級活動的義工家長等。常用的接觸方法如介紹信、班級通訊、班級家長會（通常於週末或晚上召開，第一學期利用班親會選出一至二位班級家長委員）等。

2. 學年期間繼續與所有父母接觸，以提供班級活動相關資訊：資訊內容包括測驗、評量活動的時間表、戶外教學及學生行為表現進步情形等。接觸方法如班級通訊、訊息單、家長參觀日及成果報告卡（例如各定期考查後的成績通知單）。在中小學教育現場，教師與父母溝通最常使用的媒介為電話、家庭聯絡簿、LINE 等。

3. 因班級需要只選擇與特定的父母接觸：此接觸方式是要告訴父母孩童行為及學習情形，此種接觸的運用時機不是學童有特殊正向表現就是有負面不當行為。如果告知父母的是學童「好」的一面，通常父母會積極參與並樂於聽到；如果父母被告知的是學童的問題行為，多數關心學童的父母也會願意參與，並與教師配合而支持教師相關輔導活動；但少數家長會認為很「煩」或很「不快樂」，因為接到教師電話或傳遞的訊息，就是小孩在學校又闖禍了，對於部分家長來說，他們會產生懷疑：「為何我們的孩子無法像多數孩子一樣乖巧聽話，不用父母操心。」

貳. 親師合作常用的方法

與個別家長進行親師溝通過程中，教師應使用「三**明治**」（sandwich）策略，於開始及結束時，呈現好的訊息或做正向敘述說明。「三**明治**」策略主要包含三個要素：(1) 學生之前的良好表現；(2) 要說明的事件或事實行為；(3) 未來可能展現的正向行為或好表現。在目前國民中小學階段中，教師與父母接觸最常用的，也最簡便的方式是「**學生家庭聯絡簿**」，家庭聯絡簿主要內容包括當日回家功課、明後日要攜帶的物品、學生在校表現、學生在家情形及家長簽名等；而智慧型手機的普及與科技進步，以 LINE 作為親師溝通媒介也十分簡便。除家庭聯絡簿與 LINE 媒介外，教師與父母溝通接觸有效方式甚多，以下幾種亦是親師合作常用的方法（Burden, 1995）：

一、介紹信

寄給家長「**介紹信**」（introductory letter）的時間最好於開學第一週實施，或於班級家長座談會議實施之前完成。介紹信的主要內容是班級基本資訊傳遞，例如學校或班級重要行事曆、回家功課、請假及課程內涵的告知、邀請家長參加班級座談會等。低年級階段還會包括課表與生活作息、上下學時間與每天的穿著規定、父母接送與相關用品等。教師自我介紹信也可以在開學第一天發給學生帶回，內容可以再包括教師的簡介、班級經營的理念、對學生的期望等。

二、有關班級經營及常規管理的信函

有效能教師必須與學生父母、校長共同分擔班級經營與常規管理的計畫內容，尤其希望家長能多參與親師活動，則家長必須知道相關活動內容、認同規則合理性、支持教師所擬計畫與計畫的實施活動。有關班級經營及常規管理信函（letter about classroom management and discipline）應用方面的具體作法：

1. 開學時與學生共同討論管理的規則及不遵守班規的後果。

2. 將規則整理成「**訊息單**」（information sheet）方式，影印給學生帶回家。

3. 訊息單內容要具體明確，並解釋其重要性與必要性。

4. 要求父母與孩童計畫內容，家長並簽名以表同意。

5. 家長同意簽名函由學生帶回學校交給教師。

上述班規的訂定要在師生共同討論下完成，班規的內容要具體可行、合理而不嚴苛，以每個學生均能做到為原則，詞句以正向積極的方式表達最佳。

三、回到學校夜晚 ── 班級家長會

「**回到學校夜晚**」（back-to-school night）即是所謂「**班級家長會**」（利用夜晚回到學校參加親師座談會），時間最好訂於開學第一或第二週，或由學校行政處室根據行事曆安排統一訂定，以讓父母得知下列有關學童訊息：學業進步狀況、成績評定要領、回家功課規定、班規內容及實施程序、教師對學生期望等。此外，也藉此活動實施，能由學生家長處獲得班級所需的資源並徵求家長義工，自願參與協助班級活動推展。根據《國民教育階段家長參與學校教育事務辦法》第 6 條規定：「家長得請求前項以外與其子女教育有關之資訊，除法令另有規定外，教師或學校不得拒絕。每學年開學後二週內，班級教師應協助成立班級家長會，並提供其相關資訊。每學年開學一個月內，學校應協助成立全校家長代表大會，並提供相關資訊，以協助成立家長委員會。」第 7 條：「家長或學校家長會對學校所提供之課程規劃、教學計畫、教學內容、教學方法、教學評量、輔導與管教學生方式、學校教育事務及其他相關事項有不同意見時，得向教師或學校提出意見。教師或學校於接獲意見時，應主動溝通協調，認為家長意見有理由時，應主動修正或調整；認為無理由時，應提出說明。」班級家長會必須每學年召開一次，選出班級家長代表，以便召開學校家長代表大會，成立學校家長會，協助學校教育的運作。

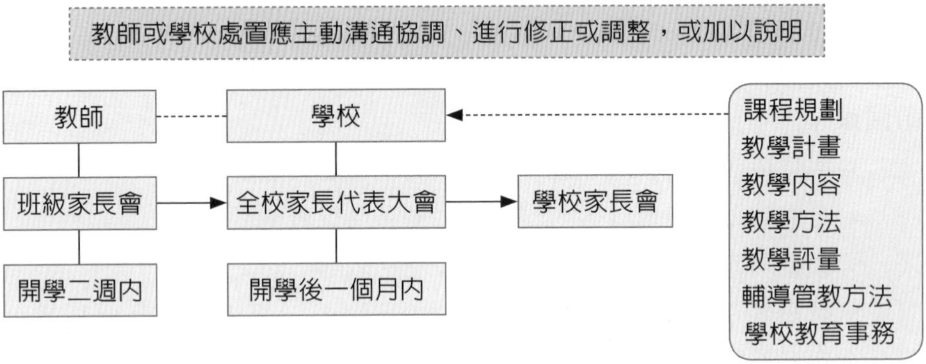

教師或學校處置應主動溝通協調、進行修正或調整，或加以說明

教師 ----- 學校 ◄------- 課程規劃
教學計畫
班級家長會 ──► 全校家長代表大會 ──► 學校家長會 教學內容
教學方法
開學二週內 開學後一個月內 教學評量
輔導管教方法
學校教育事務

圖12-1　班級家長會

班級家長會又稱為「**親師會議**」（parent-teacher conference），會議實施具體作法：

（一）先前準備工作

1. 以介紹信方式或簡要通知單告知班級家長會舉辦的日期、時間，通知單附上是否參加回條，以便統計家長出席的人數。

2. 確定教室環境看起來是乾淨、清爽的且能吸引人。教師可將自己的姓名、班級名稱以顯目字眼寫在門口及前面黑板上；教室內可同時展示學生成果樣品、教學資源或相關教學材料等。

3. 提供父母必備的文具或材料，例如紙、筆、尺、面紙等。

4. 為學生家長準備個別簽名同意單，此同意單主要就學生私人問題諮商或進一步會議之用；或自願參與班上特殊活動同意回條，例如戶外教學、協助教師班級管理、幫忙教室布置或提供班級相關教學資源等。

5. 於學生座位貼上學生姓名標籤，讓家長實際坐於學生座位上，體會課堂上課情形，教師說話音量要能讓全體家長清晰地聽到為原則。

6. 教師要有計畫或以統整周詳、明確的表達方式描述問題所在。父母希望由座談會中得知教師背景、教學經驗、有關對學生行為及學業要求標準、回家作業、請假或學校政策的規定及實施方式（會議前設計簡報PPT）。會議的後半段，要預留問題討論、雙向溝通的時間等。

7. 會議所需傳遞的資訊應有次序的放置、裝訂，以提供家長參考。會議資訊內容應準備齊全，第一頁應包括：教師姓名、學校及教師家中電話號碼（最好為手機）等；主要內容應包含班級每天或一星期的課表或主要行事曆、班級管理、學業要求、家長配合等相關資料等。

（二）會議的實施

1. 於教室門口歡迎家長的到來。

2. 指出學童位置所在，讓父母依學童座位入座（如果出席人數較少，便於家長發言，座位可安排成半圓形或ㄇ字形）。

3. 根據事前準備之會議資料內容，簡潔介紹教師自己的背景、每天及一星期的學生作息表、課程、學業目標及學習活動、學業期望、實施程序與常規管理的內涵等（若教師有製作 PPT 或影片，可以採用簡報或影片播放介紹）。

4. 會議資料多準備幾份，至少讓參加家長每人一份。

此外，在會議進行時，要注意以下幾點：

1. 如果家長想要就學童行為或問題與教師深談，應另訂時間，以免剝奪多數參加家長的權益。

2. 教師要知道家長座談會所面對是有參加的全體家長，而非是少數、個別的學生問題或一、二位父母。

3. 允許學生家長有問問題的時間。

柏力克（Borich）認為親師會議進行時，應考量以下相關問題：

1. 讓父母認同問題所在，並覺知自己參與班級常規管理過程的重要性。

2. 呈現具體的行動計畫，此計畫內容應能清楚描述學生家中及學校問題所在，如此，才能有效研礙介入處理策略。

3. 必要時採取下一步問題處理活動，例如將學生每星期的進步情形通知家裡；學生問題行為連續重複發生，應立即以電話通知父母；下次親師會議的情境安排等。

而會議進行實施時，教師也應注意到以下幾點（Borich, 1996）：

1. 以平穩語氣描述問題所在

避免使用艱澀難懂的教育專有名詞，應以大眾、白話的語氣表達，特殊教育用語如規準、五種動作技能、行為目標、學習組群、負增強、發展需求、同質性或異質性群體、認知技能、發現學習、百分位數、語言學研究、知識獲得、專業社會性行為、標準化測驗、高階思考、檔案卷宗、先備技能等。

2. 重視傾聽技巧的運用

相關的傾聽技巧如：

(1) 眼神凝視。

(2) 面對演說者，身體稍為向前傾。

(3) 點頭或以不會打斷說話者的認同表情回應。

(4) 說話者暫停時，允許他（她）不用解釋，繼續說下去。

(5) 避免分神不專心的表情。

(6) 等到說話者說完，再加入教師的評論。

(7) 有需要時，進一步補充說明。

(8) 摘要歸納父母想要表達或想要傳遞的訊息，以檢驗自己是否真正了解家長的意見。

（三）會議後追蹤管理

會議結束，應將進一步的活動或行動方案列表管制，以便日後管理，這是親師會議一項重要內涵。行動方案如提供學生更多回饋，對學生閱讀、學習等提供其他更具體有效的建議，或定期給父母最新的資訊等。開會後應於最短時間內將會議紀錄內容讓學生帶回家，讓班級所有家長知悉開會結論，其中有關班級費用的繳交與早自修時間是否有規劃活動應加以說明，以免將來班費收取時讓少數家長產生疑惑。

成功的親師座談會要把握以下幾個原則：(1) 幫助家長感覺自在；(2) 以積極態度為開端；(3) 以正向具體回應及語氣，鼓勵家長參與會議；

(4) 爲家長進行總結，讓家長知道親師座談會的重點。此外，教師也應避免以下的行爲（陳昭伶等譯，民 101）：

　　1. 避免使用專業術語，讓家長一知半解，或無法理解教師所要傳達的訊息。

　　2. 避免展現專家的姿態，少用「**家長應該**」、「**父母親必須**」等權威式的評論語，這種「**不同意就是錯**」的暗示是阻礙家長參與討論的緣由之一。教師可改爲較中性的語詞，例如「有些家長告訴我」、「有些父母親從班級學生處發現」。

　　3. 避免當場對特定學生進行負面評價，負面評價用語如「行爲惡劣」、「表現很差」、「調皮搗蛋」、「考試成績很差」、「很不用功」、「智力遲緩」等。

　　4. 避免不專業的對談，不要針對學生個人行爲或學生家庭情況於會議中特別提出。

　　5. 避免對現場家長提供立即決定性的建議，例如「您一定要怎樣」、「如果我是家長，我一定會採取何種方法」等。對於個案學生，教師應私下再與家長商定會面時間，因爲行爲改變是需要時間的。

四、訊息單

　　先前之班級家長會，如果很多家長沒有參加，教師可以將相關資訊內容及重要會議共識結論以「**訊息單**」（information sheet）方式寄給學生父母，或由學生帶回，內容包括課程特色、學生成績如何評定、教師期望、教室規則、實施程序、常規計畫及其他班級重要活動資料、班費收費金額、會議的結論與班親會幹部等。訊息單內容在於將班級家長會或班級親師會（座談會）等班級會議所討論的內容，或會議結果讓全班家長知道，讓未出席的家長也能知悉會議形成的共識。其中尤以班費繳交的金額及用途家長最爲在意，教師必須簡要清楚的讓家長明白，如此才不會引發未出席家長的誤解。

五、開放屋──家長參觀日

　　「**家長參觀日**」（open house）在一學年中以一次或二次最爲適合，藉由家長參觀日可安排家長到教室與教師接觸，觀察教室環境、學生成果樣品、學習教材內容、教師教學活動或學生學習情形等。根據教育部頒訂的《國民教育階段家長參與學校教育事務辦法》第 8 條對家長參觀日有概要說明：「學校應於每學期開學前一週至開學後三週內，舉辦家長日，介紹任課教師及學校相關行政人員，並說明有關班級經營計畫、教學計畫、學生學習計畫或其他相關事項。學校得舉辦學習成果檢討會或發表會，邀請家長參加。」家長參觀日原則上以半天較爲適當，家長除參觀學校、班級的教學軟、硬體外，可隨時與教師就有關學生行爲或學習與教師做雙向、非正式的溝通討論。家長參觀日當天若要呈現學生成果作品，不論班上個別同學的作品優劣情形如何，最好每位同學的成果作品均能展示出來，以免學生家長參觀時，看不到其子女的學習成果或實作作品。

　　家長參觀日有時會配合校慶運動會實施，在運動會開幕前邀請家長至班級參觀，或與教師閒談交換心得，之後，再參觀校慶開幕之活動表演。若是家長參觀日時段是安排於學校學期行事曆之中，參觀的家長可能較多，班級可事先調查有多少位家長可以出席，並利用班費購置簡單點心，點心不用太精緻，誠意最爲重要，此活動可與班級家長會召集人討論再做決定。

六、班級通訊

　　「**班級通訊**」（newsletter）就是教師定期將有關學生資訊傳達給父母知道，例如學校或班級特殊活動、課程內容、考試時間、教學計畫、班級同學的優良事蹟、好人好事表現、各種活動公告等。班級通訊內容不必太多，約只需要一頁即可，有時可因實際需求，調整版面大小及內容的多寡。班級通訊也可以說是班級通知單，教師可根據班級或學校活動的行事曆，適時發給學生帶回，通訊要讓家長簽名，以確知家長已眞正目睹過。正式的班級通訊即一般所稱的「**班刊**」，教師若有空餘時間，可以親自規

劃或指導班上學生每個月出刊一期，一個學期大約四期；如果教師較爲忙碌，可以改爲以工作單或訊息單的簡要方式，傳遞重要訊息或活動讓家長知悉。

七、工作單

「**工作單**」（assignment sheet）主要是告訴學生父母下星期或下二個星期內的班級活動，如果有特殊需要時，要求父母在工作單上的回條簽名並交由學童帶回班上。此方法可讓學生及其父母知道班級最近的評量規劃，以便讓父母能督促學童、安排適宜的時間，使學童學習更爲有效。工作單的內容，教師最好列印、影印浮貼或夾於家庭聯絡簿中，便於家長觀看家庭聯級簿時，可同時看到工作單的內容。工作單告知的事項可以包含班級內所有活動，其功能在於事先提醒告知家長班級或學校最近的重要活動，或是重要的宣導事項。當事件較爲複雜怕學生轉知家長時不夠明確，或宣導內容事項較多，怕學生抄寫時浪費太多時間，教師可改爲單張工作單或訊息單的方式通知家長。

八、個別便函或信函

教師可根據特殊話題或需求，通知學生父母，排定個別時間，與學生父母舉行特別會議，以告知家長有關學童學習及行爲特殊表現，以及其他進一步的訊息。個別便函或信函（individual notes and letters）在使用時，應注意詞句表達的適切性，以簡潔、清楚、誠懇而眞實的方式撰寫，此外應注意：

1. 嚴禁使用教育學之特殊或專門用語，以免部分家長無法完全看懂教師所要傳遞的內容。

2. 主要時機爲教師無法以電話聯絡學生父母時使用。

3. 當傳遞內容是學生問題或不好消息等，也應告知學生學業及行爲好的一面。

如果教師有計畫地使用個別便函或信函通知父母學生好的一面，則

有助於建立教師與父母間正向的關係，進而影響學生日後進一步表現，培養學生更正向的態度。個別便函或信函的使用，通常用於個別特殊學生，例如學生學習態度突然改變、行為表現退步，或學生有特殊優異行為表現等。個別便函的使用時機，例如有些家長想讓子女就讀資賦優異班、特殊才能藝術班（美術班、音樂班）、體育班等，教師得知這些班級招生的訊息或相關簡章，可將招生資訊或報考簡章以個別信函方式請學生轉交給家長，並提醒家長不要忘記報名及甄選的時間，此種簡便信函可以讓家長感受教師的用心與熱忱。

九、電話聯絡

「**電話聯絡**」（phone calls）功能與前述幾種使用方法一樣，不過其效率更為快速與簡易。教師以電話與父母討論學生不當行為時，事先要先有腹案，並注意表達的委婉與態度（Canter & Canter, 1991）。以關切及問候話語作為開端，然後適時切入問題所在，適時表達問題關鍵。之後，教師表達自己正採取的相關活動與協助處理孩童行為的輔導策略，如此傳達方式，可有效獲得家長認同與支持。

在電話聯絡方面，教師所要表現的是誠心關愛學生、真正想為學生解決行為問題，並向父母解釋須配合事項。在電話結束前，要讓父母明確知道教師有能力且有信心解決學童問題，並會再與家長進一步接觸。教師以電話和家長聯絡是最簡便也最快速的方法，電話的型態有二種：一為傳統電話；二為手機。目前手機的使用率普及，班級中每位學生家長幾乎都有手機，因而以手機與家長進行對話或傳達各種訊息，是最為快速且較具有彈性的媒介，只是以手機進行對話時，要考量到手機費用的問題。電話或手機的聯繫，可於下班後或課餘時間，例如下課、中午時間或沒有課的時段，教師以電話和家長溝通時，不要一開始就數落學生的不當表現或責備學生違規行為，讓家長誤以為「接到老師的電話，老師又要告狀了」、「老師來電，子女在學校又發生問題了」，或「接到老師的手機，一定是子女在校又和人打架或發生爭執」等。溝通是一項藝術，傳達學生不當行

爲讓家長知悉的口氣要委婉、態度要友善，讓家長能接受事實，願意與教師進行良性的互動，進而配合家長協助處理學生的問題。

學生在學校發生意外、偶發事件（例如身體不適）或衝撞受傷的訊息傳遞，教師必定要於事件發生後的最短時間內，通知學生家長或監護人，爲能儘快與家長取得聯繫，教師最好於開學時立即建立班級學生的通訊資料，包括學生家中的電話、父母親（或監護人）的手機，爲便於教師隨身攜帶，可設計成小冊子或折疊式的格式。若是無法於第一時間通知家長，而必須將學生送醫治療時，於送醫途中或送至醫院診治時，必須持續的撥電話給家長，將事件告知家長，讓家長於最短時間內得知其子女的情況。

十、特殊活動及資訊接觸

「**特殊活動及資訊接觸**」（special events and information contents）乃是教師及學生家長藉由參加特殊活動，而有接觸或一起討論話題機會，例如學校運動會、音樂會、演奏會、巡迴表演、藝術展示、科學展覽等。教師及家長因同時參與這些活動，而有短暫接觸的機會，教師可重點式地與學生家人分享、討論學生學業及行爲表現。對於學生進步及特殊問題討論，此種機會之接觸方式特別有用。有些學校會於每年母親節前夕舉辦學校音樂教育成果發表會，以和母親節感恩活動相結合，此種活動的時間通常會安排於夜晚。爲讓更多學生可以有參與活動的機會，學生群體表演是一種較佳的方式，因爲音樂會不是爲某些特定學生而規劃，學生群體表演的活動內容如直笛合奏、陶笛合奏、合唱、節奏樂等。此外，校慶運動會也是特殊親師活動型態的一種，各班休息區最好能搭起帳蓬，並有明顯的班級編號，以利參觀父母找尋小孩就讀的班級，並有意願坐下來爲小孩及班上同學加油。教師最好能和參與的家長打招呼，讓家長感受到教師的熱忱與歡迎，有時間時可和家長簡單閒聊，對小孩正向行爲多加讚賞，若是有需要家長配合或注意事件，於事後再以電話和家長聯繫，不要於班上同學或多數家長面前數落或指責某位同學。

十一、提供學生成果樣品讓家長知悉

　　教師可將學生進步情形及已完成並評定成績的作品成果，以不同方式傳達給父母知道，教師同時對學生作品加註適當的意見及評語，父母可藉由學生成果樣品得知教師教學活動、學童學習情形等。學生成果樣品包括考試或測驗結果、回家作業情形、實驗室報告、計畫研擬、實作樣品及藝術作品等。在實施上，教師要注意在樣品報告上所寫的評語，應多使用積極有建設性的詞句，或需要學生改善注意之處，不應或避免做過多負向的評述，以激發學生學習動機與進一步學習信心。以學生的圖畫為例，若是學生已經盡力了，即使圖畫得不符合教師期待，教師也不應責備學生，或於評定欄位置直接書寫負面的文字，例如「你畫的圖很差，只能給你50分！」、「這張圖是老師看過畫得最差的一張！」、「你連一點點畫畫的資質都沒有，真可憐！」、「你畫這張圖不覺得很幼稚嗎！」多元智能的理論顯示：每個學生都有其弱勢智能，因而每種學科的學習都有異質性（個別差異）存在，教師要接受班級個別差異的事實，不要期待每位學生都是第一名，或是每個學生都是畫家、運動家、音樂家。

十二、成果報告卡 ── 學期成績單

　　「報告卡」（report cards）內容除了學生行為及學習進步情形外，也包括了學生的努力及群育表現結果，此法與便函、信函、電話聯絡一樣，報告卡不能只描述學生負向表現，更應重視其積極正向行為的描述。若是定期考查成績，教師不應全班排名，以免影響排名較後之學生的自尊。成果報告卡除學習成果外，也可以撰述學生最近的學習態度及在班上與人相處情形。成果報告卡或成績通知單中的評語，最好先撰述學生正向行為的部分，再論述學生要努力或尚待改善的行為，評語內容儘量具體明確，淺顯易懂，例如「雅倫是位循規蹈矩的同學，與同學相處融洽、學習也很認真，這學期數學有明顯進步，希望能持續保持，相信下學期會有更好的表現。」、「子明是位有責任感的同學，打掃公共區域很用心，只是學習較無法專注，也較容易粗心，如果學習上能再專心些，以子明的資質學習會

有很大的進步空間。」

十三、家庭訪問日

　　當家長不願拜訪學校時，「**家庭訪問**」（home visit）是教師與家長接觸的最佳方式。家庭訪問可讓教師進一步了解學生家中環境情況，有效傳達學習內容、學生進步與學習表現。教師因時間及工作限制，家庭訪問對象應有所選擇，以不便參加班級家長會或親師會議的學生家長為主。有些學校為積極促進親師良好合作，鼓勵教師在開學之前要對班上學生進行家庭訪問。家庭訪問前，教師與學生家長應事先約定時間，讓家長有心理準備，並就訪問主題事先告知家長，以免學生家長心生畏懼或誤以為子女在學校闖下大禍。在教師方面，要注意本身安全，若是女教師或是學生住家環境較為複雜，可請同仁陪同，例如行政人員或輔導教師；女教師最好不要單獨前往學生家中進行訪視。與家長進行訪談時，教師要善用溝通技巧，多聊學生的優點與長處，再談論學生應該改進之處；訪談之後，可將訪談內容做成訪問紀錄，以作為日後學生輔導之用。

　　家庭訪問的優點有：(1) 增加家長、學生對教師的信任；(2) 教師於學生家庭環境中，可以得到第一手的資料；(3) 可以使家長更加了解教師。至於家庭訪問的缺點有：(1) 教師須投入更多的時間；(2) 學生因為教師來訪無法表現與平常相同的行為；(3) 家長因為教師的到來而感到懷疑及難過，尤其是教師以負向的預設立場來訪視家長時。有效的家庭訪問，教師要注意以下幾個事項：(1) 事先告知家長家庭訪問的目的，讓家長先有心理準備；(2) 與家長協商及安排日期與時間；(3) 教師訪視時的態度要像客人，不能喧賓奪主；(4) 教師要準時；(5) 預期可能突發的狀況，例如家長當著教師面前嚴厲指責或鞭打小孩，或家長朋友意外來訪等（陳昭伶等譯，民 101）。

　　家庭訪問是開啟親師溝通的有效方法，但由於要考量教師與家長雙方的時間、教師的安全等因素，教師進行家庭訪視要妥慎規劃。在教學現場中，教師會進行家庭訪視的對象多數是行為偏差或問題學生，教師需要進

一步了解學生家庭情況、在家中的行為表現、與父母相處溝通的狀態等，進而與輔導教師研擬更有效的輔導管教策略。行為嚴重偏差或是行為有問題的學生，通常其家庭教育也有問題，親職教育功能沒有發揮效用，學生屬單親家庭或隔代教養家庭，父母親無暇管教家庭，或是暴力家庭等，由於此類型學生的家庭生態環境較無法掌控，學生才會有嚴重的偏差行為出現，教師進行家庭訪視時要考量周全，並注意以下事項：先與家長約定時間並將訪視的重點大致告知家長，讓家長知道教師為何要來家中訪視；教師切勿以興師問罪或告狀的語氣與家長對話，態度要誠懇，讓家長知道教師是關心子女才會進行家庭訪視的；與家長進行理性對話發掘學生問題的可能原因，研擬有效具體的解決策略。

十四、LINE 與手機簡訊

目前家長擁有智慧型手機的普及率已非常高，緊急事件的告知或學生學習問題的傳遞，除用手機或電話直接與家長通話外，教師也可使用「LINE」與「**手機簡訊**」的方法讓家長知道。以簡訊的方式傳達訊息，由於無法真正知道家長是否已經看到，較適合作為一般學生問題或活動訊息的傳遞（極少數沒有使用 LINE 的家長）；若是以「LINE」和家長溝通，可以從教師手機知悉家長是否讀取。如果是有關學生意外事件或學生安全事項，教師最好還是以手機或電話直接聯繫家長較為適宜，例如學生在下課期間與人發生衝撞受傷，或生病發燒身體不適，或食物中毒等，不論學生是否已經送醫，教師都應於第一時間告知家長，並配合保健室護理師的專業，於最短時間內對當事者進行治療或轉送至醫院。在班級經營中，「**學生安全**」應作為優先考量的要素，這是教師基本職責，也是家長對教師專業或學校行政領導是否信任的一個重要面向。

由於智慧型手機的普及、手機軟硬體的進步，手機的使用率相當高，教師除提供手機號碼給家長知悉外，也應符合科技脈動，以 LINE 作為親師生溝通的媒介。以「LINE」作為教師與家長溝通的媒介十分便捷，在教師以「LINE」作為親師溝通的管道時，要注意以下幾點：

1. 傳統家庭聯絡簿還是要使用，讓學生記載隔天的功課或要攜帶的文具、重要的活動或事項等。

2. LINE 班級群組只宣導或公告班級或學校一般活動，例如戶外教學、校慶活動、定期考查、藝文活動等，個別學生的行為問題不宜在 LINE 群組公告。

3. 個別學生的問題處理只和當事人的父母溝通，若當天家長沒有以 LINE 立即回覆，要改以電話聯繫溝通，或以個別 LINE 溝通對話。

4. 重要事項處置或傳達，家庭聯絡簿、LINE 與電話等溝通媒介可同時使用。

5. 以 LINE 群組作為親師溝通時，要將訊息張貼原則與使用倫理守則公告，讓所有使用家長知悉。

6. LINE 只是親師溝通的一種媒介，其他親師溝通的快速媒介（例如手機、電話等）也要善加應用。

第四節　班級經營中的危機與意外事件處理

班級應是一個快樂而有趣的學習園地，但由於學生是活動的個體，班級是開放的空間與場所，班級活動複雜而多元，所以學生的學習活動有**「不可預測性」**與**「不確定性」**。因而在學習活動歷程中，有可能出現一些教師事前無法掌控的事情，或不是教學活動安排的流程，此即為班級經營中的**「意外事件」**。學生意外事件的處理，也是教師班級經營的內涵之一。

壹 . 意外事件的特性

班級中學生的意外事件有以下以幾個特性：

一、不可預測性

　　學生意外事件的發生，通常教師無法事前做好預防工作。教學活動中教師只能做好事前的規劃與防範，但學生要於何時何地發生何種意外事件，教師無法掌控，教師所能做的是妥愼安排適宜安全的學習環境，減少學生意外事件的發生。例如剛剛下課時，小強立即衝出教室與別班奔跑同學發生衝撞摔倒，小強骨折，另一位同學腦震盪。類似此種意外事件無法預測，因爲鐘聲剛剛響起時，二位同學還好好的，瞬間二位均要送醫治療。

二、時間短暫性

　　多數案例顯示，學生於校園或班級內外發生意外事件時，其時間均是極其短暫的，例如學生言語衝突，突然間二人出現暴力行爲；前幾分鐘前同學還在走廊有說有笑，怎麼突然從四樓墜下一樓等。既然是「**意外**」事件，這個意外發生的前兆，多是教師無法事先掌控的。

三、時間緊迫性

　　當學生於校園發生意外事件後，其處置與採取的因應行動有時間緊迫性，教師如未能掌握第一時間果斷而即時的處理，嚴重時可能危及學生的生命安全。當學生發生意外事件後，更顯示時間掌控的重要，時間掌控可考驗到教師臨場的隨機應變與果斷能力。

四、影響程度大

　　學生發生意外事件後，若是教師與行政人員處理得宜，更可能贏得家長、學生的尊重與信服，對於良好親師生關係的建立有積極作用；相反的，若是教師或行政人員沒有做好必要的處理因應，則可能危及教師的專業地位，以及破壞教師與家長間良善的關係，教師不僅可能受到上級行政單位的懲處，嚴重時也可能要負起相關的民事或刑事責任。

五、影響因素多

　　學校是開放的小型社會，學生是動態的個體，學生在校園內自主活動、學習、遊戲。其意外事件的發生，可能的原因很多，例如學生個體本身不小心所致；同學開玩笑所致；學校行政硬體、設備不完善或管理疏忽所致；外在不良分子或歹徒入侵校園所致等，均可能發生學生的意外事件。

貳. 意外事件的起因

　　班級或校園意外事件的起因，大約有以下三個因素：

一、外在因素

　　例如不法分子進入校園，從事不法行為如詐騙、性侵、暴力、搶奪與偷竊等。此外家庭因素導致校園的危機事件，常見為學生家長離婚之子女監護權的問題，課堂進行中，學生被未具監護權的一方家長帶走，引發家長與學校的衝突。此外，還有學校硬體設施不周全、誤傷學生等。

二、學生疏忽

　　學生意外事件的發生，除外在因素外，學生本身的疏忽與不注意，也是一個重要因素，例如學生自己摔傷、被實驗物品燒傷、玩遊戲器材受傷，與同學嬉鬧、開玩笑而傷害到他人或自己。

三、衝突引發

　　同學間關係惡化，引發班級打架或暴力行為；或師生關係不良、教師管教不當，引發師生衝突事件等。同學或師生間的衝突事件，嚴重時可能發生肢體傷害或暴力行為，引發校園危機或意外事件。

參 . 班級意外事件的處理策略

班級意外事件的發生有時十分突然，事件嚴重性視同學受傷情形而定，例如休克、墜樓、遭人砍傷或遭到性侵害等均是十分嚴重的班級安全事件，教師若沒有妥慎處理，可能危害同學的生命安全。減低班級意外事件的具體作法可從二個部分說明：一為發生前之預防性措施；二為發生後之處理性策略。

一、發生前之預防性措施

（一）以案例教學告訴同學於班級中可能發生的意外事件

教師要利用早自修或課程空餘時間，明確告訴學生班級中曾發生的意外事故，以作為同學相處時的警惕，避免再犯。例如故意將腳伸出絆倒同學；後面同學故意將尖銳東西置於同學座位上，以刺傷同學；或當同學要坐下時，故意將椅子拿開，讓同學跌得四腳朝天等。這些事件可能是同學間玩笑或無心之過，但對當事者可能造成嚴重的身體傷害。教師講述這些實際發生過的案例時，要明確告知同學，若是對方身體受傷，同學可能要負起民事賠償與刑事責任，讓同學知道其嚴重性，而能謹言慎行，不隨意捉弄同學，不任意開同學玩笑等。

（二）以實際案例說明讓同學明瞭校園中可能發生的危機

校園是和諧溫馨的學習環境，但如果自己不小心，則可能會發生意外事件。例如不良分子闖入滋事、學校工程施工期間的危險、擅自爬上或進入學校禁止的處所或地方如頂樓、未經使用的教室、跨越陽臺等，或使用相關硬體設備或遊戲器材時，未依指示規定操作使用等。意外事件部分是個人本身因素造成的，部分是外在因素加諸的，教師若能以曾發生的案例來教育學生，學生的接納度會更高，也會以這些事為鑑，並對校園中可能產生的危機有警覺性與敏銳度，進而減少意外事件的發生。

（三）於平時教學中隨機融入意外事件發生嚴重性與責任

校園中有些意外事件的發生，乃由於學生的「**無知**」，其不知事後結果的嚴重性而引起的，若教師能將以前發生的案例作為課堂上課的素材，則能讓同學知悉某些「**玩笑**」是絕對不能做的，某些舉動是不能嘗試的。這些校園意外事件的案例教師應於平時中加以蒐集，例如從報章雜誌、電視媒體、網路資源等。此外，教師也應教導學生碰到同學受到傷害或其他意外事件的基本處理流程，若是同學受傷嚴重，要保留現場完整，立即通知鄰近師長、學校職員或護士。教師應從教學歷程與案例教學、情境模擬中，培養學生的危機與安全意識。

二、發生後之處理性策略

（一）建立班級家長的電話聯絡網

班級家長的電話聯絡網包括學生家中電話、父母親或重要監護人工作地點的電話、手機等。班級電話聯絡網的建立於開學第一週內就要完成，教師最好整理三份，一份交學務處存查、一份自己隨身攜帶、一份放在教室。平時教師以電話與家長做好意見交流與親師互動；緊急事件發生時，可於第一時間內聯絡學生的家長。此外，在開學第一週學生個人資料簡介時，也應設計表格，讓家長填寫其子女生理健康情形，是否有先天生理健康疾病、需要教師注意協助事項等，若遇學生生病或發生緊急意外事件要優先送到哪些醫院等。有關學生家長希望轉送的醫院，學務處也要統一將全校各班資料於電腦造冊存檔並列印，以便緊急時能快速查到相關資料。

（二）教師根據專業判斷緊急處置

當教師發現學生於校園中受到傷害，要根據教師的專業判斷妥慎處理。若是學生傷害較輕可立即帶至保健室或請護士協助處理，若是學生受傷嚴重或骨折，不能隨意移動學生，而應立即知會護士及行政人員前來處理，必要時應於第一時間撥打 119 或 110，請求消防人員或警察協助處

理。若是學生可能受到性侵或性騷擾，應保護學生隱私，由學校負責處室及相關人員處理，避免學生受到二度傷害。

（三）配合學校行政政策處理機制

若是學生於校園內發生的意外事件十分嚴重，例如重傷害、死亡、精神受到極度驚嚇等，通常社會新聞媒體多數會進入校園拍攝現場及訪談相關師生，此時，教師或班上的學生如對事情一知半解，不應隨意接受訪談，而應把整個處理機制提升到學校行政層級，由校長、主任等發表事情的來龍去脈及後續的處理狀況。若是於班級發生的意外事件，教師應以誠懇及負責的態度來面對事情，將事情發生原委、正確的訊息告知行政人員或轉知採訪的新聞媒體人員，以免因錯誤的認知或憑以往經驗想像杜撰，扭曲事實，影響學校的校譽。

思考與討論問題

1. 請查詢教育部訂定之《學校訂定教師輔導與管教學生辦法注意事項》，學生有哪些行為，教師得採取必要之強制措施，立即對學生身體施加強制力，以制止、排除或預防危害的發生？
2. 懲罰原則重視「公平一致」，但實際運作時亦要兼顧「個別差異」，「公平一致」與「個別差異」二者之間是否矛盾，請說出你的看法。
3. 請你列舉一個班級實例，說明「紀律」、「懲罰」、「體罰」間的差異或不同之處。
4. 教育的三大規準（認知性、價值性、自願性）如何應用於班級常規管理之中？
5. 開學後，林老師班上部分學生家長自願簽署一份「體罰同意書」，書中內容詳細記載：「若是其子女在校行為表現不佳（包含一般行為表現、學習行為等），授權教師可以採用處罰、甚至體罰的方式，主要

是教師出於愛心、出發點為學生，教師對學生所採取的行為，家長完全同意，也完全授權教師……。」對於此種「教師與家長私下簽署的體罰同意書」，你有何看法？

6. 配合校慶活動，忠忠國小舉辦班級球類比賽，五年三班與四班比賽結果，四班輸了，回到教室後，四班很多同學哭喪著臉向老師告狀，說裁判不公平，偏袒三班，他們才會輸。如果你是四班導師，要如何有效處理？

7. 對於學生違規行為，有些班級會組成「班級法庭」來審理判定違規行為同學的處置方式，對於「班級法庭」的運用，你有何看法？

8. 分組學習活動時，第三小組有位同學吵鬧不專心實作，也干擾到別組的學習，教師平時成績扣分時，是否要採連坐法，同組組員也一起扣分（或扣獎勵卡），教師作法是當小組成員表現良好時，教師是以小組全部成員作為獎勵對象。對於以上的情境，你會如何處理？二者之間如何取得平衡？

9. 「林老師在課堂上課，突然手機聲響起，原來是國太的媽媽打來的，國太聽到手機響起，直接在教室內接聽，此一舉動中斷了林老師的教學，林老師很生氣，走到國太的位置將其手機搶了過來，用力的往地上丟下，手機頓時支離破碎，國太看了馬上哭了出來……。」對於以上的案例情境，你有何看法？

【實務問題——有效溝通案例】

俊偉是五年四班的學生，做事熱心，只是個性較衝動，在學校常與同學發生爭執衝突，同學常向老師告狀。

1. 無效能的親師溝通

老師打電話給俊偉媽媽（老師語氣很氣憤）：「俊偉媽媽，妳知道嗎？俊偉今天又與同學發生衝突，不僅與同學發生爭吵，還先出手打人，我真的會被他『煩死』，媽媽知道嗎？班上同學都很討厭他。媽媽可不可以好好管管他，叫他以後不要再打人了。」

俊偉媽媽聽了老師的話語，不知如何回應老師，直說「好！我會責罰他的。」

2. 有效能的親師溝通

老師打電話給俊偉媽媽（老師語氣委婉）：「俊偉媽媽，不好意思，電話打擾了，最近俊偉在學校表現不錯，清掃公共區域都很用心，比之前進步很多。今天中午上美勞課時，與同學發生小爭執，好像還出手打同學，我問他，他說是同學先動手推他，但同學說他沒有，只是不小心碰到俊偉，也跟俊偉說對不起，但俊偉就出手打他。在學校時，我已經告知俊偉，遇到這樣的事情要先讓老師知道，老師會處理，出手打人就是不對，媽媽可以再跟俊偉開導一下，俊偉是個做事很熱心但個性稍微執著的學生，好好跟他講，他會聽得進的。」

俊偉媽媽聽了老師的話語，回應老師：「謝謝老師的用心，我們家俊偉就是這種火爆脾氣，不知跟他講了多少遍，他就是改不過來，等一下我會再問他今天發生的事情，也請老師在學校能多注意他的行為，否則把同學打傷了就很麻煩。」

第 13 章

權威及處罰運用的議題與應用

一、

「良言一句三冬暖，惡語傷人六月寒。」

「權威與處罰的運用，應兼顧『法則性』、『價值性』、『認知性』與『自願性。』

「訓導如無成效，教育的理想則無法實現。」—鮑行（M. L. Bossing）

「教育不單是求知，也不單是求個人智力的發展，最重要的還是人格及公德。」—海巴爾特

「『責罵』使得學生『厭惡學習』；『處罰』使得學生『畏縮怯懦』；『體罰使得學生『興趣全失。」

「假使教育須用打、罵，或用其他方式來恐嚇、脅迫學生去學習的話，那是失敗的教育。」—愛因斯坦

「啟發重於輔導、輔導優於管教、管教重於懲罰。」

「教育的功效優於輔導、輔導的效益又大於管教與處罰。」

「了解學生的問題所在，才能對症下藥，提出有效的因應策略。」

「『責備處罰』，只會強化學生的問題行為；只有『輔導啟發』，才能改善學生的問題行為。」

「教師應有效負起『發展性輔導』之責，並協助『介入性輔導』與『處遇性輔導』，才能發揮輔導功效。」

校園倫理是維繫校園內外人倫和諧的良好規範，其中以強化「**和諧的師生關係**」為首要任務。在影響師生關係互動中最為重要的兩個因素，即是「**教師權威的運用**」及「**訓育處罰的實施**」，權威運用不當會導致懲罰的濫用與誤用，二者關係密切。因而在探討校園倫理的問題，不能不對教師權威運用的合理性及訓育處罰的正當性做一了解。

倫敦學派教育分析哲學大師皮德思（R. S. Peters），可說是繼杜威（J. Dewey）之後，於英語世界的教育哲學領域中，常為人所稱道的大家。他的影響力不僅普遍為英美教育及哲學界所公認，即使是第三世界國家的教育從業人員，對其思想亦耳熟能詳。皮氏的主要貢獻在於開拓嶄新的研究進路，使教育哲學在教育及哲學的領域裡受到認同（林逢祺，民 81）。論述嚴謹、辯才無礙的另一教育分析哲學大師郝思特（Hirst, 1986, p.8）就說：「**皮德思不僅重塑了英國的教育哲學，並且是為其設定近二十年來走向的主導性創造思想家。**」

就判斷善惡行為而言，理想主義重行為動機而輕行為結果；實在主義重行為結果而輕行為動機；實驗主義則兼顧行為動機與行為結果，因此對於學生違規行為或不當行為亦應從其行為動機與行為結果加以檢核。在新時代班級經營與學生常規管理中，皮德思的教育哲學分析觀點，可作為教師新的哲學思維觀點；尤其是班級經營中，教師權威與處罰的運用之教育與社會控制哲學觀，對教師教學實務而言，實有不少的啟示作用。

第一節 哲理上懲罰的原理分析

壹. 報應論

「**報應論**」（retributive theory）認為懲罰是一種「**報復**」（revenge）或「**報應**」（retribution），它基於自然法則與神意而作為罪惡的天譴報應，亦即「**善有善報，惡有惡報**」。懲罰的原則是「**以眼還眼，以牙還**

牙」、「罪與罪相抵」，所以犯過錯者，都應該嚐到苦果，例如罰寫作業、罰作公差、罰站、罰跑步、記過等，教犯錯者在痛苦的經驗中認識正義，付出代價，並且在懲罰中昭彰天理（譚光鼎，民 79）。

　　行為主義心理學家之「**制約**」原理與報應論的論點十分接近。報應論者主張善行者應當受獎，惡行者應當接受懲罰，此種論點與制約理論的增強原理類似。獎勵的給予，是對善行的報酬，表示權威者對當事者行為的一種讚許，希望當事者喜悅這種讚許，以評價其行為的實踐原因（高廣孚，民 78）。但制約增強所導致的行為改變，有時並非是真正的改變，當事者可能為外在獎勵而暫時表現符合道德規範行為，為故意逃避懲罰而表現假的善行，此種道德實踐或行為改變並非是出自於當事者內心所想的、所願的，因為制約的反應可能是一種機械的連結，學生的認知態度並沒有改變。大科學家愛因斯坦亦認為利用過度的稱讚、獎賞、利誘來促成孩子的行動，或是利用嚴格處罰與指責來阻止孩子的不當行為，都是一種外塑行為，而非是內發的動機促發。

貳 . 懲戒論

　　「**懲戒論**」（deterrent theory）與前述報應說皆主張犯過都是出於內心的罪惡，故當施以報復，懲治其罪過。但是報應說僅止於以罪易罪，伸張正義，並不具有「**阻止**」他再犯，或「**期待他改過遷善**」的進一步目的。懲戒取向的懲罰和功利主義的懲罰目的相同，都以禁絕犯過、維護群體安定為目標，但是功利主義考量犯過的程度而量刑，並以正義為衡量標準。而以懲戒為目的懲罰，則分量較重，懲戒的嚴厲性與嚇阻效果成正比（譚光鼎，民 79）。

　　懲戒論論點與功利主義者觀點相似，功利主義者認為懲罰可制止或阻止學生的犯過，懲罰的理念與「**制止**」（deterrence）或「**阻止**」（prevention）的概念相近。此種論點源自心理學，其認為人無不好逸惡勞、避苦趨樂，若學生表現善行獲得獎勵，則心中歡喜更愛向善；反之，

學生表現惡行受到懲罰，則會遭受苦楚而避惡，此為以外鑠的力量而使其行為改變，故功利主義者最贊成懲罰的正當性，懲罰的目的，在於阻止犯錯者及其他人們不可在將來再做錯誤的行為（高廣孚，民78）。

參 . 感化論

「**感化論**」（reformative theory）主張多元的「**介入（處理）**」（treatment），除了報復罪行、嚇阻犯罪傾向之外，並注意犯罪行為的成因，對症下藥。如果犯罪行為出於行為者惡性傾向，則當報復與嚇阻，懲止惡行的滋長；若犯過是出於心理或生理上不可抗拒的病因，則需要剛性措施之外的柔性矯治感化，使犯過者恢復正常的社會行為能力與習慣。故感化性的懲罰是寓醫於刑、寓教於刑，恩威並濟，責罰與處遇並用。這種感化性的懲罰理論，最切合學校裡的教育與訓導的意義，因為感化矯治雖較屬強迫性，與自願性的教育規準有出入，但是，就其使行為改過遷善方面來說，與教育的本義是相吻合的。在感化性的懲罰原理下，大家願見感化及教育性的積極補救措施，先於或優於消極性的懲罰。感化說的懲罰措施，永遠敞開一個給人改過遷善、重新做人的好機會，並且樂意從身心藝能各方面來幫助他們早日完成其健全的社會生活。人永遠是人，即使是犯過之人，也應受道德與法律的尊重（歐陽教，民65）。

感化論的論點偏向於教育學家的觀點，教育學家視懲罰是一種「**教育**」、是一種「**感化**」（reformation）。所謂「**感化的懲罰**」（reformative punishment），是在實施懲罰者的心中有一個終極的目的，希望當事者能改過向善；實施懲罰者有一種愛心和寬恕的胸懷。教師將學生看作「**人**」，視為目的，尊重他的人格與個體價值，認為學生在成長的過程中，沒有不犯錯的，只是犯錯的程度有輕重之別而已（高廣孚，民78）。教師應營造適宜良善、溫馨的學習氣氛，以使學生能喜愛學習環境，而不會出現違規犯錯行為，此為積極性的預防策略；如果學生不小心犯錯了，教師應以啟發誘導方式，以理說服學生，讓當事者知道其行為

是錯誤的，而願意改過自新，重新表現正向的行為，此為消極性的處理策略。

第二節　皮德思教育與社會控制觀點

　　皮德思同意維根斯坦（Wittgenstein）的看法，認為日常語言不像幾何名詞可以下一個確切不移的定義。皮德思認為要了解「**教育**」這個概念並不困難，但如果要把「**教育**」這個名詞用法下一個明確的定義，則是困難之舉。教育通常和學習相關，教育這個概念有點類似「**改革**」（reform），沒有挑選特別的活動過程，雖然教育沒有特定一致的活動或程序，但是卻有教育活動或程序所必須依循的規準（criteria）存在（Peters, 1978）。故皮德思在分析「**教育**」這個概念時，不是要為教育尋找一個「**四海皆準**」的用法或定義，而是要從「**教育**」的主要用法中，指出教育活動的規準與方向，只要能符合教育規準之要求，則必可肯定它是一種合乎教育意義與教育價值的活動。至於皮氏所謂的三個教育規準則是：教育是將有「**價值**」（worthwhile）之事物，傳遞給那些即將受教之人；教育是活潑的，但必須包含「**知識**」（knowledge）、「**理解**」（understanding）與「**認知識見**」（cognition perspective）的能力；教育至少要排除某些傳遞的程序，因為這些程序缺乏學習者的「**有意性**」（willingness）及「**自願性**」（voluntariness）。（p.45）

壹.教育的三大規準

　　總結說來，對皮氏而言，教育活動應當是一種有價值事物的學習歷程；同時，學習內涵必須能夠組合某種概念架構，進而促成認知識見的效果；此外，任何教學方法，都要考慮到學習者的自知和自願性（李錦旭等，民 80）。合價值性的活動、合認知性的意義、合自願性的歷程三大

規準分別植基於「**倫理學或道德哲學**」、「**認識論**」及「**心理學**」的基礎之上，這三個規準，是教育內蘊的規範，也是教育的內在價值（高廣孚，民77）。皮氏所謂教育的三大規準：

一、合價值性的活動

班級的任何活動均要有其教育性存在，從靜態的教室布置、教室位置編排，到動態教學活動、懲罰方式的實施等均要有其教育價值性，教師不能為活動而活動，應為教育而活動，教師在平時教學不但要以身作則，還要了解潛在課程，讓學生從潛移默化當中習得各種知能與改變行為態度。例如機械式的反覆書寫生字過多遍，反而讓學生討厭書寫作業；罰學生勞動服務超出學生生理負荷範圍，會適得其反，得到反教育效果。

二、合自願性的歷程

學習是一件快樂而自動投入的歷程，若是學生缺乏自願性的歷程，則學習是事倍功半的。自願性的歷程指的是學生學習時能自動自發、視學習活動是一種樂趣，能與他人進行雙向互動的溝通、樂於幫助同學、喜愛班上的活動。要達成此目的，教師要尊重學生的人格尊嚴、尊重學生的看法、倡導智慧的啟發活動，視學生為學習的主體。如果利用外在的嚴格處罰，或外在的指責批評來阻止學生的不當行為，是一種外塑行為，真正的教育應該是內發的，內發的教育也就是學生自願的歷程。

三、合認知性的意義

合認知性的意義就是要讓學生「**知其然，也知其所以然**」，教學活動不是單向的灌輸、注入，而是一種誘導與啟發，學生能經由討論、與人合作、動手操弄等方式來建構知識。要達此目的，教師要妥慎規劃學習活動，讓學生能從動態多元的學習活動中，培養批判力、判斷力與理解力。例如自治市長選舉，要讓學生知悉是為培養學生民主氣度，體驗民主精神，而非是要學生以投機取巧的方法當選，有無當選是其次，凝聚班級的

向心力與養成同學民主的素養才是活動舉辦的目的。

對於教育的歷程，皮德思主張：「**啟發的歷程變成思想及認知的模式，就是教育的歷程。**」（Peters, 1978；高廣孚，民 78）皮德思將教育描述成一種啟發個人，使其進入各種價值活動和思考模式的歷程。具有價值的活動與思考模式，共同建構價值生活的整體，師生可以共同分享這種生活，對教師而言，其工作便是要帶領學生來分享這種生活方式（李錦旭等，民 80）。皮德思稱教育是一種「**成就**」，教育乃是「**教人**」的工作，本身含有「**價值**」與「**成就**」，從教育的成就來看，兒童和青少年接受了教育之後，不但顯示他們在道德、理智及其他方面的良好發展，而且也顯示師生雙方的「**努力**」和「**辛勤**」。就品德發展的歷程來看，教育是有道德陶冶價值的工作或成就；就理智發展的歷程來看，教育是有理智陶冶價值的工作或成就；就學習興趣培養的歷程來看，教育是一種達成自願自發的學習工作或成就（高廣孚，民 78）。

貳. 教師的權威

一、教師權威的運用

對於教師「**權威**」（authority）的看法，皮德思認為權威也是控制與影響他人的一種力量，對於教師權威的運用，皮德思認為應注意以下幾個方面：

（一）需要學習者的信服

權威不同於權力，「**權力**」（power）只是一些權威的必要條件，權威需要順從者的信服與共鳴。在班級學習中，如果學生對教師權威的運用不服，則其實質的教育成效將不理想。

（二）適用於特殊的領域

權威僅存在於專門和重要的領域。以教室情境的布置與美化而言，應在師生共同協商討論的情況下完成，而非只靠教師行政權威的運用。就學

術權威而言，教師並非萬能，不可能懂得所有的知能，教師的角色並非全是教學者或灌輸者，而是啟發者，有時還是學習者。

(三) 權威維繫的多元性

不同的權威，就有不同的維繫方式。在行政權威的運用上，必須符合相關法令，不可濫用職權，此即為訓導的「**合法則性**」；在學術權威的運用上，要持續不斷的自我進修，充實相關知能，此即為訓導的「**合認知性**」；在品德權威的運用上，要以身作則，落實道德品格教育，此即為訓導的「**合價值性**」；在輔導權威的運用上，要因材施教，注重學生的個別差異與人格尊嚴，建立良善的師生關係，使學生心悅誠服，自動向善，此即為訓導的「**合自願性**」。

(四) 錯綜複雜的教師角色

教師的身分錯綜複雜，在「**教學**」與「**訓導**」方面，既是「**權威**」也是「**專家**」（expert）。教師是為社會而工作，在學校執行任務時，維持社會的控制，在此方面是權威；在社會文化方面，負有傳遞文化的責任，也可稱為權威。但教師也是專家，因其在指導兒童或青少年的行為發展及教學方法上，都學有專長。

(五) 統合實質與形式權威

教師要發揮權威的效用，必須同時具備其「**形式權威**」（formal authority）與「**實質權威**」（actual authority）（Peters, 1978；林逢祺，民76；高廣孚，民78）。「**形式權威**」類似法職權，「**實質權威**」接近專家權，即教師個人形式權威展現的專業性與價值性。

二、有效教師權威運用的原則

因而皮德思說：「**教師扮演了雙重的角色。在一個合法合理的現代社會中，他必須被置於權威裡，教師依照認可的標準，把自己塑造成這個社區文化某些方面的權威；另一方面，教師也被派去為人們做某種職業訓**

練。」（Peters, 1978）又說：「**具有某種專長的權威不一定是好老師。**」（p.253）例如熟練的工人當要教導別人時，卻經常結結巴巴，無法表達，這是教法的問題，因而專門知識技術對教師來講是必須的，故皮氏說：「**無論教師的角色是什麼，他們需要一種特別的專門知識技術。**」至於教師的「**實質權威**」，即教師在行政職務、學術研究、道德修養、學生訓導或輔導等方面所完成的實際效果。因而有效教師權威運用應掌握以下原則：

（一）在職務施行方面——權威的合法則性

教師的行政權威，包括教學、訓育、輔導、評量等職務上權力的運用，必須以「**法**」為前提，這是一種形式的權威，形式權威的運用必須依據教育法規及法令。例如學生的管教與處罰必須遵守「**零體罰**」的法令規定：「**學生的學習權、受教育權、身體自主權及人格發展權，國家應予保障，並使學生不受任何體罰造成身心的侵害。**」教師不能濫用其形式權威職權，對學生造成身體疼痛、極度疲勞及言語暴力的行為，給予學生過度的課業競爭或過多的評量考試、歧視學生、不公平或不合理的對待學生等。

（二）在**學術研究**方面——權威的合專業性

知識經濟的時代裡，教師學術專業的需求愈高，教師要贏得學生的信服，除了要有學術專長與豐富的知能外，更要有認真的教學態度、活潑的教學創新策略與有效的常規管理技巧等。學術的權威要言之有物，才能獲得學習者的信賴，在知識的園地中，教師不應以成績威嚇學生，或「**不准發問的呆頭鵝**」等不合教育原理的行為。一位教師，如果懼怕學生與其討論爭辯，則無法顯現其專業的學術權威，因而教師必須時時充實自己、調整自我角色、習得新知能、具備任教科目的豐富知識與技能、擁有教育專業素養與教學方法策略等。在學術研究權威方面，教師應是如荀子所謂：「**是是非非謂之知，非是是非謂之愚。**」（修身篇）亞里斯多德明

訓：「是其所非，或非其所是，是為假；而是其所是，或非其所非，是為真。」孔子所謂：「知之為知之，不知為不知。」

(三) 在道德品格方面 —— 權威的合價值性

古語曾說：「**以身教者從，以言教者訟。**」教師應多運用「**專家權**」與「**參照權**」的權威，師生關係中，學生如能認同、親近與接納教師，則會視教師為「**重要他人**」（significant others），發自內心信服接納教師，而願意接受教師的指導。一位具魅力型的教師，具備以下特質：以身作則能為學生表率、有策略方法能建立一個井然有序的班級、公平而合理的對待每位同學、教學生動活潑有趣、正向肯定與鼓勵學生、態度和藹可親，以及親、師、生溝通互動良好等。教師要能做好情緒管理，採取民主式的權變領導，發揮教師愛與耐心來對待學生。道德品格就是教師不僅要為「**經師**」，也要為「**人師**」，教師要為「**教育家**」而非為「**教書匠**」或「**教僕**」。

(四) 在學生輔導方面 —— 權威的合自願性

教師必須體認學生個別差異存在的事實，在教學、輔導與常規管理中，要因應學生的人格特性與資質，採取合適的策略與方法。尊重學生學習的主體性，建立良好的師生關係。學生良善品格的養成與態度改變是循序漸進的，教師要有方法、有耐性、有原則，以情感感化學生，重視學生的學習權與人格權。此種權威是奠基在良好的師生關係基礎上，學生願意接納教師的言語忠告與建議，心悅誠服、自動向善，改正不當違規行為等。

考上教師甄試分發到學校後，當事者即具有教師的「**形式權威**」，包括選擇教材的權力、決定上課方式的權力、分派學生座位的權力、獎懲學生的權力、實施評量的權力、安排學習活動的權力等，這些權力運用之權威行為，任何一位正式教師均擁有，沒有因教師的年齡、性別、種族、婚姻、服務地區等不同而有所差異，此種形式權威依法受到保障，例如教育基本法中明訂：「教師專業自主權……遭受學校或主管教育行政機關不當

或違法的侵害，政府應依法令提供當事人或其法定代理人有效及公平救濟的管道。」「教育人員的工作、待遇及進修等權利義務，應以法律訂定，教師的專業自主應予尊重……。」雖然代課教師也具有形式權威，但以學生立場觀之，此形式權威較正式教師的形式權威弱。正因為代課的形式權威較弱，因而須以實質權威來彌補，從管理學生態度、師生互動關係、情境規劃安排、教學活動的組織、道德品格的涵養等方式著手，來影響及說服學生。

第三節　處罰與紀律

壹. 處罰的問題背景與意義

在理想的狀況下，孩童去上學時，應渴望受到文明奧祕的洗禮，然而事實上並非如此。皮德思認為教師如果想有步驟、系統性地傳遞教師的價值觀，必須採取適當的方式，才能使學生對教師產生認同感，而非單單採取賄賂、哄騙或高壓手段。然而即使是最能啟發、激勵學生，最勝任的教師也會遇到不遵守學習情況的學生或班級；或者他會從另一位教師那裡接到一個沒有紀律的班級。在這種情形下，權威本身可能就沒有辦法發揮其作用，也許只能以「**權力**」（power）作為後盾，以維持或形成最基本的秩序。沒有基本的秩序，學習不可能進步，正因為如此，自然涉及到處罰的問題（Peters, 1978）。

皮德思認為要分辨的有關問題包括下列四部分：

1. 處罰的意義：如何將處罰與復仇、紀律、懲戒及感化做區分——紀律不是懲罰，懲罰更不是體罰。

2. 處罰的理由：如何為處罰辯解，處罰學生的合理性為何？

3. 審視處罰的方式：違反規定時，應採取何種處罰方式？

4. 判決的問題：一個違規的個案應採取何種處罰方式？

以上第一與第二個問題是哲學問題；第三個問題是立法者的問題。

依皮德思的見解，一個懲罰的事件（A case of punishment），必須具備下列幾個要件：

1. 處罰的施行者必須是個權威者，有權處罰犯規之人，否則「**處罰**」與「**報仇**」很難區別。班級學生與學生間沒有所謂權威者，因而以學生處罰學生是不具教育價值性與合理性。

2. 蓄意施予的痛苦或其他不快之事。例如學生不喜歡上體育課，第二節數學課上課吵鬧，干擾教師教學活動進行，第三節體育課，教師採用「**時間補償法**」，要學生在教室站立反省 15 分鐘，此種處理程序並不是處罰，因而行為當事者不會因為被罰站而有不愉悅的感覺。

3. 是加之於一個犯規人的身上，不能殃及無辜，處罰對象只能是出現不當行為的當事者。

「**懲罰**」是極為特殊的概念，通常只適用於規則被破壞的時候。接受懲罰的人，必定感覺痛苦或不快，假使犯規者感覺不痛不癢，甚至是快樂的處置，不能稱之為處罰。皮德思說：「**處罰在定義上來講是報應性的。**」（p.268）不過教育所著重的是前瞻性，因此雖然處罰不一定能使犯過者變得更好，但是教育裡的處罰行為，不能不設想如何才能使受罰者改過向善（林逢祺，民 76）。

貳. 處罰與紀律的關係

從「**紀律**」的觀點而言，懲罰的實施，乃由於學生觸犯校規，或破壞紀律。學校為求維持秩序，科予犯規者應得的痛苦，並強制他接受。皮德思認為懲罰既是為了維持校規，則和「**紀律**」有關，但處罰是維持紀律，和紀律本身是有差別的。皮氏就說：「**在學校，處罰者通常與紀律（discipline）混為一談，對於『維持紀律』與『紀律』內涵本身混淆不清。**」（Peters, 1978, p.268）

處罰是父母與師長用以維持紀律的策略，它之所以產生是因為無法

維持紀律（劉貴傑，民 83）。但「**紀律**」與「**懲罰**」的概念並不相同。依據皮德思的看法，他認為在學校中，常被人稱作「**懲罰**」事件的，嚴格地說，有很多則不是。假如有一個男孩的家庭作業沒有做好，使他重做，這是一種「**外在的紀律**」（external discipline），而不是懲罰。使他重做練習及準備未完成的作業，其中雖含有命令的成分，但可能並無「**蓄意施予的痛苦**」，在命令中雖可能帶有指責或使學生感到羞愧的言語，但這屬於道德訓誡範圍的成分多於懲罰。如果這一男孩遭受杖責，或被剝奪了權利，就應是懲罰了。因為某種不愉快的事已經蓄意的施加在犯過者的身上，男孩會將教師派的作業看成是一種不愉快、浪費時間之舉（Peters, 1978）。

柏登（Burden）也認為處罰只能作為班級紀律規劃回應的一部分，不能作為教師生氣或挫折之情緒發洩的手段。「**處罰**」（punishment）是不當行為處理的最後方法，它是加諸當事人的一種懲罰，以抑制不當行為，為達此目的，必須掌握二個程序原則（Burden, 2013）：

1. 不使用正增強或提供當事人渴望的刺激，使用技巧如邏輯的結果與行為改變技術，相關方法如暫停、排除權利等。

2. 透過活動增加當事人厭惡的刺激，使當事人為他們不當行為接受懲罰。不提供正增強物比增加厭惡刺激對當事人的傷害較低。

教師使用處罰時，其考量準則如下（Burden, 2013）：

1. 跟學生討論可接受行為與哪些適當行為可以得到酬賞，若是學生知道被期望的行為，多數學生會表現較好。

2. 澄清會受到處罰的具體不當行為，讓學生明確知道哪些行為是違反班規的。

3. 只有當獎勵或非懲罰型介入處理無效時，或是有危險行為必須立刻阻止時才使用處罰（處罰是最後手段）。

4. 實施處罰的教師或行政人員，其情緒態度必須是冷靜、沒有情緒化的，否則可能過於嚴苛，也可能激怒學生出現其他不適當反應行為。

5. 對於應用處罰在任一行為之前應先給予警告，告誡後學生行為沒

有改善，之後才讓學生知道其行爲會受到懲處。

6. 對於想要學生表現目標行爲（適當行爲）的處罰應用要公平一致，不能因學生性別不同、學業成就優劣、社經地位高低而給予差別對待。

7. 對於每個目標性不當行爲發生後的處罰方式要前後一致，否則處罰的信賴度會受到學生質疑。

8. 使用的處罰要有足夠的強度才能阻止不想期待的行爲，一般而言，強度愈高，持續的效果愈久。但教師不能因爲這樣就直接採用高強度的處罰，例如正增強的喪失比高喊**「不要那樣做」**的成效還好。

9. 採用的處罰方式必須是有效的，並要考量到當時情境，尤其處罰不能被當事者視爲是一種獎勵或酬賞經驗。例如教師在班級中採用隔離（time-out），對某些學生而言是愉悅的，此種隔離式處罰即是無效的。教師不應對輕微不當行爲過度反應，而對嚴重不當行爲反應不夠。

10. 避免延長處罰的期程，短暫而連續性的處罰效果更好。

參 . 處罰的論證問題

皮德思認爲了解處罰的意義是一回事，爲何要處罰則又是另一回事。皮德思說：**「『定義』不能解決任何根本的問題……了解『處罰』的字義是一回事，找出充分的理由解釋處罰存在的原因又完全是另外一回事。」**（Peters, 1978, p.269）也就是說定義只說明一個概念，但不能指導行爲的方向，行爲的方向要經過論證以後，才能確立。在論證處罰的行爲時，首先必須了解**「侵犯別人便須受到懲罰」**，並非一種自然律，而是人類社會的契約行爲（林逢祺，民 76）。

皮德思認爲這種契約式的行爲，其內容有兩點待論證：

1. 對犯規者施予**「痛苦」**是否恰當？

2. 爲何處罰僅加諸犯規的當事人而已？

對於這兩個問題的解答，皮德思顯然贊成**「功利主義者」**（utilitarianism）的論點。功利主義者認爲，施行處罰確實是一種危害，

然而對違規者施以小罰比施以較大的處罰較不會危害。較大的處罰來自於拒絕遵行重要的社會規範，因此「**懲戒與預防**」乃是處罰的基本理由。從功利主義的角度或將利益考量作為基本原則的角度來看，懲戒並不是處罰的唯一理由。此外，尚有預防作用，即將犯錯的人孤立起來，便不會打擾群體，其中也有感化作用，例如以建設性的處置來對待犯錯者。其中教師在實施處罰時，應著重「**公平性**」或全體學生的共同利益。一個干擾教學活動進行的學生，教師勸導或告誡無效，若不採用懲罰，則無法讓其他同學順利完成學習活動，教師不能讓一位學生破壞性行為而影響全班多數人的權益與學習知識的需求，這即是功利主義者的論點。

許多青少年都生活在幻想當中，處罰對他們而言有所謂的「**當頭棒喝**」之效，這可將他們的知覺恢復過來，有助於他們建立較符合的、令人滿意的行為。在學校，教育是學校主要的校務，此項事實使「**感化**」更形重要。對學校教育而言，處罰也是一種「**迫不得已的措施**」（the last resort）。依皮德思之見，學校裡施行處罰的立場有三（Peters, 1978）：

1. 為了維持教育活動的進行，通常是指教室紀律或教室常規。

2. 為了確保學生遵守若干社會基本規範，例如不偷竊、不說謊、不傷害別人、遵守諾言等。

3. 為了穩定學校的順暢運作，維繫局部重要性的規則，例如勿在窄小的走道奔跑、提早離校必須請假等。

以上所述的皆是學校常規性的，不涉及學習的內涵，只有在學生違反班規、校規與社會規範前提下，才能給予學生處罰。皮德思認為處罰用在學生學習內涵上並不適當。皮氏說：「**處罰乃是造成師生疏遠的最有效利器之一，在學習方面，把處罰當作教育的輔助，似乎是很薄弱的論點。**」皮德思贊同在提升學生學業表現上，獎賞、讚美比懲罰更容易達成目的，因為獎賞、讚美學生有助於學生對教師的認同。皮氏說：「**在教學上獎賞與稱讚比起處罰、指責有效。**」因為獎賞與稱讚容易引起認同感，而處罰、指責會造成疏離感。教育部頒訂之《學校訂定教師輔導與管教學生辦法注意事項》第 10 條明訂，教師輔導與管教學生之目的，包括：(1) 增

進學生良好行為及習慣，減少學生不良行為及習慣；(2) 培養學生自尊尊人、自治自律之處世態度；(3) 維護校園安全，避免學生受到霸凌及其他危害；(4) 維護教學秩序，確保班級教學及學校教育活動之正常進行。此外，教師絕不能根據學生學業成績作為輔導管教的目的。

肆 . 教師的兩難困境

皮德思認為為了維持教育活動得以順暢進行，教師施予犯過者必須的處罰時，可能因而陷入兩難之困境，因為教師必須堅持處罰犯過者以產生遏止作用或作為一預防處置。然而教師或許也知道這對被處罰的個體並沒有好處，因而教師須從下列二方面著手處理：

1. 公平地執行其所要施行的處罰。

2. 盡其所能去了解犯過者。

皮德思並未堅決反對處罰，教師如能謹慎施行，處罰則有助於理想習慣的養成，這是日後形成一種理性道德規律的穩固基礎。皮德思認為兒童的道德行為除了與概念發展的關係密切之外，對於社會實體的掌握，也是重要關鍵之一。因為太寵溺兒童，任令其所欲為，會使兒童停留在自我中心的階段，而忽視別人的存在，在這種情形下，不可能有道德行為的產生。而處罰所發揮的功能即是一種「**當頭棒喝**」（sharp shocks），使犯規者醒覺除了自己之外，尚有其他社會實體的存在，而在行為上有所警惕（林逢祺，民 76）。

伍 . 處罰的形式

在處罰的形式當中，皮德思認為棍子（cane）是最有效的方法，因為它有一種「**當頭棒喝**」之效，但棍子也是造成個人最大傷害的處罰方式，因而大部分的學校會把棍子當作處罰的最後一招。除了棍子的處罰之外，皮氏認為還有下列較適宜的處罰方式（pp.278-279）：

1. 放學後把小孩留下來做些有建設性的事（此方法要留意學生回家的

安全）。

2. 除去學生特有的權利。

3. 以「**勞動服務**」（community service）方式來補償群體，例如不愛惜公物者，須對群體加以補償。

以上三種處罰方式，當然有其窒礙難行之處。例如留下來的學生如何處理？小孩痛恨留下來，教師也一樣；要找到一種不會波及其他同學的特權並不是容易之事；而「**勞動服務**」須耗費相當多的時間在監督上，同時，這樣的方式是否對群體產生正確態度，也令人懷疑。但皮氏認為「**勞動的服務**」方式不僅使犯過者有補救行為過失的機會，也能藉此重獲團體的肯定，是一種較具意義的處罰方式，不過這種處罰的效果，端視其是否能夠引起受罰者體認自己的行為對別人影響的程度而定。

皮德思認為處罰是一種不得已的制止方法，但其積極的教育價值則令人懷疑。但如果沒有基本的秩序維護，教育是無法繼續的。為了確保教室秩序的常規，有時候才需要用到處罰。但處罰並非不可避免的，皮德思認為「**無聊、枯燥乏味**」是造成教室秩序大亂的主因，為改善此種情況，教師可由下列幾方面著手（p.279）：

1. 標準必須要有其權威性及基本堅持，尤其是班級常規問題。

2. 把心放在教室裡，了解學生的興趣，發揮教育愛喜愛學生。

3. 對學生的一舉一動都瞭若指掌，對學生有真正、深入的了解；使學生也清楚地知道教師已掌握其一言一行及教師所傳遞的教材。

4. 培養幽默感。皮德思說：「**幽默是教室的一大催化劑，因為當人們能一起歡笑時，他們步出了自我設限的年齡、性別、身分的定型。**」此時，教師或學生會感受到自己是一個實體的參與者，而非是置身度外的觀望者。

5. 精研各種教學技巧，進取充實，運用教室管理的各種方法。教室氣氛和學校風氣的建立相當重要。

陸．處罰的運用

一、善用處罰

教育是一種自信及熱誠的問題，傳達那種會相互感染氣氛的感覺，因而須使用和藹語氣及精神鼓舞等字眼（p.280）。皮德思以為謹慎是一種德行，也是道德行為的先決條件，所以處罰仍有其正面的效用存在。至於如何才算是「善用」處罰，皮德思有幾項見解（林逢祺，民76）：

（一）處罰要有一致性

處罰的目的，是要讓兒童對其行為產生一種預期的心理，要他知道什麼樣的行為會有什麼樣的結果，處罰才能發揮遏止的效果。因此處罰兒童不能憑一時喜怒，而應有理性客觀的原則。

（二）處罰不可限於冷酷

皮德思認為處罰除了要讓兒童了解受罰的原因外，最重要的是應當表現出對受罰者的同情心。皮德思說：要讓人尊重法律，必須先使他學會尊重別人。因此在處罰學生時，對其處境適度表露關心，使其受到尊重的感覺，是非常重要的。衙門式冷冰冰的作風，並不適合教育的意旨，且報復和缺乏關愛的懲處，很難產生積極的行為改變。

（三）處罰應重啟發

學校的道德教育氣氛濃厚，而不是高壓的防範系統。因此處罰的方式應注重啟發，並以協助兒童自制、自律為目標，皮氏以為要達到這個目標，必須在罰惡制度以外，再建立賞善與寬宥的系統。一味消極式的教育（negative education），只能造就規避、因循的人，缺乏教育開創積極的意義。至於處罰要怎樣才能具有啟發的效果，皮德思認為尚有待教師運用巧思，例如上面所講的勞動服務，便是一種具有教育意義的處罰方式。

（四）處罰要注重公平

人類的是非觀念要達到完全控制衝動的地步，必須經歷緩慢而困難的過程，而且每個人進步的速度並不相同。所以教師在施行處罰時，應當了解兒童認知能力的個別差異，以及這種差異與環境因素（例如同儕團體的壓力）交互作用後，所可能產生的不同行為，有了這層考慮，則處罰才能真正達到要求。一視同仁的處罰方式，表面是平等的，實則是一種缺乏人性尊重的怠忽行為。

二、管教、處罰與體罰

修正《學校訂定教師輔導與管教學生辦法注意事項》第 4 條界定教師管教、處罰與體罰的內涵：

1. 管教：指教師基於第 10 點之目的對學生須強化或導正之行為，所實施之各種有利或不利之集體或個別處置。

2. 處罰：指教師於教育過程中，為減少學生不當或違規行為，對學生所實施之各種不利處置，包括合法妥當以及違法或不當之處置；違法之處罰包括體罰、誹謗、公然侮辱、恐嚇及身心虐待等。

3. 體罰：指教師於教育過程中，基於處罰之目的，親自、責令學生自己或第三者對學生身體施加強制力，或責令學生採取特定身體動作，使學生身體客觀上受到痛苦或身心受到侵害之行為。

體罰如打手心、打臀部、打頭、摑打臉頰、捏臉頰等，或罰站、罰跪、罰跑步、青蛙跳等超出學生生理負荷程度、雙手舉椅子罰站、半蹲等。「**處罰**」與「**體罰**」間的界限有時很難界定，但若是處罰方式不合理或不適切，則可能嚴重傷害學生的身心。例如處罰學生蛙跳五次，在一般情形下，並不足以對學生造成傷害，但如學生不慎滑倒，造成腦震盪，致受普通傷害者，該教師可能須依其犯意負刑事責任；再如處罰學生蛙跳十五次，對某些學生不會造成傷害，但對某些學生而言，也可能是一種傷害（變成一種體罰），這些可能間接造成學生極度疲勞或生理痛苦的處罰方式，教師運用時應謹慎。

此外，第 30 條明訂違法物品之處理原則：

1. 教師發現學生攜帶或使用下列違法物品時，應儘速通知學校，由學校立即通知警察機關處理。但情況急迫時，得視情況採取適當或必要之處置：

(1) 槍砲彈藥刀械管制條例所稱之槍砲、彈藥、刀械。

(2) 毒品危害防制條例所稱之毒品、麻醉藥品及相關之施用器材。

2. 教師發現學生攜帶或使用下列違禁物品時，應自行或交由學校予以暫時保管，並視其情節通知監護權人領回。但教師認為下列物品，有依相關法律規定沒收或沒入之必要者，應移送相關權責單位處理：

(1) 化學製劑或其他危險物品。

(2) 猥褻或暴力之書刊、圖片、錄影帶、光碟、卡帶或其他物品。

(3) 菸、酒、檳榔或其他有礙學生健康之物品。

3. 教師或學校發現學生攜帶前二項各款以外之物品，足以妨害學習或教學者，得予暫時保管，於無妨害學習或教學之虞時，返還學生或通知監護權人領回。教師或學校為暫時保管時，應負妥善管理之責，不得損壞。

從上述規定可以得知，若學生課堂玩弄手機、看小說、漫畫、平板電腦、雜誌等，干擾教學活動進行時，教師只能「**暫時保管**」，並負保管之責，不能「**沒收不歸還**」，而教師的處罰實施絕對不能與學生考試成績或學習成就有所關聯。

從皮德思對處罰概念及用法的闡述，可引導出教師之教學社會控制運用，對於懲罰學生，教師應有的省思可簡要歸納為以下：(1) 懲罰是管教的最後策略；(2) 懲罰只適用於常規管理與違反相關規定；(3) 懲罰實施要經論證歷程；(4) 懲罰實施必須公平一致（不得有差別待遇）；(5) 不因一人犯錯處罰群體；(6) 懲罰應有教育價值存在；(7) 懲罰過程也應尊重學生人格及學習權；(8) 懲罰學生並非體罰學生。

師生之間濃厚的感情與融洽的關係，是有效懲罰的基本條件。因此，教師平時就應努力建立師生之間的密切關係。皮德思認為當教師以

愛和關懷贏得學生的信任時，學生便會很主動將自己的經驗向教師傾訴
（林逢祺，民 76）。一位教師不能愛所有學生，但是可以表達出眞摯的
關懷。眞誠關懷學生的教師從不放棄導引學生的行爲，使他們朝向成功
與避免失敗（金樹人，民 80）。皮德思也認爲教師對學生的愛不可能完
全一樣，猶如每位學生對教師的喜好不一同樣自然。所以要求教師對每位
學生都有同樣濃度的愛，不如強調教師尊重每一個學生獨特的意識、情感
和目的。因此教師要把學生當成「**有血有肉**」的人看待，拋棄過度嚴肅的
方式，表露一些關懷和人情味，建立和諧、融洽的師生關係（林逢祺，民
76）。哲學家卡繆所謂：「**請不要站在我面前，我不會跟隨你；也不要站
在我後面，我不願領導你；請站在我旁邊，讓我們做朋友。**」但師生間的
朋友關係，也要有界限與一定的限制，過度的親密關係，反而引發不必要
的困擾。

第四節　班級學生行爲輔導的策略

　　責備處罰，只會強化學生的問題行爲；只有輔導啟發，才能改善學
生的問題行爲。班級環境中學生一定有問題行爲發生，只是其嚴重的程度
不一，對於學生的問題行爲，教師不應忽視不管，相反的，應積極介入處
理，這是教師的職責與義務。教師「**不應放棄任一學生**」，而應將每位
學生帶上來；教師不應將學生排斥於班級之外，剝奪其學習權，教育應是
「**零拒絕**」的。正由於班級學生有不同程度的困擾行爲，教師若能具備相
關知能，則能發掘學生困擾行爲的原因所在，採取有效的輔導策略。
　　歐布瑞恩（O'Brein）對於班級學生挑戰性的問題行爲認爲應從行爲
本質、行爲發生的事件、行爲情境與行爲動機等四個因素加以觀察檢核。
行爲本質包括行爲在特定時距發生的頻率、行爲出現的持久性與行爲潛在
時期出現多久，若是潛在時期很久，表示教師的觀察力不夠敏銳。行爲事
件的分析可讓教師知道行爲不是孤立產生的，而是在一系列班級情境脈絡

中發生的，常見者為 ABC 行為（先前事件—目前行為—行為後果），即之前發生的事件或行為，產生現在可觀察到的行為，導致社會性結果與行為後果。情境觀察，可以讓教師知道行為是環境脈絡內的產物，而非只是學生個體因素導致的結果，如果當事人與教師或他人沒有進行有效溝通，促發問題行為產生的機率就會很大，因為當事人不會考量到他人的需求。

「**觸發器**」也是一種特定行為的刺激物，教師要了解並觀察學生外顯不當行為是如何產生的，而不能僅僅只從外顯行為加以判別。學生的問題行為多數是為了引起教師或他人注意，例如頑皮、用手掌打人、吼叫等，但某些行為可能是想要得到滿足或獲得權力。教師若能察言觀色、具高度的洞察力，並配合觀察行為的分析圖加以解析判別，可以有效改變學生的問題行為（O'Brein, 2001）。

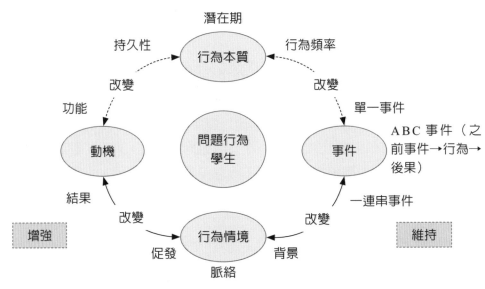

圖13-1　學生問題行為：觀察與分析圖

資料來源：O'Brien (2001, p.78).

一、了解學生問題行為的成因

　　引起學生不當行為的因素很多，可能是先天的生理造成，也可能是心理特質加上班級環境因素引發，也可能單單是學生所處生態所導致的，因而教師對學生的偏差行為或困擾行為要加以探究分析，如果能發掘引發行為的真正緣由，才能對症下藥，提出相對應的因應策略。以校園暴力行為而言，其成因可能有個人生理因素、個人心理疾病因素、家庭因素（例如父母親管教態度不適當、父母離異、長期不睦、缺乏家庭溫暖……）、學校教師因素（師生衝突、教師管教不當、學習低落不受重視、受到同儕歧視……）、社會因素（電視媒體反向影響、受人慫恿唆使……）等，教師應針對其原因加以引發導正，如此，才能達到治標又治本的功效。

二、熟悉基本行為輔導的知能

　　當教師知道學生偏差行為的原因、動機後，要根據其緣由，運用基本輔導知能加以導正。在國民小學階段，常見的困擾問題如拒學、輟學、行為問題、感覺統合失調、過動症、自閉行為等；在中等教育階段，青少年常見的困擾問題如學業問題、升學問題、行為問題、情緒障礙問題、兩性問題、犯罪問題（例如打架、暴力、勒索、偷竊、飆車、吸毒）等，教師要針對學生的困擾問題行為類別，採取合適的輔導的策略，例如強化學生利社會行為的培養、加強法治民主教育；重視學生多元智能的啟發，提供學生自由多種的探索活動；有效運用溝通技巧，增加師生的互動；不要標記學生，以免學生產生負向的自我認定；以身作則，提供良好的成人典範；提供學生成功的機會，適時採取補救教學；加強學生情緒與壓力管理的能力等。此外，對於過動兒、自閉行為、學習障礙、感覺統合失調學童的行為特徵、自殺行為的警告訊號、憂鬱症等，教師也應知悉，以便於最短時間對學生的問題行為類別做出初步的判斷與處置。

三、應用行為改變技術的策略

　　消除個體不適當行為的行為改變技術方法，例如敏感遞減法（系統

減敏法）、飽足法（洪水法）、遠離增強物（禁制法）、撤除正增強、正（負）增強等。其中敏感遞減法是消除焦慮、緊張、懼怕的行為治療法，例如某一學生懼怕在大眾面前講話，則設計安排有系統的呈現刺激，以逐漸降低及消除恐懼症。首先讓學生在沒有人的地方講話，其次，再安排一位同學與之對話，之後採小組活動，由同學面對小組成員講話，最後再鼓勵學生於班級群體中講話。消弱作用在於忽視或不管學生的行為，則學生的行為會因得不到增強而停止。遠離增強物是改變學生所處的生態環境，移開引起不當行為的刺激物，例如某位坐在後面的學生上課喜愛搞蛋，教師將其調至前面來坐，因離教師較近，不敢再搞蛋。撤除正增強是將學生的正增強物移走，例如某生是籃球代表隊，卻犯抽菸的不當行為，教師警告他，若再抽菸就要取消代表隊資格。飽足法是給予過多的增強物，多到不能處理而厭煩，例如課堂不專注，喜愛轉動筆桿或折紙張，下課時就命其一直轉動筆桿或折紙張，此法應用時要注意學生身心負荷。在學生問題行為的輔導上，教師若能善用基本的行為原理與策略，則能有效改變學生的行為。

四、適時轉介至社會醫療機構

當學生的偏差行為任課教師無法單獨處理時，應先與導師聯絡，請求班級導師協助個案處理（初級預防與處置）；如果導師評估個案狀況需要專人協助時，教師應適時將學生轉介至輔導室或輔導中心（二級預防與處置──介入式輔導），由學校專業輔導教師介入個別輔導，輔導人員協助介入處理後，可向專門輔導／醫療機構諮詢，獲取更多困擾行為的輔導知識與技能策略；若是輔導教師認為學生需要進一步接受專業治療，還需要再轉介至社會或醫療機構（三級預防與處置──處遇式輔導），請專門諮商輔導機構或醫療機構協助治療處理。此種情況，學生的問題行為多數包括先天生理因素，而非僅是學生個人特質或環境因素造成的，例如過動症、自閉行為、嚴重情緒困擾或憂鬱症、躁鬱症等。在專案醫療機構介入治療輔導時，學校也要持續進行校內輔導工作，輔導中心與教師、家長

要不斷保持密切連繫，當親職教育能積極配合，發揮家庭教育的社會化功能，才能有效改善學生的問題或困擾行為。

五、安排多元活動與同儕影響

針對班級學生屬性與學習式態，安排多元的動態、靜態活動課程，讓學生的專長可以發揮，體力可以適時發洩。青少年因生理發展的影響，喜愛尋求刺激與興奮的需求，若是教師能安排多元的活動，則可以抒解學生的體力，使其壓力獲得不同程度的解放；此外，藉由活動的進行，可以培養同儕的情感，同儕的支持、鼓勵與教師的關懷，是問題行為學生回歸學校生活的關鍵。教師也可讓問題行為者有為班上服務表現的機會，一方面表示教師對他們的重視，並沒有忽視、歧視他們，讓他們知悉教師也很關心他們，進而激發其榮譽感、責任心與成就感；一方面從服務表現過程中，肯定自我、表現正向行為，以融入群體生活。此外在教學活動中，也應適時融入學生人際關係與休閒生活的輔導活動，讓學生從這些活動中，潛移默化地改變其行為，培養正當的休閒娛樂，學習有效的時間管理，從事正當的休閒活動。

六、強化法律知識知能與常識

許多學生由於法律知能的不足或對法令觀念的認識不清，以致做出違法之事而不自知，例如校園暴行、吸毒、性侵、勒索、傷害同學或師長等，因而教師有必要將學童及青少年的相關法令讓學生了解；此外教師更應將民主法治教育以案例教學或故事解說方式融入課堂之中，讓學生從實際發生的案例裡，體會到守法的重要性，進而產生自律行為，敬重自己也敬重他人。在法治教育觀念教授時，教師應多採用不同的教學方法，以激發學生學習的興趣，進而對法令有正確的認知。

七、具有敏銳的觀察與判斷力

班級學生困擾或問題行為的輔導，事前預防與事後處理同等重要，對於學生行為的突然改變或異常，教師應有敏銳的觀察力，以快速發掘學生的問題，例如學生遭受家暴、性侵、性騷擾、家庭發生變故、有自殺傾向、有自殘可能，或有學業困擾、情緒困擾、人際困擾、感情困擾等。此類學生有時可直接從其行為外表上觀察出來，當教師發現學生行為異於往常或突然改變，教師應利用適當時間找學生個別談話，並給予更多關懷；此外，教師也可透過學生週記、日記等書面資料，以發掘學生的問題所在。當教師與學生平時互動溝通良好，師生關係和諧融洽，學生才會願意將其遭遇到的問題告知教師。

八、尊重當事者的隱私與尊嚴

在教師輔導過程中，教師與輔導人員也要恪遵輔導與諮商倫理，不能任意讓當事者曝光，以免損及學生的人格權或遭受二度傷害。此類的個案如遭受家暴、性侵、有自殺行為、自我傷害行為等學生。而在輔導諮商的歷程中，輔導者應尊重當事人的文化背景與個別差異，協助學生時也應尊重學生個人的價值觀與決定，教師不應強制學生接受教師個人單一的作法，應考量整體的情境，慎思熟慮，研擬最佳的處置策略，以有效解決問題，而不致介入處置後反使問題擴大。

九、採用民主管教與慎用權威

若是學生已有困擾行為，教師仍採取嚴格的管教與強制權威，會使得學生的困擾或問題行為更為嚴重。當學生懼怕教師權威、畏懼教師，自會與教師保持更遠距離，師生之間無法建立良好的互動，更無法建立友善的關係，此時，學生內心的困擾或問題不會主動告知教師，教師要發掘學生的問題成因將會倍感困難。在一個緊張、不快樂、責罵、恐嚇的學習環境中，學生會表現退縮、內向、畏懼，長期下來，對於學生的情緒與人格發展有負向的影響。此種情境不僅不適合學生發展與學習，也違反教育原

理，更會助長學生問題／困擾行為的產生，因而教師要採取民主的管教態度，營造良好的班級氣氛，建立良好的師生關係，讓學生喜愛班級的學習環境，多鼓勵、少責罵，多肯定、少批評。如此，才能減少學生的問題行為，即使學生有問題或困擾行為發生，教師也才能較易掌控，並於最短時間內有效輔導處置。

思考與討論問題

1. 當班上有同學生病住院時，身為教師的你會運用哪些策略，以發揮班級同儕人際關係的輔導？
2. 張春興教授曾說：學生問題行為「根源於家庭、顯現於學校、惡化於社會」。你對上述的論點有何看法？
3. 當有位學生突然直截了當的問教師：「老師，你有沒有想過要自殺？」如果你是那位教師，你要如何回應學生並採取相關策略，以預防學生自我傷害的發生？
4. 你能說出一位教師應具備哪些基本的輔導知能，以負起「初級的預防與輔導」（發展性輔導）之責？
5. 特殊教育回歸主流教育體制，即是「融合教育」，你對於特教學生回到普通班與一般同學共同學習的看法為何？請說出你的觀點。
6. 學生自殺傾向的警告信號有所謂的「FACT」（事實）一字，分別代表「情緒感受」（Feelings）、「行動或事件」（Action or Events）、「行為改變」（Changes）、「事情預兆」（Threats），你能了解這四項警告信號特徵的內涵嗎？
7. 林老師的新班級中有位過動症學生，開學不久常與同學爭執打架，家長得知後紛紛以 LINE 告知林老師，希望林老師想辦法讓這位過動症學生轉到別校就讀，以免影響班上同學的正常學習。如果你是林老師

要如何回應家長的話語。

8. 班上如果有學生因生病住院請假，身為級任老師應該表現哪些具體行為，以顯示對學生的尊重與關懷？

9. 你在校園室外上課或活動，突然有同學很緊張的跑來告訴你：「老師，操場那邊有位同學受傷了！」你會如何處理？

10. 得知班上有學生父親（／母親）因車禍喪生，從導師的立場，你要如何做？請列舉說明。

【實務問題——排除干擾教學之創意點子】

教師於課堂上課中，如果發現學生學習不專注、吵鬧或影響同學學習，教師可以採取以下作法：

1. 暫時停止教學活動不要出聲，以眼神看著干擾教學活動的同學，此時，有不當行為的同學會因為教師的沉默而起警覺之心：「老師已經在注意我了！」此時其不專注的行為會有所改善。

2. 一面繼續講述課程內容、一面走到這些同學的位置處，在位置旁暫停數秒並輕敲其桌椅。此時，由於教師的靠近提醒，同學會知道教師已經在告誡他（她）了。

3. 如果以上二個方法均無效，則教師可直接喊出干擾教學活動的同學「姓名」，以喚起其注意，如「克明」（音調要高）、「克明！你在想什麼事？」、「克明！你有什麼問題嗎？」、「克明！上課講話要舉手」等，當老師直接喊出同學姓名時，多數同學會被這突然的一聲而中止其不當行為。

4. 若教師採用分組活動，可在干擾教學或學習活動同學的組別上扣分（如拿掉一個星星、獎勵卡、或下降一個格子等），教師在做這個動作時，要邊說：「第三組太吵，扣一分」、「第二組有同學吵鬧，扣掉一個獎勵卡」，之後，藉由團體的控制力約束干擾學習活動的同學。

5. 若是全班學習活動過於熱絡而有點吵，或是因問題討論、實驗操作交

談聲音太大，此時，可採用師生「默契用語」，如老師大聲說：「大白鯊」，全體學生回答：「閉嘴巴」；老師：「拍手掌二下」、學生回答：「請安靜」等，此種默契用語較適合國小學生使用，對於年齡較大的國中學生並不合適。

參考文獻

中文文獻

方德隆譯（民 103）。**有效的班級經營——課堂的模式與策略**（C. J. Hardin 原著）。臺北市：高等教育。

王淑俐（民 89）。**人際關係與溝通**。臺北市：三民。

朱愛群（民 86）。學習型組織意涵之探索。**警學叢刊，27**(5)，153-177。

吳明隆（民 88）。新時代有效親師合作的內涵與具體做法。**公教資訊，3**(1)，56-74。

吳明隆（民 91）。教師的多元角色與實踐。**國教天地，148**，73-80。

吳明隆（民 102）。**班級經營的策略與實踐**。臺北市：五南。

李春芳（民 82）。班級經營的策略——快樂的一天。載於**國立屏東師範院校「班級經營」學術研討會論文集彙編**。

李逢堅譯（民 92）。李和瑪蓮肯特：肯定訓練。載於郭明德等譯，**班級經營理論與實務**（頁 4-1～4-36）。臺北市：華騰。

李錦旭等譯（民 80）。**教育理論**。臺北市：師大。

李錫津（民 86）。有溝不一定會通？親師溝通的理論與實務。**班級經營，2**(1)，10-14。

林逢祺（民 76）。**皮德思道德教育思想之研究**。國立臺灣師範大學教研所碩士論文（未出版）。

林逢祺（民 81）。教育哲學的創造思想家——皮德思。載於劉焜輝主編，**人類航路的燈塔**（頁 110-151）。臺北市：正中。

金樹人譯（民 80）。**教室裡的春天**。臺北市：張老師。

馬藹屏（民 86）。青少年次文化初探。**學校衛生，30**，55-59。

高廣孚（民 77）。分析哲學對教育的影響。**國立臺灣師範大學教研所集刊，18**，45-75。

高廣孚（民 78）。**教育哲學**。臺北市：五南。

張世彗（民 96）。**行為改變技術**。臺北市：五南。

張民杰（民 102）。**班級經營學說與案例應用**。臺北市：高等教育。

張如慧譯（民 93）。Forrest Gathercoal 的深思型紀律理論。載於單文經主譯，**班級經營理論與實務**（頁 346-378）。臺北市：學富。

張春興（民 82）。**現代心理學**。臺北市：東華。

張春興（民 83）。**教育心理學——三化取向的理論與實踐**。臺北市：東華。

教育部（民 109）。**終身學習的教師圖像**。

郭明德（民 90）。**班級經營：理論、實務、策略與研究**。臺北市：五南。

郭明德等譯（民 92）。**班級經營理論與實務**（R. T. Tauber 原著）。臺北市：華騰。

郭進隆譯（民 86）。**第五項修練**（P. M. Senge 原著）。臺北市：天下文化。

陳奎伯等譯（民 98）。**教育心理學——為行動而反思**（A. M. O'Donnell, J. Reeve, & J. K. Smith 原著）。臺北市：雙葉。

陳奎憙、王淑俐、單文經、黃德祥（民 85）。**師生關係與班級經營**。臺北市：三民。

陳宥儒等譯（民 99）。**教育心理學——教與學的理論與實踐**（R. J. Sternberg & W. M. Williams 原著）。臺北市：華騰。

陳昭伶等譯（民 101）。**親職教育——從家庭、學校和社區關係探討**（C. Gestwicki 原著）。臺北市：華騰。

陳玲菲（民 97）。**現實治療親職團體對國小父母教養態度與親子溝通輔導效果之研究**。高雄師範大學輔導與諮商研究所碩士論文（未出版）。

陳眞眞譯（民 92a）。威廉葛拉瑟：現實治療、選擇理論與優質學校。載於郭明德等譯，**班級經營理論與實務**（頁 7-1～7-27）。臺北市：華騰。

陳眞眞譯（民 92b）。湯瑪斯高登：教師效能訓練。載於郭明德等譯，**班級經營理論與實務**（頁 8-1～8-27）。臺北市：華騰。

陳榮華（民 83）。**行為改變技術**。臺北市：五南。

單文經主譯（民 93）。**班級經營理論與實務**（M. Lee Manning & Katherine T. Bucher 原著）。臺北市：學富。

湯梓辰等譯。（民 99）。**教育心理學——教室之窗**（P. Eggen & D. Kauchak 原著）。臺北市：華騰。

黃德祥（民 85）。班級的常規經營。**學生輔導，45**，54-59。

楊國德（民 87）。從學習型組織談人力資源發展與終生學習。載於高雄市政府公教人力資源發展中心編印，**人力資源發展**（頁 141-163）。

溫明麗等譯（民 94）。**教育心理學——教育的行動研究**（R. D. Parsons, S. L. Hinson, & D. Sardo-Brown 原著）。臺北市：洪葉。

劉貴傑譯（民 83）。**教育的邏輯**（P. H. Hirst and R. S. Peters 原著）。臺北市：

五南。

歐申談譯（民 71）。**教師效能訓練**（Thomas Gordon 原著）。臺北市：教育資料文摘雜誌社。

鄭崇趁（民 86）。學習型組織理論對於教育行政的啟示。**教育資料文摘，40**(1)，121-130。

賴麗珍譯（民 95）。**有效的班級經營——以研究為根據的策略**（Robert. J. Marzano 著）。臺北市：心理。

戴晨志（民 91）。**愛的教育——動人心弦的「愛的溝通」**。臺北市：時報。

簡紅珠（民 86）。在新世紀的學校教育脈絡中建構良性互動與有效學習的班級環境。**教師天地，89**，25-29。

魏麗敏、黃德祥（民 85）。**諮商理論與技術**。臺北市：五南。

羅素貞等譯（民 109）。**教育心理學**（14 版）（A. Woolfolk 原著）。臺北市：華騰。

譚光鼎（民 79）。夏楚二物，收其威也——談教育活動裡的懲罰。**國教世紀，26**(2)，56-65。

英文文獻

Albert, L. (1995). Discipline: Is it a dirty word? *Learning*, *24*, 43-46.

Ashton, P. (1984). Teacher efficacy: A motivational paradigm for effective teacher education. *Journal of Teacher Education*, *19*(5).

Borich, G. D. (1996). *Effective teaching methods* (3rd ed.). Englewood Cliffs, NJ: Merrill/Prentice Hall.

Brophy, J., & Good, T. (1986). Teacher behavior and student achievement. In. M. C. Wittrock (Ed.), *Handbook of Research on Teaching* (3rd ed.) (pp.328-375). Englewood Cliffs. NJ: Merrill/Prentice Hall.

Brown, G., & Wragg, E. (1993). *Questioning*. London: Routledge.

Buluc, B. (2006). An analysis of classroom rules in secondary schools in Turkey. *Educational Research Quarterly*, *29*(3), 30-52.

Burden, P. R. (1995). *Classroom management and discipline*. New York: Longman.

Burden, P. R. (2013). *Classroom management: Creating a successful K-12 learning community*. New York: John Wiley & Sons.

Canter, L. (2010). *Assertive discipline: Positive behavior management for today's classroom* (4th ed.). Bloomington, IN: Solution Tree Press.

Canter, L., & Canter, M. (1991). *Parents on your side.* Santa Monica, CA: Lee Canter & Associates.

Charles, C. M. (1992). *Building classroom discipline* (4th ed.). New York: Longman.

Charles, C. M., & Senter, G. W. (2008). *Building classroom management* (9th ed). New York: Pearson Education, Inc.

Clark, C. M., & Peterson, P. L. (1986). Teacher thought processes. In. M. C.Wittrock (Ed.), *Handbook of research on teaching* (3rd ed.) (pp.255-296). Englewood Cliffs, NJ: Merrill/Prentice Hall.

Dechant, E. (1993). *Whole-language reading: A comprehensive teaching guide.* Pennsylvania, PA: Technomic Publishing Company, Inc.

Dillon, J. T. (1988). *Questioning and discussion: A multidisciplinary study.* Norwood, NJ: Ablex.

Dobson, J. C. (1992). *The new dare to discipline.* Wheaton, II.: Tyndale House Publishers.

Doneau, S. (1987). Structuring. In M. J. Dunkin (Ed.), *International encyclopedia of teaching and teacher education* (pp.398-406). New York: Pergamon.

Doyle, W. (1986). Classroom organization and management. In M. C. Wittrock (Ed.), *Handbook of research on teaching* (3rd ed.) (pp.392-431). New York: Macmillan.

Easton, D. (1953). *Political system.* New York: Knopt.

Edwards, C. H. (1992). *Classroom discipline and management.* New York: MacMillan.

Egeberg, H. M., McConney, A., & Price, A.(2016). Classroom management and national professional standards for teachers: A review of the literature on theory and practice. *Australian Journal of Teacher Education, 41*(7), 1-18.

Emmer, E. T. (1987). Classroom management. In M. T. Dunkid (Ed.), *The international encyclopedia of teaching and teacher education* (pp.437-446). Oxford: Pergamon.

Emmer, E. T. (1995). Teacher managerial behaviors. In Anderson, L. W. (Ed.), *The international encyclopedia of teaching education* (2nd ed.) (pp.219-221). New

York: Elsevter Science Inc.

Emmer, E. T., Evertson, C. M., Clements, B. S., & Worsham, M. E. (1994). *Classroom management for secondary teachers* (3rd ed.). Boston: Allyn and Bacon.

Evans, W. H., Evans, S. S, & Schmid, R. E. (1989). *Behavior and instructional management: An ecological*. Boston: Allyn & Bacon.

Evertson, C. M., & Weinstein, C. S. (Eds.) (2006). *Handbook of classroom management: Research, practice, and contemporary issues*. Mahwah, NJ: Erlbaum.

Freiberg, H. J., & Lamb, S. M. (2009). Dimensions of person-centered classroom management. *Theory Into Practice, 48*, 99-105.

Froyen, L. A. (1988). *Classroom management: Empowering teacher-leaders*. Columbus: Merrill Publishing Co.

Froyen, L. A. (1993). *Classroom management: The reflective teacher-learner* (2nd ed.). New York: Macmillan.

Gathercoal, P. (2002). *Judicious Discipline: 5 Years Later*. ED 467234.

Gathercoal, P. & Crowell, R. (2000). Judicious Discipline. *Kappa Delta Pi, 36*(4), 173-177.

Gilliland, B. E., James, R. K., & Bowman, J. T. (1994). *Theories and strategies in counseling and psychotherapy*. Boston: Allyn & Bacon.

Glasser, W. (1986). *Control theory in the classroom*. New York: Harper and Row.

Hardin, C. J. (2012). *Effective classroom management: Models and strategies for today's classroom* (3rd ed.). Boston: Allyn & Bacon.

Haydn, T. (2007). *Managing pupil behavior—Key issues in teaching and learning*. New York: Routledge.

Hirst, P. H. (1986). Richard Peters' contribution to the philosophy of education. In D. E. Cooper (ed.), *Education value and mind*. London: Routledge & Kegan Paul.

Holden, P. E. (1989). *Classroom tactics for teachers of young teen-quelling fear of classroom*. Illinois: Clarler C Thomas.

Jones, F. (2001). *Tools for teaching*. Santa Cruz, CA: Fredric H. Jones & Associates, Inc.

Jones, F. H. (1987). *Positive classroom discipline*. New York: McGraw-Hill.

Jones, V. F., & Jones, I. S. (1990). *Comprehensive classroom management: Motivating and managing students* (3rd ed.). Boston, MA: Allyn & Bacon.

Kauchak, D. (2007). *Learning and teaching: Research-based methods* (5th ed). Boston: Pearson Allyn & Bacon.

Kauffman, J. M., Mostert, M. P., Trent, S. C., & Hallahan, D. P. (1993). *Managing classroom behavior: A reflective case-based approach*. Boston: Allyn & Bacon.

Lortie, D. C. (1975). *Schoolteacher*. Chicago: University of Chicago.

Malmgren, K. W., Trezek, B. J., & Paul, P. V. (2005). Models of classroom management as applied to the secondary classroom. *Clearing House, 79*(1), 36-39.

Marx, R., & Walsh, J. (1988). Learning from academic tasks. *The Elementary School Journal, 88*(3), 207-219.

Marzano, R. Z., Gaddy, B. B., Foseid, M. C., Foseid, M. P., & Marzano, J. S. (2009). *A handbook for classroom management that a works*. Upper Saddle River, NJ: Pearson/Prentice Hall.

Morris, V. C. (1966). *Existentialism and education*. New York: Harper & Row.

Nelsen, J., Lott, L., & Glenn, H. S. (1997). *Positive discipline in the classroom*. Rocklin, CA: Prima.

Olsen, G., & Fuller, M. L. (2003). *Home-school relation*. Boston: Allyn and Bacon.

Ormrod, J. E. (2008). *Educational psychology: Developing learners*. Boston: Pearson Allyn & Bacon.

O'Brein, T. (2001). *Promoting positive behaviour*. London: David Fulton Publishers.

Peters, R. S. (1978). *Ethics and education*. London: George Allen & Unwin.

Pollard, A. (1980). Teacher interests and changing situations of survival threat in primary school classrooms. In P. Woods (Ed.), *Teacher strategies: Explorations in the sociology of the school* (pp.34-60). London: Croom Helm.

Rinne, C. H. (1997). *Excellent classroom management*. Boston: Allyn & Bacon.

Rohrkemper, M., & Corno, L. (1988). Success and failure on classroom tasks: Adaptive learning and classroom teaching. *The Elementary School Journal, 88*(3), 298-312.

Rosenshine, B., & Stevens, R. (1986). Teaching functions. In M. C. Wittrock (Ed.),

Handbook of research on teaching (3rd ed.). New York: Macmillan.

Rubie-Davies, C. M. (2011). *Educational psychology: Concepts, research and challenges*. New York: Routledge.

Santrock, J. W. (2011). *Educational psychology* (5th ed.). New York: McGraw-Hill.

Seels, B. B., & Richey, R. C. (1994). *Instructional technology: The definition and domains of the field*. Washington, DC: Association for Educational Communications and Technology.

Slavin, R. E. (2002). *Educational psychology: Theory and practice*. Boston: Allyn & Bacon.

Smith, R., Neisworth, J., & Greer, J. (1978). *Evaluating educational environments*. Columbus, OH: Charles E. Merrill.

Strike, K., & Soltis, J. E. (1992). *The Ethics of Teaching*. Teaching College, Columbia University.

Tauber, R. T. (1995). *Classroom management: Theory and practice*. NY: Holt, Rinehart and Winston, Inc.

Tauber, R. T. (2007). *Classroom management: Sound theory and effective practice*. Retrieved January 3, 2011, from http://ebooks.abc-clio.com/reader.aspx?isbn=9780275996697&id=C9668-4400.（電子書）

Thornberg, R. (2008). School children's reasoning about school rules. *Research Papers in Education, 23*, 37-52.

Veenman, S. (1984). Perceived problems of beginning teachers. *Review of Educational Research, 54*, 143-178.

Walker, J. E., & Shae, T. M. (1995). *Behavior management: A practical approach for educators* (6th ed.). Columbus, OH: Merrill.

Weber, W. A. & Roff, L. A. (1983). A review of teacher education literature on classroom management. In W. A. Weber, L. A. Roff, J. Crawford, & C. Robinson (Eds.), *Classroom management: Reviews of the teacher education and research literature* (pp.7-42). Princeton, NJ: Educational Testing Service.

Wilson, J. C. (1992). Build a supportive school environment. *Journal of Classroom Management, 2*(4), 16-19.

Woolfolk, A. (2011). *Educational psychology* (11th ed.). Boston: Pearson Allyn & Bacon.

Woolfolk, A. (2019). *Educational psychology* (14th ed.). Boston: Pearson Allyn & Bacon.

Zentall, S. S. (1983). Learning environments: A review of physical and temporal factors. *Exceptional Education Quarterly*, *4*(2), 90-110.

選擇反應試題之自我練習題

( )　1. 面對學生課堂爭吵事件，下列何者用語最接近果斷紀律型教師
　　　所說的話語？　(A) 停止吵架，否則二人都到後面罰站　(B) 不
　　　要爭吵，二位都坐在自己座位上　(C) 拜託二人，不要再干擾老
　　　師教學了　(D) 你們二人知不知道你們違反班規了

( )　2. 艾伯特（Albert）對於四種不當行為原因的學生各提出對應的
　　　因應策略供教師參考，其中學生的哪一項不當行為，教師可採
　　　取緩兵之計策略，並讓學生有選擇的機會，或改變教學活動內
　　　容？　(A) 學生想引人注意時　(B) 學生想尋求權力時　(C) 學
　　　生想報復他人時　(D) 學生想逃避失敗時

( )　3. 班級常規經營性質包括預防性、支持性與改正性三種，下列何
　　　種處理屬於預防性常規管理？　(A) 採用忽視消弱的策略　(B)
　　　善用教師的肢體語言　(C) 果斷有力的口語告誡　(D) 訂定明確
　　　可行的班規

( )　4. 班級常規經營性質包括預防性、支持性與改正性三種，下列何
　　　種處理屬於支持性常規管理？　(A) 採用你訊息傳遞感受　(B)
　　　善用教師的肢體語言　(C) 果斷有力的口語告誡　(D) 訂定明確
　　　可行的班規

( )　5. 課堂時小強與小明發生小爭執而出手打小明，午休時老師請小
　　　強書寫自我省思單並在座位上反省自己行為對錯。老師處罰小
　　　強的方式最接近何種懲罰意涵？　(A) 報應性懲罰論　(B) 感化
　　　性懲罰論　(C) 懲戒性懲罰論　(D) 功利性懲罰論

( )　6. 六年三班林老師在家庭聯絡簿上書寫小雅回家作業寫得很用
　　　心，且字體十分工整，表現很認真。就增強類型而言，林老師
　　　採用的是下列何種增強？　(A) 活動性增強　(B) 社會性增強
　　　(C) 代幣增強　(D) 實物性增強

( )　7. 下列何者為行為改變技術的通用準則或程序？　(A) 選擇適當增
　　　強物→確定目標行為→測定行為基線→行為塑造→評估效果

(B) 確定目標行為→選擇適當增強物→測定行為基線→行為塑造→評估效果　(C) 測定行為基線→確定目標行為→選擇適當增強物→行為塑造→評估效果　(D) 確定目標行為→測定行為基線→選擇適當增強物→行為塑造→評估效果。

(　　) 8. 在課堂教學的常規管理技巧，忽視（置之不理）有時也是一種有用的策略，它可消弱學生不當標的行為。下列事件中哪個較適宜採用忽視消弱法策略？　(A) 小明課堂中詢問老師女朋友情況　(B) 小明在課堂與小強發生爭執吵架　(C) 課堂中小明斷斷續續的趴著睡覺　(D) 小明安靜在座位上看帶來的課外書

(　　) 9. 班級學生不當行為處理程序，下列何者是最適切合理的方式？　(A) 控管教師情緒，任其發展　(B) 通知學務主任，協助管教　(C) 立即探究介入，關懷處置　(D) 馬上依循班規，果斷處罰

(　　) 10. 從權力社會性基礎的架構而言，教師有多種不同的權力架構，在這些不同的權力（或權威性質）中，教師應善用何種權力來贏得學生信服？　(A) 酬賞權　(B) 法職權　(C) 參照權　(D) 專家權

(　　) 11. 班級常規經營性質包括預防性、支持性與改正性三種，下列何種處理屬於預防性常規管理？　(A) 課堂上關注少數愛作怪學生　(B) 善用教師法職權與酬賞權力　(C) 規劃安排多樣有趣的學習活動　(D) 對學生採用民主式領導型態

(　　) 12. 小明回家功課（國語習作）沒有寫完，級任陳老師要小明利用下課時間補寫完，繳交給老師後，下課時間才可以自由活動。陳老師採用的管教策略是下列何種？　(A) 負增強　(B) 施予式懲罰　(C) 剝奪式懲罰　(D) 普立馬克原則

(　　) 13. 數學課堂中，小明與鄰座的小強爭執打架，任課教師看到後立即叫二人停手並站起來。就常規管理的型態，任課教師採用的是下列何種？　(A) 預防性常規管理　(B) 支持性常規管理　(C) 改正性常規管理　(D) 全面性常規管理

(　　) 14. 思維學派架構對於班級紀律問題提出介入主義者、非介入主義

者及互動主義者三種論點。有關非介入主義者論點的描述，下列何者錯誤？　(A) 教師是指導者或協助者　(B) 奠基在人文主義哲學上　(C) 學生為中心的紀律管理　(D) 善用獎賞與處罰的機制

(　) 15. 學生因為林老師特有的人格特質與活潑幽默話語，發自內心的喜愛林老師的國文課。就教師社會權力的類型而言，學生是受到林老師何種權力所影響？　(A) 專家權　(B) 參照權　(C) 法職權　(D) 酬賞權

(　) 16. 課堂中藉由觀察法探討有效能教師的教學行為展現與課堂紀律如何維持，得出有效能教師應具備的人格特質、常規維持策略與班級經營特徵。就班級經營的研究而言為下列何種類型之研究取向？　(A) 規範性研究取向　(B) 功能性研究取向　(C) 互動性研究取向　(D) 行為性研究取向

(　) 17. 瓦區特爾（Wachtel）以社會的紀律視窗從支持與控制二個面向的連續體將教師班級經營的類型分為四種型態，就教育場域經驗顯示，常態編班情況下，何種類型教師的教學效能會較佳？　(A) 寬容自由者型取向　(B) 專制主義者型取向　(C) 疏忽放任者型取向　(D) 威信主義者型取向

(　) 18. 師生溝通用語中，老師講出大白鯊，全班學生同時回應閉嘴巴。就班級常規管理性質而言，是何種型態的常態管理？　(A) 預防性常規管理　(B) 支持性常規管理　(C) 改正性常規管理　(D) 互動式常規管理

(　) 19. 下列何者為班級經營最主要的目標？　(A) 處理學生不當行為　(B) 維持班級良好紀律　(C) 提高學生學業成績　(D) 促發學生學習表現

(　) 20. 六年三班發生同學金錢失竊事件，由於小明五年級曾有偷竊行為，班級導師認為小明有很大嫌疑，因而小明成為班上第一位被老師約談的對象。老師的此種思維模式是受到何種效應影響？　(A) 期望效應　(B) 月暈效應　(C) 亨利效應　(D) 破窗

效應

( ) 21. 學習型班級組織強調學生群體合作重要性，為呼應十二年課綱自發、互動、共好的願景，教師在學生學習目標取向上要強調下列何種目標？ (A) 能力目標 (B) 任務目標 (C) 自我目標 (D) 表現目標

( ) 22. 學者杜伊勒（Doyle）從生態系統觀點列舉班級環境的特性，下列何者非其提出之班級環境的特徵屬性？ (A) 班級內各種活動同時發生 (B) 班級內大小事情快速急切 (C) 多數班級的事件無法預測 (D) 班級師生有較多的私密性

( ) 23. 教師言談舉止要獲得學生認同，必須先以身作則，並採取合理有效的管教策略。相較之下，下列哪個策略最不適切？ (A) 以關懷代替忽視 (B)以輔導代替處罰 (C)以說理代替訓斥 (D)以懲罰代替溝通

( ) 24. 個人中心型班級經營可以讓教師想要的與學生及成就間獲得平衡，進而培養學生的利社會行為。下列何者為個人中心型班級經營的特徵？ (A) 教師管理是一種監督與控制 (B) 班級的紀律主要來自於教師 (C) 班級學生是活動運作促進者 (D) 就學生而言，後果項是固定的

( ) 25. 歐布瑞恩（O'Brein）認為有效能教師在班級經營策略使用時，要分析五個問題，其中教師想要學生達到何種程度，如「達成此目標時，學生將會……」，是屬於何種問題類型？ (A) 狀態問題 (B) 目標問題 (C) 情境問題 (D) 結果問題

( ) 26. 歐森（Olsen）與傅勒（Fuller）提供有效的策略以處理具有攻擊性格之學生，這些策略可有效的降低教師防衛態度，集中更多心力處理學生行為問題。下列何種策略是他們認為教師不應採取的方法？ (A) 沒有中斷的專注傾聽 (B) 寫下當事者所說重點 (C) 詢問抱怨困擾的事件 (D) 提高音量與學生對話

( ) 27.「未經他人同意不能拿取同學用品」的班級規約，就索恩柏克（Thornberg）在班級規則類型分類中最接近何種規則？ (A)

關係規則　　(B) 結構規則　　(C) 保護規則　　(D) 禮儀規則

(　) 28. 根據多數學者對班級生活公約（班規）訂定的觀點，下列哪個班規最為適切？　　(A) 考試不要作弊　　(B) 走廊不能奔跑　　(C) 公物不要破壞　　(D) 作業準時繳交

(　) 29. 學者里格比（Rigby）檢視相關研究後提出校園霸凌事件四個原因，下列哪個原因是錯誤的？　　(A) 霸凌者認為傷害受害者是合理的　　(B) 霸凌者喜愛受害者遭受傷害，認為事件沒什麼大不了　　(C) 霸凌者認為攻擊受害者可提高其在群體中的權威感　　(D) 霸凌者傷害受害者後通常都會後悔，自覺做錯事情

(　) 30. 林老師上國文課時，小明與小強爭執打架，干擾到班上其他同學的學習。就高登（Gordon）教師效能訓練之紀律模式而言，是誰有問題？　　(A) 小明與小強二人　　(B) 除小明與小強外之班級所有同學　　(C) 教師　　(D) 教師與全班同學

(　) 31. 高登（Gordon）教師效能訓練之紀律模式強調教師擁有問題時，面對的積極技巧為定期傳送「我—訊息」，「我—訊息」表達一般包含哪三個要素（元素）？　　(A) 行為—後果—感受　　(B) 行為—責備—感受　　(C) 行為—後果—懲罰　　(D) 後果—感受—檢討

(　) 32. 高登（Gordon）教師效能訓練之紀律模式提出了十二種溝通絆腳石，對於溝通絆腳石，高登提出了四個具體因應策略，下列何者不是其所提策略或方法之一？　　(A) 專注的沉默　　(B) 不明確的回應　　(C) 積極的聆聽　　(D) 善用增強物

(　) 33. 小美回家功課的學習單書寫十分用心，字體工整，課堂上林老師給予口頭上的讚美，並請全班同學給予一個愛的鼓勵。林老師增強小美的型式最接近於下列何種？　　(A) 活動性增強　　(B) 社會性增強　　(C) 代幣性增強　　(D) 實物性增強

(　) 34. 陳老師告知全班同學，早自修想到圖書館看課外書的同學必須先把自己負責的掃地區域清掃乾淨。陳老師採用的增強方法稱為何者？　　(A) 增強相對立原則　　(B) 普立馬克原則　　(C) 社會

性增強　(D) 自我應驗效應

(　) 35. 小雅掃地時不用心，負責的外掃區沒有打掃乾淨，老師看到後十分生氣，沒收小雅的小白鴿獎勵卡二張。小雅的表現及被老師處置的行為稱為下列何者？　(A) 期望價值　(B) 反應代價　(C) 代價賠償　(D) 行為後果

(　) 36. 課堂教學中，下面哪種情境，教師較適宜採用「忽視消弱法」以減少當事者干擾教學行為？　(A) 反複地詢問與教材內容無關的事項　(B) 舉手提問剛才老師講述不理解的內容　(C) 當事者課堂常轉頭與後面同學嬉鬧　(D) 當事者課堂安靜的趴在桌子上睡覺

(　) 37. 練習學習單時，小明與小強竊竊私語沒有專心書寫，陳老師看到後快速走到二人座位旁，檢視二人書寫情況，小明與小強不喜歡老師站在他們旁邊並觀看他們書寫情況，因而安靜地書寫學習單，並於下課時準時繳交。上述案例中，陳老師採用的策略是下列何種方法？　(A) 正增強　(B) 負增強　(C) 施予式懲罰　(D) 剝奪式懲罰

(　) 38. 小明課堂學習中一直捉弄鄰座的小美，任課教師看到後叫小明到後面站立反省，任課教師採用的是何種策略？　(A) 正增強　(B) 負增強　(C) 施予式懲罰　(D) 剝奪式懲罰

(　) 39. 林老師為改正小明作業常缺交情況，指定小明擔任第三排收作業的小組長，小明因為要收齊同學作業，並看到小組的作業都有準時繳交，自己之前作業未完成的情況也有所改善。林老師採用的策略稱為何者？　(A) 增強相對立原則　(B) 普立馬克原則　(C) 比馬龍效應　(D) 霍桑效應

(　) 40. 課堂上課中，對於干擾教學活動進行的學生，教師有時會採用非隱蔽性隔離法或排除性隔離法，如讓學生坐在最後面特別座，以免干擾同學課堂學習。此種方式屬於下列何種方法？　(A) 正增強　(B) 負增強　(C) 懲罰　(D) 消弱

(　) 41. 課堂中學生座位的安排有不同類型，不論何種座位安排型式都

要與教學方法相呼應。相較之下，下列何種活動設計之座位安排，較能減少學生的分心情況？　(A) 面對面型座位　(B) 交錯型座位　(C) 研討會型座位　(D) 群集型座位

(　) 42. 下列有關校園霸凌政策的描述何者正確？　(A) 輕微型霸凌可容忍，但要加害者向人道歉　(B) 視受害者被傷害程度，決定進一步的處置　(C) 校園霸凌是零容忍的政策，絕不允許發生　(D) 對他人重度霸凌之加害者要受更嚴厲處罰

(　) 43. 習得無助的學習者常常於課堂學習活動中說出「我不能、我不行或我不會」，此類型學生的學習態度與行為表現最接近克根（Kagan）等人所提不當行為中的何種類型？　(A) 侵犯性行為　(B) 破壞性行為　(C) 對抗性行為　(D) 脫離性行為

(　) 44. 柯夫曼（Kauffman）將學生不當行為發展分為七個階段，哪一階段學生會察言觀色，展現個人權力，與教師爭辯、不順從教師教導，會故意激怒他人，即使假裝順從也會伴隨出現不當行為？　(A) 第二階段行為觸發期　(B) 第三階段行為震動期　(C) 第四階段行為加速期　(D) 第五階段行為高峰期

(　) 45. 就影響不當行為的變因中，神經系統功能的受損或失調所引發的不當行為歸因於何種變因導致？　(A) 生理環境　(B) 心理環境 (C) 物理環境　(D) 社會心理環境

(　) 46. 影響不當行為的變因有很多面向，教室旁施工引發的噪音與粉塵，使得班級學生無法專注學習而出現吵雜聲。學生的此種不當行為歸因於何種變因導致？　(A) 生理環境　(B) 心理環境　(C) 物理環境　(D) 社會心理環境

(　) 47. 艾邁爾（Emmer）等人認為學生問題行為可以採用五階段的介入程序加以有效處置，其中教師口語線索策略是第幾個階段的介入方法？　(A) 階段一　(B) 階段二　(C) 階段三　(D) 階段四

(　) 48. 艾邁爾（Emmer）等人認為學生問題行為可以採用五階段的介入程序加以有效處置，這五個處置階段的順序為何者？　(A) 口

語線索→非口語線索→方案的選擇→非隱蔽式隔離→隱蔽式隔離　(B) 非口語線索→口語線索→方案的選擇→隱蔽式隔離→非隱蔽式隔離　(C) 非口語線索→口語線索→方案的選擇→非隱蔽式隔離→隱蔽式隔離　(D) 口語線索→方案的選擇→非口語線索→非隱蔽式隔離→隱蔽式隔離

(　) 49. 班級經營之紀律模式或常規管理模式，偏向於羅吉斯學派觀點的用語為下列何者？　(A) 支配控制　(B) 外在紀律　(C) 讚美獎賞　(D) 導引啟發

(　) 50. 低教學控制之紀律模式，教師角色為建構環境，以促發班級學生掌控自己的行為，此種紀律模式學生有較高的自主權。下列哪一個常規管理模式偏向於低教學控制模式？　(A) 斯肯納的行為改變模式　(B) 金納的和諧溝通模式　(C) 坎特夫婦的果斷紀律模式　(D) 瓊斯的肢體語言模式

(　) 51. 瑞德（Redl）與威廉（William）在團體管理模式中強調團體動力學的重要性，在團體動力學的運作中，教師可由何種方法，協助學生解決衝突與困難？　(A) 診斷性思考　(B) 反省性思考　(C) 後設認知思考　(D) 評鑑式思考

(　) 52. 金納（Ginott）倡導和諧溝通的紀律模式，認為教師在處理學生不當行為時要多用「我─訊息」，下面哪個教師話語與「我─訊息」最為符合？　(A) 小強，你的學習單只寫一半，你真的很不認真　(B) 小明，你下課常在桌椅跳來跳去，真像猴子一樣　(C) 小美，你上課可不可以專心一點　(D) 小雅，你一直跟同學閒聊，老師擔心作品下課前無法完成

(　) 53. 金納（Ginott）倡導和諧溝通的紀律模式，認為教師要多用欣賞式稱讚（讚賞式稱讚），少用評鑑式稱讚。就下列教師的稱讚表達中，何者才是欣賞式稱讚？　(A) 小強，你這次段考英文考得很高，將來可從事英文相關行業　(B) 小明，校園寫生比賽得了年級第一名，未來一定是傑出畫家　(C) 小美，妳今天外掃區域打掃得非常乾淨，一定花了不少時間　(D) 小雅，妳直笛吹

得這麼棒，離音樂家之路愈來愈近了

(　) 54. 金納（Ginott）倡導和諧溝通的紀律模式，認為有效稱讚有七個特性，下列何者非其認為之有效稱讚的特性？　(A) 避免引發學生間比較的稱讚　(B) 避免稱讚學生的品性或人格　(C) 稱讚方式盡可能地明確具體　(D) 只要學生做了什麼便稱讚他

(　) 55. 庫恩（Kohn）倡導超越紀律：從順從到社群的紀律模式，將教室視為社群，其關注的內涵之一為培養學生做決定及與他人的良好關係，強調課室活動要滿足學生哪三種需求？　(A) 自主決定、關係歸屬、自我實現　(B) 自主決定、關係歸屬、成功勝任　(C) 自主決定、安全依附、成功勝任　(D) 安全依附、成功勝任、玩樂趣味

(　) 56. 卡羅若梭（Coloroso）倡導內在紀律模式，將班級組織型態分為三種，不同班級組織型態對應的教師人格特質也不同，其中哪類型的班級組織之教師人格特質最接近「意志薄弱型」？　(A) 水母班級　(B) 磚牆班級　(C) 骨幹班級　(D) 威信班級

(　) 57. 卡羅若梭（Coloroso）倡導內在紀律模式，認為紀律與懲罰不同，一般懲罰行動會有五個要素（元素），下列何者不是卡羅若梭所認為的懲罰要素？　(A) 為成人導向　(B) 不需要加以判斷　(C) 外部加諸的權力應用　(D) 會引發更多衝突

(　) 58. 卡羅若梭（Coloroso）倡導內在紀律模式，重視的是自然處置策略，此種策略為真實世界後果的處置，但有例外情境，在這些例外情境下，教師必須立即介入處理，以提供學生安全與適切的真實世界後果。下列何者不是卡羅若梭所提的例外情境？
(A) 學生不當行為對生命產生威脅　(B) 學生不當行為違反道德的議題　(C) 學生不當行為為末攜帶上學用品　(D) 學生不當行為是個不健康行為

(　) 59. 班級經營中，代幣增強是教師常使用的一種增強類型。就代幣增強實施的程序而言，其最佳的次序為何？　(A) 固定比率增強→變動比率增強　(B) 固定比率增強→固定比率增強　(C) 變動

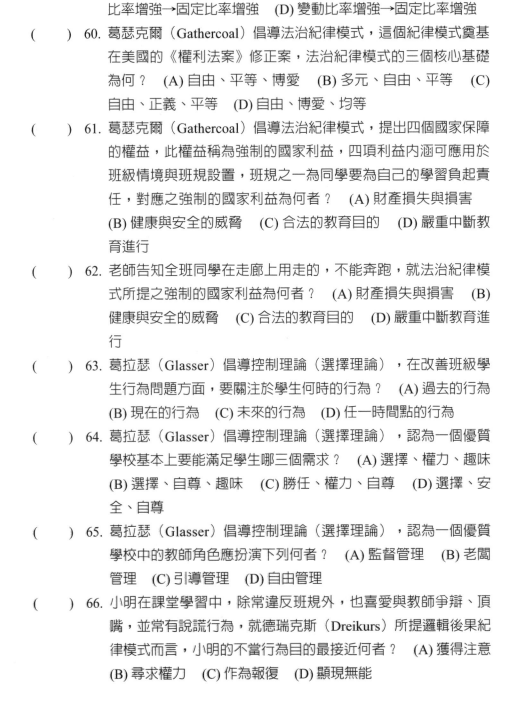

比率增強→固定比率增強　(D) 變動比率增強→固定比率增強

(　) 60. 葛瑟克爾（Gathercoal）倡導法治紀律模式，這個紀律模式奠基在美國的《權利法案》修正案，法治紀律模式的三個核心基礎為何？　(A) 自由、平等、博愛　(B) 多元、自由、平等　(C) 自由、正義、平等　(D) 自由、博愛、均等

(　) 61. 葛瑟克爾（Gathercoal）倡導法治紀律模式，提出四個國家保障的權益，此權益稱為強制的國家利益，四項利益內涵可應用於班級情境與班規設置，班規之一為同學要為自己的學習負起責任，對應之強制的國家利益為何者？　(A) 財產損失與損害　(B) 健康與安全的威脅　(C) 合法的教育目的　(D) 嚴重中斷教育進行

(　) 62. 老師告知全班同學在走廊上用走的，不能奔跑，就法治紀律模式所提之強制的國家利益為何者？　(A) 財產損失與損害　(B) 健康與安全的威脅　(C) 合法的教育目的　(D) 嚴重中斷教育進行

(　) 63. 葛拉瑟（Glasser）倡導控制理論（選擇理論），在改善班級學生行為問題方面，要關注於學生何時的行為？　(A) 過去的行為　(B) 現在的行為　(C) 未來的行為　(D) 任一時間點的行為

(　) 64. 葛拉瑟（Glasser）倡導控制理論（選擇理論），認為一個優質學校基本上要能滿足學生哪三個需求？　(A) 選擇、權力、趣味　(B) 選擇、自尊、趣味　(C) 勝任、權力、自尊　(D) 選擇、安全、自尊

(　) 65. 葛拉瑟（Glasser）倡導控制理論（選擇理論），認為一個優質學校中的教師角色應扮演下列何者？　(A) 監督管理　(B) 老闆管理　(C) 引導管理　(D) 自由管理

(　) 66. 小明在課堂學習中，除常違反班規外，也喜愛與教師爭辯、頂嘴，並常有說謊行為，就德瑞克斯（Dreikurs）所提邏輯後果紀律模式而言，小明的不當行為目的最接近何者？　(A) 獲得注意　(B) 尋求權力　(C) 作為報復　(D) 顯現無能

（　）67. 小強在課室學習時常炫耀自己，並以各種小丑角色出現，就德瑞克斯（Dreikurs）所提邏輯後果紀律模式而言，小強的不當行為目的最接近哪一種？　(A) 獲得注意　(B) 尋求權力　(C) 作為報復　(D) 顯現無能

（　）68. 德瑞克斯（Dreikurs）倡導邏輯後果紀律模式，認為學生不當行為的最佳處置法為自然或邏輯的後果，有關自然或邏輯的後果實施之意涵何者錯誤？　(A) 直接與不當行為間產生連結　(B) 包含道德判斷的元素　(C) 給予學生多種選擇機會　(D) 代表的是生活的準則

（　）69. 艾伯特（Albert）倡導合作性紀律模式，將哪種不當行為目的的學生比喻為律師症候群之學習者？　(A) 獲得注意　(B) 尋求權力　(C) 作為報復　(D) 顯現無能

（　）70. 下列哪個教師的處置最符合艾伯特（Albert) 合作性紀律模式中之合理的行為後果？　(A) 小明作業沒有寫完，老師罰其抄寫課文三遍　(B) 小強出手打了小明，老師責罰其跑操場二圈　(C) 大雄故意以頭撞擊同學，被老師罰站十分鐘　(D) 小美不小心弄髒地板，老師請小美清理乾淨

（　）71. 尼爾森（Nelsen）倡導積極的常規管理模式，對於班級管理中教師用語與師生關係建立，建議教師要多用增進物少用障礙物，下列何者教師用語最符合其增進物意涵？　(A) 今天外面很冷，同學離開教室要記得穿上外套，以免著涼　(B) 今天外面很冷，沒有事情的同學最好留在教室，以免感冒　(C) 今天外面很冷，同學記得離開教室要做什麼才能照顧自己　(D) 今天外面很冷，同學最好不要到操場空曠地方以避免感冒

（　）72. 林老師於課室中看見最前面的小明在玩遊戲卡，未專注聽講，將遊戲卡暫時保管，並責斥小明的不專注行為，其他也有在玩遊戲卡的同學看到後，趕快將遊戲卡收起來並專心聽課。此種現象以何者來形容最為適切？　(A) 期望效應　(B) 擴散效應　(C) 亨利效應　(D) 連漪效應

（　　）73. 陳老師上數學課時能注意教學進度的進程與不專注學習學生的掌控，就庫寧（Kouning）的教學管理模式而言，此為教師何種知能或課室技巧？　(A) 掌握先機　(B) 同時處理　(C) 進度管理　(D) 團體焦點

（　　）74. 庫寧（Kouning）倡導教學管理模式，團體焦點面向強調教師的活動規劃要盡可能讓更多學生都投入學習活動。下列何者非其團體焦點考量的要素？　(A) 是高度參與的群體　(B) 學生有高度注意力　(C) 學生學習有責任感　(D) 規劃活動多元簡單

（　　）75. 葛溫（Curwin）等人倡導有尊嚴的紀律模式，對於學生問題行為的處理提出預防、行動與解決三層面的計畫。就預防層面而言，其核心是要建立與執行何種契約？　(A) 社會契約　(B) 個別契約　(C) 特定契約　(D) 親師契約

（　　）76. 小強與小明下課時在教室中玩球打到小美，老師責令二人到教室後罰站，並省思其行為對錯。從艾伯特（Albert）合作性紀律模式而言，學生的行為後果屬於何種類型？　(A) 自然的行為後果　(B) 合理的行為後果　(C) 人為的行為後果　(D) 必然的行為後果

（　　）77. 瓊斯（Jones）倡導肢體語言紀律模式，他認為班級組織結構是班級經營的核心，班級控制或管理的有效方法為下列哪一種？　(A) 雙眼怒視　(B) 接近控制　(C) 大聲斥責　(D) 叫出姓名

（　　）78. 瓊斯（Jones）倡導肢體語言紀律模式，強調班規訂定的重要性，他認為教師對於班規及其運用普遍有誤解，就其觀點，下列何者最為正確？　(A) 教師教得愈久，班級經營技巧愈好　(B) 好的課程，教師不會遭遇紀律問題　(C) 班規會阻礙學生的創意與主動行為　(D) 所有的課程與教師都需要紀律協助

（　　）79. 瓊斯（Jones）倡導肢體語言紀律模式，認為教師職責之一為責任訓練，訓練學生要先做完應做的事情，才能從事他們喜愛的活動，瓊斯將此原則稱為何者？　(A) 祖母原則　(B) 教師原則　(C) 母親原則　(D) 祖父原則

(　) 80. 坎特夫婦倡導果斷紀律模式，在事實性行為的了解方面，教師可採用的技巧是不斷重複地講述初始的話語，以得知想要知道的訊息或事實真相，此技巧稱為什麼？　(A) 破磁帶法　(B) 破唱片法　(C) 破嗓子法　(D) 破電腦法

(　) 81. 坎特夫婦倡導果斷紀律模式，認為老師展現果斷型教師類型最能處理班級學生行為問題，下列何者非果斷訊息的傳遞方式？　(A) 堅定的聲音音調　(B) 直視學生的雙眼　(C) 大聲叫出學生姓名　(D) 命令學生直視教師

(　) 82. 「小明，為何每次寫學習單，你都東摸西摸不用心寫，下課時才跟老師說你還沒有寫完」，就坎特夫婦之果斷紀律模式的教師類型而言，此教師最可能為下列哪一種類型的老師？　(A) 優柔寡斷型教師　(B) 果斷反應型教師　(C) 怒氣衝天型教師　(D) 認真介入型教師

(　) 83. 馬紹爾（Marshall）倡導無壓力的紀律模式，將班級的社會發展階層以 ABCD 表示，其中不被社會及家長認同的班級階層是哪幾個？　(A)AC　(B)AB　(C)CD　(D)BD

(　) 84. 卡羅若梭（Coloroso）倡導內在紀律模式，認為教師在處理學生問題行為時要考量到和解式正義，和解式的正義包含 3R 的紀律訓練，下列何者非和解式的正義之要素？　(A) 回應（response）　(B) 賠償（restitution）　(C) 解決（resolution）　(D) 和解（reconciliation）

(　) 85. 馬紹爾（Marshall）倡導無壓力的紀律模式，將班級的社會發展階層以 ABCD 四個層級表示，哪一個階層學生能為學習負起責任，學習動機是內發而非外塑的？　(A)A　(B)B　(C)C　(D)D

(　) 86. 學者柏力克（Borich）在《有效教學方法》專書中提出有效能教師的五種關鍵行為，下列何者不是其所強調的關鍵行為？　(A) 教師自我取向　(B) 課堂的清晰度　(C) 教學的多樣化　(D) 學生的成功率

(　) 87. 學者柏力克（Borich）在《有效教學方法》專書中提出有效能教

師的五種促進行為，下列何者<u>不是</u>其所強調的促進行為？　(A) 進行深入的探究　(B) 教師情感與展現　(C) 教學活動結構化　(D) 教師的情緒管控

(　) 88. 親師溝通過程中，教師應善用三明治（sandwich）策略，一般三明治策略進行的程序為何？　(A) 鼓勵→行為陳述→讚賞　(B) 讚賞→行為陳述→鼓勵　(C) 讚賞→抱怨→行為陳述　(D) 抱怨→行為陳述→讚賞

(　) 89. 有關班級經營中之意外事件的屬性或特徵描述何者<u>不</u>適切？　(A) 影響程度大　(B) 時間短暫性　(C) 時間緊迫性　(D) 事前預防性

(　) 90. 下課時，小明與小強爭執，小明把小強桌子推倒，老師知道後很生氣，也要求小強把小明桌子推倒。此老師使用的懲罰哲理基礎最接近下列哪一種？　(A) 報應性懲罰論　(B) 感化性懲罰論　(C) 懲戒性懲罰論　(D) 功利性懲罰論

(　) 91. 下列學生的哪種行為<u>不</u>應採用懲罰或懲戒方法？　(A) 故意推倒同學　(B) 在教室內玩球　(C) 課堂學習不專心　(D) 考試成績退步

(　) 92. 下列有關班級教師使用懲罰或處罰的描述何者<u>錯誤</u>？　(A) 懲罰適用於行為違反規範　(B) 懲罰的實施必須公平一致　(C) 懲罰是管教的最有效策略　(D) 懲罰者必須是一位權威者

(　) 93. 歐布瑞恩（O'Brein）認為教師對於班級學生挑戰性的問題行為應從多個面向加以觀察檢核，其中行為事件的分析可以讓教師知道問題行為是一系列班級情境脈絡導致，常見分析策略為 ABC 策略，其中的 B 指的是何者？　(A) 目前行為　(B) 行為情境　(C) 行為信念　(D) 行為後果

(　) 94. 小明在課堂學習中沒有專心聽講，喜愛做轉動原子筆的動作，因原子筆常常掉下發生聲音而干擾同學學習活動，老師看到後直接把筆撿起來丟進垃圾桶，老師的這種處理方式為何者？　(A) 管教　(B) 體罰　(C) 違法處罰　(D) 合法處罰

（　　）95. 上體育課時，小明故意拿球丟同學，老師看到後很生氣，責令小明蛙跳二百公尺的操場六圈，老師的這種處理方式為何者？
(A) 管教　(B) 體罰　(C) 違法處罰　(D) 合法處罰

（　　）96. 在教育場域中，大多數教師都會使用不同類型的增強物來強化學生正向行為或好的表現，相較之下，何種增強物的使用最為簡易，也最快能發揮增強物功效？　(A) 可食用的增強物　(B) 社會性的增強物　(C) 物質性的增強物　(D) 活動性的增強物

（　　）97. 小明在英文課程中一直捉弄同學，影響同學的學習活動，教師責令小明將座椅搬到教室最前面，與同學保持一段距離。就艾伯塔（Alberto）等人從不同厭惡程度分類隔離的類型，教師使用的是何種隔離法？　(A) 非隱蔽性隔離　(B) 半隱蔽性隔離　(C) 排除性隔離法　(D) 隱蔽性隔離法

（　　）98. 合理的處置為後果一致性的懲戒，它與懲罰不同，下列何者非有關合理的處置之意涵？　(A) 展現一種個人權威力量　(B) 表現社會秩序的真實性　(C) 與不當行為有真正關聯　(D) 未包含道斷判斷的要素

（　　）99. 小強亂丟垃圾，林老師看到後叫小強把垃圾撿起來丟進垃圾桶；小明回家功課學習單沒有寫完，林老師規定利用下課時間寫完，沒有寫完不能到外面玩耍。從艾伯特（Albert）合作性紀律觀點，林老師採用的後果類型為何種？　(A) 自然的行為後果　(B) 合理的行為後果　(C) 人為的行為後果　(D) 個體的行為後果

（　　）100. 當學生出現問題行為時，教師採用何種方式來表述話語或感受才會達到無人輸的目標？　(A) 我—訊息　(B) 你—訊息　(C) 他—訊息　(D) 我們—訊息

（　　）101. 班級活動中，家長都會於家庭聯絡簿上書寫：「老師，小明在家中都沒有罵過三字經，我相信他在學校也不會用不文雅字詞罵同學。老師，您可能誤會小明了」，此種教師陳述同學在校問題行為但不被家長認同的情況，可以以何種學理說明？　(A)

教師效能訓練　　(B) 邏輯後果模式　　(C) 和諧溝通模式　　(D) 行為主義模式

（　　）102. 瓊斯（Jones）倡導肢體語言模式，認為處理學生問題行為時可採用夾心蛋糕策略，策略由治本（最上層）到治標（最下層）的四個結構為何者？　　(A) 班級結構→情境限制→責任訓練→支援系統　　(B) 肢體語言→情境限制→責任訓練→支援系統　　(C) 肢體語言→果斷紀律→責任訓練→支援系統　　(D) 班級結構→情境限制→我的訊息→支援系統

（　　）103. 瓊斯（Jones）倡導肢體語言模式，認為控制學生不當行為的最佳方法是預防它發生，而最好的預防技巧是班級結構，下列何者非瓊斯之班級結構的原則？　　(A) 座位安排，師生生理距離最大化　　(B) 訂定明確可行的班級生活公約（班規）　　(C) 有效處理班級的例行事務　　(D) 善用教師各種的肢體語言

（　　）104. 小強課堂上出現干擾同學學習活動的不當行為，根據瓊斯（Jones）倡導的肢體語言紀律模式，下列哪一個教師處理方式最符合其紀律模式內涵？　　(A) 快速走到小強身旁，短暫看著小強　　(B) 提高聲音音調直接叫出小強的名字　　(C) 立即責令小強坐到前面的特別座位　　(D) 教學為主先不用管小強的課室行為

（　　）105. 瓊斯（Jones）倡導肢體語言紀律模式，強調班規的訂定與執行的重要性，他將班規分為二大類型，其中之一為「特定性的班規」，下列何者最接近特定性的班規之意涵？　　(A) 隨時隨地對同學友善　　(B) 尊重同學的財物　　(C) 對同學要有禮貌　　(D) 課堂離開座位前要先經老師許可

（　　）106. 下面哪一個是馬紹爾（Marshall）之社會發展 D 階層班級組織中的學生行為反應？　　(A) 我不可以打人，因為會被老師處罰　　(B) 我不可以打人，因為這是違反班規的　　(C) 我不可以打人，因為我與同學沒有爭執　　(D) 我不可以打人，因為這是不對的行為

（　　）107. 小強課堂上為了引起老師注意，不舉手直接站起來講話回應，

下列何者是此事件中，課堂教師較<u>不適切</u>的處理方式？　(A) 忽視不理會小強行為　(B) 立刻給予口頭的制止　(C) 責令其到教室後罰站　(D) 提示班規發言的規定

(　) 108. 莫里斯（Morris）倡導真實的紀律模式，強調教師要培養學生自動地順從，學生不用經由反省或做選擇即可成為習慣。訓練順從有三個配合條件，下列何者<u>非</u>莫里斯所主張的配合條件？
(A) 適度有效地運用教師的權威　(B) 訂定明確可行的班級規則
(C) 學生觸及限制線可給予選擇　(D) 學生違反班規時處理要果斷

(　) 109. 高登（Gordon）倡導教師效能訓練，提出教師採用何種訊息傳遞最能達成教師與學生「雙贏」的目標？　(A) 責任式訊息　(B) 解決式訊息　(C) 貶抑式訊息　(D) 迂迴式訊息

(　) 110. 教師能在第一時間知悉當事者在做什麼事，對於班級情境能良好監控及立即處理，如此，才能適當及即刻處理學生的問題行為，讓教學更順暢進行。就庫寧（Kouning）之教學管理模式而言是教師的何種知能？　(A) 進度管理　(B) 掌握先機　(C) 同時處理　(D) 團體焦點

(　) 111. 林老師課堂上在肢體語言表現上為面對學生，留神注意的姿態，但沒有威脅感，以手勢支持或輔助講述話語。就艾邁爾（Emmer）的教師評估量表指標，林老師最接近何種類型教師？
(A) 非果斷型教師　(B) 果斷型教師　(C) 敵意型教師　(D) 放任型教師

(　) 112. 小明只要與同學爭執吵架，情緒就會失控，進而把與他爭吵同學的學桌椅推倒，任課教師最適切的處理方法為下列何者？
(A) 請同學也把小明的桌椅推倒，讓他體會自己桌椅被人推倒的感受 (B) 責令小明書寫「我不能推倒同學的桌椅」十遍，作為警告懲戒　(C) 請小明立刻將被推倒的桌椅扶正並排列整齊，並向同學道歉　(D) 警告小明以後不准將同學的桌椅再推倒，否則老師要嚴格處罰

(　) 113. 陳老師跟小明說：「這個星期若連續五天回家功課都有用心寫完並準時繳交，下星期早自修時間就可以自由到籃球場打球。」陳老師應用的策略為下列何者？　(A) 行為塑造法　(B) 條件契約法　(C) 代幣增強法　(D) 系統減敏法

(　) 114. 小強上數學時因為聽不懂教師講述的內容，與鄰座同學交頭接耳未專注學習，數學老師看到後直接大聲叫出小強姓名，並責罵一番，小強被老師責罵後，不專注行為暫時有所收斂。數學老師所採取的處理方式為下列何種？　(A) 負增強　(B) 正增強　(C) 施予式懲罰　(D) 剝奪式懲罰

(　) 115. 下列哪一個教師話語最接近「我－訊息」的表述策略？　(A) 小明，你不要上課一直看外面，外面有什麼好看的　(B) 小強，你上課一直在玩明星卡，下課再玩不行嗎　(C) 大雄，你社會學習單又遲交，老師擔心你社會領域平時成績會很低　(D) 小美，妳英語文的回家功課又沒有寫完，真被妳氣死

(　) 116. 下列哪一項是班級親師座談會時教師可展現的最佳行為？　(A) 使用學術專業用語與家長對話　(B) 當場對特定學生進行負面評價　(C) 多用「家長應該」等權威式評論語　(D) 不對家長提供立即決定性建議

(　) 117. 康諾思（Conners）以刺激回想記錄方法探究有效教學原則，發現有效能教師所持的基本教學原則有五個面向，下列何者非其研究發現的原則？　(A) 權力分享原則　(B) 平等對待原則　(C) 認知連結原則　(D) 學生參與原則

(　) 118. 國民中小學學生常將教師視為「重要他人」，因而願意與樂意接受教師的指導與行為輔導，就權力的社會性基礎架構類型，這是教師的何種權威影響？　(A) 專家權　(B) 參照權　(C) 法職權　(D) 強制權

(　) 119. 相較之下，下面哪一項班級生活公約或班級規範最不適切？　(A) 考試不及格者每次繳交一元作為班費　(B) 上課不專注者，下課靜坐省思五分鐘　(C) 作業未繳交者，利用課餘時間補寫完

(D) 上學遲到者，於放學時負責關閉門窗

(　) 120. 坎特（Canter）夫婦倡導果斷紀律模式，認為果斷紀律要有效運
作，教師必須配合三件事情，下列何者<u>非</u>其所提配合事件？
(A) 尊重學生選擇　(B) 訂定班級規則　(C) 給予正向認可　(D)
矯正介入行動

(　) 121. 根據下面哪一種準則來安排班級學生座位或班級位置<u>最不恰
當</u>？　(A) 班級學生的視力情況　(B) 班級學生的身高狀況　(C)
班級學生的段考成績　(D) 班級學生的專注程度

(　) 122. 庫寧（Kounin）倡導教學管理模式，認為有效能的教師會善於
使用可識別策略來吸引學生的注意力，庫寧將此種策略稱為
「群體警覺性」，下列何種教師作法最能呼應群體警覺性的策
略方法？　(A) 規定全班學生雙眼直視老師　(B) 對全班拋出簡
易可回答問題　(C) 老師不定期的掃描全班同學　(D) 教師提高
聲音音調進行教學

(　) 123. 葛溫（Curwin）等人倡導有尊嚴的紀律管理模式，此模式對於
班級紀律的維持提出三個層面的計畫策略，此三個層面的計畫
策略為下列哪一個？　(A) 預防—支持—行動　(B) 預防—行
動—解決　(C) 介入—行動—解決　(D) 預防—行動—介入

(　) 124. 葛溫（Curwin）等人倡導有尊嚴的紀律管理模式，此模式對於
班級紀律的維持提出「預防—行動—解決」三個層面的計畫策
略，就解決計畫策略而言，教師要訂定何種契約？　(A) 社會契
約　(B) 團體契約　(C) 個別契約　(D) 責任契約

(　) 125. 教師在課室活動中常使用物質及實物的增強物，對於此種增強
物的使用，下列何者描述<u>錯誤</u>？　(A) 立即增強比延宕增強的成
效佳　(B) 增強物應是當事者真正喜愛的　(C) 已有增強物的持
續運用不中斷　(D) 增強物要因個別學生變化選用

(　) 126. 星期五小明因為英文學習單沒有繳交，喪失餵食小白兔的特
權，當天班級餵食小白兔的任務改由服務股長代替。老師對小
明的處理，採用的是下列何種方式？　(A) 負增強　(B) 正增強

(C) 施予式懲罰　(D) 剝奪式懲罰

(　) 127. 從高登（Gordon）之教師效能訓練紀律模式而言，下列哪個教師話語<u>不是</u>溝通絆腳石的訊息傳遞？　(A) 小雅，妳知道有同學也關心此事，他們都如何處理？　(B) 小美，妳應該知道體育課對每位同學健康的重要性！　(C) 小明，對於參加趣味競賽的活動，你到底在怕什麼？　(D) 大雄，老師真不敢相信剛才那些話語是你講出來的！

(　) 128. 下列哪一個非校園「春暉專案計畫」要加以防制的學生問題行為？　(A) 校園霸凌事件行為　(B) 學生藥物濫用行為　(C) 校園菸害事件行為　(D) 學生酗酒事件行為

(　) 129. 下列哪個對於友善的班級學習環境之描述是<u>錯誤</u>的？　(A) 零霸凌學習情境　(B) 優質的學習環境　(C) 適度合理的處置　(D) 輕度體罰的實施

(　) 130. 課堂教學中，小明與小強爭執吵架，干擾到林老師的國文教學，林老師看到後，對他們二人說：「小明、小強，你們二個像是野蠻人，再吵看看，看老師怎麼處罰你們二個。」根據林老師的話語表述判斷，林老師最接近果斷紀律模式之教師類型中的何種型態教師？　(A) 優柔寡斷型教師　(B) 怒氣衝天型教師　(C) 果斷反應型教師　(D) 積極處置型教師

(　) 131. 德瑞克斯（R. Dreikurs）倡導邏輯後果紀律模式，認為教師要多以鼓勵話語取代稱讚用語，下列哪一句教師話語最符合德瑞克斯所謂的「鼓勵」意涵？　(A) 小雅，這次定期考查，數學領域表現得很好　(B) 小美，教室布置內容儘量大膽去做，老師支持妳　(C) 小明，早上音樂課的個人獨唱，唱得很動聽　(D) 小強，今天中午負責的外掃區域掃得很乾淨

(　) 132. 德瑞克斯（R. Dreikurs）倡導邏輯後果紀律模式，他堅信班級良好的紀律或學生自我控制行為較易在何種類型班級出現？　(A) 民主的班級　(B) 獨裁的班級　(C) 寬容的班級　(D) 權威的班級

（　　）133. 陳老師在上英文課時，發現坐在最後面的大雄在看漫畫書，陳老師快速走到大雄座位旁，拿走漫畫書，雙眼直視大雄一下，繼續講述課程內容，陳老師並沒有中斷教學活動。就庫寧（Kounin）的教學管理模式而言，陳老師採用了何種技巧？
(A) 同時處理原則　(B) 掌握先機原則　(C) 進度管理原則　(D) 個人警告原則

（　　）134. 金納（Ginott）倡導和諧溝通紀律模式，認為教師應多採用「鑑賞式稱讚」（appreciative praise）少用評鑑式稱讚。下列何者非金納所強調「鑑賞式稱讚」的教師話語表述？　(A) 小強，你主動幫忙受傷的小美打掃，辛苦了　(B) 小美，妳課餘時間指導小雅完成學習單，很用心　(C) 小強，你撿到小明錢包很快歸還，很誠實　(D) 小明，你主動幫忙教室布置，真是同學的好榜樣

（　　）135. 瓊斯（Jones）倡導肢體語言紀律模式，對於學生不當行為提出了「夾心蛋糕」策略，策略的最上層為班級經營的核心，對於預防班級問題的行為發生有很大效用，此最上層策略為何者？
(A) 肢體語言　(B) 班級結構　(C) 果斷反應　(D) 責任訓練

（　　）136. 坎特（Canter）夫婦倡導果斷紀律模式，強調有效能的教師必須採用果斷的回應風格，果斷紀律有其基本原則，下列何種原則是錯誤的？　(A) 教師有權力教導學生並期待其表現正向行為　(B) 教師必須發展一致性且堅定的行為規範規則　(C) 果斷處理不應再尋求父母及行政人員的協助　(D) 學生選擇不當行為時要確實執行對應的處置

（　　）137. 葛拉瑟（Glasser）倡導選擇理論，認為學生常規行為是一種「總體行為」（total behavior），教師用心教導學生「三 R」理念，可預防學生問題行為的產生。下列何者非 3R 理念的內涵？
(A) 做對事情（right）　(B) 面對現實（reality）　(C) 重複訊息（repeating）　(D) 負起責任（responsibility）

（　　）138. 葛拉瑟（Glasser）倡導選擇理論，將現實治療法應用於學生問題行為的改善上，下列何者非選擇理論應用時應掌握的原則？

(A) 可接受失敗藉口　　(B) 強調價值的判斷　　(C) 重視現在的行為　　(D) 避免責罵及處罰

(　) 139. 坎特（Canter）夫婦倡導果斷紀律模式，果斷型教師反映的是有效的教學效能與懂得提問技巧，就提問技巧而言，下列何者<u>不</u>是有效提問策略的原則？　　(A) 直接將問題拋給全班的學生　(B) 要讓學生有思考回應的時間　　(C) 儘量讓學生大聲的舉手搶答　　(D) 讓學生可彼此檢視回答內容

(　) 140. 中小學教育現場中，由於教師處置問題的不夠果斷公平，讓學生間的爭執吵架事件擴大變成班級當事者家長與家長的誤會爭執，或親師生間更大的衝突，此種結果可以以何種效應解釋？　(A) 月暈效應　　(B) 蝴蝶效應　　(C) 羊群效應　　(D) 期望效應

(　) 141. 下列何者<u>非</u>學習型班級組織的特徵？　　(A) 師生共同建立班級願景　　(B) 師生改善僵化思維模式　　(C) 強調學生間的學習競爭　(D) 師生一起承擔學習責任

(　) 142. 學習型班級組織的願景是由學生與教師共同討論訂定，當學生有實際參與願景擬定的行動時，才會發自內心負起學習責任，與自願自發投入班級學習活動，減少干擾教學活動的行為，學生此種動機偏向於何種？　　(A) 自我投入的動機　　(B) 外在學習的動機　　(C) 工作投入的動機　　(D) 能力目標的動機

(　) 143. 陳教師教學時單調乏味，講述聲調低沉、甚少給予學生讚賞，導致教室氣氛沉悶，學生學習動機低落，常有同學偷看課外書或趴在桌子睡覺等干擾學習活動的行為出現。此種班級同學之問題行為導因於何種變因？　　(A) 社會心理環境變因　　(B) 物理環境變因　　(C) 生理環境變因　　(D) 心理環境變因

(　) 144. 國文課第三單元最後一節剩下二十分鐘時，老師發下一份學習單讓同學書寫，約過十分鐘後，老師發現有少數同學沒有專心書寫，告知全班同學：「下課時，學習單每人都要繳交，沒有繳交的同學要扣單元平時成績。」就常規管理策略而言，教師採用的是下列何種策略方法？　　(A) 訊息暗示法　　(B) 消弱忽視

法 (C) 我的訊息法　(D) 施予式懲戒法

(　) 145. 班級經營之常規管理中，強調「胡蘿蔔與棍棒」效用者為下列
何種思維學派架構論點？　(A) 人本主義學派　(B) 介入主義者
學派　(C) 非介入主義者學派　(D) 學生中心型學派

(　) 146. 馬紹爾（Marshall）倡導無壓力的紀律管理模式，強調教學與實
施歷程的重要性，班級中的教學如把握三大原則，可減少學生
不當行為。下列何者非其強調的三大原則？　(A) 班級規則以正
向性用語表示　(B) 使用獎懲來控制學生的行為　(C) 允許學生
選擇對情境的反應　(D) 以提問法讓學生反省與自評

(　) 147. 馬紹爾（Marshall）倡導無壓力的紀律管理模式，提出「喚起
責任感系統方案」（RRS），系統方案中的三個要素為何者？
(A) 行為評估—檢核了解—引導選擇　(B) 教導概念—檢核了
解—引導選擇　(C) 教導概念—訂定班規—評鑑教學　(D) 評鑑
教學—訂定班規—善用獎懲

(　) 148. 瓊斯（Jones）倡導肢體語言紀律模式，認為獎勵制度的準則是
真正的獎勵，獎勵應是「實在的東西」，就肢體語言紀律模式
而言，下列何種教師話語才是真正的獎勵語？　(A) 讓我們全班
以「三年一班」的成員為榮　(B) 最先完成學習單且全對的人，
可得到一張大白鴿卡　(C) 完成學習單的同學午休時可以看課外
書　(D) 校慶接力賽時每位參與同學表現都很好

(　) 149. 葛拉瑟（Glasser）倡導選擇理論，認為學習「好地方」是讓學
生相信，只要他們願意學習，就可以滿足個人的需求，如此學
生就會持續去做，且知覺是合理且有意義的。此種學習的好地
方，葛拉瑟將其稱為何種類型的學校？　(A) 完美的學校　(B)
優質的學校　(C) 發展的學校　(D) 轉換的學校

(　) 150. 有關葛拉瑟（Glasser）選擇理論中，對於「優質學校」的詮釋
何者錯誤？　(A) 可滿足學生的心理需求　(B) 可提升學生生活
的品質　(C) 可讓學生為選擇負起責任　(D) 情境盡可能配合傳
統獎懲

參考答案

1.(B)　2.(B)　3.(D)　4.(B)　5.(B)　6.(B)　7.(D)　8.(A)　9.(C)　10.(D)

11.(C)　12.(C)　13.(C)　14.(D)　15.(B)　16.(B)　17.(D)　18 (B)　19.(D)　20.(B)

21.(B)　22.(D)　23.(D)　24.(C)　25.(B)　26.(D)　27.(A)　28.(D)　29.(D)　30.(C)

31.(A)　32.(D)　33.(B)　34.(B)　35.(B)　36.(A)　37.(B)　38.(C)　39.(A)　40.(C)

41.(B)　42.(C)　43.(D)　44.(C)　45.(A)　46.(C)　47.(B)　48.(C)　49.(D)　50.(B)

51.(A)　52.(D)　53.(C)　54.(D)　55.(B)　56.(A)　57.(B)　58.(C)　59.(A)　60.(C)

61.(C)　62.(B)　63.(B)　64.(A)　65.(C)　66.(B)　67.(A)　68.(B)　69.(D)　70.(D)

71.(C)　72.(D)　73.(B)　74.(D)　75.(A)　76.(C)　77.(B)　78.(D)　79.(A)　80.(B)

81.(D)　82.(A)　83.(B)　84.(A)　85.(D)　86.(A)　87. (D)　88.(B)　89.(D)　90.(A)

91.(D)　92.(C)　93.(A)　94.(C)　95.(B)　96.(B)　97.(C)　98.(A)　99.(B)　100.(A)

101.(D)　102.(A)　103.(A)　104.(A)　105.(D)　106.(D)　107.(C)　108.(C)　109.(A)　110.(B)

111.(B)　112.(C)　113.(B)　114.(C)　115.(C)　116.(D)　117.(A)　118.(B)　119.(A)　120.(A)

121.(C)　122.(C)　123.(B)　124.(C)　125.(C)　126.(D)　127.(A)　128.(A)　129.(D)　130.(B)

131.(B)　132.(A)　133.(A)　134.(D)　135.(B)　136.(C)　137.(C)　138.(A)　139.(C)　140.(B)

141.(C)　142.(C)　143.(A)　144.(A)　145.(B)　146.(B)　147.(B)　148.(C)　149.(B)　150.(D)

國家圖書館出版品預行編目資料

班級經營理論與實務精要／吳明隆著. ——二
版. ——臺北市：五南圖書出版股份有限公
司, 2023.09
　　面；　公分
　ISBN 978-626-366-473-9（平裝）

1.CST：班級經營

527　　　　　　　　　112013223

1I5C

班級經營理論與實務精要

作　　者 ― 吳明隆

企劃主編 ― 黃文瓊

責任編輯 ― 黃淑真、李敏華

封面設計 ― 陳亭瑋

出 版 者 ― 五南圖書出版股份有限公司

發 行 人 ― 楊榮川

總 經 理 ― 楊士清

總 編 輯 ― 楊秀麗

地　　址：106臺北市大安區和平東路二段339號4樓

電　　話：(02)2705-5066　　傳　　真：(02)2706-6100

網　　址：https://www.wunan.com.tw

電子郵件：wunan@wunan.com.tw

劃撥帳號：01068953

戶　　名：五南圖書出版股份有限公司

法律顧問　林勝安律師

出版日期　2022年2月初版一刷
　　　　　2023年9月二版一刷
　　　　　2024年9月二版二刷

定　　價　新臺幣620元

經典永恆・名著常在

五十週年的獻禮——經典名著文庫

五南，五十年了，半個世紀，人生旅程的一大半，走過來了。

思索著，邁向百年的未來歷程，能為知識界、文化學術界作些什麼？

在速食文化的生態下，有什麼值得讓人雋永品味的？

歷代經典・當今名著，經過時間的洗禮，千錘百鍊，流傳至今，光芒耀人；

不僅使我們能領悟前人的智慧，同時也增深加廣我們思考的深度與視野。

我們決心投入巨資，有計畫的系統梳選，成立「經典名著文庫」，

希望收入古今中外思想性的、充滿睿智與獨見的經典、名著。

這是一項理想性的、永續性的巨大出版工程。

不在意讀者的眾寡，只考慮它的學術價值，力求完整展現先哲思想的軌跡；

為知識界開啟一片智慧之窗，營造一座百花綻放的世界文明公園，

任君遨遊、取菁吸蜜、嘉惠學子！